SCHREIBE DEIN PROGRAMM!

MICHAEL SPERBER | HERBERT KLAEREN

SCHREIBE DEIN PROGRAMM!

Einführung in die Programmierung

Bibliografische Information der Deutschen Nationalbibliothek
Die Deutsche Nationalbibliothek verzeichnet diese Publikation in der Deutschen Nationalbibliografie, detaillierte bibliografische Daten sind im Internet über https://www.dnb.de/ abrufbar.

Die Online-Version dieser Publikation ist auf dem Repositorium der Universität Tübingen verfügbar unter:
https://hdl.handle.net/10900/143546
https://nbn-resolving.de/urn:nbn:de:bsz:21-dspace-1435467
https://dx.doi.org/10.15496/publikation-84890

Die elektronische Version des Buchs sowie Zusatzmaterialen sind auch auf der Homepage zu *Schreibe Dein Programm!* verfügbar:
https://www.deinprogramm.de/sdp/

Tübingen University Press 2024
Wilhelmstr. 32
72074 Tübingen
tup@ub.uni-tuebingen.de
https://tuebingen-university-press.de

ISBN (Hardcover): 978-3-947251-88-9
ISBN (PDF): 978-3-947251-89-6

Umschlaggestaltung: Susanne Schmid, Universitätsbibliothek Tübingen
Satz und Layout: Michael Sperber
Herstellung: BoD – Books on Demand, Norderstedt
Printed in Germany

INHALTSVERZEICHNIS

VORWORT

VON PROF. TORSTEN GRUST, UNIVERSITÄT TÜBINGEN

Schriftsteller fürchten die leere Seite. Maler fürchten die weiße Leinwand. Für Architekten ist es die grüne Wiese. Für Programmierer ist es der Cursor, der fordernd im leeren Fenster des Editors blinkt ... Wie geht man eine Programmieraufgabe an, wenn zu Beginn keine einzige Zeile Code existiert, wenn keine Funktion oder Datenstruktur Orientierung bietet, und wenn zwar *alles* möglich aber gerade deshalb schwer greifbar erscheint?

Mike Sperber und Herbert Klaeren haben in *Schreibe Dein Programm!* hierzu gute Nachrichten. Programme lassen sich nämlich sehr systematisch konstruieren und – teilweise nahezu automatisch – aus der gegebenen Problemstellung ableiten. Über das gesamte Buch verstreut finden sich *Konstruktionsanleitungen*, deren Programmskelette konkrete Hinweise auf die Struktur der Lösung des Problems geben. Steht das Skelett erst einmal, lassen sich dessen Lücken oft unmittelbar vervollständigen, teils durch die Nutzung weiterer derartiger Konstruktionen, teils weil sich die Komplettierung direkt aus dem Problem ergibt. Programmierung mittels dieser Konstruktionsanleitungen kommt dem disziplinierten ingenieursmäßigen Bauen näher als alles andere.

Aus meinen Vorlesungen *Informatik I* an der Universität Tübingen kommen die Studierenden nicht heraus, ohne sich ordentlich «die Finger schmutzig gemacht zu haben». In der Vorlesung selbst, den wöchentlichen Übungsblättern und zusätzlichen betreuten Programmierstunden wird Code geschrieben, was das Zeug hält. Dabei konnte ich bereits Hunderte von Studierenden – typischerweise echte Anfänger, die noch keine Programmiersprache kennen – beobachten, wie mittels Konstruktionsanleitungen die Herausforderung des leeren Editors angenommen und gemeistert wurde. Die resultierenden Programme sind (zumeist `;-)`) korrekt, kompakt und, vor allem, lesbar und nachvollziehbar. Wir können so in der *Informatik I* erstaunlich anspruchsvolle Aufgaben angehen und sind am Ende des zweiten Drittels der Vorlesung in der Lage, die Studierenden *PacMan*, *Tetris* oder *Asteroids* nachbauen zu lassen.

Schreibe Dein Programm! ist gleichzeitig eine Einführung in die funktionale Programmierung mit Scheme. Scheme selbst tritt mit seiner einfachen Syntax in den Hintergrund[1] und gibt den Blick frei auf die essentiellen Ideen des Denkens und Programmierens mit (mathematischen) Funktionen. Genau wie Mike Sperber und Herbert Klaeren bin ich überzeugt, dass dieses elegante Programmierparadigma «gekommen ist, um zu bleiben» und auf lange Sicht Programmierstil und -sprachen weitreichend beeinflussen wird. Zusammen mit den Konstruktionsanleitungen gibt die-

---

1 Wo wir üblicherweise einen Zoo von Notationen $x + 1$, $\sin(x)$, x^2, $|x|$, $\sqrt{x}$, $x!$, ... nutzen, begnügt sich Scheme uniform mit der Notation `(f x)`.

ses Buch Programmieranfängern daher gleich zwei Superkräfte mit auf den Weg. Das nenne ich einen *Deal*!

Torsten Grust
Tübingen, Juli 2019

DANKSAGUNGEN

Peter Thiemann, Martin Gasbichler, Andreas Schilling, Torsten Grust und Michael Hanus hielten Vorlesungen auf Basis dieses Buchs und lieferten wertvolle Rückmeldungen. Besonderer Dank gebührt den Tutorinnen und Tutoren und Studierenden unserer Vorlesung *Informatik I*, die eine Fülle hilfreicher Kritik und exzellenter Verbesserungsvorschläge lieferten.

Seitdem die Entwicklung des Buches offen auf Github stattfindet, haben außerdem viele Leserinnen und Leser Verbesserungsvorschläge und Pull-Requests gemacht, darunter Nicolas Neuß, Joachim Breitner, Raphael Borun Das Gupta, Tobias Huttner, Nicolai Mainiero, Johannes Maier, Sibylle Hasse, Manuela Reinisch, Noah Haasis, mi-skam, uwffi, Aramís, TheKarcher, chessgarf, Beat Hagenlocher, Denis Maier, Philipp Kiersch, Simon Barth, Kaan Sahin, Erika Bor und Christina Zeller.

Davor brachten Robert Giegerich, Ulrich Güntzer, Martin Plümicke, Christoph Schmitz und Volker Klaeren, Eric Knauel, Marcus Crestani, Sabine Sperber, Jan-Georg Smaus und Mayte Fleischer viele Korrekturen und Verbesserungen ein, insbesondere zum Vorgängerbuch *Vom Problem zum Programm*. Katharina von Savigny hatte entscheidenden Anteil an der sprachlichen Gestaltung des Buchs.

Wir danken Sandra Binder, Peter Rempis und Axel Braun von der Tübingen University Press für die tolle Unterstützung und Geduld mit uns, und besonders Susanne Schmid für das Umschlag-Motiv.

Unter unseren didaktischen Vorbildern waren Matthias Felleisen, Robby Findler, Matthew Flatt und Shriram Krishnamurthi und ihr Buch *How to Design Programs* [FFFK14] besonders wichtig, aus dem wir viele Ideen übernommen haben. Das im Rahmen ihres PLT-Projekts entwickelte Racket-System ist eine entscheidende Grundlage für die Arbeit mit diesem Buch.

Michael Sperber, Herbert Klaeren Tübingen, Juli 2023

0 WIE DU DAS MEISTE AUS DIESEM BUCH HERAUSHOLST

Der Inhalt dieses Buchs ist über viele Jahre weiterentwickelt worden, was dazu geführt hat, dass es sich von vielen anderen Büchern zur Einführung in die Programmierung deutlich unterscheidet.

Bevor es mit dem eigentlichen Stoff losgeht, enthält dieses Kapitel einige Hinweise dazu, wie Du am effektivsten damit umgehst, damit Du möglichst schnell Deine eigenen Programme selbst schreiben kannst.

0.1 VORKENNTNISSE

Das Buch richtet sich an alle, die Programmieren lernen möchten. Es kann außerdem als Einführung in die sogenannte *funktionale Programmierung* für diejenigen dienen, die bereits in einem anderen Paradigma (zum Beispiel objektorientierte Programmierung) programmieren können.

Die benötigten Vorkenntnisse haben wir versucht, auf ein Minimum zu reduzieren. Grundkenntnisse in Mathematik sind hilfreich, aber nur in geringem Maße notwendig. Alles, was darüber hinausgeht, ist im Buch erläutert.

0.2 ANREDE

Dieses Buch benutzt in der Anrede «Du» und «wir». Mit «Du» bist Du, also die Leserin, der Leser oder das Lesy gemeint. Mit «wir» meinen wir uns, die Autoren. Wir benutzen oft Formulierungen wie «Zunächst schreiben wir eine Signatur», wenn wir über die Beispiele im Buch schreiben, die wir uns für Dich ausgedacht haben. Wenn das Buch Dich mit «Du» anspricht, haben wir ein konkretes Anliegen für Dich.

0.3 SOFTWARE

Die Programmierbeispiele dieses Buchs bauen auf der Programmierumgebung DrRacket auf, die speziell für die Programmierausbildung entwickelt wurde. DrRacket ist kostenlos im Internet auf

`https://www.racket-lang.org/`

erhältlich und läuft auf Windows-, Mac- und Unix-/Linux-Rechnern.

Achte darauf, dass Du mindestens Version 8.6 bekommst. Das ist besonders relevant, wenn Du einen anderen Installationsweg wählst, wie zum Beispiel einen Package-Manager für eine Linux-Distribution.

0.4 PROGRAMMIERSPRACHE

Wer Programmieren lernt, muss sich mit ziemlich vielen Dingen herumschlagen: den Konzepten einer konkreten Programmiersprache, den dort benutzten Schreibweisen, einer Programmierumgebung und den sonstigen Werkzeugen, die für das Programmieren benötigt werden.

Die meisten Programmiersprachen und deren Werkzeuge sind für professionelle Entwickler entwickelt worden und setzen damit viele Kenntnisse voraus, die Du ja erst noch lernen willst.

Aus diesem Grund verwendet der vorliegende Text eine Serie von speziell für die Lehre entwickelten Programmiersprachen, die auf *Racket* und *Scheme* basieren und beim Racket-System mitgeliefert werden. Im Lieferumfang von Racket ist die Entwicklungsumgebung *DrRacket* enthalten, die es Dir erlaubt, einfach Programme in diesen Sprachen zu schreiben und laufen zu lassen.

0.5 ENGLISCH

Das Buch ist natürlich auf Deutsch, und auch die Programmierumgebung DrRacket kann ihre Menüs und sonstigen Texte auf Deutsch darstellen.

Die Programmiersprachen benutzen allerdings englische Wörter, und wir benutzen in Programmen englische Namen für alles mögliche. Das erfordert keine fortgeschrittenen Englischkenntnisse. Bei selteneren Wörtern liefern wir die Übersetzung. (Du kannst gern deutsche Namen in Deinen Programmen benutzen.)

Außerdem haben wir noch nicht alle Fehlermeldungen ins Deutsche übersetzt, arbeiten aber daran.

0.6 EXKURSE

Generell wurde das Buch so geschrieben, dass die Kapitel und die Abschnitte innerhalb der Kapitel aufeinander aufbauen. Ab und zu jedoch gibt es Abschnitte (in der Regel solche mit Mathematik), die wir interessant finden, die aber nicht notwendig sind, um das darauf folgende Material zu verstehen. Diese Abschnitte sind mit dem Wort «Exkurs» gekennzeichnet.

0.7 AUFGABEN

Das Buch enthält viele Übungsaufgaben. Es ist unerlässlich, dass Du zumindest einige davon bearbeitest, wenn Du lernen willst, eigenständig zu programmieren.

Jedes Kapitel enthält in den Text eingebettet Aufgaben, die sich auf den unmittelbar vorangehenden Stoff beziehen. (Das Zeichen □ markiert jeweils, wenn die Aufgabe zu Ende ist und es mit dem Text weitergeht.) Diese solltest Du bearbeiten, um sicherzustellen, dass Du diesen Stoff verstanden hast. Von den Aufgaben am Kapitelende kannst Du Dir die aussuchen, die Dir gefallen.

0.8 ZUSATZMATERIAL

Das Buch ist aus dem DEINPROGRAMM-Projekt entstanden, das sich allgemein mit der effektiven Ausbildung im Programmieren beschäftigt. Das Projekt hat seine Homepage hier:

`https://www.deinprogramm.de/`

Dort kannst Du die aktuelle Version des Buches herunterladen und weiteres Material, wie zum Beispiel Publikationen zum didaktischen Konzept.

0.9 CODE

In diesem Buch arbeiten wir mit vielen Beispielprogrammen, die zumeist nach und nach entwickelt werden. Unsere langjährige Erfahrung hat gelehrt, dass es ermüdend und vielleicht auch langweilig sein kann, diese Programme nur zu lesen. Du wirst wahrscheinlich mehr davon haben, wenn Du die Entwicklungen zumindest teilweise am Rechner nachvollziehst und die Programme ausprobierst, erweiterst oder damit experimentierst. Du musst den Code dieser Programme dafür nicht abtippen, sondern kannst ihn einfach herunterladen. Dafür gibt es zwei Möglichkeiten: Auf der Webseite zum Buch gibt es den Code unter dem Link «Zusatzmaterialien» zum Herunterladen. Den genauen Dateinamen weisen wir im Text immer so aus:

`elemente/tile.rkt`	**Code**

Falls Du eine elektronische Version des Buches liest, ist der Dateiname außerdem ein Link: Draufklicken und Du kommst zum Code.

0.10 BÜROKRATISCHE DIDAKTIK

Wir wollen ehrlich sein: Programmieren ist eine komplexe Tätigkeit und damit schwierig. Wir – die Autoren – verbringen bereits weit über die Hälfte unseres Lebens damit und lernen immer noch dazu. Aber Programmieren macht auch immens Freude, wenn man erfolgreich eigenständig aus puren Gedanken etwas machen kann, das läuft und kommuniziert. Der Lernaufwand lohnt sich also.

Aber niemand hat Freude daran, bei der Lösung einer Programmieraufgabe steckenzubleiben und in einer Sackgasse zu landen. Wir wollen Dir darum mit diesem Buch nicht einfach nur schöne Beispielprogramme präsentieren, sondern Dir Schritt für Schritt vermitteln, *wie* sie geschrieben wurden und – vor allem – wie Du Deine eigenen schreibst.

Die Methode, die wir dafür entwickelt haben und erfolgreich bei Hunderten von Programmieranfängerinnen und -anfängern angewendet haben, wird Dir auf den ersten Augenblick enorm bürokratisch erscheinen: Dieses Buch behandelt sozusagen die deutsche Beamtenmethode des Programmierens.

Gelegentlich wirst Du Dich gegängelt fühlen und vielleicht auch etwas genervt. Aber Du wirst (hoffentlich!) diese Techniken nach und nach einsetzen können, um nicht nur Übungsaufgaben anderer zu lösen, sondern auch Deine eigenen Ideen umzusetzen und Deiner eigenen Kreativität freien Lauf zu lassen: Dafür brauchst Du die Methoden dieses Buchs, inklusive der Bürokratie.

Zwei Elemente tragen besonders zum Lernerfolg bei:

- Die *Konstruktionsanleitungen* schreiben Dir Schritte vor, mit denen Du von einer Problemstellung zur Lösung kommst – die deutschen Beamtenvorschriften sozusagen.
- Die *Mantras* sind wiederkehrende Prinzipien der Programmierung, die es lohnt, immer parat zu haben. Zum Glück gibt es nur eine Handvoll.

0.11 VERBESSERUNGEN

Ein letzter Punkt noch dazu, wie *wir* das meiste aus dem Buch herausholen: Falls Du im Buch einen Fehler bemerkst oder einen Vorschlag hast, wie wir es besser machen könnten, freuen wir uns über Rückmeldung. Das kannst Du entweder per E-Mail an `sdp@deinprogramm.de` machen oder – noch besser – über einen «Issue» oder «Pull Request» zum Quelltext des Buchs. Diesen Quelltext, der derzeit über dem Onlinedienst GitHub verwaltet wird, erreichst Du über die Webseite zum Buch:

`https://www.deinprogramm.de/sdp/`

1 ELEMENTE DES PROGRAMMIERENS

Dieses Kapitel gibt einen Überblick über das wichtigste Handwerkszeug des Programmierens. Für den Einstieg solltest Du Racket heruntergeladen haben. In Abschnitt 0.3 auf Seite 11 steht wo.

1.1 DRRACKET

Zu Racket gehört ein Programm namens *DrRacket*: starte es. Es erscheint ein Fenster, das ungefähr so aussehen sollte wie in Abbildung 1.1. Die Benutzeroberfläche kannst Du auf Deutsch umstellen, indem Du im `Help`-Menü auf `Deutsche Benutzeroberfläche für DrRacket` drückst. Wenn Du die Auswahl bestätigst, wird DrRacket danach beendet und Du musst es noch einmal starten; dann sollten die Menüs auf Deutsch sein.

DrRacket ist eine *Entwicklungsumgebung*, mit der Du Programme schreiben und ausführen kannst. DrRacket unterstützt nicht nur eine einzige Programmiersprache, sondern viele. Darum musst Du die richtige Programmiersprache für dieses Buch noch auswählen. Wähle dazu den Menüpunkt `Sprache` → `Sprache auswählen` (`Language` → `Choose language` in der englischen Fassung), worauf ein neues Fenster mit einem Dialog erscheint. In dem Dialog gibt es eine Abteilung `Lehrsprachen`, und darunter eine Überschrift namens `DeinProgramm`, unterhalb dessen mehrere Einträge erscheinen, die speziell auf die Kapitel dieses Buchs zugeschnitten sind.

Für den ersten Teil des Buchs ist die Ebene `Schreibe Dein Programm! - Anfänger` zuständig: Wähle diese aus und drücke dann einmal oben rechts auf den Knopf `Start` (beziehungsweise `Run`), damit die Auswahl aktiv wird. Das Ergebnis sollte dann so aussehen wie in Abbildung 1.2.

Das DrRacket-Fenster besteht aus zwei Teilen:

1. In der oberen Hälfte des Fensters (dem *Editor-* oder *Definitionsfenster*) steht der Programmtext. Der Editor funktioniert ähnlich wie ein reguläres Textverarbeitungsprogramm. Was dort steht, kannst Du abspeichern. Wenn Du ein Programm abspeicherst, benutze die Endung `.rkt` für «**Racket**».
2. In der unteren Hälfte des Fensters – dem *Interaktionsfenster* oder der sogenannten *REPL*[1] werden die Ausgaben des Programms angezeigt. Außerdem kannst Du einzelne Programmteile gezielt testen.

[1] «REPL» steht für «Read-Eval-Print-Loop» – wir werden später zeigen, warum.

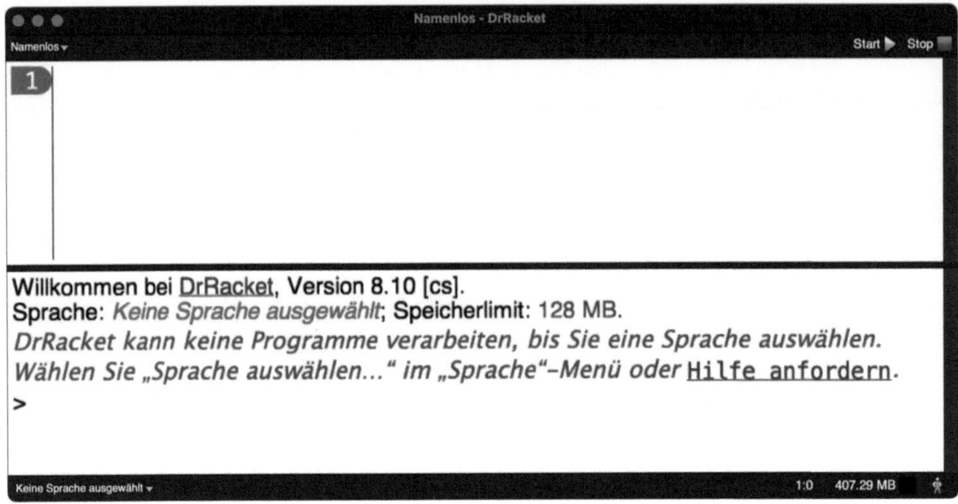

Abbildung 1.1: DrRacket nach dem ersten Start

1.2 AUSDRÜCKE UND DIE REPL

Fangen wir mit der REPL an: Wenn Du gerade `Start` gedrückt hast, dann erscheint der Cursor rechts von dem >-Zeichen: Hier kannst Du etwas eingeben und Return drücken. DrRacket zeigt dann das Ergebnis darunter an.

Wenn Du zum Beispiel `123` eintippst, zeigt DrRacket gleich darunter 123 an. DrRacket kann auch rechnen. Dafür musst Du allerdings die Rechenaufgaben etwas anders aufschreiben als sonst. Zum Beispiel so:

```
(+ 123 42)
```

Wenn Du das in die REPL eingibst, zeigt DrRacket `165` an, die *Summe* von 123 und 42. Diese «Rechenaufgabe» ist ein sogenannter *Ausdruck*. Ausdrücke, die etwas ausrechnen sollten, haben in den Lehrsprachen immer die gleiche Form:

(*Operator* *Operand* ...)

Es stehen *immer* Klammern drumherum (und die können auch nirgendwo sonst stehen). Dann folgt der *Operator*, der bestimmt, *was* gemacht wird (die *Operation*). Danach kommen die *Operanden*, welche die Eingaben für die Operation bestimmen.

Zum Merken ist es hilfreich, Ausdrücke entsprechend vorzulesen: Also nicht mehr «hundertdreiundzwanzig plus zweiundvierzig», sondern «die *Summe* von hundertdreiundzwanzig und zweiundvierzig».

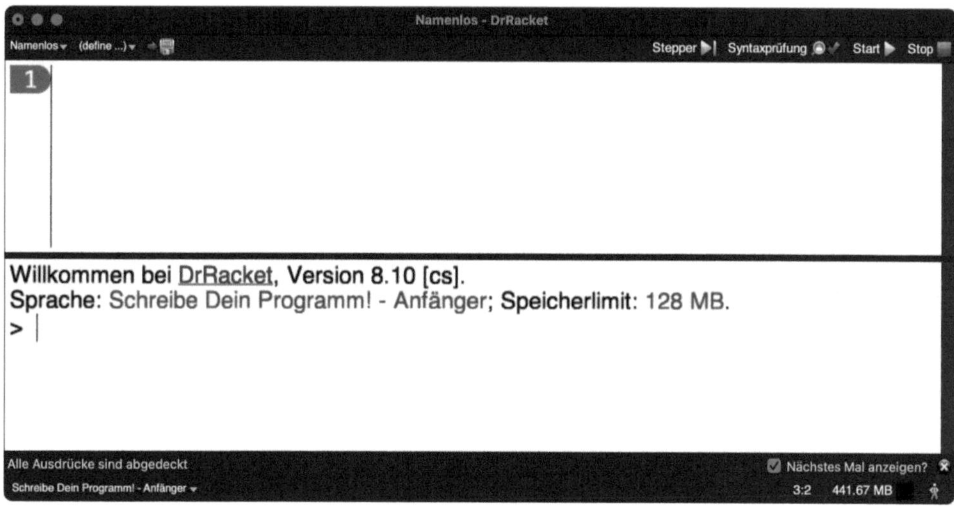

Abbildung 1.2: DrRacket mit ausgewählter Lehrsprache

Wenn Du Klammern vergisst, können verwirrende Ergebnisse herauskommen. Wenn Du zum Beispiel `+ 123 42` in der REPL eintippst, sieht das so aus:

```
> + 123 42
#<function:+>
123
42
```

Das liegt daran, dass ohne Klammern `+ 123 32` aus *drei* Ausdrücken besteht und die REPL deshalb auch drei Ergebnisse ausdruckt: Die Funktion `+`, dann die `123`, dann `42`. (Die Operation `+` ist eine sogenannte Funktion – das erläutern wir später noch genauer.) Ähnlich verhält es sich mit `123 + 42` – probiere es aus!

Wenn Du versehentlich die Klammern setzt, aber den Operator dazwischen schreibst, erscheint in der REPL eine Fehlermeldung:

```
> (123 + 42)
Operator darf keine Zahl sein, ist aber 123
```

Etwas ähnliches passiert, wenn das Leerzeichen zwischen dem Operator und den Operanden fehlt – oder zwischen den Operanden. Das sieht zum Beispiel so aus:

```
> (+123 42)
Operator darf keine Zahl sein, ist aber 123
```

Das liegt daran, dass +123 zusammen die Zahl «plus hundertdreiundzwanzig» bildet und nicht etwa in das +-Zeichen und 123 aufgeteilt wird.

Wenn ein Ausdruck wie (+ 123 42) ein Ergebnis wie 165 hat, schreiben wir das im Buch zukünftig so, etwas anders als die DrRacket-REPL:

```
(+ 123 42)
↪ 165
```

So lassen sich natürlich nicht nur Summen, sonderen auch Differenzen, Produkte (mit dem Operator *) und Quotienten (mit dem Operator /) ausrechnen:

```
(- 123 42)
↪ 81
(* 123 42)
↪ 5166
(/ 123 42)
```
↪ $2.9\overline{285714}$

Beim letzen Ausdruck ist zu sehen, dass Dezimalzahlen mit Punkt und nicht mit Komma geschrieben werden. Der Überstrich bei $2.9\overline{285714}$ ist eine *Periode*. Die Zahl ist also eigentlich

```
2.928571428571428571428571428571 4...
```

Die REPL funktioniert also folgendermaßen: Sie *liest* einen Ausdruck ein (auf Englisch «read»), berechnet dessen Wert oder *wertet* diesen *aus* («eval», kurz für «evaluate») und zeigt das Ergebnis an oder *druckt* dieses *aus* («print») – und dann geht es von vorn los, wie in einer Schleife («loop»). Die Abfolge *Read-Eval-Print-Loop* gibt der REPL ihren Namen.

Ausdrücke können auch kombiniert werden, zum Beispiel so:

```
(* 123 (+ 20 22))
↪ 5166
(* 123 (+ (* 2 10) 22))
↪ 5166
```

Bei der Kombination verschiedener Ausdrücke ist es wichtig, dass um jeden Teilausdruck wieder ein Klammernpaar kommt. Ist das nicht der Fall, erscheinen gelegentlich auch mal Fehlermeldungen wie diese hier:

```
(* 123 (+ * 2 10 22))
+: Zahl als erstes Argument erwartet, #<function:*> bekommen
```

Das liegt daran, dass das `*` hier an der Stelle eines Operanden steht. Das Wort *Argument* steht für den Wert des Operanden einer Funktion, darum steht da sinngemäß, dass `+` eine Zahl als erstes Argument etwartet, aber stattdessen die Funktion `*` bekommen hat. (Das Wort «Argument» definieren wir genauer in Abschnitt 1 auf Seite 30.)

Abspeichern geht mit der REPL nicht, und der REPL-Inhalt verschwindet auch jedesmal, wenn Du `Start` beziehungsweise `Run` drückst. Du kannst aber frühere Eingaben zurückholen, indem Du `Strg-↑` beziehungsweise `Control-↑` (je nach Computertyp) drückst. (Das geht natürlich auch nach unten mit `Strg-↓` beziehungsweise `Control-↓`.) Das kannst Du auch benutzen, um einen fehlerhaften Ausdruck zu korrigieren, bei dem Du schon Return gedrückt hast.

AUFGABE 1.1

Schreibe folgende «mathematischen» Ausdrücke in der Notation der Lehrsprache in die REPL und lasse die REPL sie auswerten:

$$55 * 27$$
$$23 * (44 + 27)$$
$$\frac{23}{44} + \frac{44}{23}$$
$$(23 + 42) * (12 + (14 * 2))$$

□

1.3 DAS DEFINITIONSFENSTER

Kommen wir zum Definitionsfenster oben. Dort schreibst Du Dein Programm, die REPL kannst Du dann benutzen, um es auszuprobieren. Schreib in das Definitionsfenster folgende *Definition*:

```
(define alles (+ 20 22))
```

Diese Definition besagt, dass der Name `alles` für das Ergebnis von `(+ 20 22)` steht. Um das auszuprobieren, drück auf den Knopf `Start` beziehungsweise `Run` rechts oben. Der Cursor landet dann wieder in der REPL, wo Du das Programm ausprobieren kannst:

```
alles
↪ 42
```

Ein solcher Name in einem Programm heißt *Variable*.[2]

[2] Obwohl der Begriff «Variable» suggeriert, dass etwas daran verändert werden kann, bleibt der Wert einer Variable immer gleich.

Hier sind ein paar weitere Beispiele für Definitionen von Variablen:

```
(define one 1)
(define temperature 23)
(define birgit-prinz 9)
```

Du kannst auch diese Namen in die REPL eingeben und bekommst jeweils den dazugehörigen Wert, wenn Du Return drückst:

```
one
↪ 1
temperature
↪ 23
birgit-prinz
↪ 9
```

Bei der Gestaltung eines Namens gibt es weitgehende Freiheiten. Anders als in anderen Programmiersprachen sind auch Bindestriche in Namen möglich. Nur Leerzeichen sind nicht erlaubt.

Groß- und Kleinschreibung ist bei Namen egal. Es funktioniert also auch:

```
Alles
↪ 42
ONE
↪ 1
tEmPeRaTuRe
↪ 23
```

In einem Programm kannst Du Zeilenumbrüche und Einrückung benutzen, um Dein Programm übersichtlicher zu gestalten. Zum Beispiel kannst Du nach `alles` die Return-Taste drücken, das Ergebnis sieht so aus:

```
(define alles
  (+ 20 22))
```

DrRacket rückt die zweite Zeile ein bisschen ein, um auszudrücken, dass sie noch in die Klammern vom **`define`** gehört. Bei komplizierteren Ausdrücken ist das hilfreich:

```
(define alles
  (+ 20
     (* 11 2)))
```

Hier stellt DrRacket die Operanden der Summe genau untereinander. DrRacket zwingt Dich nicht, die Einrückung genau so zu machen, und durch Änderungen im Programm gerät sie auch manchmal aus dem Lot. In dem Fall kannst Du die Tab-Taste drücken (auf den meisten Tastaturen steht ⟶| auf der Tab-Taste) und in der Zeile, in welcher der Cursor steht, wird die Einrückung korrigiert. Wenn Du einen Abschnitt im Programm markierst und dann Tab drückst, wird der ganze Abschnitt neu eingerückt. Es gibt außerdem einen Menüpunkt `Racket` → `Alles einrücken` (beziehungsweise `Racket` → `Reindent All`), der das für das gesamte Programm macht.

Ein weiterer praktischer Trick ist, dass Du einen geklammerten Ausdruck markieren (und dann ausschneiden) kannst, indem Du auf die öffnende oder schließende Klammer doppelt klickst. Insbesondere kannst Du den markierten Ausdruck dann mit einem Druck auf die Tab-Taste korrekt einrücken.

AUFGABE 1.2

Bring bei einem mehrzeiligen Programm die Einrückung richtig durcheinander, zum Beispiel so:

```
(define nr
  (+ 12
 (- (* 42
  13)
    500)))
```

Benutze dann die Tab-Taste, um die Einrückung wieder zu korrigieren. □

Den Inhalt des Definitionsfensters kannst Du abspeichern, indem Du auf den Knopf mit dem Diskettensymbol [3] drückst. Du bekommst dann ein Dialogfenster, in dem Du einen Dateinamen vergeben kannst.

1.4 RECHNEN OHNE ZAHLEN

Computerprogramme können nicht nur mit Zahlen rechnen. In diesem Abschnitt geht es um das Rechnen mit Text und das Rechnen mit Bildern.

[3] Disketten wurden im 20. Jahrhundert verwendet, um Daten zu speichern. Es gab damals noch keine Speicherkarten oder USB-Sticks.

Zeichenketten (auf Englisch *Strings*) repräsentieren Text. Literale für Zeichenketten haben folgende Form:

"$z_1 z_2 \ldots z_n$"

Dabei sind die z_i beliebige einzelne Zeichen, außer " selbst. Beispiel:

```
"Herbert was here!"
```

Das Anführungszeichen (") kann nicht «ungeschützt» vorkommen, da es das Ende der Zeichenkette markiert. Es wird als «echtes» Anführungszeichen innerhalb einer Zeichenkette durch \" dargestellt:

```
"Herbert sagt \"Hallo Mike\"!"
```

Abbildung 1.3: Zeichenketten

1.4.1 RECHNEN MIT TEXT

Aus Text kann durch doppelte Anführungszeichen ein Wert werden:

```
"Mike Sperber"
"Herbert Klaeren"
"Schreibe Dein Programm!"
```

Solche Text-Werte heißen *Zeichenketten*.

Die einfachste Art, eine Zeichenkette herzustellen, ist, die Buchstaben hinzuschreiben, aus denen sie besteht. Die Anführungszeichen müssen drumherum, damit die Zeichenketten von anderen Ausdrücken unterschieden werden können. Die Anführungszeichen gehören aber nicht zu den Buchstaben dazu, aus denen die Zeichenkette besteht – `"abc"` besteht aus den drei Buchstaben `abc`.

Abbildung 1.3 beschreibt die genaue Schreibweise für solche «festen» Zeichenketten. Feste Schreibweisen für Werte heißen allgemein *Literale*. Das kennen wir schon von den Zahlen: Die Zeichenfolge `123` steht für die Zahl «hundertdreiundzwanzig». Kästen wie Abbildung 1.3 werden in diesem Buch noch oft dazu dienen, neue Sprachelemente einzuführen.

Mit Text kann ein Programm auch rechnen, und zwar mit der eingebauten Funktion **`string-append`**, die zwei Zeichenketten aneinanderhängt:

```
(string-append "Herbert" "Mike")
↪ "HerbertMike"
(string-append "Mike" " " "ist doof")
↪ "Mike ist doof"
```

Die eingebaute Funktion `string-length` liefert die Anzahl der Zeichen in einer Zeichenkette:

```
(string-length "Herbert")
↪ 7
(string-length "Mike")
↪ 4
```

Die Namen `string-append` und `string-length` sehen auf den ersten Blick «anders» aus als + und * zum Beispiel, dieser Eindruck täuscht jedoch: Sie sind allesamt Namen von vordefinierten Operationen, die Programme benutzen können, ohne sie selbst definieren zu müssen.

Die vordefinierten Funktionen `string->number` und `number->string` konvertieren zwischen Zahlen und den Zeichenketten, die diese darstellen:

```
(string->number "23")
↪ 23
(number->string 23)
↪ "23"
```

AUFGABE 1.3

Mache Dir den Unterschied zwischen der Zahl 23 und der Zeichenkette `"23"` klar. Probiere zum Beispiel aus:

```
(+ "23" 42)
(string-append 23 "42")
(number->string "23")
```

□

1.4.2 RECHNEN MIT BILDERN

Programme können auch mit Bildern rechnen. Dazu wird eine Erweiterung zu DrRacket benötigt, ein sogenanntes *Teachpack*. Um es zu aktivieren, wähle den Menüpunkt `Sprache` → `Teachpack hinzufügen` (`Language` → `Add Teachpack`). In dem folgenden Dialog wähle `image.rkt` aus und drücke `OK`. Dann musst Du noch einmal auf `Start` drücken. Wenn alles geklappt hat, steht unten in der REPL `Teachpack: image.rkt`.

Das Teachpack `image.rkt` enthält zusätzliche vordefinierte Funktionen, mit denen wir Bilder herstellen können. Zum Beispiel `square`, `circle` und `star-polygon`:

```
(square 40 "solid" "red")
```

↪

```
(circle 20 "solid" "green")
```

↪

```
(star-polygon 20 10 3 "solid" "blue")
```

↪

Schauen wir uns das eingebaute `star-polygon` etwas näher an: Es akzeptiert fünf Eingaben, die ersten drei davon sind Zahlen – die Seitenlänge, die Seitenanzahl und die Anzahl der Ecken, die für jede Seite übersprungen wird. Danach kommen zwei Zeichenketten – `"solid"` heißt, dass das Innere des Sterns ausgefüllt ist und `"blue"` ist die Farbe. Statt `"solid"` kannst Du auch `"outline"` schreiben, dann wird auch etwas klarer, was «überspringen» heißt:

```
(star-polygon 20 10 3 "outline" "blue")
```

↪

AUFGABE 1.4

Wofür stehen die Zahleneingaben bei `square` und `circle`? Probiere unterschiedliche Zahlen aus! Es gibt auch eine eingebaute Funktion `rectangle`. Kannst Du ein funktionierendes Beispiel für den Einsatz von `rectangle` konstruieren? Außerdem gibt es eine eingebaute Funktion `ellipse`, die genauso benutzt wird wie `rectangle` – probiere sie aus! □

Bilder sind Werte wie Zahlen und Zeichenketten auch. Du kannst mit Definitionen auch Namen dafür vergeben:

```
(define s1 (square 40 "solid" "red"))
(define c1 (circle 40 "solid" "green"))
(define p1 (star-polygon 20 10 3 "solid" "blue"))
```

AUFGABE 1.5

Probiere diese Definitionen in der REPL aus, indem Du dort `s1`, `c1` und `p1` eingibst. Was passiert, wenn Du `(s1)` eingibst? Warum? □

AUFGABE 1.6

Du kannst auch Bilddateien oder Bilder von Webseiten in Dein Programm einfügen, wie in einem Textverarbeitungsprogramm. Das geht so:

- Um eine Bilddatei einzufügen, wähle den Menüpunkt `Einfügen` → `Bild einfügen` beziehungsweise `Insert` → `Insert Image`.
- Um ein Bild aus einer Webseite einzufügen, wähle aus dem Kontextmenü im Browser `Bild kopieren` (oder `Copy Image` oder so ähnlich) aus. Du kannst das Bild dann in DrRacket über den Menüpunkt `Bearbeiten` → `Einfügen` beziehungsweise `Edit` → `Paste` einfügen.

Probier es aus und gib dem Bild einen Namen! □

Mit Bildern kann DrRacket auch rechnen:

```
(beside s1 p1)
```

↪

```
(above s1 c1)
```

↪

```
(above (beside s1 p1) (beside p1 c1))
```

↪

AUFGABE 1.7

Probiere in der REPL folgende Ausdrücke aus:

```
(triangle 50 "outline" "red")
(square 100 "solid" "blue")
```

Schreibe mit Hilfe der Funktionen `triangle` und `square` einen Ausdruck, der ein ganz einfaches Haus berechnet. □

Das heißt, `above` akzeptiert als Eingabe zwei (oder mehr) Bilder und macht daraus wieder ein Bild, in dem die Teilbilder übereinander stehen. Das gleiche gilt für `beside`, nur dass die Bilder nebeneinander angeordnet werden. Selbstverständlich können above und beside auch kombiniert werden.

1.5 ABSTRAKTION UND APPLIKATION

elemente/tile.rkt **Code**

Hier sind zwei Ausdrücke, welche die Bilder aus dem vorigen Abschnitt zu einem Muster kombinieren:

```
(above
 (beside s1 p1)
 (beside p1 s1))
```

↪

```
(above
 (beside p1 c1)
 (beside c1 p1))
```

↪

Beide Ausdrücke folgen dem gleichen Muster, sie «kacheln» jeweils zwei Bilder in einer quadratischen Anordnung. Das Muster könnte man so hinschreiben:

```
(above
 (beside a b)
 (beside b a))
```

Das erste Beispiel entsteht, indem für a s1 eingesetzt wird und für b p1, im zweiten für a p1 und für b dann c1.

Dieses Muster kannst Du in ein Programm gießen. Dann müssen wir nicht jedesmal above … beside … beside eintippen. Dazu schreibst Du es erst einmal genauso hin, also mit a und b. Wenn es startet, erscheint folgende Meldung:

```
a: Variable ist nicht definiert
```

Das bedeutet, dass es keine Definition für `a` gibt. Du könntest eine hinschreiben, zum Beispiel:

```
(define a s1)
```

Aber dann wäre `a` auf `s1` festgelegt. Wir wollen stattdessen das Muster verallgemeinern, so dass Du es mehrmals mit unterschiedlichen Werten für `a` und `b` verwenden kannst. Dieser Verallgemeinerungsprozess heißt beim Programmieren *Abstraktion*. Dafür müssen wir dem Muster noch etwas hinzufügen, um zu sagen, dass wir unterschiedliche Werte für `a` und `b` einsetzen wollen:

```
(lambda (a b)
  (above
   (beside a b)
   (beside b a)))
```

Das **`lambda`** ist eine Art Zauberwort, es sagt soviel wie: «Für die Variablen `a` und `b` möchte ich später (und vielleicht mehrmals) Werte einsetzen.» Wenn Du das Programm jetzt startest, geht die Fehlermeldung weg und in der REPL erscheint:

```
#<function>
```

Das deutet darauf hin, dass bei dem **`lambda`** eine Funktion herauskommt. Um etwas damit anzufangen, gib ihr einen Namen mit **`define`**:

```
(define tile
  (lambda (a b)
    (above
     (beside a b)
     (beside b a))))
```

(Alles schön richtig einrücken! «To tile» heißt auf Deutsch «kacheln».[4])

Dadurch ist eine neue Operation entstanden. Die kannst Du direkt verwenden:

```
(tile s1 p1)
```

↪

[4] Wir mögen gern englischsprachige Namen für Variablen. Das ist aber eine rein persönliche Präferenz – gern kannst Du deutschsprachige Variablen für Deine eigenen Programme verwenden.

```
(tile p1 c1)
```

↪

Was ist da passiert? Am einfachsten kann man das in einem speziellen Werkzeug sehen, dem *Stepper*. Um ihn zum Einsatz zu bringen, stelle sicher, dass im Definitionsfenster folgendes Programm steht:

```
(define s1 (square 40 "solid" "red"))
(define c1 (circle 40 "solid" "green"))
(define p1 (star-polygon 20 10 3 "solid" "blue"))

(define tile
  (lambda (a b)
    (above
     (beside a b)
     (beside b a))))

(tile s1 p1)
(tile p1 c1)
```

Dann drück auf den `Stepper`-Knopf (beziehungsweise `Step` in der englischen Fassung) oben rechts im DrRacket-Fenster. Es erscheint ein neues Fenster, das so aussieht:

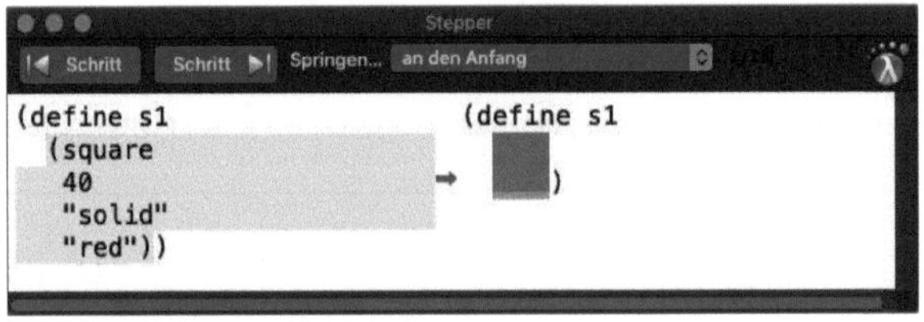

Abbildung 1.4: Der Stepper in Aktion

Wenn Du jetzt den Knopf mit dem Vorwärts- beziehungsweise dem Rückwärts-Pfeil drückst, kannst Du zusehen, wie DrRacket Dein Programm ausführt. Wenn Du ein paar Schritte vorwärts gehst, sieht das so aus:

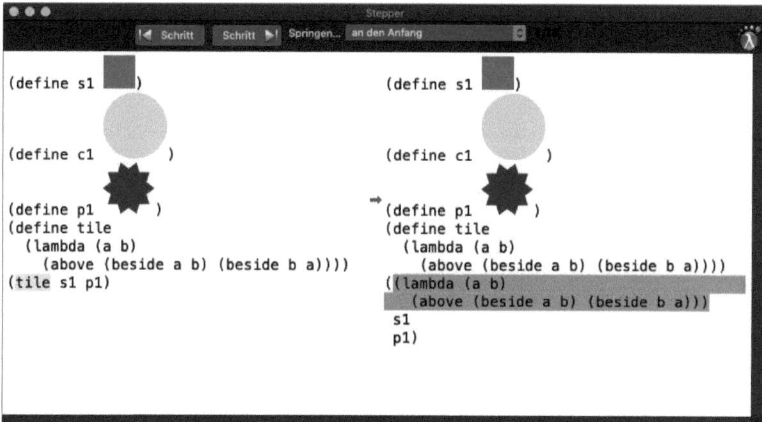

Abbildung 1.5: Stepper: Variable ersetzen

Du kannst sehen, wie DrRacket jeweils einen Schritt auf einmal auswertet – der ist auf der linken Seite grün – und dann rechts durch das Resultat ersetzt. Oben kannst Du sehen, wie der Stepper die Variable `tile` durch den **`lambda`**-Ausdruck aus der Definition von `tile` ersetzt. Das macht der Stepper auch mit den Definitionen von `s1` und `p1`:

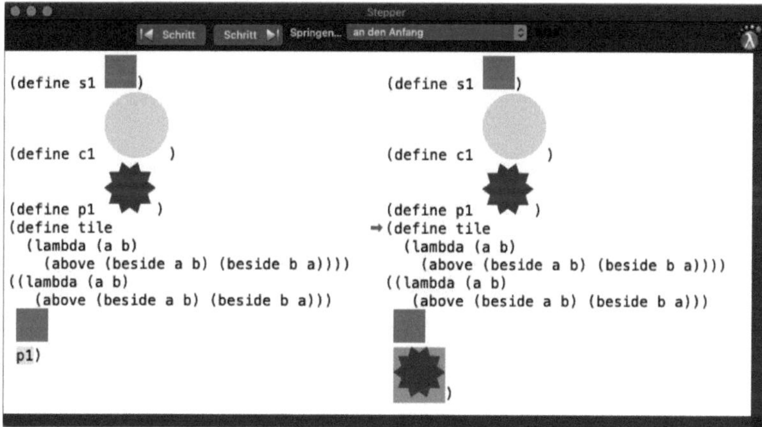

Abbildung 1.6: Stepper: Variable

Interessant wird es danach. Die Variablen aus den Definitionen sind alle ersetzt. Hinter dem **`lambda`**-Ausdruck stehen jetzt das Quadrat und der Stern, und die werden jetzt für die Variablen aus dem `lambda`-Ausdruck eingesetzt, also das Quadrat für a und der Stern für `b`:

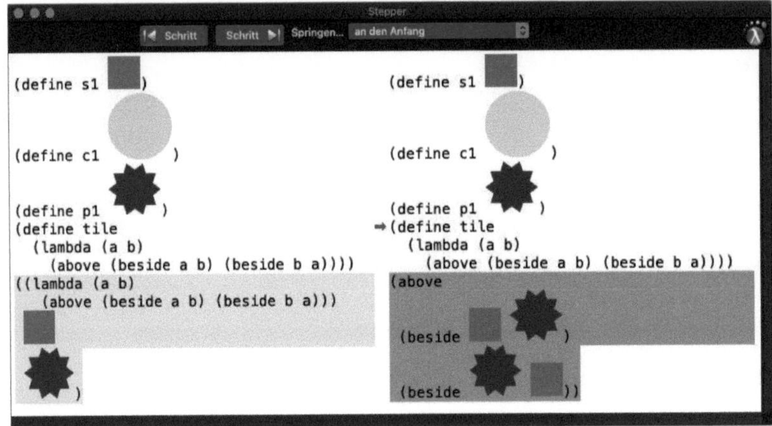

Abbildung 1.7: Stepper: Applikation

Dabei verschwindet auch das `lambda`.

AUFGABE 1.8

Probiere das Beispiel im Stepper aus und klicke Dich bis zum Ende durch. Mache Dir dabei klar, wie jeweils die linke mit der rechten Seite zusammenhängt. □

`(tile s1 p1)` ist eine sogenannte *Applikation*: ein Ausdruck mit Klammern drum. Der Operator und die Operanden der Applikation sind ebenfalls Ausdrücke. Der Operator ergibt eine Funktion – entweder eingebaut oder aus einem `lambda`-Ausdruck. Eine Applikation wird auch oft *Funktionsaufruf* oder *Funktionsanwendung* genannt.

Wenn die Funktion ein `lambda`-Ausdruck ist wie in Abbildung 1.7, dann muss es genauso viele Operanden geben wie der `lambda`-Ausdruck Variablen hat. Dann wertet DrRacket den Ausdruck wie folgt aus:

1. Die Operanden werden ausgewertet und ergeben die Eingaben für die Funktion, die sogenannten *Argumente*.
2. Die Argumente werden für die Variablen des `lambda`-Ausdrucks – die sogenannten *Parameter* – im Innenteil des `lambda`-Ausdrucks, dem *Rumpf* eingesetzt.

Lambda-Ausdrücke heißen auch *Abstraktionen*. Abbildung 1.8 fasst zusammen, wie Abstraktionen und Applikationen aufgebaut sind und ausgewertet werden.

Eine Abstraktion hat folgende Form:

(lambda ($p_1 \ldots p_n$) e)

Die p_i sind jeweils Namen, die *Parameter*, und e ist der *Rumpf*. In e dürfen die p_i vorkommen. Der Wert einer Abstraktion ist eine *Funktion*, welche für jeden Parameter eine Eingabe erwartet. Eine *Applikation* einer Funktion hat folgende Form:

(f a_1 ... a_n)

f ist ein Ausdruck, der eine Funktion ergeben muss, die a_i sind ebenfalls Ausdrücke, die *Argumente*. Bei der Auswertung einer Applikation werden zunächst f und die a_i ausgewertet; danach geht es mit der Auswertung des Rumpfes der Funktion weiter, wobei für die Parameter p_i jeweils die Werte der Argumente a_i eingesetzt werden.

Abbildung 1.8: Abstraktion und Applikation

Verwirrend ist vielleicht der Unterschied zwischen Abstraktion und Funktion: Die Abstraktion ist der `lambda`-Ausdruck im Programm, die Funktion ist der Wert, der bei der Programmauswertung dabei herauskommt. Wir verwenden im Buch aber häufig den Begriff «Funktion» für eine Abstraktion, weil uns interessiert, was bei der Abstraktion herauskommt.

AUFGABE 1.9

Kannst Du das Ergebnis einer Applikation von `tile` wieder als Eingabe für ein erneutes `tile` benutzen? Probier es aus! □

1.6 INFORMATION UND DATEN

Eine Definition wie

```
(define mehrwertsteuer 19)
```

suggeriert, dass die Zahl 19 an dieser Stelle eine Bedeutung «in der realen Welt» hat, zum Beispiel in einem Programm, das eine Registrierkasse steuert oder das bei der Steuererklärung hilft. Die Bedeutung könnte folgende Aussage sein: «Der Mehrwertsteuersatz beträgt 19%.» Dieser Satz repräsentiert *Information*, also einen Fakt über die Welt oder zumindest den Ausschnitt der Welt, in dem das Programm arbeiten soll. In Computerprogrammen wird Information in eine vereinfachte Form gebracht, mit der das Programm rechnen kann – in diesem Fall die Zahl 19. Diese vereinfachte Form heißt *Daten*: Daten sind *Repräsentationen* für Information.

Eine der wichtigsten Aufgaben beim Programmieren ist, die richtige Form für die Daten zu wählen, um die für das Programm relevanten Informationen darzustellen und die Informationen

Ein Semikolon ; kennzeichnet einen *Kommentar*. Der Kommentar erstreckt sich vom Semikolon bis zum Ende der Zeile und wird von DrRacket ignoriert.

Abbildung 1.9: Kommentare

dann in Daten zu übersetzen.

Nicht immer ist offensichtlich, welche Information durch bestimmte Daten repräsentiert werden. Die Zahl 23 zum Beispiel könnte eine Reihe von Informationen darstellen:

- die Anzahl der Haare von Bruce Willis
- die aktuelle Außentemperatur in °C in Tübingen
- die maximale Außentemperatur vom 1.7.2000 in °C in Tübingen
- die Größe in m^2 des Schlafzimmers
- die Rückennummer von Alexandra Popp

Welche gemeint ist, hängt vom Kontext ab. Damit andere unsere Programme lesen können, werden wir also immer wieder klarstellen müssen, was der Kontext ist und wie Information in Daten zu übersetzen ist und umgekehrt. An konkreten Beispielen können (und sollten) wir dazu einen Kommentar anbringen:

```
(define bruce-willis 23) ; Anzahl der Haare
(define temperatur-tübingen 23) ; 23°C in Tübingen
(define temperatur-tübingen-2000-07-01 23)
  ; 23°C in Tübingen am 7.1.2000
(define schlafzimmer 23) ; Schlafzimmer ist 23m²
(define alexandra-popp 23) ; Rückennummer
```

Das Semikolon kennzeichnet den Rest Zeile als *Kommentar*. DrRacket ignoriert diese Zeile beim Auswerten, aber für menschliche Leserinnen ist sie nützlich. Abbildung 1.9 fasst zusammen, wie das Semikolon funktioniert.

1.7 PROGRAMME SYSTEMATISCH KONSTRUIEREN

`elemente/stromtarif.rkt` **Code**

In Abschnitt 1.5 haben wir gezeigt, wie Abstraktion und Applikation bei der Programmauswertung funktionieren. Das Verständnis dafür ist wichtig, aber Du musst beim Schreiben Deines Programms nicht die ganze Zeit daran denken, wie DrRacket Dein Programm auswertet. Entsprechend kümmern wir uns in diesem Buch hauptsächlich darum, wie Du Programme systematisch konstruierst. Schauen wir uns das anhand einer kleinen aber realistischen Aufgabe an:

Betrachte folgende Stromtarife. Beide Tarife bestehen aus einer monatlichen Grundgebühr und einem Teil, der sich nach den verbrauchten Kilowattstunden (kWh) richtet.

	Grundgebühr pro Monat	Verbrauchspreis pro kWh
Tarif «Billig-Strom»	€ 4,90	€ 0,19
Tarif «Watt für wenig»	€ 8,20	€ 0,16

1. Schreibe ein Programm, das den Monatsverbrauch in Kilowattstunden akzeptiert und den im Tarif «Billig-Strom» zu zahlenden monatlichen Rechnungsbetrag berechnet.
2. Schreibe ein Programm, das den Monatsverbrauch in Kilowattstunden akzeptiert und den im Tarif «Watt für wenig» zu zahlenden monatlichen Rechnungsbetrag berechnet.

Fangen wir mit dem ersten Aufgabenteil an!

Funktion | Zunächst einmal: Da steht «Schreibe ein Programm ...». In den Lehrsprachen dieses Buchs heißt das immer «Schreibe eine *Funktion* ...». Später werden wir Programme schreiben, die neben der «Hauptfunktion» noch «Hilfsfunktionen» haben, aber das Prinzip bleibt immer das gleiche.

Wenn dort steht, «das den Monatsverbrauch in Kilowattstunden akzeptiert», dann bedeutet dies, dass die Funktion den Monatsverbraucht als Eingabe akzeptieren soll – also als Argument.

Ebenso bedeutet «und den ... zu zahlenden monatlichen Rechnungsbetrag berechnet», dass die Funktion diesen Rechungsbetrag als Ergebnis liefern soll.

Gerüst | Funktionen, die ein Problem aus einer Aufgabenstellung lösen, sollten immer einen Namen haben – den sollten wir uns gleich am Anfang ausdenken. Der Name `billig-strom` bietet sich an. Wir wissen schon, dass die Funktion den Verbrauch in Kilowattstunden akzeptiert. Wenn wir uns für Kilowattstunden auch noch einen Namen ausdenken, können wir direkt ein unfertiges Programm hinschreiben, ohne groß nachzudenken:

```
(define billig-strom
  (lambda (kWh)
    ...))
```

Wichtig: Schreibe dieses *Gerüst* unbedingt hin, auch wenn Du noch keine Vorstellung hast, wie es danach weitergeht. Immer. Jedes Mal.

Rumpf | Für das Berechnen des Rechnungsbetrags können wir eine Formel aufschreiben: Er ist die Summe aus der Grundgebühr und dem Produkt aus Energie (in Kilowattstunden) und dem Preis einer Kilowattstunde. Entsprechend müssen wir den Rumpf der Funktion ergänzen:

```
(define billig-strom
  (lambda (kWh)
    (+ 4.90 (* 0.19 kWh))))
```

Die Funktion `billig-strom` kannst Du jetzt aufrufen:

```
(billig-strom 10)
↪ 6.8
(billig-strom 20)
↪ 8.7
(billig-strom 30)
↪ 10.6
```

Die Funktion `billig-strom` ist ein einigermaßen winziges Programm. Wenn Programme größer werden, ist häufig nicht mehr unmittelbar ersichtlich, was die Programmteile tun oder ob sie tatsächlich korrekt sind. Es ist darum sinnvoll, die Funktion mit einigen Programmelementen zu ergänzen, welche die Verständlichkeit erhöhen und auch die Wahrscheinlichkeit, dass die Funktion korrekt ist. In den nächsten Abschnitten nehmen wir uns diese Programmelemente einzeln vor.

1.8 KURZBESCHREIBUNG

Als erste Unterstüzung der Lesbarkeit stellen wir einer Funktion eine kurze Beschreibung voran, die sogenannte *Kurzbeschreibung*, die beschreibt, was die Funktion macht. Eine prägnante Zeile ist dafür genug. Das könnte so aussehen:

```
; monatlichen Rechnungsbetrag für Tarif Billig-Strom berechnen

(define billig-strom ...)
```

1.9 SIGNATUR

Die Lesbarkeit des Programms wird außerdem durch die *Signatur* unterstützt, die beschreibt, welche Art von Daten die Funktion als Argumente erwartet und welche sie liefert.

Die Anzahl der Kilowattstunden auf dem Zählerableseblatt ist in der Regel eine ganze Zahl, die nicht negativ sein kann. Die Ausgabe kann hingegen zwei Nachkommastellen enthalten, ist also ein Bruch. Um die Signatur zu schreiben, benutzen wir für die Beschreibung dieser *Sorten* mathematische Namen. Eine ganze, nicht-negative Zahl heißt auch *natürliche Zahl*. Ein Bruch heißt auch

Eine *Signatur* beschreibt eine Menge oder Sorte von Werten.

Die Signatur `string` beschreibt eine Zeichenkette.

Folgende Signaturen für Zahlen sind eingebaut:

`natural`	natürliche Zahlen $(0, 1, 2 \ldots)$
`integer`	ganze Zahlen $(0, 1, -1, 2, -2, \ldots)$
`rational`	Brüche beziehungsweise rationale Zahlen
`real`	reelle Zahlen
`number`	beliebige Zahlen

Diese Liste bildet einen «Turm»: Jede natürliche Zahl ist auch eine ganze Zahl (da kommen noch die negativen Zahlen hinzu), jede ganze Zahl ist auch eine rationale Zahl (Brüche mit Nenner ungleich 1 kommen hinzu), jede rationale Zahl ist eine reelle Zahl (nicht-rationale Zahlen wie $\sqrt{2}$ kommen hinzu, und jede reelle Zahl ist auch eine Zahl (komplexe Zahlen kommen hinzu).

Signaturen für Funktionen haben die Form

$(s_1 \ \ldots \ s_n$ `->` $s)$

Die Signaturen $s_1 \ldots s_n$ sind die Signaturen für die Argumente der Funktion und s die Signatur für das Ergebnis.

Abbildung 1.10: Signaturen

Eine *Signatur-Deklaration* für eine Funktion hat folgende Form:

`(:` f $(s_1 \ \ldots \ s_n$ `->` $s)$`)`

Sie sagt aus, dass das Verhalten der Funktion der Signatur entspricht: Wenn die Eingaben der Funktion f den Signaturen $s_1 \ldots s_n$ entspricht, dann entspricht die Ausgabe der Signatur s.

Abbildung 1.11: Signatur-Deklarationen

rationale Zahl. Die Signatur-Deklaration für `billig-strom` sollte gleich nach der Kurzbeschreibung kommen und sieht so aus:

```
(: billig-strom (natural -> rational))
```

Die Signatur `natural` ist für die natürlichen Zahlen zuständig, `rational` für Brüche.

Diese Signatur-Deklaration besteht aus der Form `(: ...)`, dem Namen der Funktion und ihrer Signatur, `(natural -> rational)`. Diese Signatur hat einen Pfeil `->` in der Mitte und steht deshalb für eine Funktion. Links vom Pfeil steht, was die Funktion als Eingabe akzeptiert, rechts vom Pfeil die Ausgabe. Die Signatur-Deklaration ist also so zu lesen: «`Billig-strom` ist eine Funktion, die eine natürliche Zahl als Eingabe akzeptiert und eine rationale Zahl als Ausgabe produziert.»

Ein *Test* hat die folgende Form:

```
(check-expect t e)
```

Wenn das Programm läuft, wertet DrRacket den Test-Ausdruck *t* aus und überprüft, ob er mit dem Wert des Ausdrucks *e* übereinstimmt. Wenn nicht, schlägt der Test fehl und wird von DrRacket protokolliert.

Abbildung 1.12: Tests

Abbildungen 1.10 und 1.11 beschreiben das Format von Signaturen und Signatur-Deklarationen genauer.

1.10 TESTS

Wir haben oben in der REPL die Funktion `billig-strom` ausprobiert, indem wir DrRacket mehrere Aufrufe mit unterschiedlichen Eingaben haben auswerten lassen. Anhand dieser Beispiele können wir auch (vielleicht mit einem Taschenrechner) überprüfen, ob die Funktion dabei korrekte Ergebnisse produziert hat.

Diese Beispielaufrufe sind noch hilfreicher für Leserinnen und Leser, wenn sie im Programm stehen. Gepaart mit den erwünschten Ergebnissen erleichtern sie das Verständnis. Im Programm schreiben wir das folgendermaßen, gleich nach der Signatur:

```
(check-expect (billig-strom 10) 6.8)
(check-expect (billig-strom 20) 8.7)
(check-expect (billig-strom 30) 10.6)
```

Wenn wir jetzt das Programm laufen lassen, steht in der REPL:

```
Alle 3 Tests bestanden!
```

Das neue Programmelement `check-expect` (siehe Abbildung 1.12) macht nämlich einen sogenannten *Testfall* oder *Test*. In diesem Falle meldet DrRacket, dass mit den Tests alles geklappt hat. Aber das Programm könnte einen Fehler enthalten. Wenn wir in der Definition von `billig-strom` statt `4.90` «versehentlich» `5.90` schreiben, sieht die Ausgabe anders aus:

```
Check-Fehler:
Der tatsächliche Wert 7.8 ist nicht der erwartete Wert 6.8.
in stromtarif.rkt, Zeile 5, Spalte 0
Der tatsächliche Wert 9.7 ist nicht der erwartete Wert 8.7.
```

```
in stromtarif.rkt, Zeile 6, Spalte 0
Der tatsächliche Wert 11.6 ist nicht der erwartete Wert 10.6.
in stromtarif.rkt, Zeile 7, Spalte 0
```

(Wir haben den Code unter dem Namen `stromtarif.rkt` abgespeichert, darum taucht dieser Dateiname in den Fehlermeldungen auf.)

Die Tests weisen also auf mögliche Fehler hin. Das ist so wertvoll, dass wir in Zukunft *immer* Tests schreiben werden, und zwar nach der Signatur. Insbesondere werden wir die Tests schreiben, *bevor* wir die Definition angehen. Das nervt manchmal, ist aber psychologisch sinnvoll, damit wir uns vorher überlegen, wie das richtige Verhalten der Funktion aussehen soll. Wenn wir die Tests hinterher schreiben, ist die Versuchung groß, die Funktion einfach in der REPL aufzurufen und das tatsächliche Ergebnis in den Test zu übernehmen, ohne es auf Korrektheit zu überprüfen.

Bei den drei Tests oben müssten wir vielleicht einen Taschenrechner bemühen. Es gibt aber fast immer mindestens einen möglichen Test, der ganz einfach ist. In diesem Fall ist das:

```
(check-expect (billig-strom 0) 4.9)
```

Das gewünschte Ergebnis können wir direkt der Tabelle entnehmen. Der Test überprüft nur den Grundbetrag und nicht den pro-kWh-Preis – es braucht also weitere Tests – ist dafür aber einfach zu schreiben.

Wie viele Tests sollte man schreiben? Das hängt von der Komplexität der Funktion ab. Aber drei sollten es bei einfachen Funktionen sein, bei komplizierteren mehr.

Ein weiteres Kriterium ist, dass jeder Teil des Programms, das wir geschrieben haben, im Laufe der Tests einmal ausgewertet werden sollte. DrRacket kann Dir dabei helfen. Wenn Du das Programm nur auf die Funktionsdefinition reduzierst (also alle Tests und Beispielaufrufe entfernst) und dann laufen lässt, ist der Rumpf von `billig-strom` blau hinterlegt. (Außerdem Teile der Signatur von `billig-strom`.) Diese Hinterlegung zeigt die sogenannte *Abdeckung* an: Die blau hinterlegten Programmteile sind noch nie gelaufen und wurden ergo auch noch nicht getestet. Es fehlen also noch Tests. In Zukunft achten wir also darauf, dass nichts blaues übrigbleibt – andernfalls müssen wir mehr Tests schreiben. Wir kommen in Abschnitt 2.3 auf dieses Thema zurück.

Bei Programmen, die Bilder erzeugen, ist es in der Regel nicht möglich, die Testfälle vorher zu schreiben. Du kannst aber Beispiele ausprobieren, die Du Dir vorher überlegt hast, und diese visuell überprüfen. Wenn Dir ein Ergebnis richtig erscheint, kannst Du das Bild aus der REPL in das Programm kopieren. In der REPL könnte das so aussehen:

```
(square 40 "solid" "red")
```

↪

Du kannst dann das Quadrat aus der REPL kopieren, also zum Beispiel mit der Maus markieren und dann mit `Ctrl-C` beziehungsweise `Strg-C` oder `Command-C` kopieren und dann ins Programm mit `Ctrl-V` beziehungsweise `Strg-V` oder `Command-V` einfügen und dann daraus folgenden Test machen:

```
(check-expect (square 40 "solid" "red") )
```

AUFGABE 1.10

Schreibe für `tile` zwei Tests! □

Übrigens ist eine Signatur-Deklaration auch so eine Art Testfall. Das sehen wir, wenn wir absichtlich einen Fehler wie diesen hier machen:

```
(check-expect (billig-strom "30") 13.0)
```

Probier es aus! Es erscheint zusammen mit den Meldungen über die Tests eine Meldung über eine *Signaturverletzung* wie folgt:

```
Signaturverletzungen:
bekam "30" in stromtarif.rkt ..., Signatur in stromtarif.rkt ...
```

In der Meldung stehen klickbare Links, die Dir zeigen, wo die Signaturverletzung passiert ist und welche Signatur verletzt wurde.

Wenn Signaturverletzungen erscheinen, solltest Du diese genau lesen, weil sie auf ein Problem in Deinem Programm hinweisen und wertvolle Hinweise zu dessen Lösung geben.

1.11 KONSTRUKTIONSANLEITUNGEN

Wir haben im vorigen Abschnitt folgende Arbeitsschritte kennengelernt, die zu einer Funktion führen:

- Gerüst
- Kurzbeschreibung
- Signatur-Deklaration
- Tests
- Rumpf

Diese Reihenfolge ist der Reihenfolge ihrer Einführung in diesem Kapitel geschuldet. Zukünftig ist es sinnvoll, dass wir diese Schritte immer in der gleichen und zwar in folgender Reihenfolge durchführen:

- Kurzbeschreibung
- Signatur
- Tests
- Gerüst
- Rumpf

Dies entspricht auch der Reihenfolge, in der die entsprechenden Elemente im Programm stehen: Wenn Du diese Reihenfolge befolgst, kannst Du Dein Programm einfach «herunterschreiben».

Eine solche Anleitung zur Konstruktion von Programmen nennen wir in diesem Buch *Konstruktionsanleitung*. Da noch viele weitere Konstruktionsanleitungen hinzukommen werden, bekommen sie Nummern. Die erste Konstruktionsanleitung legt den Ablauf fest und bekommt darum die besondere Nummer 0. Wir fügen gleich noch zwei weitere Elemente hinzu – Datenanalyse und Schablonen – die wir in späteren Kapiteln erläutern werden.

KONSTRUKTIONSANLEITUNG 0 (ABLAUF)

Gehe bei der Konstruktion einer Funktion in folgender Reihenfolge vor:

1. Kurzbeschreibung
2. Datenanalyse
3. Signatur-Deklaration
4. Tests
5. Gerüst
6. Schablonen
7. Rumpf

Für jeden dieser Schritte gibt es jeweils eine Konstruktionsanleitung, für manche mehrere je nach Situation. Es mag Dir übermäßig bürokratisch vorkommen, immer die gleiche Reihenfolge einzuhalten und immer nach der jeweiligen Konstruktionsanleitung vorzugehen. Bürokratisch ist das in jedem Fall, aber auch eine wertvolle Hilfestellung, die verhindert, dass Du in unnötige Sackgassen gerätst. Wenn Du irgendwann beim Lösen einer Aufgabe in eine Sackgasse gerätst, solltest Du als erstes überprüfen, ob Du auch nach den Konstruktionsanleitungen vorgegangen bist. Oft ist die Ursache des Problems, dass einer der Schritte fehlt.

Zunächst einmal führen wir Konstruktionsanleitungen für die Schritte des Ablaufs ein, die wir schon auf der Liste haben:

KONSTRUKTIONSANLEITUNG 1 (KURZBESCHREIBUNG)

Schreibe für die Funktion zunächst einen Kommentar, der ihren Zweck kurz beschreibt. Ein Satz, der auf eine Zeile passen sollte, reicht. Beispiel:

```
; monatlichen Rechnungsbetrag für Tarif Billig-Strom berechnen
```

Die Kurzanleitung für die Datenanalyse, die Du vielleicht an dieser Stelle vermisst, gibt es erst in Kapitel 2. An dieser Stelle hier wird sie noch nicht benötigt.

KONSTRUKTIONSANLEITUNG 2 (SIGNATUR-DEKLARATION)

Schreibe für die Funktion direkt unter die Kurzbeschreibung eine Signatur-Deklaration. Dazu denke Dir zunächst einen möglichst aussagekräftigen Namen aus. Überlege dann, welche Sorten die Ein- und Ausgaben haben und schreibe dann eine Signatur, welche die Ein- und Ausgaben der Funktion möglichst präzise beschreiben. Beispiel:

```
(: billig-strom (natural -> rational))
```

Achte bei den Zahlen-Signaturen besonders auf eine möglichst präzise Signatur. Bei der Funktion `billig-strom` wäre auch die Signatur `(number -> number)` korrekt, aber nicht so genau.

KONSTRUKTIONSANLEITUNG 3 (TESTS)

Schreibe unter die Signatur Tests für die Funktion. Denke Dir dafür möglichst einfache, aber auch möglichst interessante Beispiele für Aufrufe der Funktion aus und lege fest, was dabei herauskommen soll. Mache aus den Beispielen Tests mit `check-expect`. Beispiel:

```
(check-expect (billig-strom 0) 4.9)
(check-expect (billig-strom 10) 6.8)
(check-expect (billig-strom 20) 8.7)
(check-expect (billig-strom 30) 10.6)
```

Achte darauf, dass die Tests dafür sorgen, dass der Code Deiner Funktion durch die Tests vollständig abgedeckt wird.

Der letzte Satz der Konstruktionsanleitung ergibt, was das Beispiel `billig-strom` betrifft, keinen Sinn, da jeder einzelne der Tests bereits dafür sorgt, dass die Addition und die Multiplikation in `billig-strom` ausgewertet werden. In Abschnitt 2.3 werden wir aber Beispiele programmieren, bei denen es nicht selbstverständlich ist, dass die Tests alles auswerten.

KONSTRUKTIONSANLEITUNG 4 (GERÜST)

Schreibe unter die Tests ein Gerüst für die Funktion. Dazu übernimmst Du den Namen aus der Signatur-Deklaration in eine Funktionsdefinition wie zum Beispiel:

```
(define billig-strom
  (lambda (...)
    ...))
```

Denke Dir Namen für die Eingaben der Funktion aus. Das müssen genauso viele sein, wie die Signatur Eingaben hat. Schreibe dann diese Namen als Eingaben in die `lambda`-Abstraktion. Beispiel:

```
(define billig-strom
  (lambda (kWh)
    ...))
```

Schreibe für den Rumpf zunächst drei Punkte ... (auch *Ellipse*) genannt als Erinnerung daran, dass Du hier später noch etwas ausfüllen musst.

KONSTRUKTIONSANLEITUNG 5 (RUMPF)

Als letzten Schritt fülle mit Hilfe des Wissens über das Problem den Rumpf der Funktion aus.

```
(define billig-strom
  (lambda (kWh)
    (+ 4.90 (* 0.19 kWh))))
```

Diesen Ablauf demonstrieren wir anhand des zweiten Teils der Stromtarif-Aufgabe. Es ging um den Tarif «Watt für Wenig».

Kurzbeschreibung | Fangen wir mit der Kurzbeschreibung an:

```
; monatlichen Rechnungsbetrag für Tarif Watt für wenig berechnen
```

Signatur | Auch die Signatur-Deklaration können wir analog zu «Billig-Strom» formulieren – wir müssen uns nur einen neuen Namen aussuchen:

```
(: watt-für-wenig (natural -> rational))
```

Tests | Die Tests müssen wir neu formulieren. Es ist immer sinnvoll, mit dem einfachsten Beispiel anzufangen:

```
(check-expect (watt-für-wenig 0) 8.2)
```

Ansonsten nehmen wir wieder progressiv größere Verbrauchswerte und rechnen den Rechnungsbetrag im Kopf aus:

```
(check-expect (watt-für-wenig 10) 9.8)
(check-expect (watt-für-wenig 20) 11.4)
(check-expect (watt-für-wenig 30) 13.0)
```

Gerüst | Das Gerüst ergibt sich direkt aus der Signatur:

```
(define watt-für-wenig
  (lambda (kWh)
    ...))
```

Rumpf | Schließlich müssen wir noch den Rumpf vervollständigen, indem wir die entsprechende Formel hineinschreiben:

```
(define watt-für-wenig
  (lambda (kWh)
    (+ 8.20 (* 0.16 kWh))))
```

Fertig!

1.12 DIE MACHT DER ABSTRAKTION

Wir haben bei den Stromtarifen für die beiden Aufgabenteile völlig voneinander unabhängige Lösungen geschrieben. Diese unterscheiden sich allerdings nur in Details – in beiden Fällen wird der Stromtarif aus einer Grundgebühr und einem Verbrauchspreis pro kWh mit der gleichen Formel berechnet. Die Definitionen ähneln sich dementsprechend:

```
(define billig-strom
  (lambda (kWh)
    (+ 4.90 (* 0.19 kWh))))
```

```
(define watt-für-wenig
  (lambda (kWh)
    (+ 8.20 (* 0.16 kWh))))
```

Diese «Verdoppelung» ist unbefriedigend und kann auch später Probleme machen: Wenn ein Fehler bekannt wird, müssen möglicherweise zwei Funktionen korrigiert werden.

Es wäre also gut, wenn wir die Gemeinsamkeiten der beiden Funktionen irgendwie zusammenfassen könnten, mithin über `billig-strom` und `watt-für-wenig` *abstrahieren* könnten. Dazu kopieren wir die Funktion ein letztes Mal und benennen sie um. Außerdem ersetzen wir alle Stellen, bei denen sich die beiden Funktionen unterscheiden, jeweils durch eine Variable, zum Beispiel `grundgebühr` und `pro-kWh`:

```
(define stromtarif-rechnungsbetrag
  (lambda (kWh)
    (+ grundgebühr (* pro-kWh kWh))))
```

Die beiden neuen Variablen sind noch nicht gebunden, wir müssen sie zu den Parametern des **`lambda`** hinzufügen:

```
(define stromtarif-rechnungsbetrag
  (lambda (grundgebühr pro-kWh kWh)
    (+ grundgebühr (* pro-kWh kWh))))
```

Wir ergänzen noch Kurzbeschreibung und Signatur. Die neuen Parameter sind auch beide rationale Zahlen, das sieht also so aus:

```
; monatlichen Rechnungsbetrag für Stromtarif berechnen
(: stromtarif-rechnungsbetrag (rational rational natural -> rational))
```

Außerdem sollten wir Tests formulieren. Diese können wir aus den Tests für `billig-strom` und `watt-für-wenig` abschreiben. Wir müssen nur jeweils zu den Argumenten noch die Grundgebühr beziehungsweise den Preis pro kWh hinzufügen:

```
(check-expect (stromtarif-rechnungsbetrag 4.90 0.19 0) 4.9)
  ; Billig-Strom
(check-expect (stromtarif-rechnungsbetrag 4.90 0.19 10) 6.8)
  ; Billig-Strom
(check-expect (stromtarif-rechnungsbetrag 4.90 0.19 20) 8.7)
  ; Billig-Strom
(check-expect (stromtarif-rechnungsbetrag 4.90 0.19 30) 10.6)
  ; Billig-Strom
```

```
(check-expect (stromtarif-rechnungsbetrag 8.20 0.16 0) 8.2)
  ; Watt für wenig
(check-expect (stromtarif-rechnungsbetrag 8.20 0.16 10) 9.8)
  ; Watt für wenig
(check-expect (stromtarif-rechnungsbetrag 8.20 0.16 20) 11.4)
  ; Watt für wenig
(check-expect (stromtarif-rechnungsbetrag 8.20 0.16 30) 13.0)
  ; Watt für wenig
```

Schließlich können wir auch die Definitionen von `billig-strom` und `watt-für-wenig` so ändern, dass sie nicht mehr «selbst» den Rechnungsbetrag ausrechnen, sondern dafür die Funktion `stromtarif-rechnungsbetrag` benutzen:

```
(define billig-strom
  (lambda (kWh)
    (stromtarif-rechnungsbetrag 4.90 0.19 kWh)))

(define watt-für-wenig
  (lambda (kWh)
    (stromtarif-rechnungsbetrag 8.20 0.16 kWh)))
```

Zu dieser Technik werden wir in diesem Buch noch oft greifen. Sie erspart nicht nur Arbeit und macht unsere Programme leichter zu handhaben, sondern führt manchmal zu ganz neuen Erkenntnissen – zu sehen zum Beispiel in Kapitel 9.

1.13 MANTRAS FÜR DIE PROGRAMMIERUNG

Nach den einfachen Programmen bisher werden wir in den folgenden Kapiteln immer interessantere Funktionen schreiben und dabei weitere Konstruktionsanleitungen für spezifische Situationen einführen.

Es gibt aber einige übergreifende Prinzipien des Programmierens, die wir immer wieder aufgreifen werden. Nicht alle sind jetzt schon relevant, aber wir listen sie hier einmal auf, damit sie an einer Stelle gesammelt sind und wir darauf in den folgenden Kapiteln Bezug nehmen können.

Das erste Mantra soll einem Phänomen entgegenwirken, das wir oft bei unseren Studierenden beobachtet haben, die manchmal bei einer Aufgabe aufgeben, bevor sie alles hingeschrieben haben, was sie wissen.

MANTRA 1
Achte darauf, dass für alles, was Du weißt, tatsächlich auch etwas im Programm steht.

Das nächste Mantra klingt eigentlich wie Kinderkram:

MANTRA 2
Lies, was dort steht.

Das genaue Lesen fällt uns aber erstaunlich schwer. Für dieses Buch sind zwei Aspekte des Lesens besonders wichtig. Am wichtigsten ist das Lesen der jeweiligen Aufgabenstellung, und zwar Schritt für Schritt – gerade so, dass wir genug für den jeweils nächsten Schritt verstehen – anstatt alles auf einmal. Außerdem gibt DrRacket (oder andere Programmierumgebungen) oft nützliche Rückmeldungen, die es sich zu lesen lohnt, auch wenn das manchmal mühsam ist.

Die Konstruktionsanleitungen geben Hilfestellung dabei, die Aufgabenstellung strukturiert zu lesen und in Deinem Programm zu schreiben, was Du weißt. Daraus folgt das nächste Mantra:

MANTRA 3
Gehe nach den Konstruktionsanleitungen vor. Wenn Du Dich in einer Sackgasse wiederfindest, überprüfe, ob Du alle relevanten Konstruktionsanleitungen angewendet hast.

Die Konstruktionsanleitungen helfen uns, Fortschritte zu machen – auch wenn wir noch nicht alles verstehen – zu lesen, was dort steht und aufzuschreiben, was wir wissen.

Das folgende Mantra haben wir schon in Abschnitt 1.12 auf Seite 42 kennengelernt:

MANTRA 4
Wenn Du zwei Programmteile siehst, die sich nur an wenigen Stellen unterscheiden und die inhaltlich verwandt sind, abstrahiere!

Bisher haben wir nur kleine Programme mit ein, zwei oder drei Funktionen geschrieben: Größere Programme bestehen aus vielen Funktionen, und dieses Mantra benennt das Prinzip, nachdem wir es in Funktionen aufteilen:

MANTRA 5
Wenn in Deinem Programm mehrere Dinge berechnet werden, denen Du verschiedene Namen geben kannst, schreibe für jedes eine separate Funktion.

Wir werden oft mathematische Einsichten in Form von Gleichungen benutzen, um unsere Programme zu verbessern:

MANTRA 6
Nutze Gleichungen aus, um Dein Programm zu vereinfachen.

Manchmal macht es Spaß, ein kompliziertes Programm zusammenzubasteln wie ein Puzzle. Leider führt dies oft zu unerwünschter Komplexität: Komplexe Programme sind fehleranfällig, schwierig zu verstehen und schwierig weiterzuentwickeln. Wir sollten uns davor hüten:

MANTRA 7
Wenn Deine Funktion Dir kompliziert scheint, ist es wahrscheinlich, dass sie Fehler enthält: Entweder weil sie eigentlich einfacher sein sollte oder weil die Aufgabe kompliziert und damit ihre Lösung fehleranfällig ist.

Das nächste Mantra beschreibt, wie Du besonders gute Repräsentationen entwickeln kannst. Worum es genau geht, steht in Kapitel 5 auf Seite 141.

MANTRA 8
Suche nach Kombinatoren für Deine Daten, die aus kleinen Dingen größere Dinge machen – und daraus wieder größere Dinge machen.

AUFGABEN

AUFGABE 1.11

Sei C eine Temperatur in Grad Celsius. Die Temperatur F in Grad Fahrenheit ergibt sich als:

$$F = \frac{9}{5}C + 32$$

1. Schreibe eine Funktion `celsius->fahrenheit`, die als Eingabe eine Temperatur in °C akzeptiert und eine Temperatur in °F zurückgibt. Benutze dazu die Konstruktionsanleitung.
2. Schreibe eine Funktion `fahrenheit->celsius`, die als Eingabe eine Temperatur in °F akzeptiert und eine Temperatur in °C zurückgibt. Benutze dazu ebenfalls die Konstruktionsanleitung!

AUFGABE 1.12

Vervielfachung von Zeichenketten:

- Schreibe eine Funktion `double-string`, die eine Zeichenkette akzeptiert und diese «verdoppelt», das heißt, für eine Eingabe `"Sperber"` den Rückgabewert `"SperberSperber"` liefert.
- Schreibe eine Funktion `quadruple-string`, die eine Zeichenkette akzeptiert und «vervierfacht».
- Schreibe eine Funktion `octuple-string`, die eine Zeichenkette akzeptiert und «verachtfacht».
- Schreibe eine Funktion `sixteentuple-string`, die eine Zeichenkette akzeptiert und «versechzehnfacht».

AUFGABE 1.13

Die *Internetzeit* ist ein alternatives Konzept der Zeitmessung, bei dem der Tag nicht in 24 Stunden à 60 Minuten à 60 Sekunden eingeteilt wird, sondern in 1000 sogenannte *.beats*. Ein solcher .beat ist damit 1 Minute 26 Sekunden und 4 Zehntelsekunden lang, zur weiteren Unterteilung gibt es zwei Nachkommastellen.

Notiert wird die Zeit durch ein @-Symbol vor dem Wert. `@0.00` ist gleichbedeutend mit 0 Uhr mitteleuropäischer Zeit.

Zum Beispiel also entspricht die Uhrzeit 03:02, 9 Sekunden und 6 Zehntelsekunden `@126.50` .beats.

Schreibe eine Funktion `time->beats`, die aus einer Uhrzeit aus Stunden, Minuten, Sekunden und Zehntelsekunden die Internetzeit in .beats berechnet. Die Funktion bekommt vier Eingaben: Stunden, Minuten, Sekunden und Zehntelsekunden.

Benutze Abstraktion und schreibe Hilfsfunktionen an den Stellen, an denen sie Teilprobleme lösen!

Bei der Lösung der Aufgabe sind die eingebauten Funktionen `floor` und `round` hilfreich: Die erste Funktion rundet ab, die zweite rundet auf oder ab, je nachdem ob der Nachkommeanteil unterhalb oder oberhalb von 0,5 liegt.

AUFGABE 1.14

In den USA und in Europa gibt es unterschiedliche Maße für die Energieeffizienz von Kraftfahrzeugen:

- In Europa ist das gängige Maß der *Verbrauch* in Liter pro 100 km (l/100km);

- in den USA ist das gängige Maß die *Reichweite* in Meilen pro Gallone (mi/gal).

Schreibe Funktionen, die zwischen beiden Maßeinheiten umrechnen. Gehe dazu wie folgt vor:

Halte Dich bei jeder Funktion, die Du schreibst, an den Ablauf: Schreibe zuerst die Kurzbeschreibung und die Signatur. Schreibe als Nächstes einige Testfälle. Leite danach das Gerüst von der Signatur her und vervollständige den Rumpf der Funktion.

1. Schreibe eine Funktion `liters-per-hundred-kilometers`, die eine Menge Benzin in Liter und die Reichweite dieses Benzins in Kilometer akzeptiert und daraus den Verbrauch in Liter pro 100 km berechnet.
2. Schreibe eine Funktion `miles-per-gallon`, die eine Entfernung in Meilen und den Benzinverbrauch auf diese Entfernung in Gallonen akzeptiert und daraus die Reichweite in Meilen pro Gallone berechnet.
3. Definiere eine Konstante `kilometers-per-mile` (eine US-Meile entspricht etwa $1,61$ Kilometer) und schreibe zwei Funktionen `kilometers->miles` und `miles->kilometers`, die jeweils eine Entfernung in einer Maßeinheit akzeptieren und die Entfernung in die jeweils andere Maßeinheit umrechnen.
4. Definiere eine Konstante `liters-per-gallon` (eine Gallone entspricht etwa $3,79$ Liter) und schreibe zwei Funktionen `liters->gallons` und `gallons->liters`, die jeweils eine Menge in einer Maßeinheit akzeptieren und die Menge in die jeweils andere Maßeinheit umrechnen.
5. Schreibe die Funktion `l/100km->mi/gal`, die einen Verbrauch in Liter pro 100 km akzeptiert und in die Reichweite in Meilen pro Gallone umrechnet. Benutze dafür die Funktionen, die Du in den anderen Teilaufgaben erstellt hast. Solltest Du auf weitere Teilprobleme stoßen, abstrahiere diese Teilprobleme in eigene Funktionen.
6. Schreibe die Funktion `mi/gal->l/100km`, die eine Reichweite in Meilen pro Gallone akzeptiert und in den Verbrauch in Liter pro 100 km umrechnet. Benutze dafür die Funktionen, die Du in den anderen Teilaufgaben erstellt hast. Solltest Du auf weitere Teilprobleme stoßen, abstrahiere diese Teilprobleme in eigene Funktionen.
7. Finde heraus, wie hoch der Benzinverbrauch verschiedener Kraftfahrzeuge ist, die Du täglich im Straßenverkehr in Deutschland siehst. Vergleiche diesen Verbrauch mit den Reichweitenangaben typischer Kraftfahrzeuge für den US-amerikanischen Markt.

Aufgabe 1.15

In einem Betrieb wird eine Stechuhr aufgebaut, die bei Arbeitsbeginn und bei Arbeitsende den aktuellen Zeitpunkt auf eine Karte stempelt. Ein Zeitpunkt wird durch Stunden, Minuten und Sekunden beschrieben. Durch geschickte Verhandlungen des Betriebsrats sind Nachtschichten verboten. Arbeitsbeginn ist frühestens um 6 Uhr morgens und Arbeitsende ist spätestens um 22 Uhr. Jeder Arbeiter in diesem Betrieb verdient pro Stunde € 72.

Schreibe eine Funktion `money-earned`, welche aus zwei gegebenen Zeitpunkten (Arbeitsbeginn und Arbeitsende) berechnet, wie viel Geld in dieser Zeit verdient wurde. Es genügt, wenn der Betrag in Cent angegeben wird. Rechne die Uhrzeiten hierfür zunächst in Sekunden um. Die Funktion dafür hat sechs Eingaben: Stunde-Beginn, Minute-Beginn, Sekunde-Beginn, Stunde-Ende, Minute-Ende, Sekunde-Ende.

Benutze Abstraktion und schreibe Hilfsfunktionen an den Stellen, an denen sie Teilprobleme lösen!

AUFGABE 1.16

Ein Boot überquert einen Fluss mit Strömung und kommt durch die Strömung vom geplanten Kurs ab. Dadurch wird die Strecke, die das Boot tatsächlich zurücklegt, länger.

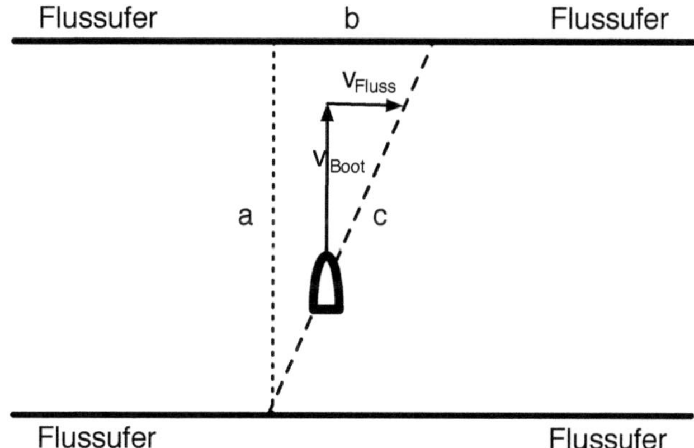

Gegeben ist die Breite des Flusses a, die Strömungsgeschwindigkeit des Flusses v_{Fluss} und die Geschwindigkeit des Bootes v_{Boot}. Berechne die Länge der Strecke, die das Boot tatsächlich zurücklegt. Programmiere dazu Funktionen, die folgende Teilprobleme lösen:

1. Schreibe eine Funktion `crossing-time`, welche die Zeit berechnet, die für das Überqueren des Flusses benötigt wird:

$$t = \frac{a}{v_{\text{Boot}}}$$

2. Schreibe dann eine Funktion `other-shore-offset`, die die Länge der Strecke berechnet, die das Boot abgetrieben wird (also den Versatz am anderen Ufer, im Schaubild die Strecke b).
3. Um c zu berechnen, brauchst Du den *Satz des Pythagoras*:

   $$a^2 + b^2 = c^2$$

   Schreibe eine Funktion `hypotenuse`, die c der obigen Gleichung berechnet.
   Um die Quadratwurzel einer Zahl zu berechnen, kannst du `sqrt` verwenden, die folgende Signaturdeklaration hat:

   ```
   (: sqrt (number -> number))
   ```

   Solltest Du auf weitere Teilprobleme stoßen, abstrahiere diese Teilprobleme in eigene Funktionen.
4. Schreibe schließlich eine Funktion `boat-travel-distance`, die die tatsächliche Strecke berechnet, die das Boot zurücklegt. Benutze dafür die bisher geschriebenen Funktionen.

2 FALLUNTERSCHEIDUNGEN UND VERZWEIGUNGEN

Computerprogramme müssen bei manchen Daten, die sie verarbeiten, zwischen verschiedenen Möglichkeiten differenzieren: Ist die Wassertemperatur warm genug zum Baden? Welche von fünf Tupperschüsseln ist für eine bestimmte Menge Kartoffelsalat groß genug? Welches ist die richtige Abzweigung nach Dortmund? Solche Entscheidungen sind daran festgemacht, dass ein Wert zu einer von mehreren verschiedenen Kategorien gehören kann – es handelt sich dann um eine sogenannte *Fallunterscheidung*; Funktionen operieren auf Daten mit Fallunterscheidung durch *Verzweigungen*.

In diesem Kapitel werden wir zunächst zwei besonders einfache Arten von Fallunterscheidungen behandeln, nämlich *Aufzählungen* und *Zahlenbereiche*. In Kapitel 4 werden wir die Fallunterscheidungen noch einmal aufgreifen und mit sogenannten *gemischten Daten* programmieren.

2.1 RECHNEN MIT BOOLESCHEN WERTEN

Für die Programme dieses Kapitels benötigen wir eine neue Art von Daten. Die ergeben sich, wenn wir zum Beispiel zwei Zahlen vergleichen:

```
(< 0 5)
↪ #t
```

`(< 0 5)` ist die Schreibweise für $0 < 5$. Das `#t` steht für «true» oder «wahr», denn die Aussage «ist 0 kleiner als 5» stimmt ja. Umgekehrt kommt natürlich nicht `#t` heraus:

```
(< 5 0)
↪ #f
```

Das `#f` steht für «false» oder «falsch», denn diese Aussage stimmt nicht.

«Wahr» und «falsch» heißen zusammen *boolesche Werte* oder auch *Wahrheitswerte*.[1] Ein Ausdruck, bei dem ein boolescher Wert herauskommt, heißt dementsprechend auch *boolescher Ausdruck*.

Wir werden boolesche Ausdrücke oft *Bedingungen* nennen. Wenn eine Bedingung `#t` liefert, werden wir auch die Sprachregelung benutzen, dass die Bedingung *gilt* – beziehungsweise, dass, wenn sie `#f` liefert, sie *nicht gilt*.

---

1 Die booleschen Werte sind benannt nach *George Boole* (1815–1864), der als Erster einen algebraischen Ansatz für die Behandlung von Logik mit den Werten «wahr» und «falsch» formulierte.

< ist eine eingebaute Funktion, die auf «kleiner als» testet, also dem mathematischen Operator $<$ entspricht. Ebenso gibt es auch > für «größer als» (Mathematik: $>$), = für «gleich» (Mathematik: $=$), <= für «kleiner oder gleich» (Mathematik: $\leq$) und >= für «größer oder gleich» (Mathematik: $\geq$).

Analog zu = für Zahlen können Zeichenketten mit `string=?` verglichen werden:

```
(string=? "Mike" "Mike")
↪ #t
(string=? "Herbert" "Mike")
↪ #f
```

`#t` und `#f` sind Literale, wie Zahlen. Sie können also auch in Programmen stehen:

```
#t
↪ #t
#f
↪ #f
```

Programme können mit booleschen Werten auch rechnen. Ein Ausdruck der Form

(and e_1 e_2 ... e_n)

ergibt immer dann `#t`, wenn alle e_i `#t` ergeben, sonst `#f`. Bei zwei Operanden e_1 und e_2 ergibt (and e_1 e_2) immer dann `#t`, wenn e_1 *und* e_2 `#t` ergeben:

```
(and #t #t)
↪ #t
(and #f #t)
↪ #f
(and #t #f)
↪ #f
(and #f #f)
↪ #f
```

Entsprechend zu den and-Ausdrücken mit «und» gibt es auch Ausdrücke der Form, die «oder» umsetzen:

(or e_1 e_2 ... e_n)

die immer dann `#t` ergeben, wenn *einer* der e_i `#t` ergibt, sonst `#f`. Bei zwei Operanden e_1 und e_2 ergibt (or e_1 e_2) immer dann `#t`, wenn e_1 *oder* e_2 `#t` ergeben:

```
(or #t #t)
↪ #t
(or #f #t)
↪ #t
(or #t #f)
↪ #t
(or #f #f)
↪ #f
```

Das `or` berechnet also ein *inklusives* Oder: `(or` e_1 e_2`)` bedeutet «e_1 oder e_2 oder beides», im Gegensatz zum *exklusiven* Oder «entweder e_1 oder e_2».[2]

Des Weiteren gibt es noch eine eingebaute Funktion `not`, die einen booleschen Wert umdreht beziehungsweise dessen *Negation* berechnet, sich also folgendermaßen verhält:

```
(not #f)
↪ #t
(not #t)
↪ #f
```

Für boolesche Werte gibt es die Signatur `boolean`.

AUFGABE 2.1

Schreibe eine Funktion, die von zwei booleschen Werten das exklusive Oder berechnet. □

2.2 VERZWEIGUNGEN

`fallunterscheidungen/say-number.rkt`	**Code**

Um Fallunterscheidungen zu demonstrieren, nehmen wir uns folgende Beispielaufgabe vor: Wir schreiben eine Funktion, die eine Zahl (auf Englisch) «aufsagen» soll. Sie soll sich so verhalten:

```
(say-number 0)
↪ "zero"
(say-number 1)
↪ "one"
```

[2] In der Informatik ist mit «oder» ohne Zusatz fast immer das inklusive Oder gemeint. Wer das exklusive Oder meint, sagt auch «exklusives Oder».

Der Einfachheit halber beschränken wir uns vorläufig auf die Zahlen von Null bis Drei. Die Funktion hat folgende Kurzbeschreibung:

```
; Zahl zu Text machen
```

Die Funktion macht aus einer natürlichen Zahl eine Zeichenkette und hat folgende Signatur:

```
(: say-number (natural -> string))
```

Die Signatur sagt leider nichts darüber aus, dass die Funktion nur bis Drei funktioniert – später werden wir noch beschreiben, wie die Signatur präziser werden kann. Hier wollen wir uns jedoch erst einmal auf die Funktionsdefinition konzentrieren. Vorher machen wir aber die obigen Beispiele zu Testfällen:

```
(check-expect (say-number 0) "zero")
(check-expect (say-number 1) "one")
```

Das Gerüst ergibt sich direkt aus der Signatur:

```
(define say-number
  (lambda (n)
    ...))
```

Aber wie kommen wir jetzt weiter? Die Eingabe zerfällt ja in vier Fälle – 0, 1, 2 und 3 – sie bildet somit eine *Fallunterscheidung*. Um eine Fallunterscheidung in der Eingabe einer Funktion verarbeiten zu können, benötigen wir ein neues Programmelement, die *Verzweigung*. Verzweigungen beginnen mit dem Wort **cond** und gehören zu den kompliziertesten Programmelementen, die wir in diesem Buch benutzen. Aber keine Sorge, so schlimm wird es nicht. Um eine Verzweigung zu schreiben, müssen wir wissen, *wie viele* Fälle es gibt. In unserer Aufgabe sind das vier. Die Verzweigung dafür hat folgende Form:

```
(define say-number
  (lambda (n)
    (cond
      (... ...)
      (... ...)
      (... ...)
      (... ...))))
```

Jedes der Programmstücke `(... ...)` ist ein sogenannter *Zweig*. Der erste Teil eines Zweigs ist immer eine Bedingung, der für den entsprechenden Fall `#t` liefern sollte und für die anderen Fälle

#f. In diesem Fall muss die Bedingung jedes Zweiges jeweils eine der Zahlen von Null bis Drei identifizieren:

```
(define say-number
  (lambda (n)
    (cond
      ((= n 0) ...)
      ((= n 1) ...)
      ((= n 2) ...)
      ((= n 3) ...))))
```

Der jeweils zweite Teil des Zweiges ist das gewünschte Ergebnis für den entsprechenden Fall. Wenn wir das ausfüllen, sieht das Resultat so aus:

```
(define say-number
  (lambda (n)
    (cond
      ((= n 0) "zero")
      ((= n 1) "one")
      ((= n 2) "two")
      ((= n 3) "three"))))
```

Fertig!

AUFGABE 2.2

Finde heraus was passiert, wenn Du die Funktion mit einer Zahl aufrufst, für die sie nicht gemacht ist. □

Wie oben schon erwähnt, suggeriert die Signatur von say-number, dass sie eine beliebige natürliche Zahl aufsagen kann, auch wenn sie nur bis Drei funktioniert. Glücklicherweise können wir die Signatur präzisieren, und zwar so:

```
(: say-number ((integer-from-to 0 3) -> string))
```

Die Funktion integer-from-to liefert also eine Signatur, die natürliche Zahlen zwischen einer Unter- und einer Obergrenze beschreibt.

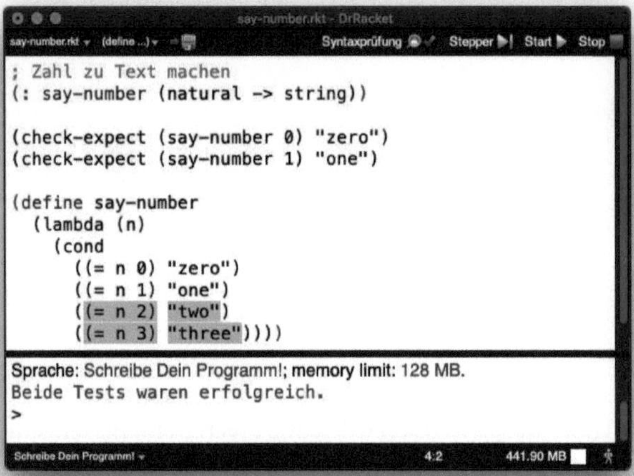

```
; Zahl zu Text machen
(: say-number (natural -> string))

(check-expect (say-number 0) "zero")
(check-expect (say-number 1) "one")

(define say-number
  (lambda (n)
    (cond
      ((= n 0) "zero")
      ((= n 1) "one")
      ((= n 2) "two")
      ((= n 3) "three"))))
```

```
Sprache: Schreibe Dein Programm!; memory limit: 128 MB.
Beide Tests waren erfolgreich.
>
```

Abbildung 2.1: Anzeige von Abdeckung in DrRacket

2.3 ABDECKUNG

Vielleicht ist Dir bei der `say-number`-Funktion aus dem vorigen Abschnitt aufgefallen, dass bei dem Programm unmittelbar, nachdem es gelaufen ist, zwei Zeilen farbig hinterlegt sind, wie in Abbildung 2.1 zu sehen. Das liegt daran, dass diese beiden Zeilen nie ausgewertet wurden, weil die Tests nur die ersten beiden Fälle überprüfen. Theoretisch könnte in den beiden letzten Zweigen für 2 und 3 noch ein Fehler stecken, und die Tests würden es nicht bemerken.

Wenn Du folgende Testfälle hinzufügst, geht die farbige Hinterlegung weg:

```
(check-expect (say-number 2) "two")
(check-expect (say-number 3) "three")
```

Probier es aus – am besten erst nur den einen, dann den anderen!

Die farbige Hinterlegung zeigt die *Abdeckung* an, wie wir es schon in Abschnitt 1.10 auf Seite 37 kurz diskutiert haben: Ein Ausdruck im Programm, der durch die Tests ausgewertet wird, heißt *abgedeckt*. Die farbig hinterlegten Ausdrücke sind also nicht abgedeckt. Der letzte Satz von Konstruktionsanleitung 3 auf Seite 40 sagt genau das: Eine Funktion sollte durch ihre Tests vollständig abgedeckt werden. Die Abdeckung ist also eine Minimalanforderung an unsere Tests.

2.4 AUFZÄHLUNGEN

`fallunterscheidungen/pet.rkt` **Code**

Nächste Beispielaufgabe: Wir wollen Haustiere einteilen in niedliche und nicht so niedliche. Es gibt in der Welt dieser Aufgabe nur drei verschiedene Haustiere: Katzen, Hunde und Schlangen. Haustiere könnten wir in einem Kommentar im Programm so beschreiben:

```
; Ein Haustier ist eins der folgenden:
; - Katze
; - Hund
; - Schlange
```

Solch ein kurzer Kommentar, der die Daten beschreibt, die in unserer Aufgabe vorkommen, heißt *Datendefinition*. Mehr dazu in Abschnitt 2.6. Die Formulierung der Datendefinition «eins der folgenden» deutet daraufhin, dass auch diese Sorte Daten in mehrere Fälle zerfällt – es handelt sich also wieder um eine Fallunterscheidung.

Bevor wir die eigentliche Aufgabe lösen (niedlich oder nicht), müssen wir uns zunächst überlegen, wie wir Haustiere im Programm repräsentieren: Für die Zwecke dieser Aufgabe reicht es zu wissen, mit *welcher* der drei Möglichkeiten wir es zu tun haben. Wir benutzen die einfachste Möglichkeit, Zeichenketten mit dem entsprechenden Text, also `"Katze"`, `"Hund"` und `"Schlange"`.

Eine solche Auflistung von Werten bildet eine sogenannte *Aufzählung* – ein Spezialfall einer Fallunterscheidung.

Für die Aufzählung der Haustiere gibt es noch keine fertige Signatur, die müssen wir noch definieren. Die *Signatur-Definition* sieht so aus:

```
(define pet
  (signature (enum "Katze" "Hund" "Schlange")))
```

Da sind gleich zwei neue Programmelemente drin:

- Wir schreiben `signature` immer, wenn wir eine neue Signatur erzeugen.
- `enum` (das funktioniert nur innerhalb eines `signature`-Ausdrucks) ist für Aufzählungen zuständig. In einem `enum`-Ausdruck stehen die Werte, die zur Aufzählung gehören.

AUFGABE 2.3

Die Funktion `say-number` aus dem vorigen Abschnitt hat ja als Signatur-Deklaration die folgende:

```
(: say-number ((integer-from-to 0 3) -> string))
```

Schreibe explizite Datendefinitionen für Ein- und Ausgabe der Funktion und mache ihre Signatur mit Hilfe von Aufzählungen präziser! □

Zurück zu unserer Funktion zur Niedlichkeitsanalyse. Die definierte Signatur `pet` können wir nun in der Signatur-Deklaration unserer Funktion benutzen. Zusammen mit der Kurzbeschreibung sieht das so aus:

```
; Ist Haustier niedlich?
(: cute? (pet -> boolean))
```

Das Fragezeichen gehört zum Namen der Funktion und ist eine Konvention, die wir für die Namen von Funktionen verwenden, die einen booleschen Wert zurückgeben – also solche Funktionen, die eine Ja-/Nein-Frage beantworten.

Da es nur drei Möglichkeiten für die Eingabe gibt, können wir für alle drei jeweils einen Test schreiben:

```
(check-expect (cute? "Katze") #t)
(check-expect (cute? "Hund") #t)
(check-expect (cute? "Schlange") #f)
```

Kommen wir zur Funktion selbst. Zunächst einmal das Gerüst:

```
(define cute?
  (lambda (p)
    ...))
```

Da es sich bei der Eingabe um eine Aufzählung, also eine Fallunterscheidung handelt, brauchen wir eine Verzweigung im Rumpf. Da es drei Fälle in der Aufzählung gibt, braucht die Verzweigung ebenfalls drei Zweige:

```
(define cute?
  (lambda (p)
    (cond
      (... ...)
      (... ...)
      (... ...))))
```

Als Nächstes müssen wir die Bedingungen schreiben, und die sollten p jeweils mit `"Katze"`, `"Hund"` und `"Schlange"` vergleichen. Dabei könnte man leicht auf die Idee kommen, `(= p "Katze")` etc. zu schreiben. Dann kommt allerdings eine Fehlermeldung etwa so:

```
=: Zahl als erstes Argument erwartet, "Katze" bekommen
```

Die Funktion = fühlt sich also nur für Zahlen zuständig, für Zeichenketten müssen wir die Funktion `string=?` verwenden:

```
(define cute?
  (lambda (p)
    (cond
      ((string=? p "Katze") ...)
      ((string=? p "Hund") ...)
      ((string=? p "Schlange") ...))))
```

Bisher ergibt sich alles rein aus der Definition von `pet`. Schließlich müssen wir noch die Antworten ergänzen. Katzen und Hunde sind niedlich, Schlangen nicht:

```
(define cute?
  (lambda (p)
    (cond
      ((string=? p "Katze") #t)
      ((string=? p "Hund") #t)
      ((string=? p "Schlange") #f))))
```

Fertig!

2.5 ZAHLENBEREICHE

`fallunterscheidungen/heat-water.rkt`	**Code**

Eine weitere häufig vorkommende Art der Fallunterscheidung gibt es bei Zahlenbereichen.

Um das zu demonstrieren, nehmen wir uns folgende Aufgabe vor: Wir schreiben eine Funktion, die «Wasser erhitzt». Das heißt, wir fügen einer bestimmten Menge Wasser bei einer bestimmten Temperatur eine bestimmte Menge Wärme zu. Wir wollen berechnen, wie warm das Wasser danach ist. Der Einfachheit halber messen wir die zugefügte Wärme – genau wie die Temperatur – in Grad Celsius (°C).[3] Wir schreiben dazu drei Versionen der Funktion:

- Die erste, naive Version addiert einfach auf die Anfangstemperatur die hinzugefügte Wärme.
- Die zweite Version berücksichtigt, dass Wasser bei 100° C siedet und nicht heißer werden kann.

[3] Wir vereinfachen schon sehr stark, aber Temperaturerhöhung und Wärme sind über die Wärmekapazität verwandt.

- Die dritte Version berücksichtigt zusätzlich, dass gefrorenem Wasser von 0° C eine Wärme von 80° C hinzugefügt werden muss, damit es schmilzt und dann immer noch erst bei 0° C ist.

Wir berücksichtigen also schrittweise, dass die innere Energie des Wassers – die Wärme – nicht dasselbe ist wie dessen Temperatur.

Naive Version | Wir fangen mit der naiven Version an und gehen nach dem Ablauf der Konstruktionsanleitungen vor. Zuerst kommt also eine Kurzbeschreibung:

```
; Wassertemperatur nach Erhitzen berechnen, naiv
```

Als Nächstes kommt die Signatur-Deklaration. Die Anfangstemperatur und die hinzugefügte Wärme sind die Eingaben; sie stellen wir als reelle Zahlen dar. Heraus kommt die Endtemperatur, auch eine reelle Zahl. Da wir schon wissen, dass diese Version etwas einfach ist, hängen wir eine `-0` an den Namen:

```
(: heat-water-0 (real real -> real))
```

Nun schreiben wir einige einfache Beispiele als Testfälle hin:

```
(check-expect (heat-water-0 -10 20) 10)
(check-expect (heat-water-0 10 20) 30)
(check-expect (heat-water-0 90 20) 110)
```

Als Nächstes kommt das Gerüst an die Reihe:

```
(define heat-water-0
  (lambda (temp heat)
    ...))
```

Der Rumpf ist jetzt kein Hexenwerk, die beiden Eingaben werden einfach addiert:

```
(define heat-water-0
  (lambda (temp heat)
    (+ temp heat)))
```

Noch die Tests laufen lassen und fertig!

Siedendes Wasser | Als Nächstes wollten wir berücksichtigen, dass Wasser bei normalen Druckverhältnissen nicht über 100° C heiß werden kann. Die Kurzbeschreibung passen wir nur leicht an; die Signatur bleibt ebenfalls fast unverändert – wir ändern nur den Namen und machen aus der `0` eine `1`:

```
; Wassertemperatur nach Erhitzen berechnen, Sieden berücksichtigen
(: heat-water-1 (real real -> real))
```

Bei den Tests können wir natürlich die Tests von `heat-water-0` kopieren, aber den letzten müssen wir anpassen:

```
(check-expect (heat-water-1 -10 20) 10)
(check-expect (heat-water-1 10 20) 30)
(check-expect (heat-water-1 90 20) 100)
```

Beim Testen ist es immer sinnvoll, auch Grenzfälle zu testen – schaltet die Funktion wirklich um, wenn die 100 erreicht sind.

Dazu dienen folgende zwei Testfälle:

```
(check-expect (heat-water-1 99 1) 100)
(check-expect (heat-water-1 99 2) 100)
```

Da die Signatur die gleiche ist, ist auch das Gerüst identisch:

```
(define heat-water-1
  (lambda (temp heat)
    ...))
```

Ab 100° C muss die Funktion ihr Ergebnis also anders berechnen. Oder, anders gesagt, die Eingaben fallen in zwei verschiedene Klassen: die, bei denen die Summe unter 100 liegt und die, bei denen sie darüber liegt. Wir benötigen also ein **cond** mit zwei Zweigen:

```
(define heat-water-1
  (lambda (temp heat)
    (cond
      (... ...)
      (... ...))))
```

Wir brauchen nun eine Bedingung, die feststellt, ob die Summe aus `temp` und `heat` unterhalb von 100 liegt (genauer: kleiner *oder gleich*, weil 100 gerade so erreichbar ist) und eine dafür, dass die Summe darüber liegt. Die könnten so aussehen:

```
(<= (+ temp heat) 100)
(> (+ temp heat) 100)
```

Wenn wir diese beiden Bedingungen an die entsprechenden Stellen im Rumpf setzen, sieht das so aus:

```
(define heat-water-1
  (lambda (temp heat)
    (cond
      ((<= (+ temp heat) 100) ...)
      ((> (+ temp heat) 100) ...))))
```

An die Stellen nach den Bedingungen müssen wir Ausdrücke setzen, die das Ergebnis liefern, das im jeweiligen Fall richtig ist. Das wäre dann:

```
(define heat-water-1
  (lambda (temp heat)
    (cond
      ((<= (+ temp heat) 100) (+ temp heat))
      ((> (+ temp heat) 100) 100))))
```

Fertig!

AUFGABE 2.4

Müssen es bei den beiden Bedingungen unbedingt <= und > sein? Was passiert, wenn Du <= durch < ersetzt und das Programm dann laufen lässt? Was passiert, wenn Du dann auch das > ersetzt – durch >=? Warum funktioniert das Programm dann immer noch? □

Siedendes Wasser und Eis | Kommen wir zur «Vollversion». Zur Erinnerung: Da müssen wir noch berücksichtigen, dass gefrorenem Wasser von 0° C eine Wärme von 80° C hinzugefügt werden muss, damit es schmilzt und dann immer noch 0° C hat.

Wir fangen wieder mit der Kurzbeschreibung an:

```
; Wassertemperatur nach Erhitzen berechnen, mit Eis & Sieden
```

Da diese Version die letzte ist, hat sie keine Nummer mehr. Ansonsten ist die Signatur unverändert:

```
(: heat-water (real real -> real))
```

Die Tests können wir nicht unverändert übernehmen. Gleich der erste funktioniert nicht mehr:

```
(check-expect (heat-water -10 20) 10)
```

Das Aufwärmen des Wassers von -10°C auf 0°C erfordert nur 10°C Wärmezufuhr, dann aber müssen erst einmal 80° weitere Wärme zugeführt werden, damit es weiter geht. Den Testfall müssen wir also ändern:

```
(check-expect (heat-water -10 20) 0)
```

Die anderen Testfälle `heat-water-1` können so bleiben:

```
(check-expect (heat-water 10 20) 30)
(check-expect (heat-water 90 20) 100)
(check-expect (heat-water 99 1) 100)
(check-expect (heat-water 99 2) 100)
```

Ein paar weitere Tests sollten aber noch genau klären, was um den Nullpunkt herum so passiert und wo genau er überschritten wird:

```
(check-expect (heat-water -10 5) -5)
(check-expect (heat-water -5 60) 0)
(check-expect (heat-water -5 90) 5)
(check-expect (heat-water -1 81) 0)
(check-expect (heat-water -1 82) 1)
```

Wieder sollten wir darüber nachdenken, in welche Fälle unsere Eingaben zerfallen. Da gibt es drei naheliegende Fälle:

1. Die Anfangstemperatur ist unter 0° C, es wird also Eis erwärmt.
2. Die Erwärmung würde die Wassertemperatur auf über 100° C erhöhen.
3. Alles andere – das Wasser fängt flüssig an und bleibt durch die Erwärmung flüssig.

Der erste Fall hat außerdem noch drei «Unterfälle»:

- Die Erwärmumg bleibt unter 0° C.
- Die Erwärmung bleibt bei 0° C «stecken»
- Die Erwärmung erhöht die Temperatur über den Nullpunkt hinaus.

So komplizierte Fallunterscheidungen sind relativ selten. Wenn sie doch einmal auftauchen, ist besondere Sorgfalt gefragt. Deshalb exerzieren wir das hier als Beispiel durch.

Fangen wir wieder mit dem Gerüst für die Funktion an:

```
(define heat-water
  (lambda (temp heat)
    ...))
```

Wir wissen schon aus der Analyse der Fälle, dass es drei Fälle gibt. Deshalb brauchen wir auch wieder ein **cond** mit drei Zweigen.

```
(define heat-water
  (lambda (temp heat)
    (cond
```

```
      (... ...)
      (... ...)
      (... ...))))
```

Jetzt ergänzen wir Bedingungen, die den drei Fällen entsprechen. Um in diesem komplizierten Fall die Zuordnung von Fällen und Bedingungen klar erkennbar zu machen, stehen diese jeweils als Kommentar darüber:

```
(define heat-water
  (lambda (temp heat)
    (cond
      ; Die Anfangstemperatur ist unter 0°C, es wird also Eis erwärmt.
      ((< temp 0) ...)
      ; Erwärmung würde Wassertemperatur auf über 100°C erhöhen.
      ((>= (+ temp heat) 100) ...)
      ; Wasser fängt flüssig an und bleibt durch Erwärmung flüssig.
      ((and (>= temp 0) (< (+ temp heat) 100)) ...))))
```

Jetzt können wir uns daran machen, die Zweige auszufüllen. Da der erste Zweig (das Eis) komplizierter ist, schieben wir den erstmal vor uns her. Beim zweiten Zweig kommt einfach 100°C raus. Ebenso einfach ist der dritte Zweig, bei dem das Wasser flüssig bleibt – die Antwort ist dort `(+ temp heat)`. Der Zwischenstand sieht so aus:

```
(define heat-water
  (lambda (temp heat)
    (cond
      ; Die Anfangstemperatur ist unter 0°C, es wird also Eis erwärmt.
      ((< temp 0) ...)
      ; Erwärmung würde Wassertemperatur auf über 100°C erhöhen.
      ((>= (+ temp heat) 100) 100)
      ; Wasser fängt flüssig an und bleibt durch Erwärmung flüssig.
      ((and (>= temp 0) (< (+ temp heat) 100))
       (+ temp heat)))))
```

Dass wir die leichten Fälle zuerst bearbeitet haben, mag wie Faulheit aussehen. Ist es auch – aber es ist auch eine sinnvolle Strategie, die sich aus Mantra 1 ergibt:

MANTRA 1
Achte darauf, dass für alles, was Du weißt, tatsächlich auch etwas im Programm steht.

Auch über den ersten Zweig wissen wir etwas, nämlich dass er selbst eine Fallunterscheidung ist mit drei Fällen. Wir können also das **cond** (wieder einmal) schon hinschreiben:

```
(define heat-water
  (lambda (temp heat)
    (cond
      ; Anfangstemperatur ist unter 0°C, es wird also Eis erwärmt.
      ((< temp 0)
       (cond
         (... ...)
         (... ...)
         (... ...)))
      ; Erwärmung würde die Wassertemperatur auf über 100°C erhöhen.
      ((>= (+ temp heat) 100) 100)
      ; Wasser fängt flüssig an und bleibt durch Erwärmung flüssig.
      ((and (>= temp 0) (< (+ temp heat) 100))
       (+ temp heat)))))
```

Auch hier ist es sinnvoll, die Beschreibungen der Fälle über die Zweige zu schreiben. Danach ergänzen wir die Bedingungen mit folgendem Ergebnis:

```
(define heat-water
  (lambda (temp heat)
    (cond
      ; Anfangstemperatur ist unter 0°C, es wird also Eis erwärmt.
      ((< temp 0)
       (cond
         ; Erwärmumg bleibt unter 0°C.
         ((< (+ temp heat) 0)
          ...)
         ; Erwärmung bleibt bei  0°C "stecken".
         ((and (>= (+ temp heat) 0)
               (< (+ temp heat) 80))
          ...)
         ; Erwärmung erhöht Temperatur über den Nullpunkt hinaus.
         ((and (>= (+ temp heat) 0)
               (>= (+ temp heat) 80))
          ...)))
```

```
; Erwärmung würde Wassertemperatur auf über 100°C erhöhen.
((>= (+ temp heat) 100) 100)
; Wasser fängt flüssig an und bleibt durch Erwärmung flüssig.
((and (>= temp 0) (< (+ temp heat) 100))
 (+ temp heat)))))
```

Die Bedingungen sind jetzt noch komplizierter, aber erschließen sich hoffentlich durch genauere Betrachtungen:

- «Die Erwärmumg bleibt unter 0° C.»
  Das heißt, die Summe von Anfangstemperatur und Erwärmung ist kleiner als 0° C.
- «Die Erwärmung bleibt bei o° C stecken.»
  In diesem Fall muss die Summe von Temperatur und Erwärmung zwischen 0° C und 80° C liegen.
- «Die Erwärmung erhöht die Temperatur über den Nullpunkt hinaus.»
  Das Summe von Temperatur und Erwärmung geht nicht nur über 0° C sondern auch über 8o° C hinaus.

Die Antworten unter diesen Bedingungen sind vergleichsweise einfach zu ergänzen:

```
(define heat-water
  (lambda (temp heat)
    (cond
      ; Anfangstemperatur ist unter 0°C, es wird also Eis erwärmt.
      ((< temp 0)
       (cond
         ; Erwärmumg bleibt unter 0°C.
         ((< (+ temp heat) 0)
          (+ temp heat))
         ; Erwärmung bleibt bei  0°C "stecken".
         ((and (>= (+ temp heat) 0)
               (< (+ temp heat) 80))
          0)
         ; Erwärmung erhöht Temperatur über den Nullpunkt hinaus.
         ((and (>= (+ temp heat) 0)
               (>= (+ temp heat) 80))
          (- (+ temp heat) 80))))
      ; Erwärmung würde Wassertemperatur auf über 100°C erhöhen.
      ((>= (+ temp heat) 100) 100)
```

```
; Wasser fängt flüssig an und bleibt durch Erwärmung flüssig.
((and (>= temp 0) (< (+ temp heat) 100))
 (+ temp heat)))))
```

Fertig![4]

Also *fast* fertig. Wenn wir das Programm näher betrachten, fällt etwas Verbesserungspotenzial auf. Fangen wir an mit der Bedingung:

```
(and (>= (+ temp heat) 0)
     (>= (+ temp heat) 80))
```

Eine Temperatur über 80°C liegt auch über 0°C. Wir können das also vereinfachen zu:

```
(>= (+ temp heat) 80)
```

Das ist mathematisch einleuchtend, zur Sicherheit sollten wir aber die Tests nochmals laufen lassen: Aber sie laufen alle noch erfolgreich durch.

Bevor wir die Funktion noch weiter vereinfachen, ist es sinnvoll, die Funktionsweise der Auswertung von **cond**-Ausdrücken zu ergründen:

AUFGABE 2.5

Lasse die `heat-water`-Funktion im Stepper laufen und beobachte, wie – vor allem in welcher Reihenfolge – die Bedindungen in einem **cond**-Ausdruck ausgewertet werden. □

Wenn Du diese Aufgabe erledigt hast, wirst Du beobachtet haben, dass DrRacket die Bedingungen in einem **cond**-Ausdruck nacheinander auswertet. Sobald eine davon `#t` ergibt, macht DrRacket mit dem Ausdruck dieses Zweiges weiter. Die restlichen Zweige werden gar nicht mehr berücksichtigt, unabhängig davon, ob sie `#t` ergeben könnten. Das können wir ausnutzen, um die Funktion weiter zu vereinfachen. Wir betrachten die ersten beiden Bedingungen im «inneren» **cond**:

```
(cond
  ((< (+ temp heat) 0) (+ temp heat))
  ((and (>= (+ temp heat) 0)
        (< (+ temp heat) 80))
   0)
  ...)
```

4 Allerdings noch nicht ganz richtig: Vielleicht siehst Du, dass da noch etwas nicht ganz stimmt. Wir kommen später darauf zurück.

Wenn die erste Bedingung in diesem Ausschnitt `#f` ergeben hat, also nicht stimmt, dann ist `(+ temp heat)` größer oder gleich 0. Das heißt, der Teilausdruck `(>= (+ temp heat) 0)` in der *nächsten* Bedingung liefert *immer* `#t`. Wir können also vereinfachen:

```
(cond
  ((< (+ temp heat) 0) (+ temp heat))
  ((and #t
        (< (+ temp heat) 80))
   0)
  ...)
```

Ein Ausdruck `(and #t` *e*`)` liefert immer das gleiche Ergebnis wie *e* – schau nochmal auf Seite 52, um Dich davon zu überzeugen! Wir können also das innere **`cond`** weiter vereinfachen zu:

```
(cond
  ((< (+ temp heat) 0) (+ temp heat))
  ((< (+ temp heat) 80) 0)
  ...)
```

Wir benutzen also Mathematik (genauer gesagt *Algebra*, also die Lehre der Gleichungen), um unser Programm zu vereinfachen. Algebra ist ein sehr mächtiges Werkzeug in der Programmierung, und wir werden es noch oft nutzen. Das fällt oft einfacher, wenn wir gar nicht über die konkrete Bedeutung der Ausdrücke nachdenken sondern nur Gleichungen benutzen, wie oft in der Mathematik und entsprechend Mantra 6 auf Seite 46.

Wir sind aber mit dem Vereinfachen noch nicht fertig. Betrachten wir nun die drei «äußeren» Bedingungen:

```
(cond
  ((< temp 0) ...)
  ((>= (+ temp heat) 100) ...)
  ((and (>= temp 0) (< (+ temp heat) 100)) ...))
```

Wenn die erste Bedingungen `#f` ergibt, gilt automatisch `(>= temp 0)`. Wir können die letzte Bedingung also vereinfachen zu:

```
(and #t (< (+ temp heat) 100))
```

Wenn auch die zweite Bedingung `#f` ergibt, gilt auch `(< (+ temp heat) 100)`. Wir können also vereinfachen zu `(and #t #t)` und von da zu `#t`.

Wir können die Funktion mit dieser Einsicht vereinfachen und `#t` als Bedingung hinschreiben. (Probier es aus!) Allerdings finden manche das hässlich: Darum ist es auch möglich, statt `#t` das besondere Wort `else` («andernfalls» auf Englisch) hinzuschreiben. Der `else`-Zweig kommt also zum Zug, wenn alle anderen «durchgefallen» sind. Das Ergebnis sieht dann so aus:

```
(define heat-water
  (lambda (temp heat)
    (cond
      ; Anfangstemperatur ist unter 0°C, es wird also Eis erwärmt.
      ((< temp 0)
       (cond
         ; Erwärmumg bleibt unter 0°C.
         ((< (+ temp heat) 0) (+ temp heat))
         ; Erwärmung bleibt bei  0°C "stecken".
         ((< (+ temp heat) 80) 0)
         ; Erwärmung erhöht Temperatur über den Nullpunkt hinaus.
         (else (- (+ temp heat) 80))))
      ; Erwärmung würde Wassertemperatur auf über 100°C erhöhen.
      ((>= (+ temp heat) 100) 100)
      ; Wasser fängt flüssig an und bleibt durch Erwärmung flüssig.
      (else
       (+ temp heat)))))
```

Damit haben wir die komplette Funktionsweise von **cond** angewendet. Abbildung 2.2 fasst sie noch einmal zusammen.

Du kannst von vornherein `else` benutzen, wenn Du Dir sicher bist, dass alle anderen Fälle schon in den vorigen Zweigen abgedeckt sind. Im Zweifelsfall empfehlen wir aber immer den Weg über die Mathematik, damit die Funktion auch korrekt wird.

Apropos korrekt: Ist `heat-water` korrekt? Hier ist ein weiterer Testfall:

```
(check-expect (heat-water -1 191) 100)
```

Von den 191°C wird 1°C benötigt, um auf 0°C zu kommen, dann weitere 80°C, um über 0°C hinauszukommen, bleiben 110°C. Aber über 100°C geht es natürlich trotzdem nicht. Leider sieht die Funktion das anders:

```
Check-Fehler:
Der tatsächliche Wert 110 ist nicht der erwartete Wert 100.
```

Woran liegt das? Wenn wir die Verzweigungen im Kopf nachvollziehen, sehen wir, dass zunächst der erste Zweig des äußeren **cond** greift, weil die Bedingung `(< temp 0)` als Wert `#t` hat. Im inneren

In den Lehrsprachen werden Verzweigungen mit der Spezialform `cond` dargestellt. Ein `cond`-Ausdruck hat die folgende Form:

```
(cond
  (b1 a1)
  (b2 a2)
  ...
  (bn-1 an-1)
  (else an))
```

Dabei sind die b_i und die a_i ihrerseits Ausdrücke. Der `cond`-Ausdruck wertet nacheinander alle Bedingungen b_i aus; sobald eine Bedingung b_k `#t` ergibt, wird der `cond`-Ausdruck durch das entsprechende a_k ersetzt. Wenn alle Bedingungen fehlschlagen, wird durch a_n ersetzt. Die Paarungen $(b_i \; a_i)$ heißen *Zweige* des `cond`-Ausdruckes, und der Zweig mit `else` heißt *`else`-Zweig*. Der `else`-Zweig kann auch fehlen – dann sollte aber immer eine der Bedingungen `#t` ergeben. Wenn doch einmal bei allen b_i `#f` herauskommen sollte, bricht DrRacket das Programm ab und gibt eine Fehlermeldung aus.

Abbildung 2.2: Verzweigung

`cond` schließlich ergeben die ersten beiden Bedingungen jeweils `#f`, es bleibt also der `else`-Zweig, und addiert die Wärme «blind» auf die Anfangstemperatur.

Wir müssen also unser Programm korrigieren, weil dieser Fall noch nicht berücksichtigt ist: Die Anfangstemperatur ist unter 0° C, die Erwärmung würde die Temperatur aber über 100° C heben. Es greift also der `else`-Zweig des inneren `cond` des äußeren Zweigs mit `(< temp 0)`, und das ist in diesem Fall falsch. Die ersten beiden Zweige sind für Endtemperaturen bis 0° C zuständig, wir müssen also den neuen Zweig unmittelbar vor dem `else`-Zweig einfügen. Der sieht so aus:

```
; Erwärmung würde die Temperatur auf über 100°C bringen
((>= (- (+ temp heat) 80) 100) 100)
```

Jetzt ist das Programm endlich fertig und korrekt!

Doch wie konnte dieser Fehler unbemerkt bleiben, zumindest zunächst von uns? Das liegt daran, dass die Fallunterscheidung, die der Aufgabe zugrundliegt, ziemlich komplex ist. Bei komplexen Programmen ist das Risiko *immer* groß, dass sie Fehler enthalten. Bei komplexen Fallunterscheidungen bedeutet dies, dass fast immer ein Fall im Programm fehlt, zumindest beim ersten Anlauf. Wir sollten uns bei der Gelegenheit an Mantra 7 auf Seite 46 erinnern:

MANTRA 7

Wenn Deine Funktion Dir kompliziert scheint, ist es wahrscheinlich, dass sie Fehler enthält: Entweder weil sie eigentlich einfacher sein sollte oder weil die Aufgabe kompliziert und damit ihre Lösung fehleranfällig ist.

Bei komplizierten Fallunterscheidungen, teste deshalb gründlich und gehe davon aus, dass Du Zweige vergessen hast.

Einfacher Wasser erhitzen | Aus Mantra 7 kann man auch noch eine und bessere Schlussfolgerung ziehen, als einfach nur sorgfältig zu prüfen und zu testen. Wenn nämlich die Fallunterscheidungen so kompliziert sind, dann solltest Du gründlich prüfen, ob es nicht auch einfacher geht.

Wir haben dieses Prinzip beim Schreiben dieses Buchs leider vernachlässigt. Glücklicherweise hat Nicolas Neuß von der Universität Erlangen eine Vorabversion dieses Buches gelesen. Ihm stieß die Komplexität der Funktion ebenfalls auf, und er machte folgenden Vorschlag:

> Das Ganze wird meiner Meinung nach viel hübscher, wenn man das physikalischer angeht. Wenn man daher Konversionsroutinen `E->T` und `T->E` schreibt (`E` steht für innere Energie, also die Wärme, und `T` für Temperatur), so sieht man erstens die Problematik und zweitens kann man die Temperaturerhöhung einfach berechnen.

Wir versuchen mal, Dr. Neuß' Idee nachzuvollziehen. Wir fangen mit der von ihm erwähnten Funktion `E->T` an. In unserer Terminologie könnte die Funktion `heat->temperature` heißen, mit folgender Kurzbeschreibung und Signatur:

```
; Aus Wärme Temperatur berechnen
(: heat->temperature (real -> real))
```

Entsprechend den Ausführungen am Anfang des Abschnitts entsprechen unterhalb von 0° C die Temperatur und die Wärme einander. Bei Wärme zwischen 0° C und 80° C ist die Temperatur konstant 0° C. Ab 80° C Wärme führt jedes Grad Erhöhung auch zu einer Erhöhung der Temperatur, bis 100° C Temperatur beziehungsweise 180° C Wärme erreicht sind. Ab da bleibt die Temperatur bei 100° C, auch wenn die Wärme steigt.

Die Testfälle dazu könnten also so aussehen:

```
(check-expect (heat->temperature -50) -50)
(check-expect (heat->temperature 0) 0)
(check-expect (heat->temperature 20) 0)
(check-expect (heat->temperature 80) 0)
(check-expect (heat->temperature 81) 1)
(check-expect (heat->temperature 180) 100)
(check-expect (heat->temperature 200) 100)
```

Die Eingabe-Wärme zerfällt entsprechend der Beschreibung oben in vier Fälle, die wir als vier Zweige eines `cond` schreiben:

```
(define heat->temperature
  (lambda (heat)
    (cond
      (... ...)
      (... ...)
      (... ...)
      (... ...))))
```

Die Bedingungen und Ausdrücke ergeben sich direkt aus der Beschreibung:

```
(define heat->temperature
  (lambda (heat)
    (cond
      ((<= heat 0) heat)
      ((and (< 0 heat)
            (<= heat 80))
       0)
      ((and (< 80 heat)
            (<= heat 180))
       (- heat 80))
      ((< 180 heat) 100))))
```

Wir brauchen noch eine Funktion in die andere Richtung, die wir `temperature->heat` nennen. Diese Funktion ist einfacher: Temperaturen bis 0°C entsprechen der Wärme, Temperaturen darüber brauchen 80°C mehr Wärme. Es gibt also nur zwei Fälle und damit zwei Zweige:

```
; Aus Temperatur Wärme berechnen
(: temperature->heat (real -> real))

(check-expect (temperature->heat -20) -20)
(check-expect (temperature->heat -1) -1)
(check-expect (temperature->heat 1) 81)
(check-expect (temperature->heat 100) 180)

(define temperature->heat
  (lambda (temp)
    (cond
      ((< temp 0) temp)
```

```
        ((and (> temp 0)
              (<= temp 100))
         (+ temp 80)))))
```

Dr. Neuß schlug vor, diese beiden Funktionen dazu zu benutzen, um den Rumpf von `heat-water` zu schreiben. Wir versuchen das und schreiben eine neue Funktion `heat-water-2`, bevor wir die alte wegwerfen:

```
; Wassertemperatur nach Erhitzen berechnen, mit Eis & Sieden
(: heat-water-2 (real real -> real))

(define heat-water-2
  (lambda (temp heat)
    ...))
```

(Wir nehmen die gleichen Testfälle wie bei `heat-water`.) Wie können wir `heat->temperature` und `temperature->heat` einbringen? Nun, wir können für `temp` die zugehörige Wärme berechnen, `heat` addieren, und das Ganze wieder zurück in eine Temperatur wandeln:

```
(define heat-water-2
  (lambda (temp heat)
    (heat->temperature
     (+ (temperature->heat temp) heat))))
```

Die Funktion besteht alle Testfälle. Besser noch, die beiden Funktionen `heat->temperature` und `temperature->heat` sind viel einfacher zu verstehen als der Moloch `heat-water`.

Bei komplizierten Verzweigungen – generell bei allen komplizierten Programmen – ist es wert zu untersuchen, ob es auch einfacher geht.

2.6 DATENANALYSE UND SCHABLONEN

In Abschnitt 2.4 auf Seite 57 ist zum ersten Mal eine *Datendefinition* aufgetaucht:

```
; Ein Haustier ist eins der folgenden:
; - Katze
; - Hund
; - Schlange
```

Diese Datendefinition ist das Ergebnis eines Nachdenkprozesses, der sogenannten *Datenanalyse*. Dieser Begriff ist schon in Abschnitt 1.11 auf Seite 38 aufgetaucht, als zweiter Schritt der Konstruktionsanleitung: Ab sofort werden wir diesen Schritt immer durchführen, weil er zentral ist für die systematische Konstruktion von Programmen.

Die Vorgehensweise bei einer Datenanalyse sieht im Allgemeinen so aus:

KONSTRUKTIONSANLEITUNG 6 (DATENANALYSE)

Suche in der Aufgabenstellung nach problemrelevanten Größen; Kandidaten sind immer die Substantive. Schreibe für jede dieser Größen eine Datendefinition, es sei denn, diese ist aus dem Kontext offensichtlich.

Wenn es für die Datendefinition noch keine Signatur gibt, schreibe eine Signatur-Definition dazu. Schreibe außerdem Beispiele auf und schreibe jeweils einen Kommentar, der die Beziehung zwischen Daten und Information beschreibt.

Wie Du die Signatur-Definition schreibst, dafür gibt es in diesem Buch eine Reihe spezialisierter Konstruktionsanleitungen. Die Beziehung zwischen Daten und Information geht auf Abschnitt 1.6 auf Seite 31 zurück.

In diesem Fall ist «Haustier» eine problemrelevante Größe, zu der wir eine Datendefinition geschrieben haben. Bei der Erwärmung von Wasser haben wir allerdings nicht extra hingeschrieben, dass die Wassertemperatur eine reelle Zahl ist, weil dies allgemein bekannt ist.

Für die Formulierung der Datendefinition gibt es eine Reihe von typischen Mustern, die sich immer wiederfinden. Eines ist bei der Definition von «Haustier» ersichtlich, nämlich «eins der folgenden», das darauf hinweist, dass es sich bei «Haustier» um eine Fallunterscheidung handelt.

KONSTRUKTIONSANLEITUNG 7 (FALLUNTERSCHEIDUNG: DATENANALYSE)

Versuche, für die Datendefinition eine Formulierung «... ist eins der folgenden» zu finden. Wenn das möglich ist, beschreibt Deine Datendefinition eine *Fallunterscheidung*. Schreibe dann eine Auflistung aller Fälle, jeder Fall auf eine separate Zeile:

```
; Ein X ist eins der folgenden:
; - Fall 1
; - Fall 2
; - ...
; - Fall n
```

Für den Sonderfall der Aufzählung haben wir folgende Konstruktionsanleitung:

KONSTRUKTIONSANLEITUNG 8 (AUFZÄHLUNG: DATENANALYSE)

Falls Deine Datendefinition eine Fallunterscheidung beschreibt und jeder der Fälle nur aus einem einzelnen Wert besteht, handelt es sich um eine *Aufzählung*.

Schreibe für jede Aufzählung eine Signatur-Definition der Form:

```
(define s (signature (enum ...)))
```

Achte darauf, dass die Anzahl der Fälle der Signatur-Definition der Anzahl der Fälle der Datendefinition entspricht.

Die Datenanalyse ist die wichtigste Methode zur Umsetzung der Mantras 1 und 2:

MANTRA 1
Achte darauf, dass für alles, was Du weißt, tatsächlich auch etwas im Programm steht.

MANTRA 2
Lies, was dort steht.

Die Datenanalyse lenkt zunächst den Blick auf die Daten, *nicht* darauf, was mit ihnen gemacht wird. (Das kommt später.) Außerdem führt sie immer zu Elementen in unserem Programm. Bei der Funktion `cute?` haben wir aus der Datendefinition zunächst eine Signatur-Definition abgeleitet:

```
(define pet
  (signature (enum "Katze" "Hund" "Schlange")))
```

Bei Aufzählungen stehen alle Beispiele schon in der Signatur-Definition. Wir müssen deshalb nicht noch separat Beispiele aufschreiben.

Da die Datendefinition für «Haustier» drei Fälle hat, muss auch die Signatur-Definition drei Fälle haben. Aus der Signatur-Definition ergibt sich direkt eine Verzweigung im Rumpf, die sich nur aus der Signatur `(pet -> boolean)` beziehungsweise der Signatur-Definition von `pet` als Aufzählung mit drei Fällen ergibt:

```
(define cute?
  (lambda (p)
    (cond
      (... ...)
      (... ...)
      (... ...))))
```

Da `cute?` eine Eingabe zur Signatur `pet` erwartet und `pet` eine Aufzählungssignatur mit *drei* Fällen ist, *muss* im Rumpf eine Verzweigung mit ihrerseits *drei* Zweigen auftauchen, ganz egal, was die konkrete Aufgabenstellung ist. Wir betonen das Wort *drei* deshalb so, weil viele Fehler dadurch passieren, dass die Anzahl der Zweige im **`cond`** einer solchen Funktion nicht der Anzahl der Fälle entspricht.

So ein unfertiges Programm, in dem sich einige Elemente aus der Analyse der Daten ergeben haben ohne besondere Berücksichtigung der konkreten Aufgabenstellung, heißt *Schablone*. Zu bestimmten Arten von Datendefinitionen gehören bestimmte Schablonen.

> KONSTRUKTIONSANLEITUNG 9 (SCHABLONE)
>
> Wenn Du das Gerüst fertiggestellt hast, benutze die Signatur und die dazugehörigen Datendefinitionen, um Konstruktionsanleitungen mit ein oder mehreren Schablonen auszuwählen und übertrage die Elemente der Schablonen in den Rumpf der Funktion.

Die Schablone ist das nächste Werkzeug für die Umsetzung von Mantra 1:

MANTRA 1
Achte darauf, dass für alles, was Du weißt, tatsächlich auch etwas im Programm steht.

Für jede Sorte von Datendefinition schreiben wir neben der Konstruktionsanleitung für die Datenanalyse auch eine für die Schablone. Hier die Schablone für Fallunterscheidungen:

> KONSTRUKTIONSANLEITUNG 10 (FALLUNTERSCHEIDUNG: SCHABLONE)
>
> Wenn Du eine Funktion schreibst, die eine Fallunterscheidung als Eingabe verarbeitet, schreibe als Schablone in den Rumpf eine Verzweigung mit so vielen Zweigen, wie es in der Fallunterscheidung Fälle gibt, nach folgendem Muster:
>
> ```
> (define f
>   (lambda (a)
>     (cond
>       (... ...)
>       ...
>       (... ...))))
> ```
>
> Schreibe danach Bedingungen in die Zweige, welche die einzelnen Fälle voneinander unterscheiden.

Diese Konstruktionsanleitung mag Dir ziemlich bürokratisch vorkommen, und das ist sie auch. Es mag Dir langweilig vorkommen, sie stur zu befolgen, und das ist bestimmt ab und zu der Fall.

Dafür nehmen die Konstruktionsanleitungen Dir viel Denkarbeit ab, und Du kannst Dein Gehirn dann für die Lösung der eigentlichen Problemstellung verwenden, wenn erst einmal die Schablone steht. Spätestens also wenn Du vor einer vermeintlich schweren Aufgabe stehst, wende erst einmal die Konstruktionsanleitungen an, bevor Du Dir Sorgen machst, ob am Ende alles aufgeht. Was am Ende übrigbleibt, ist oft erstaunlich einfach.

2.7 EXKURS: VERZWEIGUNGEN IN DER MATHEMATIK

In der Mathematik gibt es auch Verzweigungen. Diese werden in der Regel mit einer großen geschweiften Klammer geschrieben. In der Mathematik ist es allerdings üblich, alle Bedingungen «auszuschreiben», also ihre Bedeutung nicht von der Reihenfolge der Auswertung abhängig zu machen, wie wir es bei `heat-water` getan haben. Die Funktion schreiben wir den mathematischen Gepflogenheiten entsprechend als einbuchstabige Funktion h mit Parametern t für `temp` und h für `heat`. Das $\stackrel{\text{def}}{=}$ steht für «ist definiert als» und das mathematische Pendant für **`define`**:

$$h(t,h) \stackrel{\text{def}}{=} \begin{cases} \begin{cases} t+h & \text{falls } t+h<0 \\ 0 & \text{falls } t+h \geq 0 \text{ und } t+h<80 \\ 100 & t+h-80 \geq 100 \\ t+h-80 & \text{falls } t+h \geq 80 \end{cases} & \text{falls } t<0 \\ 100 & \text{falls } t+h \geq 100 \\ t+h & \text{falls } t \geq 0 \text{ und } t+h<100 \end{cases}$$

Etwas schwer zu erkennen in dieser Schreibweise: Die Bedingung $t < 0$ ist die Voraussetzung für die ersten vier Fälle.

2.8 BINÄRE VERZWEIGUNGEN

Bei manchen Fallunterscheidungen definiert sich die letzte Kategorie dadurch, dass ein Wert in keine der anderen Kategorien gehört. Dann ist die Benutzung eines `else`-Zweigs im **`cond`** sinnvoll.

Nehmen wir einmal an, dass Du ein Haustier (wie in Abschnitt 2.4 auf Seite 57) zum Geburtstag geschenkt bekommen hast. Mit dem Geschenk kam das Angebot, das Haustier gegen ein anderes auszutauschen, falls es Dir nicht gefällt. Nehmen wir weiter an, dass Du nur an niedlichen Haustieren interessiert bist. Wir schreiben also eine Funktion, die ein Haustier gegen ein niedliches austauscht, wenn es nicht niedlich ist – und sonst halt nicht austauscht.

Die Funktion könnte folgende Kurzbeschreibung und Signatur haben:

```
(: exchange-for-cute (pet -> pet))
```

Das alte Haustier ist also die Eingabe für die Funktion, und das Haustier nach dem Umtausch kommt heraus. Als Testfälle bieten sich folgende an:

```
(check-expect (exchange-for-cute "Katze") "Katze")
(check-expect (exchange-for-cute "Hund") "Hund")
(check-expect (exchange-for-cute "Schlange") "Katze")
```

Das Gerüst sieht folgendermaßen aus:

```
(define exchange-for-cute
  (lambda (p)
    ...))
```

Als Nächstes ist die Konstruktion der Schablone dran. Wir könnten uns an der Definition von `pet` orientieren und eine Fallunterscheidung mit drei Fällen als Grundlage nehmen. Allerdings ist recht offensichtlich, dass sich das Ergebnis von `exchange-for-cute` danach richtet, ob `cute?` `#t` oder `#f` liefert. `#t` und `#f` bilden hier eine Aufzählung mit nur zwei Fällen. Wir könnten also eine Schablone mit nur zwei Fällen konstruieren:

```
(define exchange-for-cute
  (lambda (p)
    (cond
      ((cute? p) ...)
      (else ...))))
```

Die Lücken sind einfach zu füllen:

```
(define exchange-for-cute
  (lambda (p)
    (cond
      ((cute? p) p)
      (else "Katze"))))
```

Diese boolesche Fallunterscheidungen bildet einen häufig auftretenden Spezialfall: Der zweite Fall ist gerade dadurch definiert, dass er nicht der erste ist, der entsprechende `cond`-Ausdruck hat also immer zwei Zeige: einen mit Bedingung und einen mit `else`. Weil solche binären Verzweigungen so häufg vorkommen, gibt es eine etwas kürzere Spezialform für das «binäre `cond` mit `else`» namens `if`. Damit können wir `exchange-for-cute` etwas kürzer schreiben:

Eine binäre Verzweigung hat die folgende Form:

```
(if b
    k
    a)
```

Dabei ist b die Bedingung und k und a sind die beiden Zweige: die *Konsequente* k und die *Alternative* a.
Abhängig vom Ausgang der Bedingung ist der Wert der Verzweigung entweder der Wert der Konsequente oder der Wert der Alternative.

Abbildung 2.3: Binäre Verzweigung

```
(define exchange-for-cute
  (lambda (p)
    (if (cute? p)
        p
        "Katze")))
```

Das `if` spart also ein Paar Klammern und das `else`, aber dafür kann es eben nur binäre Verzweigungen. Abbildung 2.3 zeigt die allgemeine Form von `if`-Ausdrücken. Für boolesche Fallunterscheidungen gibt es eine separate Konstruktionsanleitung:

KONSTRUKTIONSANLEITUNG 11 (BOOLESCHE FALLUNTERSCHEIDUNG: SCHABLONE)

Wenn sich das Ergebnis einer Funktion nach einer booleschen Größe richtet, welche die Funktion mit Hilfe der Eingaben berechnen kann, benutze als Schablone im Rumpf eine binäre Verzweigung:

```
(define f
  (lambda (e)
    (if ... ; hier wird die boolesche Größe berechnet
        ...
        ...)))
```

AUFGABE 2.6

In der Mathematik es gibt den «Absolutbetrag» einer Zahl: Für eine negative Zahl liefert es die entsprechende positive Zahl (aus -5 wird also 5), alle anderen Zahlen bleiben unverändert. Schreibe eine Funktion, die den Absolutbetrag einer Zahl berechnet! □

2.9 SYNTAKTISCHER ZUCKER

Tatsächlich ist `if` «primitiver» als `cond`: jede `cond`-Form kann in eine äquivalente `if`-Form übersetzt werden, und zwar nach folgendem Schema:

(cond (t_1 a_1) (t_2 a_2) ... (t_{n-1} a_{n-1}) (else a_n))
  $\mapsto$ (if t_1 a_1 (if t_2 a_2 ... (if ... (if t_{n-1} a_{n-1} a_n)...)))

Die geschachtelte `if`-Form auf der rechten Seite der Übersetzung wertet, genau wie die `cond`-Form, nacheinander alle Bedingungen aus, bis eine `#t` liefert. Die rechte Seite des `cond`-Zweigs ist dann gerade die Konsequente des `if`s. Erst wenn alle Bedingungen fehlgeschlagen sind, ist die Alternative des letzten `if`-Ausdrucks dran, nämlich a_n aus dem `else`-Zweig.

Da sich mit Hilfe dieser Übersetzung jede `cond`-Form durch geschachtelte `if`-Formen ersetzen lässt, ist `cond` streng genommen gar nicht notwendig. Cond ist deswegen eine sogenannte *abgeleitete Form*. Da `cond` und andere abgeleitete Formen trotzdem praktisch und angenehm zu verwenden sind und damit dem Programmierer die Arbeit versüßen, heißen abgeleitete Formen auch *syntaktischer Zucker*.

AUFGABE 2.7

Schreibe die Funktion `cute?` aus Abschnitt 2.4 so um, dass sie `if` statt `cond` verwendet. ☐

AUFGABE 2.8

Wäre es auch denkbar, dass `if` syntaktischer Zucker für `cond` ist – kannst Du also eine Übersetzung eines `if`-Ausdrucks in einen `cond`-Ausdruck angeben? ☐

Auch `and` und `or` sind eigentlich syntaktischer Zucker: Es ist immer möglich, einen `and`-Ausdruck in `if`s zu übersetzen. Es gelten folgende Übersetzungsregeln:

(and e) $\mapsto$ e
(and e_1 e_2 ...) $\mapsto$ (if e_1 (and e_2 ...) #f)

Ein `and`-Ausdruck mit mehreren Operanden wird so schrittweise in eine Kaskade von `if`-Ausdrücken übersetzt:

```
(and a b c)
↦ (if a (and b c) #f)
↦ (if a (if b (and c) #f) #f)
↦ (if a (if b c #f) #f)
```

Ebenso lassen sich `or`-Ausdrücke immer in `if`-Ausdrücke übersetzen:

(or e) $\mapsto$ e

(or e_1 e_2 ...) $\mapsto$ (if e_1 #t (or e_2 ...))

Beispiel:

```
(or a b c)
↦  (if a #t (or b c))
↦  (if a #t (if b #t (or c)))
↦  (if a #t (if b #t c))
```

AUFGABE 2.9

Beim syntaktischen Zucker für `and` und `or` könnten wir zusätzlich auch definieren, in was `(and)` und `(or)` (also jeweils ohne Operanden) übersetzt wird. Wir könnten dann die Regeln für (and e) und (or e) weglassen. Was wäre jeweils die korrekte Übersetzung? Du solltest einige Beispiele durchspielen, um dies herauszufinden. (Achtung: Die korrekte Übersetzung überrascht Dich vielleicht.) Übersetze (and a b c) und (or a b c) jeweils mit Hilfe Deiner neuen Regeln so, als ob die Regeln (and e) und (or e) nicht da wären. □

2.10 UNSINNIGE DATEN ABFANGEN

Noch einmal zurück zur Funktion `heat-water` aus Abschnitt 2.5: Die hat schon viele Zweige, deckt aber immer noch nicht alles ab, zum Beispiel Anfangstemperaturen über 100°C:

```
(heat-water 150 0)
↪ 100
```

Das liegt daran, dass es gar kein vernünftiges Ergebnis gibt, wenn die Anfangstemperatur über 100°C liegt. Die Funktion berechnet aber trotzdem munter eines. Es wäre gut, wenn wir melden könnten, dass die Funktion unsinnige Eingaben bekommen hat.

Dazu erweitern wir erst einmal die Verzweigung, gleich am Anfang:

```
(define heat-water
  (lambda (temp heat)
    (cond
      ; Anfangstemperatur ist über 100°C, also unzulässig
      ((> temp 100) ...)
      ...)))
```

Nur – was tun im Fehlerfall? Dazu gibt es eine eingebaute Funktion `violation`, die eine Fehlermeldung als Zeichenkette akzeptiert und, wenn sie aufgerufen wird, das Programm abbricht und die Fehlermeldung ausdruckt. Die vollständige fertige Funktion sieht dann so aus:

```
(define heat-water
  (lambda (temp heat)
    (cond
      ; Anfangstemperatur ist über 100°C, also unzulässig
      ((> temp 100)
       (violation "Anfangstemperatur über 100°C"))
      ; Anfangstemperatur ist unter 0°C, es wird also Eis erwärmt.
      ((< temp 0)
       (cond
         ; Erwärmung bleibt unter 0°C.
         ((< (+ temp heat) 0) (+ temp heat))
         ; Erwärmung bleibt bei  0°C "stecken".
         ((< (+ temp heat) 80) 0)
         ; Die Erwärmung würde die Temperatur auf über 100°C bringen
         ((>= (- (+ temp heat) 80) 100) 100)
         ; Erwärmung erhöht Temperatur über Nullpunkt hinaus.
         (else
          (- (+ temp heat) 80))))
      ; Erwärmung würde Wassertemperatur auf über 100°C erhöhen.
      ((>= (+ temp heat) 100) 100)
      ; Wasser fängt flüssig an und bleibt durch Erwärmung flüssig.
      (else
       (+ temp heat)))))
```

Natürlich sollten wir auch den Fehlerfall testen – das geht nicht mit `check-expect`, das ja erwartet, dass ein Testausdruck einen ordnungsgemäßen Wert liefert. Für Fehlerfälle gibt es `check-error`, das Testfälle erzeugt, die dann bestanden sind, wenn die Auswertung einen Fehler liefert:

```
(check-error (heat-water 150 0)) ; Anfangstemperatur über 100°C
```

Die einfachere Funktion `heat-water-2` besteht diesen Test übrigens auch, ganz ohne Verwendung von `violation`. Warum ist das so? Hier ist die Fehlermeldung:

```
cond: alle Bedingungen ergaben #f
```

Außerdem markiert DrRacket die Funktion `temperature->heat` als Übeltäter. Deren Bedingungen schließen Temperaturen über 100° C explizit aus. Auch hier ist also die einfachere Version klar im Vorteil.

AUFGABE 2.10

Probiere die Ausdrücke `(heat-water 0 0)` und `(heat-water-2 0 0)` aus. Sie liefern unterschiedliche Ergebnisse. Warum? Welche Version hat recht? □

AUFGABEN

AUFGABE 2.11

An die «Flensburg»-Punkte, die es bei Verstößen gegen die Verkehrsvorschriften gibt, knüpft § 4 des Straßenverkehrsgesetzes die folgenden Sanktionen:

0 Punkte	Keine Sanktionen
1 bis 3 Punkte	Vormerkung
4 bis 5 Punkte	Ermahnung
6 bis 7 Punkte	Verwarnung
8 Punkte	Entzug

Schreibe eine Funktion, die zu einer gegebenen Punktezahl die daraus folgende Konsequenz berechnet!

AUFGABE 2.12

Schreibe eine Funktion `card-type`, die den Umsatz einer Kreditkarte akzeptiert und die eine entsprechende Kategorie als Zeichenkette zurückgibt. Verwende die Konstruktionsanleitungen: Schreibe die Kurzbeschreibung auf, führe eine Datenanalyse durch und schreibe die Signatur auf. Erstelle dann die Testfälle und das Gerüst. Vervollständige danach den Rumpf der Funktion und vergewissere Dich, dass die Tests erfolgreich laufen.

$$
\begin{array}{ccccccl}
 & & \text{Umsatz} & < & 15.000 & \Longrightarrow & \text{Weiß} \\
15.000 & \leq & \text{Umsatz} & < & 50.000 & \Longrightarrow & \text{Gold} \\
50.000 & \leq & \text{Umsatz} & \leq & 150.000 & \Longrightarrow & \text{Platin} \\
150.000 & < & \text{Umsatz} & & & \Longrightarrow & \text{Schwarz}
\end{array}
$$

Aufgabe 2.13

1. Schreibe eine Funktion `min-2`, die als Argumente zwei Zahlen nimmt und die kleinere der beiden Zahlen zurückgibt. Schreibe außerdem eine Funktion `min-3`, die als Argumente drei Zahlen nimmt und die kleinste der drei Zahlen zurückgibt. Verwende die Konstruktionsanleitung: Schreibe explizit Kurzbeschreibung und Signatur auf, erstelle dann das Gerüst und die Testfälle. Vervollständige danach den Rumpf der Funktion und vergewissere Dich, dass die Tests erfolgreich laufen.
2. Schreibe analog eine Funktion `max-2` und `max-3`.
3. Schreibe eine Funktion `min-3`, welche die kleinste von drei gegebenen Zahlen ausgibt.
4. Schreibe eine Funktion `min-3?`, die überprüft, ob die erste von drei gegebenen Zahlen das Minimum ist.
5. Schreibe eine Funktion `valid-value?`, die überprüft, ob die erste von drei gegebenen Zahlen zwischen den beiden anderen liegt. Mit «zwischen» ist gemeint, dass die erste Zahl auch gleich der zweiten oder der dritten sein kann.
6. `clamp`, die wie folgt definiert ist:

$$clamp(x,\ min,\ max) = \begin{cases} x & min \leq x \leq max \\ min & x < min \\ max & x > max \end{cases}$$

Aufgabe 2.14

Beim Fußball lässt die Rückennummer einer Spielerin häufig Rückschlüsse auf ihre Position zu. Wir machen dabei folgende Annahmen:

- Eine *Torwärtin* hat die Rückennummer 1.
- Eine *Abwehrspielerin* hat die Rückennummer 2, 3, 4 oder 5.
- Eine *Mittelfeldspielerin* hat die Rückennummer 6, 7, 8 oder 10.
- Eine *Stürmerin* hat die Rückennummer 9 oder 11.
- Eine *Ersatzspielerin* hat eine Rückennummer zwischen 12 und 99.
- Alle anderen Rückennummern sind ungültig.

Schreibe zunächst eine Datendefinition für die Positionen und dann eine passende Signatur-Definition mit dem Namen `position`.

Schreibe nun eine Funktion mit folgender Signatur:

```
(: nummer->position (natural -> position))
```

Die Funktion soll dabei zu einer gegebenen Rückennummer die zugehörige Position berechnen.

Verwende beim Schreiben der Funktion die Konstruktionsanleitungen für Funktionen und für Fallunterscheidungen. Teste die Funktion `nummer->position` mit mindestens sechs Testfällen, so dass alle Fälle abgedeckt sind.

Aufgabe 2.15

Schreibe ein Programm, mit dem Buß- und Verwarnungsgelder automatisch bestimmt werden.

1. Programmiere eine Funktion `zu-langes-parken` für die Bewertung von zu langem Parken auf einem kostenpflichtigen Parkplatz. Diese bekommt eine Zeitspanne übergeben und gibt das entsprechende Verwarnungsgeld zurück.
   Diese Verwarnungen sind wie folgt festgelegt:

Überschreitung der Höchstparkdauer bis 30 Minuten	€5
bis zu einer Stunde	€10
bis zu zwei Stunden	€15
bis zu drei Stunden	€20
länger als drei Stunden	€25

2. Das Überfahren einer roten Ampel kostet je nach Gefährdungslage mehr, gibt Punkte und Fahrverbote. Schreibe drei Funktionen, eine für das Bußgeld `rote-ampel-bußgeld`, eine für die Punkte in Flensburg `rote-ampel-punkte` und eine Funktion für das Fahrverbot `rote-ampel-fahrverbot`, welche ausgibt, ob ein Fahrverbot erteilt wird. Übergib den Funktionen, wie lange die Ampel schon rot war und ob eine Gefährdung oder Sachbeschädigung vorlag.
   Die Bußgelder sind wie folgt definiert:
   - Bei Rot über die Ampel innerhalb der ersten Sekunde €50 und 3 Punkte.
   - Bei Rot über die Ampel innerhalb der ersten Sekunde mit Gefährdung oder Sachbeschädigung €125, 4 Punkte und 1 Monat Fahrverbot.
   - Bei Rot über die Ampel nach der ersten Sekunde €125, 4 Punkte und 1 Monat Fahrverbot.
   - Bei Rot über die Ampel nach der ersten Sekunde mit Gefährdung oder Sachbeschädigung €200, 4 Punkte und 1 Monat Fahrverbot.

3 ZUSAMMENGESETZTE DATEN

Viele Informationen, die in Programmen repräsentiert werden, haben mehrere Bestandteilen:

- Ein Festessen besteht aus Vorspeise, Hauptgang und Nachspeise.
- Eine Uhrzeit besteht aus Stunden und Minuten.
- Eine Tür besteht aus Türblatt und Türgriff.

Es werden also mehrere Dinge zu einem *zusammengesetzt*. Eine andere Betrachtungsweise ist, dass ein einzelnes Ding *mehrere Eigenschaften* hat:

- Ein Filzstift hat Dicke und Farbe.
- Eine Katze hat Alter und Geschlecht.
- Ein Lautsprecher hat Minimal- und Maximalfrequenz.

Um solche Informationen abzubilden, führen wir in diesem Kapitel eine neue Art Daten ein, die *zusammengesetzten Daten*.

3.1 COMPUTER KONFIGURIEREN

`zusammengesetzte-daten/computer.rkt` **Code**

Viele Computergeschäfte erlauben, bestimmte Komponenten eines neues Computers auszuwählen, zum Beispiel Prozessor, Festplatte und Größe des RAM-Hauptspeichers:

Anders gesagt, ein Computer *besteht aus*:

- Prozessor
- RAM
- Festplatte

Natürlich besteht ein Computer auch noch aus anderen Teilen, die aber (zumindest in diesem Beispiel) immer gleich oder irrelevant sind. In einer Bestellung müssen also nur diese drei Bestandteile enthalten sein. Wir nehmen an, dass es beim Prozessor nur auf den Namen («Athlon», «Xeon», «Cell», ...) ankommt, beim RAM nur auf die Größe in Gigabyte, und auch bei der Festplatte nur auf die Größe in Gigabyte.

Wir können daraus eine amtliche Datendefinition machen:

```
; Ein Computer besteht aus:
; - Prozessor
; - Hauptspeicher-Kapazität in Gbyte
; - Festplatten-Kapazität in Gbyte
```

Wichtig ist hier die Formulierung «besteht aus», die auf zusammengesetzte Daten hindeutet. Die Daten, die aus so einer Datendefinition für zusammengesetzte Daten entstehen, können als Tabelle dargestellt werden:

	Feld	Komponente
Computer	Prozessor	"Cell"
	RAM	8
	Festplatte	250

Diese Tabelle steht demnach für einen Computer mit Cell-Prozessor, 8 Gigabyte RAM und einer 250-Gigabyte-Festplatte. Sie hat also mehrere Bestandteile und ist damit zusammengesetzt. Die Computerfirma wird viele Computer nach diesem Schema ausliefern, bei denen allesamt jeweils Prozessor, RAM und Festplatte in der Bestellung stehen wird. Solche Informationen, die alle dem gleichen Schema folgen, können also nach «Typ» sortiert werden, wobei der Typ festlegt, um was für eine Art Information es geht und aus welchen Teilen sie zusammengesetzt ist. In der obigen Tabelle ist das *Feld* die Allgemeinbezeichnung für ein Bestandteil, das alle Computer haben. Die *Komponente* ist das konkrete Bestandteil eines einzelnen Computers.

Zusammengesetzte Daten bilden die Lehrsprachen durch sogenannte *Records* ab. Jeder Record gehört zu einem bestimmten *Record-Typ*, der festlegt, was für eine Sorte Information repräsentiert wird und welche Felder die Records des Record-Typs haben.

Der Record-Typ für Computer sieht feste Felder vor («Prozessor», «RAM», «Festplatte»). Ein einzelner Record dieses Typs besteht aus Komponenten, eine pro Feld. (In diesem Fall `"Cell"`, 8 und 250.)

Record-Typen müssen in einem Programm explizit mit Hilfe einer speziellen *Record-Definition* definiert werden, die mit `define-record` beginnt. Hier ist die Record-Definition zur Datendefinition für Computer:

```
(define-record computer
  make-computer
  (computer-processor  string)
  (computer-ram        natural)
  (computer-hard-drive natural))
```

Diese etwas komplizierte Form erläutern wir Schritt für Schritt. Weil sie gleich mehrere Funktionen definiert, die mit Records zu tun haben, heißt sie `define-record`. Nach `define-record` steht der Name der Signatur für die Werte des Record-Typs, `computer`. Diese Signatur nennen wir ab sofort die *Record-Signatur*.

Als Nächstes in der Record-Definition kommt `make-computer`, der Name einer Funktion, die für die *Konstruktion* eines Computer-Records zuständig ist. Analog zum Zusammenbauen eines Computers mit Cell-Prozessor, 8 Gigabyte RAM und 250 Gigabyte Festplatte wird der dazugehörige Record mit der Funktion `make-computer` folgendermaßen hergestellt:

```
(make-computer "Cell" 8 250)
↪ #<record:computer "Cell" 8 250>
```

`Make-computer` hat folgende Signatur:

```
(: make-computer (string natural natural -> computer))
```

Die drei Eingaben sind der Reihe nach Prozessor, RAM und Festplatte. `Make-computer` macht daraus einen Wert der Sorte `computer` der Computer-Records. Da `make-computer` einen Computer=Record «konstruiert», heißt die Funktion auch *Konstruktor*.

Mit der Schreibweise

```
#<record:... ...>
```

werden Record-Typ und ihre Komponenten in der REPL sichtbar.

Hier sind einige Beispiele für Computer-Records, mit Kommentaren, welche die Beziehung zwischen Daten und Information (siehe Abschnitt 1.6 auf Seite 31) herstellt:

```
; Cell, 4 Gbyte RAM, 1000 Gbyte Festplatte
(define gamer (make-computer "Cell" 4 1000))

gamer
↪ #<record:computer "Cell" 4 1000>

; Xeon, 2 Gbyte RAM, 500 Gbyte Festplatte
(define workstation (make-computer "Xeon" 2 500))
```

```
workstation
↪ #<record:computer "Xeon" 2 500>
```

Umgekehrt zur Konstruktion nehmen manche Bastler aus dem Computer die Einzelteile wieder heraus, zum Beispiel, um sie in einem anderen Computer zu verbauen. Für dieses Herausnehmen sind die Funktionen `computer-processor`, `computer-ram` und `computer-hard-drive` zuständig, die von der Record-Definition definiert werden:

```
(computer-processor gamer)
↪ "Cell"
(computer-ram gamer)
↪ 4
(computer-hard-drive gamer)
↪ 1000
```

Diese drei Funktionen heißen *Selektoren*. Sie haben folgende Signaturen:

```
(: computer-processor (computer -> string))
(: computer-ram (computer -> natural))
(: computer-hard-drive (computer -> natural))
```

Genau genommen sind diese Signaturen redundant: In der Record-Definition steht ja schon, dass die Felder die Signaturen `string`, `natural` und `natural` sind. Jeder Selektor hat `computer` als Eingabe und die jeweilige Feld-Signatur als Ausgabe. Auch die Signatur-Deklaration für den Konstruktor ist redundant.

AUFGABE 3.1

Wie ist der Zusammenhang zwischen der Record-Definition und der Signatur des Konstruktors? □

Trotzdem ist es zumindest am Anfang hilfreich, sich die Arbeitsweise von Konstruktor und Selektoren anhand ihrer Signaturen klarzumachen. Wir schreiben sie darum in diesem Kapitel noch hin, danach nicht mehr.

Mit Hilfe des Konstruktors und der Selektoren können wir weitergehende Funktionen definieren. Für den Anfang könnte das eine Funktion sein, die den Gesamtspeicher eines Computers berechnet, also Hauptspeicher und Festplattenspeicher zusammen. Eine solche Funktion müsste Kurzbeschreibung und Signatur wie folgt haben:

```
; Gesamtspeicher berechnen
(: total-memory (computer -> natural))
```

Hier sind unsere Erwartungen an `total-memory`, als Testfälle formuliert:

```
(check-expect (total-memory workstation) 502)
(check-expect (total-memory gamer) 1004)
```

Das Gerüst ist wie folgt:

```
(define total-memory
  (lambda (c)
    ...))
```

Um etwas aus dem Record zu berechnen, muss `total-memory` (und so gut wie jede andere Funktion auch) die Bestandteile betrachten. Es ist deshalb sinnvoll, die Schablone mit den Aufrufen der Selektoren zu bestücken.

```
(define total-memory
  (lambda (c)
    ... (computer-processor c) ...
    ... (computer-ram c) ...
    ... (computer-hard-drive c) ...))
```

Jetzt wo die Schablone fertig ist, können wir uns mit dem Inhalt der Aufgabe beschäftigen: Der Prozessor hat nichts mit der Speichermenge zu tun, wir können den entsprechenden Selektoraufruf also wieder löschen:

```
(define total-memory
  (lambda (c)
    ... (computer-ram c) ...
    ... (computer-hard-drive c) ...))
```

Der Gesamtspeicher ist die Summe der beiden Komponenten:

```
(define total-memory
  (lambda (c)
    (+ (computer-ram c)
       (computer-hard-drive c))))
```

`Total-memory` ist ein Beispiel für eine Funktion, die einen Record akzeptiert. Umgekehrt gibt es auch Funktionen, die Records produzieren. Angenommen, unser Computerhändler bietet neben der Einzelkonfiguration von Prozessor, Hauptspeicher und Festplatte einige Standardmodelle an – sagen wir, ein Billigmodell, ein Modell für Profis (was immer eine «Profi» sein mag) und ein Modell für Computerspieler. Je nachdem, welches der Modelle der Kunde auswählt, muss die entsprechende Konfiguration zusammengesetzt werden. Für die Standardkonfiguration gibt es drei feste Möglichkeiten, es handelt sich hier also um eine Aufzählung.

Für die Aufzählung machen wir erst einmal – nach Konstruktionsanleitung 8 auf Seite 75 – eine Daten- und eine Signatur-Definition:

```
; Ein Modell ist eins der folgenden:
; - Billigmodell
; - Profi-Modell
; - Gamer-Modell
(define model
  (signature
   (enum "cheap" "professional" "gamer")))
```

Eine Funktion, die zu einer Standardkonfiguration den passenden Computer fertigt, könnte damit folgende Kurzbeschreibung und Signatur haben:

```
; Standard-Computer zusammenstellen
(: standard-computer (model -> computer))
```

Die Testfälle sollten alle drei Standardkonfigurationen abdecken:

```
(check-expect (standard-computer "cheap")
              (make-computer "Sempron" 2 500))
(check-expect (standard-computer "professional")
              (make-computer "Xeon" 4 1000))
(check-expect (standard-computer "gamer")
              (make-computer "Quad" 4 750))
```

Hier ist das Gerüst:

```
(define standard-computer
  (lambda (k)
    ...))
```

Bei der Schablone gehen wir wieder nach Konstruktionsanleitung 8 auf Seite 75 vor. Da es sich beim Argument von `standard-computer` um eine Fallunterscheidung – eine Aufzählung mit *drei* Alternativen – handelt, können wir die dazu passende Schablone – eine Verzweigung mit *drei* Zweigen – zum Einsatz bringen:

```
(define standard-computer
  (lambda (k)
    (cond
      (... ...)
      (... ...)
      (... ...))))
```

Bei den Tests der Zweige müssen wir k mit den Elementen der Aufzählung vergleichen. Da es sich um Zeichenketten handelt, nehmen wir dazu `string=?`:

```
(define standard-computer
  (lambda (k)
    (cond
      ((string=? k "cheap") ...)
      ((string=? k "professional") ...)
      ((string=? k "gamer") ...))))
```

In jedem Zweig müssen wir nun dafür sorgen, dass der entsprechende Computer hergestellt wird. Für das Herstellen von Computer-Records ist der Konstruktor `make-computer` zuständig. Dementsprechend müssen wir in jedem Zweig einen Aufruf von `make-computer` platzieren, jeweils mit drei Argumenten:

```
(define standard-computer
  (lambda (k)
    (cond
      ((string=? k "cheap")
       (make-computer ... ... ...))
      ((string=? k "professional")
       (make-computer ... ... ...))
      ((string=? k "gamer")
       (make-computer ... ... ...)))))
```

Jetzt müssen wir die Argumente für die Aufrufe von `make-computer` zur Verfügung stellen. Für jeden Aufruf sind das der Prozessor, die Größe des Hauptspeichers und die Größe der Festplatte. Die entsprechenden Angaben können wir zum Beispiel den Testfällen entnehmen. Folgendes kommt dabei heraus:

```
(define standard-computer
  (lambda (k)
```

```
    (cond
      ((string=? k "cheap")
       (make-computer "Sempron" 2 500))
      ((string=? k "professional")
       (make-computer "Xeon" 4 1000))
      ((string=? k "gamer")
       (make-computer "Quad" 4 750)))))
```

Fertig!

AUFGABE 3.2

Schreibe eine Funktion, die einen Computer klassifiziert als «fett», «Durchschnitt» oder «müde». Definiere die Kriterien dafür selbst. □

3.2 ZUSAMMENGESETZTE DATEN SELBST KONSTRUIEREN

`zusammengesetzte-daten/wallclock-time.rkt` **Code**

Für ein weiteres Beispiel greifen wir auf folgenden Satz aus der Einleitung zurück, den wir schon als Datendefinition auslegen können:

```
; Eine Uhrzeit besteht aus Stunde und Minute.
```

Für die Entwicklung der dazu passenden Record-Definition müssen wir uns einen Namen für den Record-Typ ausdenken. Dann können wir bereits ein karges Gerüst hinschreiben:

```
(define-record wallclock-time
  make-wallclock-time
  ...)
```

Als Nächstes müssen wir festlegen, *wie viele* Bestandteile die Records haben sollen. In diesem Fall («Stunde und Minute») sind es zwei. Wir können das Gerüst der Record-Definition entsprechend um zwei Felder erweitern:

```
(define-record wallclock-time
  make-wallclock-time
  (... ...)
  (... ...))
```

Auf die Anzahl der Bestandteile zu achten, hilft uns dabei, Mantra 1 auf Seite 45 umzusetzen:

MANTRA 1

Achte darauf, dass für alles, was Du weißt, tatsächlich auch etwas im Programm steht.

Als Nächstes kommen die Namen der Selektoren. Dabei befolgen wir eine Konvention, die Selektoren alle mit `wallclock-time-` anfangen zu lassen. Bei der Benennung des Konstruktor haben wir ebenfalls eine Konvention angewendet, dessen Name sich aus `make-` und dem Namen des Record-Typs ergibt. Also:

```
(define-record wallclock-time
  make-wallclock-time
  (wallclock-time-hour   ...)
  (wallclock-time-minute ...))
```

Dass wir die Selektoren untereinander schreiben, dient lediglich der Übersichtlichkeit, ist also ebenfalls eine Konvention.

Es fehlen noch die Signaturen bei `wallclock-time-hour` und `wallclock-time-minute`. Nicht nur die: Wir brauchen überhaupt erstmal Datendefinitionen für die beiden Felder.

```
; Eine Stunde ist eine ganze Zahl zwischen 0 und 23.
; Eine Minute ist eine ganze Zahl zwischen 0 und 59.
```

Da es um ganze Zahlen ab 0 geht, könnten wir `natural` verwenden, präziser ist es aber, wenn wir `integer-from-to` aus Abschnitt 2.2 auf Seite 55 benutzen und eigene Signatur-Definitionen einführen:

```
; Eine Stunde ist eine ganze Zahl zwischen 0 und 23.
(define hour (signature (integer-from-to 0 23)))
; Eine Minute ist eine ganze Zahl zwischen 0 und 59.
(define minute (signature (integer-from-to 0 59)))
```

Diese Signaturene können wir jetzt in der Record-Definition für `wallclock-time` verwenden:

```
(define-record wallclock-time
  make-wallclock-time
  (wallclock-time-hour   hour)
  (wallclock-time-minute minute))
```

Wir schreiben die Signaturen der definierten Funktionen aus. Diese ergeben sich direkt aus der Record-Definition:

Eine Record-Definition hat folgende allgemeine Gestalt:

```
(define-record t
  c
  (sel_1 sig_1)
  ...
  (sel_n sig_n))
```

Diese Form definiert einen Record-Typ mit n Feldern. Dabei sind t, c, $sel_1 \ldots sel_n$ allesamt Variablen, für die `define-record` Definitionen anlegt:

- t ist der Name der Record-Signatur.
- c ist der Name des Konstruktors, den `define-record` anlegt. Der Konstruktor hat folgende Signatur:

  ```
  (: c (sig_1 ... sig_n -> t))
  ```

- $Sel_1, \ldots, sel_n$ sind die Namen der Selektoren für die Felder des Record-Typs. Der Selektor s_i hat folgende Signatur:

  ```
  (: sel_i (t -> sig_i))
  ```

Abbildung 3.1: `define-record` (einfach)

```
(: make-wallclock-time (hour minute -> wallclock-time))
(: wallclock-time-hour (wallclock-time -> hour))
(: wallclock-time-minute (wallclock-time -> minute))
```

Der Konstruktor akzeptiert für jedes Feld ein Argument – entsprechend stehen die Signaturen der Felder vor dem Pfeil. Heraus kommt beim Konstruktor immer ein Record, da steht also der Name des Record-Typs.

Bei den Selektoren ist es umgekehrt: Da steht immer die Record-Signatur vorn (sie akzeptieren ja jeweils einen Record) und nach dem Pfeil steht die Signatur des jeweiligen Feldes.

Abbildung 3.1 fasst die Form von Record-Definitionen zusammen.

Hier sind drei Beispiele für Uhrzeiten als Daten, mit Kommentaren, welche die repräsentierte Information beschreiben:

```
(define wt1 (make-wallclock-time 11 55)) ; fünf vor zwölf
(define wt2 (make-wallclock-time 0 0)) ; Mitternacht
(define wt3 (make-wallclock-time 1 1)) ; 1 Uhr 1
```

Zuerst berechnen wir für eine Uhrzeit die Anzahl der Minuten seit Mitternacht. Hier sind Kurzbeschreibung, Signatur, Testfälle und Gerüst:

```
; Minuten seit Mitternacht berechnen
(: minutes-since-midnight (wallclock-time -> natural))

(check-expect (minutes-since-midnight wt1) (+ (* 11 60) 55))
(check-expect (minutes-since-midnight wt2) 0)
(check-expect (minutes-since-midnight wt3) 61)

(define minutes-since-midnight
  (lambda (wt)
    ...))
```

`Minutes-since-midnight` soll eine Funktion sein, die Uhrzeiten als Eingabe akzeptiert, also zusammengesetzte Daten. Eine Funktion, die aus zusammengesetzten Daten etwas berechnet, muss meist deren Bestandteile verwenden, auf die sie mit den Selektoren zugreifen kann. Wir fügen als nächsten Schritt Aufrufe beider Selektoren ein:

```
(define minutes-since-midnight
  (lambda (wt)
    ... (wallclock-time-hour wt) ...
    ... (wallclock-time-minute wt) ...))
```

Jetzt setzen wir noch etwas Wissen über Uhrzeiten ein und vervollständigen damit den Rumpf:

```
(define minutes-since-midnight
  (lambda (wt)
    (+ (* 60 (wallclock-time-hour wt))
       (wallclock-time-minute wt))))
```

AUFGABE 3.3

Schreibe eine Funktion, die für eine Uhrzeit zurückliefert, ob sich diese auf den Vormittag oder den Nachmittag (also vor oder nach 12 Uhr mittags) bezieht. □

Die Funktion `minutes-since-midnight` können wir auch umdrehen:

```
; Aus Minuten seit Mitternacht die Uhrzeit berechnen
(: minutes-since-midnight->wallclock-time (natural -> wallclock-time))
```

Der Pfeil in `minutes-since-midnight->wallclock-time` gehört zum Namen und steht für die Umwandlung einer Größe in eine andere.

Die Testfälle sind gegenüber `minutes-since-midnight` umgedreht:

```
(check-expect (minutes-since-midnight->wallclock-time
                (+ (* 11 60) 55))
              wt1)
(check-expect (minutes-since-midnight->wallclock-time 0)
              wt2)
(check-expect (minutes-since-midnight->wallclock-time 61)
              wt3)
```

Hier ist das Gerüst:

```
(define minutes-since-midnight->wallclock-time
  (lambda (msm)
    ...))
```

Diese Funktion, produziert eine Uhrzeit – sie muss also den Konstruktor für `wallclock-time` aufrufen. Daraus ergibt sich folgende Schablone:

```
(define minutes-since-midnight->wallclock-time
  (lambda (msm)
    (make-wallclock-time ... ...)))
```

Um die Schablone zum Rumpf zu vervollständigen, müssen wir aus den Minuten seit Mitternacht `msm` zunächst die Stunde berechnen. Dazu brauchen wir eine Funktion, die ganzzahlig teilt. Die eingebaute Funktion / macht das leider nicht:

```
(/ 61 60)
↪ 1.016̅
```

Aber die Funktion `quotient` hilft uns weiter:

```
(quotient 61 60)
↪ 1
```

Das können wir in der Schablone benutzen:

```
(define minutes-since-midnight->wallclock-time
  (lambda (msm)
    (make-wallclock-time (quotient msm 60) ...)))
```

Es fehlt noch die Minute – dafür brauchen wir den Divisions*rest*. Den berechnet die eingebaute Funktion `remainder`:

```
(remainder 67 60)
↪ 7
(remainder 125 60)
↪ 5
```

Damit können wir den Rumpf vervollständigen:

```
(define minutes-since-midnight->wallclock-time
  (lambda (msm)
    (make-wallclock-time (quotient msm 60) (remainder msm 60))))
```

Aufgabe 3.4

Schreibe eine Funktion `make-wallclock-time-12h`, die eine Uhrzeit aus einer Zeitangabe im 12-Stunden-Format konstruiert. Also zum Beispiel:

```
(make-wallclock-time-12h 6 30 "AM")
↪ #<record:wallclock-time 6 30>
(make-wallclock-time-12h 6 30 "PM")
↪ #<record:wallclock-time 18 30>
(make-wallclock-time-12h 12 0 "PM")
↪ #<record:wallclock-time 12 0>
(make-wallclock-time-12h 12 00 "AM")
↪ #<record:wallclock-time 0 0>
(make-wallclock-time-12h 12 30 "PM")
↪ #<record:wallclock-time 12 30>
```

(Für die beiden Fälle 12:00AM und 12:00PM gibt es keine eindeutige Zuordnung, wir haben das willkürlich festgelegt.) □

Aufgabe 3.5

Funktioniert `minutes-since-midnight->wallclock-time` für alle Zahlen als Eingabe? □

Aufgabe 3.6

Schreibe eine Funktion `wallclock-time-add-minutes`, die auf eine Uhrzeit eine bestimmte Anzahl Minuten addiert. Benutze die vorhandenen Funktionen `minutes-since-midnight` und `minutes-since-midnight->wallclock-time`! Du darfst annehmen, dass auch das Ergebnis noch in die 24 Stunden eines Tages passt. □

3.3 KONSTRUKTIONSANLEITUNGEN FÜR ZUSAMMENGESETZTE DATEN

Dieser Abschnitt fasst die Erkenntnisse aus den Beispielen zu zusammengesetzten Daten in Form von Konstruktionsanleitungen zusammen. Wir fangen an mit der Datenanalyse und der zugehörigen Record-Definition.

KONSTRUKTIONSANLEITUNG 12 (ZUSAMMENGESETZTE DATEN: DATENANALYSE)

Zusammengesetzte Daten kannst Du an Formulierungen wie «ein X besteht aus ...», «ein X ist charakterisiert durch ...» oder «ein X hat ...» erkennen. Manchmal lautet die Formulierung etwas anders. Die daraus resultierende Datendefinition ist ein Kommentar im Programm in folgender Form:

```
; Ein X hat / besteht aus / ist charakterisiert durch:
; - Bestandteil / Eigenschaft 1
; - Bestandteil / Eigenschaft 2
; ...
; - Bestandteil / Eigenschaft n
```

Darauf folgt eine entsprechende Record-Definition. Dafür überlege Dir Namen für den Record-Typ T und für die Felder, $f_1 \ldots f_n$. Zu jedem Feld gehört eine Signatur sig_i:

```
(define-record T
  make-T
  (T-f₁ sig₁)
  ...
  (T-fₙ sigₙ))
```

Der Name des Record-Typs T ist die Record-Signatur, `make-`T ist der Konstruktor und T-f_i sind die Selektoren. Dass der Konstruktorname mit `make-` anfängt und dass die Selektornamen sich aus dem Namen des Typs und der Felder zusammensetzt, ist reine Konvention. Von ihr solltest Du nur aus guten Gründen abweichen.

Darunter gehören die Signaturen für den Konstruktor und die Selektoren:

```
(: make-T (sig₁ ... sigₙ -> T))
(: T-f₁ (T -> sig₁))
...
(: T-fₙ (T -> sigₙ))
```

Wenn Du genügend Übung mit der Verwendung von Konstruktoren und Selektoren hast, kannst Du die Signaturen (die ja redundant sind) auch weglassen: Die relevanten Signaturen für die Felder stehen ja schon in der Record-Definition.

Wenn Du die Datenanalyse und die Record-Definition für zusammengesetzte Daten abgeschlossen hast, solltest Du anhand der Signatur der Funktion feststellen, ob die zusammengesetzten Daten als Ein- oder als Ausgabe verwendet werden. Abhängig davon kannst Du die entsprechende Schablone aus den folgenden beiden Konstruktionsanleitung auswählen.

KONSTRUKTIONSANLEITUNG 13 (ZUSAMMENGESETZTE DATEN ALS EINGABE: SCHABLONE)

Wenn Deine Funktion zusammengesetzte Daten als Eingabe akzeptiert (das ergibt sich aus der Signatur), gehe nach Schreiben des Gerüstes folgendermaßen vor:

1. Für jede Komponente, schreibe (*sel* *r*) in die Schablone, wobei *sel* der Selektor der Komponente und *r* der Name des Record-Parameters ist, also zum Beispiel:

   ```
   (wallclock-time-hour wt)
   ```

2. Vervollständige die Schablone, indem Du einen Ausdruck konstruierst, in dem die Selektor-Anwendungen vorkommen.
3. Es ist möglich, dass nicht alle Selektor-Anwendungen im Rumpf verwendet werden: In diesem Fall lösche die Selektor-Anwendung wieder.

Mit etwas Übung kannst Du nicht benötigte Selektor-Anwendungen auch von vornherein weglassen. Gelegentlich deutet es aber auf einen Fehler hin, wenn eine fehlt: Darum ist es oft sinnvoll, sie zunächst hinzuschreiben.

Funktionen, die zusammengesetzte Daten als Ausgabe haben, müssen einen entsprechenden Record konstruieren und deshalb den Konstruktor aufrufen. Hier ist Schablone dafür:

KONSTRUKTIONSANLEITUNG 14 (ZUSAMMENGESETZTE DATEN ALS AUSGABE: SCHABLONE)

Wenn Deine Funktion zusammengesetzte Daten als Ausgabe hat, schreibe einen Aufruf des passenden Record-Konstruktors in den Rumpf, zunächst mit einer Ellipse für jedes Feld des Records, also zum Beispiel:

```
(make-wallclock-time ... ...)
```

3.4 EIN- UND AUSGABE ZUSAMMENGESETZTER DATEN

zusammengesetzte-daten/dillo.rkt **Code**

In diesem Abschnitt kombinieren wir Ein- und Ausgabe zusammengesetzter Daten in einer einzigen Funktion.

Im Beispiel dafür geht es um Gürteltiere in Texas: Die überqueren insbesondere die Highways und werden dabei leider oft überfahren – am Straßenrand sind entsprechend viele Gürteltiere zu sehen. Außerdem füttern freundliche Autofahrer gelegentlich die Gürteltiere. Mit diesen beiden Aspekten wollen wir uns beschäftigen: Was passiert, wenn ein Gürteltier überfahren wird? Was passiert, wenn ein Gürteltier gefüttert wird? Entsprechend interessiert uns, ob ein Gürteltier am Leben ist und welches Gewicht es hat. Das können wir nach Konstruktionsanleitung 12 auf Seite 100 direkt in eine Datendefinition übersetzen:

```
; Ein Gürteltier hat folgende Eigenschaften:
; - Gewicht (in g)
; - lebendig oder tot
```

Wiederum handelt es sich um zusammengesetzte Daten, wie aus der Formulierung «hat» ersichtlich ist. Wir beschränken uns hier auf die beiden Eigenschaften, die für die Aufgabenstellung relevant sind. Aus der Datendefinition können wir direkt eine passende Record-Definition machen:

```
(define-record dillo
  make-dillo
  (dillo-weight natural)
  (dillo-alive? boolean))
```

(«Dillo» steht kurz für «Armadillo», das aus dem Spanischen übernommene englische Wort für Gürteltier.)

Für das Feld `alive?` könnten wir unterschiedliche Repräsentationen wählen: Eine Aufzählung wäre möglich; wir haben uns für einen booleschen Wert entschieden, der die Frage «Lebt das Gürteltier?» beantwortet. Hier sind die Signaturen für die Record-Funktionen:

```
(: make-dillo (natural boolean -> dillo))
(: dillo-weight (dillo -> natural))
(: dillo-alive? (dillo -> boolean))
```

Hier sind einige Exemplare als Daten plus Information:

```
(define dillo1 (make-dillo 55000 #t)) ; 55 kg, lebendig
```

```
(define dillo2 (make-dillo 58000 #f)) ; 58 kg, tot
(define dillo3 (make-dillo 60000 #t)) ; 60 kg, lebendig
(define dillo4 (make-dillo 63000 #f)) ; 63 kg, tot
```

Fangen wir damit an, Gürteltiere zu füttern. Die Standard-Futter-Portion ist dabei 500 g, und das Gürteltier nimmt durch die Fütterung um das entsprechende Gewicht zu. Hier sind Kurzbeschreibung und Signatur:

```
; Gürteltier mit 500 g Futter füttern
(: feed-dillo (dillo -> dillo))
```

Hier der erste, naheliegende Testfall:

```
(check-expect (feed-dillo dillo1) (make-dillo 55500 #t))
```

Bei `feed-dillo` ist relevant, was es mit toten Gürteltieren macht: Tote Gürteltiere fressen nicht, entsprechend nehmen sie auch nicht zu, wenn man ihnen Futter anbietet:

```
(check-expect (feed-dillo dillo2) dillo2)
```

Hier das Gerüst der Funktion:

```
(define feed-dillo
  (lambda (dillo)
    ...))
```

Für den Namen des Parameters verwenden wir auch `dillo`, nicht zu verwechseln mit der Signatur, die ebenfalls `dillo` heißt. Das **`lambda`** sorgt dafür, dass `dillo` sich innerhalb seines Rumpfes auf den Parameter bezieht, nicht auf die weiter außen stehende Signatur.

AUFGABE 3.7

Um Dir klarzumachen, welches `dillo` zu welchem **`lambda`** beziehungsweise zu welcher Definition gehört, kannst Du in DrRacket den Knopf `Syntaxprüfung` drücken und danach den Maus-Zeiger über die verschiedenen Vorkommen von `dillo` bewegen. □

Mehr zu diesem Thema kommt in Abschnitt 9.6 auf Seite 274.

`Feed-dillo` hat zusammengesetzte Daten sowohl als Eingabe als auch als Ausgabe. Entsprechend kommen die Schablonen für beide Situationen zum Einsatz.

Zunächst ist die Schablone für zusammengesetzte Daten als Eingabe aus Konstruktionsanleitung 13 auf Seite 101 an der Reihe. Wir schreiben die Aufrufe der Selektoren auf:

```
(define feed-dillo
  (lambda (dillo)
    ... (dillo-weight dillo) ...
    ... (dillo-alive? dillo) ...))
```

Dazu kommt die Schablone für zusammengesetzte Daten als Ausgabe aus Konstruktionsanleitung 14 auf Seite 101, also der Aufruf des Konstruktors:

```
(define feed-dillo
  (lambda (dillo)
    (make-dillo ... ...)
    ... (dillo-weight dillo) ...
    ... (dillo-alive? dillo) ...))
```

Der zweite Testfall zeigt, dass, was `feed-dillo` betrifft, die Gürteltiere in zwei verschiedene Gruppen fallen: `Feed-dillo` verhält sich bei lebenden Gürteltieren anders als bei toten: eine Fallunterscheidung. Entsprechend brauchen wir eine Verzweigung im Rumpf, und zwar aufgrund des Wertes von `(dillo-alive? dillo)`, der schon in der Schablone steht. Da `dillo-alive?` einen booleschen Wert liefert, handelt es sich um eine boolesche Fallunterscheidung. Deshalb können wir Konstruktionsanleitung 11 auf Seite 79 anwenden und eine binäre Verzweigung benutzen:

```
(define feed-dillo
  (lambda (dillo)
    (if (dillo-alive? dillo)
        ...
        ...)
    (make-dillo ... ...)
    ... (dillo-weight dillo) ...))
```

Nun müssen wir noch die beiden Zweige ergänzen. Am einfachsten ist «Gürteltier tot», dann nämlich kommt das gleiche Gürteltier aus der Funktion, das hineingegangen ist. Wir setzen also `dillo` als Alternative der Verzweigung ein:

```
(define feed-dillo
  (lambda (dillo)
    (if (dillo-alive? dillo)
        ...
        dillo)
    (make-dillo ... ...)
    ... (dillo-weight dillo) ...))
```

Im ersten Zweig müssen wir schließlich einen neuen Gürteltier-Wert berechnen, der die Zunahme berücksichtigt. Dabei werden der Konstruktur-Aufruf und der zweite Selektor-Aufruf aus der Schablone verbraucht:

```
(define feed-dillo
  (lambda (dillo)
    (if (dillo-alive? dillo)
        (make-dillo ... ...)
        dillo)))
```

Wir müssen beim Aufruf des Konstruktors `make-dillo` angeben, welches Gewicht das frisch gefütterte Gürteltier haben soll und ob es noch am Leben ist. Das Gewicht erhöht sich um das Gewicht des Futters. Außerdem ist das Gürteltier noch am Leben, weil der Konstruktoraufruf in dem Zweig steht, in dem das so ist:

```
(define feed-dillo
  (lambda (dillo)
    (if (dillo-alive? dillo)
        (make-dillo (+ (dillo-weight dillo) 500)
                    #t)
        dillo)))
```

Wir kommen nun zum unangenehmen Teil, dem Überfahren, das aus einem lebenden Gürteltier ein totes macht. Hier Kurzbeschreibung und Signatur:

```
; Gürteltier überfahren
(: run-over-dillo (dillo -> dillo))
```

Aus dem Beispiel `dillo1` können wir den ersten Testfall machen:

```
(check-expect (run-over-dillo dillo1) (make-dillo 55000 #f))
```

Wir sollten aber auch berücksichtigen, was `run-over-dillo` mit toten Gürteltieren anstellt. Diese bleiben auch nach dem Überfahren tot:

```
(check-expect (run-over-dillo dillo2) dillo2)
```

Hier das Gerüst der Funktion:

```
(define run-over-dillo
  (lambda (dillo)
    ...))
```

`Run-over-dillo` hat zusammengesetzte Daten sowohl als Eingabe als auch als Ausgabe. Entsprechend kommen ein weiteres Mal die Schablonen für beide Situationen zum Einsatz. Zunächst die Schablone für zusammengesetzte Daten als Eingabe; wir schreiben die Aufrufe der Selektoren auf:

```
(define run-over-dillo
  (lambda (dillo)
    ... (dillo-weight dillo) ...
    ... (dillo-alive? dillo) ...))
```

Dazu kommt die Schablone für zusammengesetzte Daten als Ausgabe, also der Aufruf des Konstruktors:

```
(define run-over-dillo
  (lambda (dillo)
    (make-dillo ... ...)
    ... (dillo-weight dillo) ...
    ... (dillo-alive? dillo) ...))
```

Da das Überfahren das Gewicht nicht ändert, übernimmt der Ausdruck für das Gewicht das Gewicht des Eingabe-Gürteltiers aus der Schablone:

```
(define run-over-dillo
  (lambda (dillo)
    (make-dillo (dillo-weight dillo) ...)
    ... (dillo-alive? dillo) ...))
```

Das Gürteltier ist nach dem Überfahren auf jeden Fall tot. Da es keine Rolle spielt, ob das Gürteltier vorher lebendig war oder nicht, können wir den Selektoraufruf `(dillo-alive? dillo)` verwerfen:

```
(define run-over-dillo
  (lambda (dillo)
    (make-dillo (dillo-weight dillo)
                #f)))
```

Fertig!

3.5 ALTERNATIVEN BEI DEN KONSTRUKTIONSANLEITUNGEN

Vielleicht ist Dir bei der Folge von Schablonen für `feed-dillo` aufgefallen, dass wir die Anordnung der Schablonen für die Konstruktion zusammgesetzter Daten und die Schablone für binäre

Fallunterscheidungen recht willkürlich angeordnet haben, indem wir die Verzweigung «außen» um den Konstruktoraufruf gestellt haben.

Die Konstruktionsanleitungen hätten wir genauso gut andersherum anwenden können, indem wir die Verzweigung «innen» in den Konstruktoraufruf von `make-dillo` gestellt hätten:

```
(define feed-dillo
  (lambda (dillo)
    (make-dillo (if (dillo-alive? dillo)
                    ...
                    ...)
                ...)
   ... (dillo-alive? dillo) ...
   ... (dillo-weight dillo) ...))
```

Bei dieser Vorgehensweise füllen wir zunächst die Ellipsen für die beiden möglichen Gewichte aus:

```
(define feed-dillo
  (lambda (dillo)
    (make-dillo (if (dillo-alive? dillo)
                    (+ (dillo-weight dillo) 500)
                    (dillo-weight dillo))
                ...)
   ... (dillo-alive? dillo) ...))
```

Was das zweite Argument von `make-dillo` betrifft, also ob das Gürteltier lebendig oder tot ist, so ist der Wert dort so wie vorher, also entsprechend dem Ergebnis von `dillo-alive?`:

```
(define feed-dillo
  (lambda (dillo)
    (make-dillo (if (dillo-alive? dillo)
                    (+ (dillo-weight dillo) 500)
                    (dillo-weight dillo))
                (dillo-alive? dillo))))
```

Diese Version ist genauso korrekt wie die erste, und keine ist offensichtlich «besser» als die andere.[1] Bei der Kombination von Konstruktionsanleitungen ist es also oft möglich, mehrere unterschied-

[1] Die erste Version im Fall «totes Gürteltier» vermeidet, einen neuen Gürteltier-Wert zu erzeugen. Dafür ist die zweite Version kürzer. In der Praxis ist der Unterschied unwichtig.

liche Wege zu beschreiten. Meist funktionieren alle davon, unterscheiden sich aber gelegentlich in Länge und Eleganz.

Eine andere Alternative bei der Konstruktion von `feed-dillo` wäre an dieser Stelle möglich gewesen:

```
(define feed-dillo
  (lambda (dillo)
    (if (dillo-alive? dillo)
        (make-dillo ... ...)
        dillo)))
```

Hier haben wir ziemlich vorschnell `dillo` in der Alternative des `if`-Ausdrucks geschrieben, weil es uns «offensichtlich» erschien, dass der Zustand eines toten Gürteltiers nach dem Füttern genauso wie vorher ist. Es wäre konsequenter gewesen, erst einmal die Schablonen vollständig anzuwenden:

```
(define feed-dillo
  (lambda (dillo)
    (if (dillo-alive? dillo)
        (make-dillo ... ...)
        (make-dillo ... ...))))
```

Dann hätten wir auch für den zweiten Zweig («Gürteltier tot») die Fragen beantwortet, welches Gewicht das Gürteltier hat und ob es noch lebt:

```
(define feed-dillo
  (lambda (dillo)
    (if (dillo-alive? dillo)
        (make-dillo (+ (dillo-weight dillo) 500) #t)
        (make-dillo (dillo-weight dillo) #f))))
```

Auch diese Version ist richtig. Wir könnten diese Version noch etwas umformen, in dem wir die Beobachtung ausnutzen, dass der Wert des `dillo-alive?`-Felds im Ergebnis dem Ergebnis von `(dillo-alive? dillo)` entspricht und das im zweiten `make-dillo`-Aufruf einsetzen:

```
(define feed-dillo
  (lambda (dillo)
    (if (dillo-alive? dillo)
        (make-dillo (+ (dillo-weight dillo) 500) #t)
        (make-dillo (dillo-weight dillo) (dillo-alive? dillo)))))
```

Das Programm ist zwar länger geworden, es gibt aber auch eine Einsicht frei, wenn wir den zweiten `make-dillo`-Aufruf näher anschauen. Dieser Aufruf stellt ein `dillo`-Record her, bei dem jedes Feld aus dem entsprechenden Feld von `dillo` bestückt wird. Es ist deshalb gleich zu `dillo`. Eine Gleichung bringt das zum Ausdruck:

```
(make-dillo (dillo-weight dillo) (dillo-alive? dillo)) = dillo
```

Wir können also den `make-dillo`-Aufruf durch `dillo` ersetzen und so das Programm mit Hilfe der Gleichung vereinfachen:

```
(define feed-dillo
  (lambda (dillo)
    (if (dillo-alive? dillo)
        (make-dillo (+ (dillo-weight dillo) 500) #t)
        dillo)))
```

Jetzt ist die erste Version von `feed-dillo` entstanden, ohne dass wir uns vorschnell überlegen mussten, dass im Fall «Gürteltier tot» die Eingabe gleich der Ausgabe ist.

In diesem Beispiel mögen die resultierende Einsicht und Vereinfachung banal sein. Wir können aber Gleichungen beim Programmieren oft benutzen, um nützliche Einsichten zu erzielen oder unsere Programme kürzer, schneller oder eleganter zu machen. Das entspricht Mantra 6 von Seite 46:

MANTRA 6

Nutze Gleichungen aus, um Dein Programm zu vereinfachen.

AUFGABE 3.8

Formuliere Gleichungen entsprechend der Gleichungen für `dillo` auch für die Record-Typen `computer` und `wallclock-time` aus diesem Kapitel. □

AUFGABEN

AUFGABE 3.9

Schreibe eine Daten- und eine Record-Definition für *Brüche* und verschiedene Funktionen für das Bruchrechnen:

- Kürzen eines Bruchs

- Test auf Gleichheit der durch zwei Brüche repräsentierten rationalen Zahlen
- Addition, Subtraktion, Multiplikation und Division von Brüchen

Hinweis: Zur Lösung der Aufgabe ist die folgende eingebaute Funktion hilfreich:

```
(: gcd (natural natural -> natural)),
```

die den größten gemeinsamen Teiler («greatest common divisor») von zwei natürlichen Zahlen berechnet.

Aufgabe 3.10

Jedes Qux hat einen Namen. Außerdem interessiert Experten, wieviele Bas ein Qux hat. Es wird außerdem zwischen Arg-Quxen, Foo-Quxen und Bla-Quxen unterschieden.

1. Schreibe eine Daten-Definition für Quxe sowie eine dazu passende Record-Definition. Notiere dazu auch die Signaturen der Selektoren.
2. Schreibe Signatur, Gerüst und Schablone für eine Funktion, die ein Qux akzeptiert und eine Zeichenkette zurückgibt. Identifiziere die dazu benutzten Konstruktionsanleitungen. Achte darauf, auch die Konstruktionsanleitungen für die Komponenten von Qux-Records anzuwenden.
3. Nimm an, Du hättest für eine zu schreibende Funktion quxop2 die folgende Signatur festgelegt:

   ```
   (: quxop2 (natural (enum "Hx" "Bx" "Px") -> qux))
   ```

   (Dabei ist angenommen, dass die Record-Definition für ein Qux den Namen qux hat.) Entwickele daraus Gerüst und Schablone der zu schreibenden Funktion mit Hilfe der passenden Konstruktionsanleitungen.

Aufgabe 3.11

Schreibe ein Programm zur Verwaltung von wöchentlichen Raumreservierungen an der Uni!

1. Entwirf eine Daten- und Record-Definition für einen Eintrag eines Verwaltungssystems für Vorlesungs- und Seminarräume.
   Jeder Eintrag beinhaltet folgende Informationen: der Name des Raums (als Zeichenkette), der Wochentag, die Uhrzeit (es wird nur in Stunden gerechnet) und der Name des Dozenten, der den Raum belegt.
2. Schreibe eine Funktion `reserve`, die als Argumente einen Eintrag und einen Dozentennamen akzeptiert und einen Eintrag zurückgibt. Falls der Raum noch nicht belegt wurde (das heißt

im Eintrag ist der Dozentenname ""), soll der Raum reserviert werden und damit ein neuer Eintrag zurückgegeben werden, bei dem der Dozentenname gesetzt ist. Andernfalls wird der Eintrag unverändert zurückgegeben.

AUFGABE 3.12

Schreibe weitere Funktionen für die Computer aus Abschnitt 3.1:

- Überlege Dir, wie Du für einen Computer einen geeigneten Preis abhängig von der Konfiguration berechnen würdest. Schreibe eine Funktion, welche Deine Methode realisiert.
- Schreibe eine Funktion, die den Speicher eines Computers erweitert. Sie akzeptiert einen Computer und eine Zahl und liefert einen neuen Computer, bei dem der Hauptspeicher um die Zahl erhöht ist.

AUFGABE 3.13

Es geht ums Backen von Kuchen.

1. Erstelle eine Datendefinition `dough` für den Teig. Jeder Teig besteht aus Eiern, Mehl, Zucker und Wasser und hat ein Gesamtgewicht. Überlege Dir geeignete Einheiten für die Zutaten.
2. Erstelle eine Datendefinition `cake` für Kuchen. Diese enthält einen Teig, eine Backdauer in Minuten und das Endgewicht des Kuchens.
3. Schreibe eine Funktion `ingredients->dough` welche eine Anzahl an Eiern, eine Menge Mehl in Gramm, eine Menge Zucker in Gramm und eine Menge Wasser in Milliliter erhält und daraus einen Teig herstellt. Gehe davon aus, dass jedes Ei 64 g wiegt.
4. Schreibe eine Funktion `bake-cake`. Diese erhält einen Teig, eine Backdauer in Minuten und erstellt einen Kuchen. Gehe davon aus, dass nach dem Backen noch 80 % des Wassers im Kuchen sind.

AUFGABE 3.14

Schreibe eine Datendefinition `appointment` für Termine, bestehend aus Datum, Uhrzeit, Dauer (in Minuten) und Ort. Verwende für das Datum und die Uhrzeit weitere Datendefinitionen bestehend aus Tag, Monat und Jahr beziehungsweise Stunde und Minute.

1. Schreibe eine Funktion `date-ok?`, die feststellt, ob ein Datums-Wert einem tatsächlichen Kalenderdatum entspricht, also korrekte Daten wie 1.1.1970 von unsinnigen wie 34.17.2006 unterscheidet. Lasse dazu Schaltjahre außer Acht. Beachte die Monate mit 28, 30 und 31 Tagen.
2. Schreibe eine Funktion `date-equal?`, die vergleicht, ob zwei Datums-Werte gleich sind.

3. Schreibe eine Funktion `time-ok?`, die feststellt, ob ein Zeit-Wert einer tatsächlichen Uhrzeit entspricht.
4. Schreibe eine Funktion `time-overlap?`, die überprüft, ob sich zwei Zeiten mit einer jeweils gegebenen Dauer (in Minuten) überschneiden. Gehe davon aus, dass es sich um Zeiten desselben Tages handelt.
5. Schreibe eine Funktion `overlap?`, die prüft, ob sich zwei gegebene Termine überschneiden. Beachte die Dauer der Termine. Gehe davon aus, dass die Termine nicht über Mitternacht liegen.

Hinweis: Zur Lösung der Aufgabe kann die eingebaute Funktion

```
(: remainder (natural natural -> natural))
```

hilfreich sein. Sie berechnet den Rest einer ganzzahligen Division.

AUFGABE 3.15

Erstelle eine Daten- und eine Record-Definition für einen Fahrzeugschein (siehe Abbildung 3.2). Gliedere die Felder des Fahrzeugscheins sinnvoll in Untergruppen und erstelle für diese Untergruppen eigene Daten- und Record-Definitionen. Benutze sprechende Bezeichner für Records und Felder! Gib ein Beispiel an, indem Du einen Fahrzeugschein-Wert mit allen Einträgen erzeugst.

AUFGABE 3.16

Schreibe für den Tübinger Stadtverkehr ein Programm, welches überprüft, ob ein Fahrzeug in den Umweltzonen fahren darf.

1. Definiere einen Datentyp für Fahrzeuge. Dieser Datentyp soll den Typ, das Nummernschild und die Schadstoffklasse des Fahrzeuges beinhalten.
2. Erstelle die Beispielfahrzeuge für die Fahrzeugtypen «Stadtbus», «Reisebus», «Dieselauto» und «Benzinauto». Gehe davon aus, dass die Busse der Schadstoffklasse 2, das Dieselauto der Schadstoffklasse 3 und das Benzinauto der Schadstoffklasse 4 angehören.
3. Schreibe eine Funktion `fahrverbot?`, welche überprüft, ob ein gegebenes Fahrzeug bei einer gegebenen Mindest-Schadstoffklasse noch fahren darf. Gestalte die Signatur so, dass er nur Mindest-Schadstoffklassen von 1 bis 4 akzeptiert.
4. Die Mühlstraße in Tübingen ist in einer Richtung für alle Fahrzeuge außer Stadtbusse gesperrt. Schreibe eine Funktion `sonderrecht?`, die überprüft, ob ein gegebenes Fahrzeug die Mühlstraße in der gesperrten Richtung befahren darf.

5. Der Stadtrat hat die Idee, den Tourismus dadurch anzukurbeln, dass Sonntags auch Reisebusse die Mühlstrasse in der gesperrten Richtunge befahren dürfen. Erweitere hierfür die Funktion `sonderrecht?` um den Wochentag und lasse sonntags auch Reisebusse zu.

Verwende beim Schreiben der Funktion die Konstruktionsanleitungen für Funktionen und für Fallunterscheidungen. Schreibe Testfälle, die alle Möglichkeiten der Fallunterscheidung abdecken.

AUFGABE 3.17

Schreibe ein Programm für einen Paketdienst, das den Preis für ein Paket berechnet!

1. Schreibe eine Daten- und eine Record-Definition für *Adressen*. Zu einer Adresse gehören der Name, die Straße mit Hausnummer, die Postleitzahl, der Ort und das Land.
2. Der Paketdienst verlangt einen Zuschlag für Sendungen, die international verschickt werden. Schreibe eine Funktion `international?`, die als Argument eine *Adresse* bekommt und feststellt, ob die Adresse im Ausland liegt.
3. Der Paketdienst hat einen Sondertarif für Sendungen, die innerhalb der gleichen Postleitzahl verschickt werden. Schreibe eine Funktion `same-zip-code?`, die als Argumente zwei *Adressen* bekommt und feststellt, ob die Postleitzahlen und die Länder der beiden Adressen gleich sind.
4. Ein Paket wird klassifiziert nach seinen Abmessungen. Schreibe eine Daten- und eine Record-Definition für *Abmessungen*. Abmessungen bestehen aus Länge, Breite und Höhe.
5. Die Paketpreise richten sich nach der Größe des zu verschickenden Pakets. Der Paketdienst verwendet die drei Größenklassen *Small*, *Medium* und *Large*, um die Kosten für das Paket zu berechnen. Ausschlaggebendes Kriterium für die Paketgröße ist die Summe der längsten und der kürzesten Seite des Pakets.
   Schreibe eine Funktion `add-longest-and-shortest-side`, die als Argument eine *Abmessung* bekommt. Der Rückgabewert von `add-longest-and-shortest-side` soll die Summe der längsten und der kürzesten Seite der Abmessung sein. Lagere die Teilprobleme in zwei Hilfsfunktionen aus: `longest-side` und `shortest-side`.
6. Schreibe eine Daten- und eine Record-Definition für *Pakete*. Ein Paket hat eine Absender- und eine Empfängeradresse. Benutze für die Adressen die bereits erstellte Record-Definition. Außerdem hat ein Paket noch weitere Eigenschaften: Die Abmessungen (benutze dafür die bereits erstellte Record-Definition), das Gewicht, die Beförderungsdauer und eine Zusatzoption Nachnahme. Die Beförderungsdauer soll *normal*, *next-day* oder *next-morning* sein.
7. Schreibe eine Funktion `parcel-size-class`, die als Argument ein *Paket* bekommt und die Größenklasse zurückgibt. Ausschlaggebend für die Paketgröße ist die Abmessung (siehe oben). Folgende Tabelle enthält die Zuordnung von Paketgröße und Abmessung:

Paketgröße	Abmessung
S	0–50 cm
M	>50–100 cm
L	>100 cm

8. Schreibe eine Funktion `calculate-base-postage`, die als Argument ein *Paket* bekommt und die Basis-Portokosten für dieses Paket berechnet.
   Lege dabei folgende Grundtariftabelle des Paketdienstes zugrunde:

	Gewicht		
Paketgröße	0–5 kg	>5–10 kg	>10 kg
S	3,00	6,00	9,00
M	6,00	10,00	14,00
L	9,00	15,00	21,00

9. Schreibe eine Funktion `transportation-time-factor`, die als Argument ein *Paket* bekommt und den Aufschlagsfaktor für die Beförderungsdauer zurückliefert. Lege dabei folgende Aufschlagsfaktoren zugrunde:

	Beförderungsdauer		
Beförderungsdistanz	normal	next-day	next-morning
gleiche PLZ	-25%	+0%	+25%
Inland	+0%	+50%	+100%
Ausland	+100%	+200%	+300%

10. Schreibe eine Funktion `cash-on-delivery-surcharge`, die als Argument ein *Paket* bekommt und den Aufschlag für die Nachnahme zurückliefert. Lege dabei folgende Aufschläge zugrunde:

Beförderungsdistanz	Nachnahmegebühr
Inland	+3,00
Ausland	+9,00

11. Schreibe eine Funktion `calculate-postage`, die als Argument ein *Paket* bekommt und die Portokosten berechnet. Benutze dafür die bereits programmierten Lösungen der verschiedenen Teilprobleme.

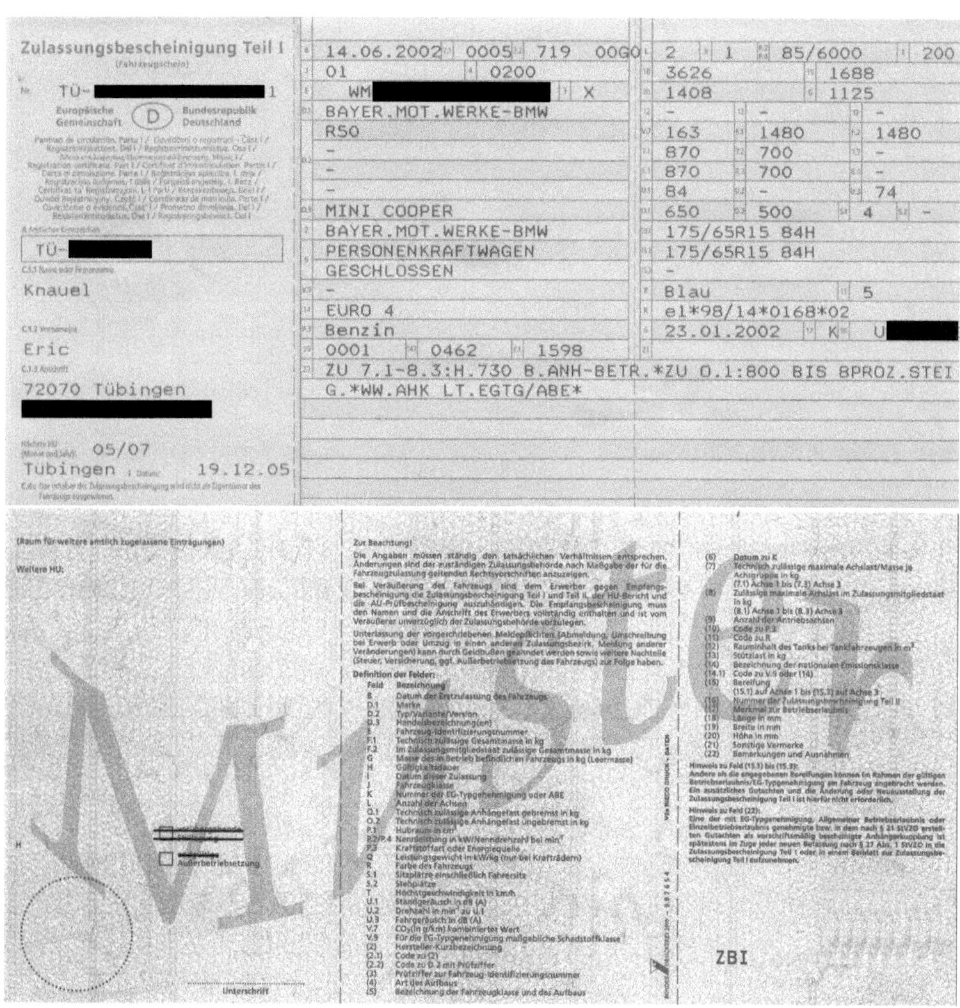

Zulassungsbescheinigung Teil I
(Fahrzeugschein)
Nr. TÜ- 1
Europäische Gemeinschaft (D) Bundesrepublik Deutschland
TÜ-
Knauel
Eric
72070 Tübingen
05/07
Tübingen 19.12.05

14.06.2002 | 0005 | 719 | 00G0
01 | 0200
WM | X
BAYER.MOT.WERKE-BMW
R50
-
-
-
MINI COOPER
BAYER.MOT.WERKE-BMW
PERSONENKRAFTWAGEN
GESCHLOSSEN
-
EURO 4
Benzin
0001 | 0462 | 1598
ZU 7.1-8.3:H.730 B.ANH-BETR.*ZU O.1:800 BIS 8PROZ.STEI
G.*WW.AHK LT.EGTG/ABE*

2 | 1 | 85/6000 | 200
3626 | 1688
1408 | 1125
- | - | -
163 | 1480 | 1480
870 | 700 | -
870 | 700 | -
84 | - | 74
650 | 500 | 4 | -
175/65R15 84H
175/65R15 84H
-
Blau | 5
e1*98/14*0168*02
23.01.2002 | K | U

(Raum für weitere amtlich zugelassene Eintragungen)
Weitere HU:
Außerbetriebsetzung
Unterschrift

Zur Beachtung!
Die Angaben müssen ständig den tatsächlichen Verhältnissen entsprechen. Änderungen sind der zuständigen Zulassungsbehörde nach Maßgabe der für die Fahrzeugzulassung geltenden Rechtsvorschriften anzuzeigen.
Bei Veräußerung des Fahrzeugs sind dem Erwerber gegen Empfangsbescheinigung die Zulassungsbescheinigung Teil I und Teil II, der HU-Bericht und die AU-Prüfbescheinigung auszuhändigen. Die Empfangsbescheinigung muss den Namen und die Anschrift des Erwerbers vollständig enthalten und ist vom Veräußerer unverzüglich der Zulassungsbehörde vorzulegen.
Unterlassung der vorgeschriebenen Meldepflichten (Abmeldung, Umschreibung bei Erwerb oder Umzug in einen anderen Zulassungsbezirk, Meldung anderer Veränderungen) kann durch Geldbußen geahndet werden sowie weitere Nachteile (Steuer, Versicherung, ggf. Außerbetriebsetzung des Fahrzeugs) zur Folge haben.

Definition der Felder:

Feld	Bezeichnung
B	Datum der Erstzulassung des Fahrzeugs
D.1	Marke
D.2	Typ/Variante/Version
D.3	Handelsbezeichnung(en)
E	Fahrzeug-Identifizierungsnummer
F.1	Technisch zulässige Gesamtmasse in kg
F.2	Im Zulassungsmitgliedstaat zulässige Gesamtmasse in kg
G	Masse des in Betrieb befindlichen Fahrzeugs in kg (Leermasse)
H	Gültigkeitsdauer
I	Datum dieser Zulassung
J	Fahrzeugklasse
K	Nummer der EG-Typgenehmigung oder ABE
L	Anzahl der Achsen
O.1	Technisch zulässige Anhängelast gebremst in kg
O.2	Technisch zulässige Anhängelast ungebremst in kg
P.1	Hubraum in cm^3
P.2/P.4	Nennleistung in kW/Nenndrehzahl bei min^{-1}
P.3	Kraftstoffart oder Energiequelle
Q	Leistungsgewicht in kW/kg (nur bei Krafträdern)
R	Farbe des Fahrzeugs
S.1	Sitzplätze einschließlich Fahrersitz
S.2	Stehplätze
T	Höchstgeschwindigkeit in km/h
U.1	Standgeräusch in dB (A)
U.2	Drehzahl in min^{-1} zu U.1
U.3	Fahrgeräusch in dB (A)
V.7	CO_2 (in g/km) kombinierter Wert
V.9	Für die EG-Typgenehmigung maßgebliche Schadstoffklasse
(2)	Hersteller-Kurzbezeichnung
(2.1)	Code zu (2)
(2.2)	Code zu D.2 mit Prüfziffer
(3)	Prüfziffer zur Fahrzeug-Identifizierungsnummer
(4)	Art des Aufbaus
(5)	Bezeichnung der Fahrzeugklasse und des Aufbaus
(6)	Datum zu K
(7)	Technisch zulässige maximale Achslast/Masse je Achsgruppe in kg (7.1) Achse 1 bis (7.3) Achse 3
(8)	Zulässige maximale Achslast im Zulassungsmitgliedstaat in kg (8.1) Achse 1 bis (8.3) Achse 3
(9)	Anzahl der Antriebsachsen
(10)	Code zu P.3
(11)	Code zu R
(12)	Rauminhalt des Tanks bei Tankfahrzeugen in m^3
(13)	Stützlast in kg
(14)	Bezeichnung der nationalen Emissionsklasse
(14.1)	Code zu V.9 oder (14)
(15)	Bereifung (15.1) auf Achse 1 bis (15.3) auf Achse 3
(16)	Nummer der Zulassungsbescheinigung Teil II
(17)	Merkmal zur Betriebserlaubnis
(18)	Länge in mm
(19)	Breite in mm
(20)	Höhe in mm
(21)	Sonstige Vermerke
(22)	Bemerkungen und Ausnahmen

Hinweis zu Feld (15.1) bis (15.3):
Andere als die angegebenen Bereifungen können im Rahmen der gültigen Betriebserlaubnis/EG-Typgenehmigung am Fahrzeug angebracht werden. Ein zusätzliches Gutachten und die Änderung oder Neuausstellung der Zulassungsbescheinigung Teil I ist hierfür nicht erforderlich.

Hinweis zu Feld (22):
Eine der mit EG-Typgenehmigung, Allgemeiner Betriebserlaubnis oder Einzelbetriebserlaubnis genehmigte bzw. in dem nach § 21 StVZO erstellten Gutachten als vorschriftsmäßig bescheinigte Anhängerkupplung ist spätestens im Zuge jeder neuen Befassung nach § 27 Abs. 1 StVZO in die Zulassungsbescheinigung Teil I oder in einem Beiblatt zur Zulassungsbescheinigung Teil I aufzunehmen.

ZBI

Abbildung 3.2: Vorder- und Rückseite eines Fahrzeugscheins

4 GEMISCHTE DATEN

Manchmal kommen an einer Stelle in unserem Problem verschiedene Klassen der gleichen Sorte Daten vor:

- Ein Tier kann ein Gürteltier oder ein Papagei sein.
- Eine Koordinate kann eine kartesische Koordinate oder eine Polarkoordinate sein.
- Ein Essen kann ein Frühstück, Mittagessen oder Abendessen sein.

Solche Daten heißen *gemischte Daten*, und es handelt sich um eine weitere Form von Fallunterscheidungen, neben den aus Kapitel 2 bekannten Aufzählungen und Zahlenbereichen.

Obwohl die Daten verschiedenartig sind, unterstützen sie doch gemeinsame Operationen: Das Gewicht eines Tiers kann sowohl für Gürteltiere als auch Papageien berechnet werden, der Abstand vom Ursprung kann für beide Koordinatendarstellungen berechnet werden, die Anzahl der Gänge kann für jede Art Essen bestimmt werden.

4.1 GEMISCHTE DATEN

`gemischte-daten/animal.rkt` **Code**

In der Einleitung war die Rede von Papageien: die benutzen wir, um gemischte Daten einzuführen. Vorher müssen wir jedoch Papageien mit den bekannten Mitteln definieren. Wir erweitern dafür die Datei mit dem Gürteltier aus dem vorigen Kapitel.

Genau wie bei Gürteltieren interessiert uns bei Papageien das Gewicht, aber wir nehmen an, da Papageien in der Regel nicht auf texanischen Highways überfahren werden, dass sie immer lebendig sind. Außerdem betrachten wir ausschließlich sprechende Papageien, die jeweils einen einzelnen Satz sagen können. Hier die Datendefinition:

```
; Ein Papagei hat folgende Eigenschaften:
; - Gewicht in Gramm
; - Satz, den er sagt
```

Hier die dazu passende Record-Definition:

```
(define-record parrot
  make-parrot
  (parrot-weight   natural)
  (parrot-sentence string))
```

… und die passenden Signaturen:

```
(: make-parrot (natural string -> parrot))
(: parrot-weight (parrot -> natural))
(: parrot-sentence (parrot -> string))
```

Hier zwei Beispiele für Papageien mit Kommentaren, die die Beziehung zwischen Daten und Information beschreiben:

```
(define parrot1 (make-parrot 10000 "Der Gärtner war's.")) ; 10kg,
    Miss Marple
(define parrot2 (make-parrot 5000 "Ich liebe Dich.")) ; 5kg,
    Romantiker
```

Du kannst Dir vielleicht vorstellen, dass Papageien und Gürteltiere sich in einem Programm begegnen, also *gemischt* vorkommen. Papageien und Gürteltiere gehören zum gemeinsamen Oberbegriff *Tier*. Dafür könnte eine Beschreibung so aussehen:

Ein *Tier* ist eins der folgenden:

- ein Gürteltier
- ein Papagei

Die Formulierung «eins der folgenden» ist Dir schon aus Abschnitt 2.4 und Konstruktionsanleitung 7 auf Seite 74 bekannt: Sie deutet auf eine Fallunterscheidung hin.

Da aber Gürteltiere und Papageien nicht als nur jeweils ein Wert repräsentiert sind, handelt es sich nicht um eine Aufzählung: Die beiden Fälle der Fallunterscheidung beschreiben unterschiedliche *Klassen* von Tieren, jede mit ihrer eigenen Signatur. Damit liegt eine neue Organisation von Daten vor: *gemischte Daten*. Entsprechend ist es durchaus sinnvoll, nach dem «Gewicht eines Tiers» zu fragen oder «ein Tier zu füttern», was wir im folgenden auch vorhaben.

Die Beschreibung des Begriffs «Tier» ist bereits als Datendefinition geeignet, und muss für Inklusion im Programm nur als Kommentar umformatiert werden:

```
; Ein Tier ist eins der folgenden:
; - Gürteltier
; - Papagei
```

Bei zusammengesetzen Daten kann die Datendefinition in eine Record-Definition überführt werden. In diesem Fall ist für jede einzelne Klasse Tier jeweils schon eine Record-Definition da. Wenn wir Tiere im allgemeinen in Funktionen verarbeiten wollen, brauchen wir allerdings eine Signatur für Tiere. Zum Beispiel wollen wir eine Funktion schreiben, die für jedes Tier das Gewicht ermittelt. Diese Funktion könnte folgende Signatur haben:

```
(: animal-weight (animal -> natural))
```

Wir brauchen also eine Definition für die Signatur `animal`. Diese sieht folgendermaßen aus:

```
(define animal
  (signature
    (mixed dillo parrot)))
```

Das `signature` kennen wir von den Fallunterscheidungen aus Abschnitt 2.4 auf Seite 57. Das `mixed` ist neu und steht für «gemischte Daten», also Fallunterscheidungen, bei denen jeder Fall seine eigene Signatur hat. Du kannst die obige Definition lesen als «Tiere sind gemischt aus Gürteltieren und Papageien»; das klingt aber auf Deutsch hölzern, weshalb wir für die Datendefinition bei der Formulierung «eins der folgenden» bleiben. Mit der Definition steht die Signatur `animal` zur Verfügung. Wir haben schon mit der Signatur für `animal-weight` vorgegriffen. Hier ist sie noch einmal zusammen mit einer Kurzbeschreibung:

```
; Gewicht eines Tiers feststellen
(: animal-weight (animal -> natural))
```

Diese Funktion sollte entsprechend für Gürteltiere *und* Papageien funktionieren, wir brauchen also Testfälle für beide:

```
(check-expect (animal-weight dillo1) 55000)
(check-expect (animal-weight dillo2) 58000)
(check-expect (animal-weight parrot1) 10000)
(check-expect (animal-weight parrot2) 5000)
```

Das Gerüst sieht so aus:

```
(define animal-weight
  (lambda (animal)
    ...))
```

Tiere bilden auch eine Fallunterscheidung in den Daten, mit zwei Fällen: Gürteltiere und Papageien. Im Rumpf der Funktion brauchen wir also eine Verzweigung mit zwei Zweigen:

```
(define animal-weight
  (lambda (animal)
    (cond
      (... ...)
      (... ...))))
```

Wir brauchen als Nächstes zwei Bedingungen – eine, die Gürteltiere und eine, die Papageien identifiziert. Dafür erweitern wir die Record-Definitionen um ein neues Element, das *Prädikat*. Die Prädikate werden uns erlauben, die Bedingungen zu schreiben. Die Record-Definitionen sehen dann so aus:

```
(define-record dillo
  make-dillo
  dillo? ; ⟸ Prädikat
  (dillo-weight natural)
  (dillo-alive? boolean))

(define-record parrot
  make-parrot
  parrot? ; ⟸ Prädikat
  (parrot-weight   natural)
  (parrot-sentence string))
```

Es sind zwei neue Namen hinzugekommen, `dillo?` und `parrot?`. Das sind die Prädikate, und sie haben folgenden Signaturen:

```
(: dillo? (any -> boolean))
(: parrot? (any -> boolean))
```

Das any ist auch neu und ist die Signatur für einen beliebigen Wert: Ein Prädikat kann also auf absolut alles angewendet werden. Die beiden Prädikate unterscheiden Gürteltiere beziehungsweise Papageien von anderen Werten:

```
(dillo? dillo1)
↪ #t
(dillo? parrot1)
↪ #f
(parrot? dillo1)
↪ #f
(parrot? parrot1)
↪ #t
(dillo? 5)
↪ #f
(parrot? "foo")
↪ #f
```

Im allgemeinen ist ein Prädikat eine Funktion mit der Signatur `(any -> boolean)`, die für eine bestimmte Sorte von Werten `#t` liefert, für alles andere aber `#f`. In diesem Fall identifizieren die

Eine `define-record`-Form hat folgende allgemeine Gestalt:

$$\texttt{(define-record } t \\ \quad c \\ \quad p \\ \quad \texttt{(}sel_1\ \ sig_1\texttt{)} \\ \quad \ldots \\ \quad \texttt{(}sel_n\ \ sig_n\texttt{))}$$

Diese Form definiert einen Record-Typ mit n Feldern. Dabei sind t, c, $sel_1 \ldots sel_n$ allesamt Variablen, für die `define-record` Definitionen anlegt:

- t ist der Name der Record-Signatur.
- c ist der Name des Konstruktors mit folgender Signatur:

  $\texttt{(: } c\ \texttt{(}sig_1\ \ldots\ sig_n\ \texttt{->}\ t\texttt{))}$

- p ist der Name des Prädikats, der Records diesen Typs von anderen Werten unterscheidet. Das Prädikat kann auch weggelassen werden.
  Das Prädikat hat folgende Signatur:

  $\texttt{(: } p\ \texttt{(any -> boolean))}$

- $Sel_1, \ldots, sel_n$ sind die Namen der Selektoren für die Felder des Record-Typs. Der Selektor sel_i hat folgende Signatur:

  $\texttt{(: } sel_i\ \texttt{(}t\ \texttt{->}\ sig_i\texttt{))}$

Abbildung 4.1: `define-record` (mit Prädikaten)

Prädikate `dillo?` und `parrot?` jeweils die Werte, die zu einem bestimmten Record-Typ gehören. Prädikate müssen nicht zu einem Record-Typ gehören, gelegentlich werden wir welche selber schreiben. Eine Reihe von Prädikaten sind vordefiniert – dazu mehr auf Seite 128.

AUFGABE 4.1

Schreibe ein Prädikat `animal?` für Tiere, `dillo`- oder `parrot`-Records. □

Die Prädikate `dillo?` und `parrot?` können wir in der Schablone benutzen:

```
(define animal-weight
  (lambda (animal)
    (cond
      ((dillo? animal) ...)
      ((parrot? animal) ...))))
```

Im ersten Zweig – dem Zweig für Gürteltiere – kommt nun `dillo-weight` zum Einsatz, im zweiten Zweig – für Papageien – ist `parrot-weight` zuständig:

```
(define animal-weight
  (lambda (animal)
    (cond
      ((dillo? animal) (dillo-weight animal))
      ((parrot? animal) (parrot-weight animal)))))
```

Abbildung 4.1 ist eine aktualisierte Beschreibung der Form von `define-record`, bei der auch Prädikate berücksichtigt sind

Aus diesem Beispiel ergibt sich eine Konstruktionsanleitung für gemischte Daten. Zunächst die Datenanalyse:

KONSTRUKTIONSANLEITUNG 15 (GEMISCHTE DATEN: DATENANALYSE)

Gemischte Daten sind Fallunterscheidungen, bei denen jeder Fall eine eigene Klasse von Daten mit eigener Signatur ist. Schreibe bei gemischten Daten eine Signatur-Definition der folgenden Form unter die Datendefinition:

```
(define sig
  (signature
    (mixed sig1 sig2 ... sign)))
```

Sig ist die Signatur für die neue Datensorte; sig_1 bis sig_n sind die Signaturen, aus denen die neue Datensorte zusammengemischt ist.

Die Konstruktionsanleitung für die Schablone ist der aus der Konstruktionsanleitung 10 für Fallunterscheidungen auf Seite 76 ähnlich:

KONSTRUKTIONSANLEITUNG 16 (GEMISCHTE DATEN ALS EINGABE: SCHABLONE)

Eine Schablone für eine Funktion und deren Testfälle, die gemischte Daten akzeptiert, kannst Du folgendermaßen konstruieren:

- Schreibe Tests für jeden der Fälle.
- Schreibe eine `cond`-Verzweigung als Rumpf in die Schablone, die genau n Zweige hat – also genau soviele Zweige, wie es Fälle in der Datendefinition beziehungsweise der Signatur gibt.
- Schreibe für jeden Zweig eine Bedingung, der den entsprechenden Fall identifiziert.
- Vervollständige die Zweige, indem Du eine Datenanalyse für jeden einzelnen Fall vor-

nimmst und entsprechende Hilfsfunktionen und Konstruktionsanleitungen benutzt. Die übersichtlichsten Programme entstehen meist, wenn für jeden Fall separate Hilfsfunktionen definiert sind.

Eine Konstruktionsanleitung oder Schablone für gemischte Daten *als Ausgabe* ist unnötig – Du benutzt einfach die Schablone des entsprechenden Falls.

Beachte den Unterschied zwischen `enum` und `mixed`, die leicht zu verwechseln sind: `enum` steht für «einer der folgenden *Werte*», während `mixed` für «gehörend zu einer der folgenden *Signaturen*» steht.

AUFGABE 4.2

Denk Dir sinnvolle Datendefinitionen für Frühstück, Mittagessen und Abendessen aus (ein ... essen besteht aus ...), so dass es Sinn ergibt, für jede Sorte Essen die Frage «Was für ein Gemüse ist enthalten?» zu stellen. Schreibe zunächst für jede Sorte Essen eine Funktion, die das enthaltene Gemüse liefert. Schreibe dann eine Datendefinition für den Oberbegriff «Essen»; ein Essen kann ein Frühstück, ein Mittagessen oder ein Abendessen sein. Schreibe eine Funktion, welche das enthaltene Gemüse für ein Essen liefert. □

4.2 GEMISCHTE DATEN ALS AUSGABE

Wir können einen Papagei ähnlich wie ein Gürteltier füttern – nur die Portion ist kleiner, wir nehmen 50 g an. Kurzbeschreibung und Signatur:

```
; Papagei mit 50 g Futter füttern
(: feed-parrot (parrot -> parrot))
```

Testfälle:

```
(check-expect (feed-parrot parrot1)
              (make-parrot 10050 "Der Gärtner war's."))
(check-expect (feed-parrot parrot2)
              (make-parrot 5050 "Ich liebe Dich."))
```

Gerüst:

```
(define feed-parrot
  (lambda (parrot)
    ...))
```

Die Schablone entsteht aus der Kombination der Schablonen für zusammengesetzte Daten als Eingabe (Konstruktionsanleitung 13 auf Seite 101) und als Ausgabe (Konstruktionsanleitung 14 auf Seite 101):

```
(define feed-parrot
  (lambda (parrot)
    (make-parrot ... ...)
    ... (parrot-weight parrot) ...
    ... (parrot-sentence parrot) ...))
```

... und schließlich der vollständige Rumpf:

```
(define feed-parrot
  (lambda (parrot)
    (make-parrot (+ (parrot-weight parrot) 50)
                 (parrot-sentence parrot))))
```

Nun können wir eine Funktion schreiben, die ein beliebiges Tier akzeptiert und es füttert. Hier sind Kurzbeschreibung und Signatur:

```
; Tier füttern
(: feed-animal (animal -> animal))
```

Die Funktion soll sich genauso verhalten wie `feed-dillo` beziehungsweise `feed-parrot`. Das können wir direkt als Tests ausdrücken:

```
(check-expect (feed-animal parrot1) (feed-parrot parrot1))
(check-expect (feed-animal parrot2) (feed-parrot parrot2))
(check-expect (feed-animal dillo1) (feed-dillo dillo1))
(check-expect (feed-animal dillo2) (feed-dillo dillo2))
```

Das Gerüst sieht so aus:

```
(define feed-animal
  (lambda (animal)
    ...))
```

Da die Eingabe gemischt ist, brauchen wir eine Verzweigung mit soviel Zweigen wie `animal` Fälle hat, also zwei, die wir gleich mit den passenden Bedingungen versehen:

```
(define feed-animal
  (lambda (animal)
```

```
    (cond
      ((dillo? animal) ...)
      ((parrot? animal) ...))))
```

Schließlich müssen wir noch die Antworten ergänzen, für die wir die Funktionen benutzen, die wir schon geschrieben haben:

```
(define feed-animal
  (lambda (animal)
    (cond
      ((dillo? animal) (feed-dillo animal))
      ((parrot? animal) (feed-parrot animal)))))
```

Das Beispiel zeigt, dass wir keine spezielle Konstruktionsanleitung für gemischte Daten als Ausgabe brauchen: Wir müssen nur darauf achten, den jeweils richtigen Fall zu liefern.

AUFGABE 4.3

Schreibe eine Funktion `run-over-animal`, die ein Tier überfährt! □

4.3 DIE LEBENSMITTELAMPEL

`gemischte-daten/zuckerampel.rkt`	**Code**

In diesem Abschnitt nehmen wir uns noch ein weiteres Beispiel für gemischte Daten vor, diesmal von vorneherein unter Benutzung der Konstruktionsanleitung aus dem vorigen Abschnitt.

Die Lebensmittelampel ist eine Kennzeichnung auf Lebensmittelverpackungen, die den Gehalt von gesundheitsrelevanten Nährstoffen in den Ampelfarben ausweist: Grün für niedrigen Gehalt, Gelb für mittleren Gehalt und Rot für hohen Gehalt. Bei Zucker zum Beispiel sieht die Ampel so aus, bezogen auf 100 g eines Lebensmittels:

grün	niedriger Gehalt	weniger als 5 g
gelb	mittlerer Gehalt	zwischen 5 g und 22,5 g
rot	hoher Gehalt	mehr als 22,5 g

Trotz der Bemühungen der Europäischen Union sind die Bezeichnungen uneinheitlich. Technisch gesehen ist die Ampel redundant, wenn der Zuckergehalt in Gramm angegeben ist. Manchmal ist allerdings der Zuckergehalt auch separat für Fruktose und Glukose angegeben.

Ein Programm könnte aber den Umgang erleichtern, indem die Angaben auf einer Lebensmittelpackung – Zucker in Gramm insgesamt, Fruktose und Glukose separat sowie die Ampel – in die einheitliche Ampel-Form bringt.

Schreiben wir also ein solches Programm. Zunächst die Datenanalyse:

- Die Zuckermenge in Gramm ist eine (rationale) Zahl.
- Zuckeranteile bestehen aus der Menge von Fruktose und Glukose.
- Eine Zuckerampel ist rot, gelb oder grün.
- Der Zuckergehalt kann entweder als Zuckermenge, Zuckeranteile oder Zuckerampel angegeben werden.

Hier ist die Datendefinition für die zusammengesetzen Zuckeranteile:

```
; Zuckeranteile bestehen aus:
; - Fruktose-Menge (in g)
; - Glukose-Menge (in g)
```

Daraus ergibt sich direkt die Record-Definition mit zwei Komponenten, jeweils rationale Zahlen:

```
(define-record sugars
  make-sugars
  sugars?
  (sugars-fructose-g rational)
  (sugars-glucose-g  rational))
```

Hier einige Beispiele, zusammen mit Kommentaren, die die Beziehung zwischen Daten und Information beschreiben:

```
(define s1 (make-sugars 1 1)) ; 1 g Fruktose, 1 g Glukose
(define s2 (make-sugars 2 3)) ; 2 g Fruktose, 3 g Glukose
(define s3 (make-sugars 5 5)) ; 5 g Fruktose, 5 g Glukose
(define s4 (make-sugars 10 2.5)) ; 10 g Fruktose, 2.5 g Glukose
(define s5 (make-sugars 10 13)) ; 10 g Fruktose, 13 g Glukose
(define s6 (make-sugars 15 10)) ; 15 g Fruktose, 10 g Glukose
```

Bei der Ampel selbst handelt es sich um eine einfache Fallunterscheidung:

```
; Eine Ampel ist einer der folgenden Werte:
; - rot
; - gelb
; - grün
```

Das ist eine Aufzählung, wir geben entsprechend der dazu passenden Signatur einen Namen:

```
(define traffic-light
  (signature
   (enum "red" "yellow" "green")))
```

Die Angabe über den Zuckergehalt kann jede der drei oben genannten Formen annehmen:

```
; Ein Zuckergehalt ist eins der folgenden:
; - Gewicht in Gramm
; - Zuckeranteile
; - Ampelbezeichnung
```

Wieder ist an der Formulierung erkennbar, dass es sich um gemischte Daten handelt, und zwar mit drei Fällen. Das übersetzen wir in ein Signatur-Definition mit `mixed` und ebenfalls drei Fällen:

```
(define sugar-content
  (signature
   (mixed rational
          sugars
          traffic-light)))
```

Das Beispiel zeigt, dass die Fälle einer Definition für gemischte Daten nicht allesamt Records sein müssen. Es ist allerdings wichtig, dass die Fälle *disjunkt* sind, also jeder Wert eindeutig einem der Fälle zugeordnet werden kann: Sonst wäre es nicht möglich, eine sinnvolle Verzweigung zu schreiben, welche die Fälle unterscheidet.

Nun zu unserer Funktion zur Ermittlung der Ampelbezeichnung für den Zuckergehalt. Hier sind Kurzbeschreibung und Signatur:

```
; Ampelbezeichnung für Zuckergehalt ermitteln
(: sugar-traffic-light (sugar-content -> traffic-light))
```

Wir brauchen ziemlich viele Testfälle, um alle Fälle von Zuckergehalt abzudecken sowie die Eckfälle der Tabelle von oben.

```
(check-expect (sugar-traffic-light 2) "green")
(check-expect (sugar-traffic-light 5) "yellow")
(check-expect (sugar-traffic-light 10) "yellow")
(check-expect (sugar-traffic-light 12.5) "yellow")
(check-expect (sugar-traffic-light 23) "red")

(check-expect (sugar-traffic-light s1) "green")
(check-expect (sugar-traffic-light s2) "yellow")
(check-expect (sugar-traffic-light s3) "yellow")
(check-expect (sugar-traffic-light s4) "yellow")
(check-expect (sugar-traffic-light s5) "red")
```

Folgende Prädikate sind eingebaut:

- `number?` testet, ob ein Wert eine Zahl ist.
- `real?` testet, ob ein Wert eine reelle Zahl ist.
- `rational?` testet, ob ein Wert eine rationale Zahl ist.
- `natural?` testet, ob ein Wert eine natürliche Zahl ist.
- `string?` testet, ob ein Wert eine Zeichenkette ist.
- `boolean?` testet, ob ein Wert ein boolescher Wert ist.

Abbildung 4.2: Eingebaute Prädikate

```
(check-expect (sugar-traffic-light s6) "red")

(check-expect (sugar-traffic-light "green") "green")
(check-expect (sugar-traffic-light "yellow") "yellow")
(check-expect (sugar-traffic-light "red") "red")
```

Als Nächstes ist, wie immer, das Gerüst dran:

```
(define sugar-traffic-light
  (lambda (sugar-content)
    ...))
```

Als Nächstes wenden wir die Schablone für Funktionen an, die gemischte Daten akzeptieren. Wir brauchen eine Verzweigung mit sovielen Zweigen wie `sugar-content` Fälle hat, also drei:

```
(define sugar-traffic-light
  (lambda (sugar-content)
    (cond
      (... ...)
      (... ...)
      (... ...))))
```

Als Nächstes brauchen wir Tests für die drei Fälle. Für den zweiten Fall ist das einfach, da es sich um `sugars`-Records handelt: da gibt es das Prädikat `sugars?`. Beim ersten Fall handelt es sich aber um eine rationale Zahl, beim dritten um eine Zeichenkette – beides eingebaute Datensorten. Für diese gibt es die eingebauten Prädikate `rational?` und `string?` – Abbildung 4.2 zählt noch mehr eingebaute Prädikate auf. Mit dieser Information gewappnet können wir die Tests ergänzen:

```
(define sugar-traffic-light
  (lambda (sugar-content)
    (cond
```

```
      ((rational? sugar-content) ...)
      ((sugars? sugar-content) ...)
      ((string? sugar-content) ...))))
```

Im ersten Zweig handelt es sich nicht nur um eine rationale Zahl, sondern auch um eine Fallunterscheidung mit drei Fällen entsprechend der Tabelle vom Anfang:

```
(define sugar-traffic-light
  (lambda (sugar-content)
    (cond
      ((rational? sugar-content)
       (cond
         (... ...)
         (... ...)
         (... ...)))
      ((sugars? sugar-content) ...)
      ((string? sugar-content) ...))))
```

Als Nächstes ergänzen wir Tests entsprechend der Tabelle:

```
(define sugar-traffic-light
  (lambda (sugar-content)
    (cond
      ((rational? sugar-content)
       (cond
         ((< sugar-content 5) ...)
         ((and (>= sugar-content 5) (<= sugar-content 12.5)) ...)
         ((> sugar-content 12.5) ...)))
      ((sugars? sugar-content) ...)
      ((string? sugar-content) ...))))
```

Schließlich müssen wir noch die Antworten eintragen:

```
(define sugar-traffic-light
  (lambda (sugar-content)
    (cond
      ((rational? sugar-content)
       (cond
         ((< sugar-content 5) "green")
```

```
        ((and (>= sugar-content 5) (<= sugar-content 12.5)) "yellow")
        ((> sugar-content 12.5) "red")))
      ((sugars? sugar-content) ...)
      ((string? sugar-content) ...))))
```

Das verschachtelte **cond** ist etwas unübersichtlich: In Konstruktionsanleitung 16 auf Seite 123 ist bereits vermerkt, dass es sinnvoll ist, diesen Zweig in eine separate Hilfsfunktion auszulagern. Hier sind Kurzbeschreibung und Signatur für diese Hilfsfunktion:

```
; Zuckeranteil in g in Ampel umwandeln
(: sugar-weight->traffic-light (rational -> traffic-light))
```

Die Testfälle lassen sich aus den Testfällen für `sugar-traffic-light` durch einfaches Kopieren und Umbenennen gewinnen:

```
(check-expect (sugar-weight->traffic-light 2) "green")
(check-expect (sugar-weight->traffic-light 5) "yellow")
(check-expect (sugar-weight->traffic-light 10) "yellow")
(check-expect (sugar-weight->traffic-light 12.5) "yellow")
(check-expect (sugar-weight->traffic-light 23) "red")
```

Gerüst:

```
(define sugar-weight->traffic-light
  (lambda (sugar-weight)
    ...))
```

Den Rumpf haben wir ja schon geschrieben, wir müssen ihn nur noch hierher bewegen und dann `sugar-content` in `sugar-weight` umbenennen. Du kannst dazu in DrRacket nach einem Klick auf «Syntaxprüfung» mit einem Rechtsklick auf den Parameter `sugar-content` ein Menü aufklappen, das unter anderem die Auswahl «`sugar-content` umbenennen» anbietet. DrRacket sorgt dann dafür, dass alle zugehörigen Vorkommen von `sugar-content` in gleicher Weise umbenannt werden.

```
(define sugar-weight->traffic-light
  (lambda (sugar-weight)
    (cond
      ((< sugar-weight 5) "green")
      ((and (>= sugar-weight 5) (<= sugar-weight 22.5)) "yellow")
      ((> sugar-weight 12.5) "red"))))
```

Zurück zur Funktion `sugar-traffic-light`. Dort benutzen wir die neu definierte Hilfsfunktion:

```
(define sugar-traffic-light
  (lambda (sugar-content)
    (cond
      ((rational? sugar-content)
       (sugar-weight->traffic-light sugar-content))
      ((sugars? sugar-content) ...)
      ((string? sugar-content) ...))))
```

Beim nächsten Zweig geht es um den Fall `sugars`. Das sind zusammengesetzte Daten, wir schreiben in den Zweig dafür also die Schablone mit den Aufrufen der Selektoren:

```
(define sugar-traffic-light
  (lambda (sugar-content)
    (cond
      ((rational? sugar-content)
       (sugar-weight->traffic-light sugar-content))
      ((sugars? sugar-content)
        ... (sugars-fructose-g sugar-content) ...
        ... (sugars-glucose-g sugar-content) ...)
      ((string? sugar-content) ...))))
```

Wir müssen Fruktose- und Glukose-Anteil addieren und die Summe entsprechend der Tabelle vom Anfang in eine Ampelfarbe umwandeln. Das kann wieder `sugar-weight->traffic-light` erledigen:

```
(define sugar-traffic-light
  (lambda (sugar-content)
    (cond
      ((rational? sugar-content)
       (sugar-weight->traffic-light sugar-content))
      ((sugars? sugar-content)
       (sugar-weight->traffic-light
         (+ (sugars-fructose-g sugar-content)
            (sugars-glucose-g sugar-content))))
      ((string? sugar-content) ...))))
```

Bleibt der letzte Fall – der ist zum Glück trivial, da es sich schon um eine Farbe handelt, die muss `sugar-traffic-light` nur zurückgeben:

```
(define sugar-traffic-light
  (lambda (sugar-content)
    (cond
      ((rational? sugar-content)
       (sugar-weight->traffic-light sugar-content))
      ((sugars? sugar-content)
       (sugar-weight->traffic-light
         (+ (sugars-fructose-g sugar-content)
            (sugars-glucose-g sugar-content))))
      ((string? sugar-content) sugar-content))))
```

Fertig!

4.4 FEHLER REPRÄSENTIEREN

`gemischte-daten/slope.rkt` **Code**

Dieser Abschnitt beschreibt eine weitere häufig vorkommende Anwendung für gemischte Daten. Es geht um Situationen, wo eine Funktion keine sinnvolle Antwort weiß.

Als Beispiel schreiben wir eine Funktion, welche die Steigung einer Geraden auf der Ebene berechnet anhand der Koordinaten zweier Punkte darauf. Die Funktion akzeptiert vier Argumente: Die X- und die Y-Koordinate des ersten Punkts und danach die X- und die Y-Koordinate des zweiten Punkts. Wir fangen mit Kurzbeschreibung, Signatur, einigen Tests und einem Gerüst an:

```
; Steigung einer Gerade berechnen
(: slope (real real real real -> real))

(check-expect (slope 0 0 1 1) 1)
(check-expect (slope 0 0 2 1) 1/2)
(check-expect (slope 1 2 3 5) 3/2)

(define slope
  (lambda (x1 y1 x2 y2)
    ...))
```

Die Formelsammlung sagt, dass wir zur Berechnung der Steigung die Differenz der Y-Koordinaten durch die Differenz der X-Koordinaten teilen müssen:

```
(define slope
  (lambda (x1 y1 x2 y2)
    (/ (- y2 y1)
       (- x2 x1))))
```

Fertig, könnte man meinen. Es gibt aber Linien, die keine Steigung haben In der REPL sieht das so aus:

```
> (slope 0 0 0 1)
/: durch 0 geteilt
```

Die Meldung ist ein bisschen unfreundlich und birgt mehrere Probleme:

- Die Meldung besagt zwar, was das Programm gemacht hat (durch 0 geteilt), aber benennt nicht die Ursache des Problems: dass die Gerade keine Steigung hat.
- Das Programm bricht einfach ab, ohne dass es eine Möglichkeit bekommt, mit dem Problem umzugehen.
- Dass das Programm einfach abbrechen kann, ist aus der Signatur nicht ersichtlich, die suggeriert, dass die Funktion immer eine reelle Zahl zurückliefert.

Alle drei Probleme können wir auf einmal mit gemischten Daten lösen. Dazu müssen wir zunächst dafür sorgen, dass die Funktion einen sinnvollen Wert zurückliefert, bevor sie durch 0 teilen würde. Dadurch werden die Eingaben in zwei Klassen aufgeteilt – es gibt eine Steigung oder eben nicht. Wir benutzen binäre Verzweigung, um diese beiden Klassen zu unterscheiden:

```
(define slope
  (lambda (x1 y1 x2 y2)
    (if (= (- x2 x1) 0)
        ...
        (/ (- y2 y1)
           (- x2 x1)))))
```

Nur müssen wir anstelle der Ellipse irgendetwas ins Programm schreiben. Wir können nicht einfach irgendeine reelle Zahl nehmen, da diese ja auch eine legitime Steigung sein könnte. Stattdessen brauchen wir einen Wert, den wir von den legitimen Zahlen unterscheiden können.

Wir könnten eine spezielle Zeichenkette oder `#f` benutzen. (Siehe dazu Aufgabe 4.10 auf Seite 139.) Wir empfehlen aber, stattdessen einen eigenen Record-Typ zu definieren. Dieser Record-Typ hat keine Felder, das heißt, er kann nur benutzt werden, um einen einzigen Wert herzustellen, nämlich `(make-no-slope)`:

```
; Es gibt keine Steigung
(define-record no-slope
  make-no-slope
  no-slope?)
```

(Es handelt sich also um eine degenerierte Version von zusammengesetzten Daten ohne Bestandteile.) Den Wert von `(make-no-slope)` können wir aber durch das Prädikat `no-slope?` von allen anderen Werten unterscheiden und benutzen ihn, wenn es keine Steigung gibt:

```
(define slope
  (lambda (x1 y1 x2 y2)
    (if (= (- x2 x1) 0)
        (make-no-slope)
        (/ (- y2 y1)
           (- x2 x1)))))
```

Jetzt können wir einen Testfall definieren:

```
(check-expect (no-slope? (slope 0 0 0 1)) #t)
```

Allerdings liefert DrRacket für diesen Testfall eine Signaturverletzung: Die Signatur tut ja immer noch so, als würde immer eine reelle Zahl herauskommen. Wir erweitern sie also folgendermaßen:

```
(: slope (real real real real -> (mixed real no-slope)))
```

Dieser Signatur sieht man unmittelbar an, was sie liefert und kann aus den Namen auch schließen, was die beiden Fälle bedeuten. Natürlich könnten wir eine eigene Signatur definieren wie sonst bei gemischten Daten, das lohnt aber hier kaum.

AUFGABEN

AUFGABE 4.4

Vereinfache in der Funktion `sugar-weight->traffic-light` auf Seite 130 die Bedingungen, wie in Abschnitt 2.5 auf Seite 68 beschrieben.

AUFGABE 4.5

Ein Supermarkt möchte seine Waren in einem Programm verwalten. Es gibt drei Warenklassen:

Essen beschrieben durch einen Namen, den Stückpreis, das Mindesthaltbarkeitsdatum und den aktuellen Bestand im Supermarkt

Getränke beschrieben durch einen Namen, den Stückpreis, das Mindesthaltbarkeitsdatum und den Bestand. Zusätzlich muss hier noch festgehalten werden, ob Pfand verlangt wird.

Sonstige beschrieben durch einen Namen, den Stückpreis und den Bestand.

1. Führe eine Datenanalyse durch und erstelle Daten- und Record-Definitionen.
2. Schreibe eine Funktion `stückpreis`, die eine Warenklasse akzeptiert und den Stückpreis zurückgibt.
3. Schreibe eine Funktion `buchen`, die eine Warenklasse und die Anzahl der abzubuchenden Exemplare akzeptiert, den Bestand der Warenklasse reduziert und die Warenklasse zurückgibt. Falls mehr Exemplare gefordert werden, als in der Warenklasse vorhanden sind, soll der Bestand auf 0 gesetzt werden.
4. Schreibe eine Funktion `haltbar?`, die eine Warenklasse und ein Datum akzeptiert und `#t` zurückgibt, falls das Mindesthaltbarkeitsdatum (MHD) nicht überschritten wurde. Falls kein MHD bekannt ist, soll `#t` zurückgeben werden.

Aufgabe 4.6

Auf seinen Reisen um die Welt trifft Dr. Sperber viele interessante und skurrile Zeitgenossen. Unter ihnen Dr. Knaubichler, ein Experte auf dem Gebiet der Kreuzung von mystischen Kreaturen. Es gibt drei klassische Grundkreaturen:

- Der Garnolaf, der Stärke besitzt.
- Das Ronugor, das Wissen besitzt.
- Der Tschipotol, der Risikobereitschaft besitzt.

Die Merkmale der Kreaturen sind unterschiedlich ausgeprägt. Die Knaubichler-Kreaturenmerkmal-Skala geht von 0 bis 100. Die Grundkreaturen haben jeweils nur ein Merkmal, keine besitzt ein Merkmal einer anderen Grundkreatur.

Nun kreuzt Dr. Knaubichler die Grundkreaturen miteinander. Es entstehen also

- Das Ronulaf, mit Wissen und Stärke.
- Der Tschigor, mit Wissen und Risikobereitschaft.
- Das Lapotol, mit Stärke und Risikobereitschaft.
- Der Tschirgaronu, Wissen, Stärke und Risikobereitschaft.

Leider erben die Kreuzungen nicht die vollen Merkmale beider Grundkreaturen.

Bei der Kreuzung unterschiedlicher Grundkreaturen gilt folgendes: Bei der Kreuzung von Ronugor und Tschipotol wird das übernommene Wissen um 10% veringert; bei Tschipotol und Garnolaf hingegen nimmt die Risikobereitschaft um 5% ab, aber die Stärke legt um 8% zu. Garnolaf und Ronugor lassen die Stärke um 5% zulegen. Kreuzt man alle drei Grundkreaturen, nimmt jede Eigenschaft um 3% ab.

Werden zwei Kreaturen der gleichen Sorte gekreuzt, so entsteht eine neue Kreatur mit $\frac{2}{3}$ der addierten Eigenschaften der beiden Grundkreaturen. Man kann nur Grundkreaturen kreuzen.

In jedem Fall kann eine Eigenschaft maximal den Wert 100 haben.

Dr. Knaubichler braucht ein Programm, welches die neue Kreatur berechnet, bevor er die Kreuzungen durchführt. Hilf ihm dabei!

1. Mache eine Datenanalyse und erstelle passende Daten- und Record-Definitionen. Gib alle Signaturen der Record-Funktionen an!
2. Schreibe für jede der oben aufgelisteten Kreuzungen von zwei Grundkreaturen eine Funktion, die die Kreuzung vornimmt und eine neue Kreatur zurückgibt.

Aufgabe 4.7

Erweitere die Lösung von Aufgabe 4.6:

1. Schreibe eine Funktion, die zwei Grundkreaturen in beliebiger Reihenfolge akzeptiert, die Kreuzung vornimmt und eine neue Kreatur zurückgibt.
2. Schreibe eine Funktion, die drei Grundkreaturen in beliebiger Reihenfolge akzeptiert, die Kreuzung vornimmt und eine neue Kreatur zurückgibt.

Aufgabe 4.8

Das Spiele-Entwicklungsteam von *Exciting Games, Inc.* ist in Personalnot: Für die Programmierung des bahnbrechenden 2D-Spiels *The Adventures of DrRacket* wird dringend eine Repräsentation der grafischen Formen Kreis, Rechteck und Dreieck benötigt. Alle Hacker sind leider wahnsinnig damit beschäftigt, bunte Pixel in der Gegend herumzuschieben und können sich daher nicht dieser grundlegenden Aufgabe widmen. Deswegen fällt Dir diese Aufgabe zu! Dir geht nur ein mit Pizzabelag verschmierter Zettel zu, der offenbar als Arbeitsanweisung gedacht ist. Darauf steht:

- Es gibt drei Klassen von Formen: Kreise, Rechtecke und gleichschenklige Dreiecke. Alle Formen haben eine Ursprungskoordinate und enthalten eine Information über die Größe (Radius, Höhe, Breite, etc), wie Du auf der Abbildung siehst. Benutze für die Ursprungskoordinate die vorgegebenen kartesischen Koordinaten!

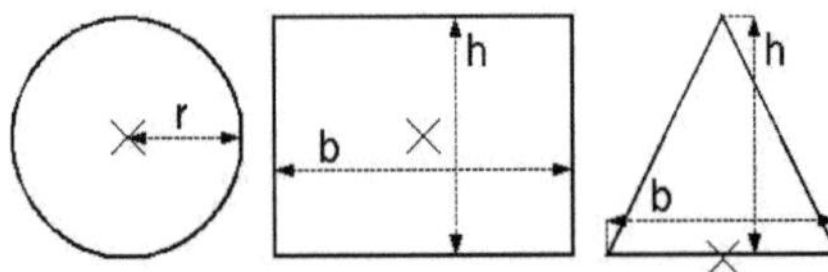

- Es soll Funktionen geben, die auf allen Formen funktionieren und Folgendes leisten:
  - kartesische Koordinate einer Form zurückgeben
  - x-Koordinate einer Form zurückgeben
  - y-Koordinate einer Form zurückgeben
  - Abstand des Ursprungs einer Form zum Ursprung des Koordinatensystems zurückgeben
  - Flächeninhalt einer Form zurückgeben
  - Form um Δ_x in x-Richtung und um Δ_y in y-Richtung verschieben, also eine Form zurückgeben, deren Ursprungskoordinate entsprechend verschoben ist
  - Flächeninhalt zweier Formen vergleichen: Für gleich große Formen liefert die Funktion die Zeichenkette `"equal"` zurück, sonst `"smaller"`, wenn die erste Form kleiner ist, beziehungsweise `"bigger"`, wenn die erste Form größer ist.

Zeige den Hackern, was richtiges Software-Engineering ist und benutze die passenden Konstruktionsanleitungen, um Repräsentationen für die Formen und die zugehörigen Funktionen zu schreiben!

AUFGABE 4.9

Es gibt verschiedene Verstöße gegen die Straßenverkehrsordnung:

- Falschparken mit Ort und Zeitpunkt des Verstoßes
- Überfahren einer roten Ampel mit Ort und Zeitpunkt des Verstoßes sowie der Dauer in Sekunden, wie lange die Ampel bereits rot war
- Überhöhte Geschwindigkeit mit Ort und Zeitpunkt des Verstoßes sowie der Höhe der Geschwindigkeitsübertretung

Neben den angegebenen Bestandteilen muss später für jeden Verstoß vermerkt werden, ob zusätzlich eine «Gefährdung des Straßenverkehrs» vorliegt.

1. Schreibe eine Datendefinition für Verstöße gegen die Straßenverkehrsordnung. Schreibe Daten- und Record-Definitionen für die verschiedenen Verstöße.
   Die Zeitpunkte kannst Du durch Zeichenketten wie `"11.4.1971 22:00"` repräsentieren. Gib alle Signaturen an!
2. Schreibe eine Funktion, die einen beliebigen Verstoß entgegennimmt und den Ort des Verstoßes zurückgibt.
   Schreibe analog eine Funktion, die einen beliebigen Verstoß entgegennimmt und den Zeitpunkt des Verstoßes zurückgibt.
3. Schreibe eine Funktion, die einen beliebigen Verstoß entgegennimmt, diesen als Gefährdung des Straßenverkehrs betrachtet und wieder zurückgibt (das heißt jeder Verstoß ist ein Verstoß mit Gefährdung).

Die Verstöße haben unterschiedliche Tatbestände zur Folge:

- Einfaches Vergehen mit Bußgeld
- Ordnungswidrigkeit mit Bußgeld, Punkte für die Verkehrssünderdatei und Fahrverbot in Monaten
- Straftat mit Punkten für die Verkehrssünderdatei und Freiheitsstrafe in Monaten

1. Schreibe eine Datendefinition für Tatbestände auf Verstöße gegen die Straßenverkehrsordnung. Schreibe Daten- und Record-Definitionen für die verschiedenen Tatbestände. Gib alle Signaturen an!
2. Schreibe eine Funktion, die einen beliebigen Tatbestand akzeptiert und die Anzahl der anfallenden Punkte zurückliefert.

Schreibe nun Funktionen, die Verstöße akzeptieren und die Tatbestände berechnen:

1. Schreibe eine Funktion, die Falschparken akzeptiert und ein einfaches Vergehen mit 20€ Bußgeld zurückgibt. Wenn das Falschparken eine Gefährdung des Straßenverkehrs darstellt (zum Beispiel bei Behinderung von Rettungsfahrzeugen), soll die Funktion eine Ordnungswidrigkeit mit 40€ Bußgeld, einem Punkt und keinem Fahrverbot zurückgeben.
2. Schreibe eine Funktion, die Überfahren einer roten Ampel akzeptiert und eine Ordnungswidrigkeit zurückgibt. Dabei gilt:
   - wenn die Ampel kürzer als eine Sekunde rot war und keine Gefährdung vorlag: 50€, 3 Punkte, kein Fahrverbot
   - wenn die Ampel mindestens eine Sekunde rot war oder eine Gefährdung vorlag: 125€, 4 Punkte, 1 Monat Fahrverbot
3. Schreibe eine Funktion, die überhöhte Geschwindigkeit akzeptiert und den Tatbestand zurückgibt. Dabei gilt:
   - Geschwindigkeitsübertretung weniger als 20km/h ohne Gefährdung: einfaches Vergehen mit 35€
   - Geschwindigkeitsübertretung zwischen 20 und 40km/h (inklusive) ohne Gefährdung: Ordnungswidrigkeit mit 75€, 3 Punkten und 1 Monat Fahrverbot
   - Geschwindigkeitsübertretung von mehr als 40 km/h ohne Gefährdung: Ordnungswidrigkeit mit 200€, 4 Punkte und 3 Monate Fahrverbot
   - bei gleichzeitiger Gefährdung des Straßenverkehrs: Straftat mit 3 Punkte mehr als ohne Gefährdung angegeben und Freiheitsstrafe, die doppelt so lang ist wie das Fahrverbot, das ohne Gefährdung gilt (wenn es kein Fahrverbot gibt, dann gibt es auch keine Freiheitsstrafe)
4. Schreibe eine Funktion, die einen Verstoß akzeptiert und dessen Folge zurückgibt. Benutze die Funktionen aus den vorherigen Teilaufgaben.

AUFGABE 4.10

Experimentiere für die Funktion `slope` in Abschnitt 4.4 auf Seite 132 mit anderen Repräsentationen als einem eigenen Record-Typ für «keine Steigung»:

- Liefere `#f` zurück.
- Liefere eine Zeichenkette `"no slope"` zurück.

Wie muss jeweils die Signatur von `slope` lauten?

Wie könnte ein Programm dann nach einem Aufruf feststellen, ob es keine Steigung gab? Schreibe für beide Varianten einen Ersatz für das Prädikat `no-slope?`, das diese Situation feststellt.

Was haben die insgesamt drei Varianten für die Repräsentation von «keine Steigung» jeweils für Vor- und Nachteile?

5 PROGRAMMIEREN MIT SELBSTBEZÜGEN UND KOMBINATOREN

Bisher haben wir nur Daten vorgestellt, die eine feste Größe haben und damit im Wortsinn beschränkt sind. Viele Informationen haben aber eine variable Größe: Die Bücher im Regal werden immer mehr, Bauwerke bestehen aus variabel vielen Bauteilen. Um solche Informationen als Daten zu repräsentieren, stellen wir in diesem Kapitel einen weiteren Aspekt der Datenanalyse vor, den *Selbstbezug*. Hier sind einfache Beispiele:

- Ein Fluss besteht aus Hauptfluss und Nebenfluss – beides wieder Flüsse.
- Ein Dateiverzeichnis auf dem Computer kann Unterverzeichnisse enthalten.
- Ein großer Bücherstapel besteht aus einem etwas kleineren Bücherstapel und einem weiteren Buch.

Bei all diesen Beispielen werden aus kleineren Dingen größere gemacht: Aus zwei Flüssen, die zusammenfließen, wird ein großer Fluss. Aus mehreren Dateien und Verzeichnissen wird ein großes Verzeichnis. Aus einem kleinen Bücherstapel wird ein großer. In der Programmierung nennen wir das Bauen von großen Dingen aus kleinen Dingern derselben Sorte *kombinieren*. Die Funktionen, die das erledigen, heißen *Kombinatoren*: Um die geht es in diesem Kapitel.

5.1 FLÜSSE ABBILDEN

`selbstbezuege/river.rkt` **Code**

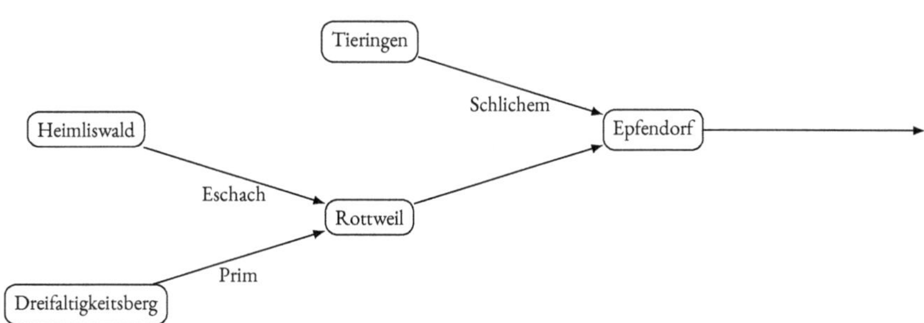

Abbildung 5.1: Der Neckar nahe der Quellen

Abbildung 5.1 ist ein Diagramm, das die Struktur des Neckar nahe der Quellen beschreibt: Er fließt zunächst aus den Bächen Eschach und Prim zusammen, und danach fließen immer weitere Bäche und Flüsse hinzu – in der Abbildung noch die Schlichem.

Die Struktur eines Flusses werden wir durch Daten abbilden, um danach eine Funktion zu schreiben, die feststellt, ob ein Fluss durch einen bestimmten Ort fließt. Unser erster Versuch einer Datendefinition sieht so aus:

```
; Ein Fluss kommt entweder aus:
; - einer Quelle
; - einem Hauptfluss und einem Nebenfluss
```

Man kann zwar schon sehen, dass es sich um eine Fallunterscheidung handelt, aber wir können die Formulierung schärfen, um klar zu machen, dass es sich um gemischte Daten handelt:

```
; Ein Fluss ist eins der folgenden:
; - ein Bach aus einer Quelle
; - ein Zusammentreffen von einem Hauptfluss und einem Nebenfluss
```

Daraus können wir direkt eine Signatur-Definition machen:

```
(define river
  (signature (mixed creek confluence)))
```

Die Datendefinitionen für «Bach» und «Zusammentreffen» fehlen allerdings noch. In Abbildung 5.1 steht an den Bächen jeweils noch der Name. Eine passende Datendefinition sieht so aus:

```
; Ein Bach hat folgende Eigenschaften:
; - Ursprungsort
```

Das klingt ein bisschen komisch, weil der Bach ja nur *eine* Eigenschaft hat, aber die Datendefinition trotzdem zusammengesetzte Daten beschreibt. Trotzdem ist das legitim und korrekt – niemand wird sagen wollen, dass der Ursprungsort der Bach *ist*. Außerdem kannst Du Dir vorstellen, dass ein Bach später noch mehr Eigenschaften bekommt, die wir in den Daten festhalten wollen. (Wasserqualität oder Fließgeschwindigkeit zum Beispiel.) Entsprechend ist es auch sinnvoll, dafür eine Record-Definition zu schreiben:

```
(define-record creek
  make-creek
  creek?
  (creek-origin string))
```

Wenn später noch weitere Eigenschaften hinzukommen, können wir die Record-Definition erweitern, ohne anderen Code zu beeinträchtigen.

Kommen wir zu den Zusammentreffen. Auch hier ist ein Ort relevant – dort, wo sie zusammentreffen. Außerdem ist wichtig, *welche* Flüsse oder Bäche da zusammentreffen. Die Datendefinition könnte so aussehen:

```
; Ein Zusammentreffen besteht aus:
; - Ort
; - Hauptfluss
; - Nebenfluss
```

Die Formulierung zeigt eindeutig, dass es sich um zusammengesetzte Daten handelt. Aber diese Datendefinition weist eine Auffälligkeit auf, die erst sichtbar wird, wenn wir sie im Zusammenhang der Gesamt-Datendefinition für Flüsse betrachten:

```
; Ein Fluss ist eins der folgenden:
; - ...
; - ein Zusammentreffen ...
...
; Ein Zusammentreffen besteht aus:
; - Ort
; - Hauptfluss
; - Nebenfluss
```

Die Datendefinition für «Fluss» benutzt selbst den Begriff «Fluss». Noch offensichtlicher wird das, wenn wir die dazu passende Record-Definition erstellen:

```
(define-record confluence
  make-confluence
  confluence?
  (confluence-location string)
  (confluence-main-stem river)
  (confluence-tributary river))
```

In der Definition von `confluence` wird `river` benutzt und umgekehrt. Das ist nichts schlimmes – im Gegenteil, diese beiden *Selbstbezüge* erlauben uns, ganz unterschiedliche Flüsse zu beschreiben, insbesondere solche unterschiedlicher Größe. Den Abschnitt des Neckar in 5.1 können wir so abbilden:

```
(define eschach (make-creek "Heimliswald")) ; Quelle des Neckar
(define prim (make-creek "Dreifaltigkeitsberg")) ; Quelle des Neckar
; erster Zusammenfluss des Neckar:
(define neckar-1 (make-confluence "Rottweil" eschach prim))
; Zufluss des Neckar:
(define schlichem (make-creek "Tieringen"))
```

```
; zweiter Zusammenfluss des Neckar:
(define neckar-2 (make-confluence "Epfendorf" neckar-1 schlichem))
```

An diesen Beispielen sieht man sehr schön, dass `make-confluence` zwei Flüsse zu einem kombiniert – es handelt sich um einen *Kombinator*.

Wir hatten angekündigt, eine Funktion zu schreiben, die feststellt, ob Wasser von einem bestimmten Ort in einen Fluss fließt. Wir machen das wieder nach Vorschrift, also zuerst die Kurzbeschreibung:

```
; Fließt Wasser von einem Ort in Fluss?
```

In der Kurzbeschreibung sind schon die Substantive «Fluss» und «Ort» als Eingaben aufgeführt, die übertragen wir in die Signatur. Da die Funktion eine Ja-/Nein-Frage beantwortet, liefert sie einen booleschen Wert und hat ein Fragezeichen hinten am Namen:

```
(: flows-from? (string river -> boolean))
```

Bei den Tests achten wir darauf, dass wir sowohl Bäche als auch Flüsse testen, und sowohl Fälle, bei denen `#t` als auch solche, bei denen `#f` herauskommt:

```
(check-expect (flows-from? "Heimliswald" eschach) #t)
(check-expect (flows-from? "Tübingen" eschach) #f)
(check-expect (flows-from? "Heimliswald" neckar-2) #t)
(check-expect (flows-from? "Rottweil" neckar-2) #t)
(check-expect (flows-from? "Berlin" neckar-2) #f)
```

Das Gerüst ergibt sich wie immer direkt aus der Signatur:

```
(define flows-from?
  (lambda (location river)
    ...))
```

Da es sich bei `river` um gemischte Daten handelt, können wir die Schablone dafür ergänzen. Da `river` zwei Fälle hat (Bäche und Zusammenflüsse), muss die Schablone zwei Zweige haben. Die Bedingungen sind Aufrufe der jeweiligen Prädikate für `creek` und `confluence`:

```
(define flows-from?
  (lambda (location river)
    (cond
      ((creek? river) ...)
      ((confluence? river) ...))))
```

Nun können wir Code für die beiden Zweige ergänzen. Fangen wir mit den Bächen an. Da es sich bei `creek` um zusammengesetzte Daten handelt (mit nur einem Bestandteil), sollte der Aufruf des Selektors im Rumpf vorkommen:

```
(define flows-from?
  (lambda (location river)
    (cond
      ((creek? river)
       ...
       (creek-origin river)
       ...)
      ((confluence? river)
       ...))))
```

Der Selektor `creek-origin` liefert den Ursprungsort. Wenn dieser dem gesuchten Ort entspricht, so fließt der Fluss durch diesen Ort, sonst nicht. Im ersten Fall sollte `#t` herauskommen, im zweiten `#f`. Das sieht so aus:

```
(define flows-from?
  (lambda (location river)
    (cond
      ((creek? river)
       (if (string=? (creek-origin river) location)
           #t
           #f))
      ((confluence? river)
       ...))))
```

Dieser Code kann noch etwas vereinfacht werden: Der `if`-Ausdruck sagt ja salopp formuliert:

> Wenn `(string=? (creek-origin river) location)` als Resultat `#t` liefert, dann `#t`, und wenn es `#f` liefert, dann `#f`.

Da reicht es auch, `(string=? (creek-origin river) location)` hinzuschreiben.

AUFGABE 5.1

Kannst Du diese Vereinfachung auf `if`-Ausdrücken verallgemeinern und als Gleichung schreiben?

□

Als Nächstes können wir uns um den anderen Fall kümmern, `confluence`. Auch dort handelt es sich um zusammengesetzte Daten, wir können also schon einmal die Selektoraufrufe hinschreiben:

```
(define flows-from?
  (lambda (location river)
    (cond
      ((creek? river)
       (string=? (creek-origin river) location))
      ((confluence? river)
       ...
       (confluence-location river)
       (confluence-main-stem river)
       (confluence-tributary river)
       ...))))
```

Soweit die Schablone, wir können uns also Gedanken zur eigentlichen Aufgabe machen.

Als erstes steht da `(confluence-location river)`, der Ort des Zusammenflusses. Wenn es sich dabei um den gesuchten Ort handelt, können wir die Frage, ob der Wasser von diesem Ort in den Fluss fließt, bereits mit «ja» beziehungsweise `#t` beantworten:

```
(define flows-from?
  (lambda (location river)
    (cond
      ((creek? river)
       (string=? (creek-origin river) location))
      ((confluence? river)
       (if (string=? (confluence-location river) location)
           #t
           ...
           (confluence-main-stem river)
           (confluence-tributary river)
           ...)))))
```

Aber was, wenn der Ort des Zusammenflusses nicht der gesuchte Ort ist? Dann müssen wir uns an die beiden anderen Selektor-Aufrufe halten, die uns den Haupt- und den Nebenfluss des Zusammenflusses liefern. Wenn der eine oder der andere Wasser aus dem gesuchten Ort enthält, dann könnten wir die Frage unserer Funktion ebenfalls mit «ja» beantworten. Dazu müssten wir also feststellen:

1. Fließt Wasser vom Ort `origin` in den Hauptfluss?
2. Fließt Wasser vom Ort `origin` in den Nebenfluss?

Nun, wir schreiben ja gerade eine Funktion, die feststellt, ob Wasser von einem bestimmten Ort in einen bestimmten Fluss fließt. Können wir die benutzen? Wir schreiben das mal hin:

```
(define flows-from?
  (lambda (location river)
    (cond
      ((creek? river)
       (string=? (creek-origin river) location))
      ((confluence? river)
       (if (string=? (confluence-location river) location)
           #t
           ...
           (flows-from? location (confluence-main-stem river))
           (flows-from? location (confluence-tributary river))
           ...)))))
```

Die beiden Aufrufe von `flows-from?` entsprechen gerade den beiden Fragen von oben. Wir können ihre Ergebnisse kombinieren, um unsere Antwort zu errechnen: Wenn Wasser aus `location` durch den Hauptfluss fließt *oder* der Wasser aus `location` in den Nebenfluss fließt, so fließt auch Wasser von `location` in den «Gesamtfluss». So sieht das aus:

```
(define flows-from?
  (lambda (location river)
    (cond
      ((creek? river)
       (string=? (creek-origin river) location))
      ((confluence? river)
       (if (string=? (confluence-location river) location)
           #t
           (or
            (flows-from? location (confluence-main-stem river))
            (flows-from? location (confluence-tributary river))))))))
```

Fertig! In dieser Funktion passiert etwas Besonderes, das es in den Funktionen davor noch nicht gab: Sie enthält einen Aufruf von sich selbst, einen sogenannten *rekursiven Aufruf*. Diese rekursiven Aufrufe sind genau an den Stellen, wo die Datendefinition von `river` Selbstbezüge enthält.

Das ist kein Zufall: Nahezu alle Funktionen, die Daten mit Selbstbezügen akzeptieren, enthalten an den Stellen der Selbstbezüge rekursive Aufrufe. Daraus machen wir eine Schablone:

> **KONSTRUKTIONSANLEITUNG 17 (SELBSTBEZÜGE ALS EINGABE: SCHABLONE)**
>
> Wenn Du eine Funktion schreibst, die Daten akzeptiert, in denen Selbstbezüge enthalten sind, dann schreibe an die Stellen der Selbstbezüge jeweils einen rekursiven Aufruf.

Ein Nachtrag noch: Der `if`-Ausdruck in der `flows-from?`-Funktion passt *fast* auf das Muster aus Aufgabe 5.1. Der einzige Unterschied ist, dass in der Alternative der Verzweigung nicht `#f` steht. Allgemein wir ein solcher `if`-Ausdruck folgendermaßen ausgewertet:

```
(if b #t a)
↪ #t ; falls b = #t
↪ a  ; falls b = #f
```

Das können wir mit dem Verhalten von `or` vergleichen:

```
(or b a)
↪ #t ; falls b ↪ #t
↪ a  ; falls b ↪ #f
```

Wir können den `if`-Ausdruck aus `flows-from?` also durch ein `or` ersetzen:

```
(or (string=? (confluence-location river) location)
    (or (flows-from? location (confluence-main-stem river))
        (flows-from? location (confluence-tributary river))))
```

Das können wir sogar noch weiter vereinfachen, weil `or` auch mit drei Operanden funktioniert:

```
(or (string=? (confluence-location river) location)
    (flows-from? location (confluence-main-stem river))
    (flows-from? location (confluence-tributary river)))
```

Wenn wir das Resultat auf seine Bedeutung hin lesen, steht da folgendes: Wasser fließt aus `location` in den Zusammenfluss `river`, wenn …

- der Zusammenfluss gerade bei `location` stattfindet

  oder
- Wasser von `location` in den Hauptfluss fließt

  oder
- Wasser von `location` in den Nebenfluss fließt.

So erzählt ist die Funktionsweise von `flows-from?` (hoffentlich) direkt verständlich.

Wir können so aus diesem Beispiel und Aufgabe 5.1 zwei Gleichungen entsprechend Mantra 6 auf Seite 46 machen:

```
(if b #t #f) = b
(if b #t a)  = (or b a)
```

5.2 BILDER MODELLIEREN

Erinnerst Du Dich noch an Abschnitt 1.4.2 auf Seite 23? Da haben wir mit Hilfe des `image.rkt`-Teachpacks die Funktionen `beside` und `above` verwendet, um Bilder zusammenzusetzen:

```
(define s1 (square 40 "solid" "red"))
(define c1 (circle 40 "solid" "green"))
(define p1 (star-polygon 20 10 3 "solid" "blue"))
(beside s1 p1)
```

↪

```
(above s1 c1)
```

↪

Bei beiden Funktionen war es möglich, die Ergebnisse wieder als Bilder zu verwenden:

```
(above (beside s1 p1) (beside p1 c1))
```

↪

Für Bilder ist die Signatur `image` zuständig; mir ihrer Hilfe können wir Signaturen für `above` und `beside` formulieren:

```
(: beside (image image -> image))
(: above (image image -> image))
```

An den Signaturen lässt sich klar erkennen, dass es sich um Kombinatoren handelt. Indirekt können wir daraus schließen, dass es in der Datendefinition von Bildern ebenfalls Selbstbezüge gibt. Die könnte so aussehen:

```
; Ein Bild ist eins der folgenden:
; ...
; - eine Nebeneinanderstellung von einem Bild und noch einem Bild
; - eine Übereinanderstellung von einem Bild und noch einem Bild
; ...
```

Das heißt, bei den Bildern ist das gleiche Konstruktionsprinzip am Werk wie bei den Flüssen: Aus «kleinen» Bildern werden «größere», und daraus gegebenenfalls noch größere undsoweiter.

An den Signaturen von `beside` und `above` ist leicht erkennbar, dass es sich um Kombinatoren handelt: Es gehen `image` rein und `image` kommt auch wieder heraus. Um das bei den Flüssen aus dem letzten Abschnitt klar anzuzeigen, wäre es sinnvoll, für `make-confluence` ebenfalls eine explizite Signatur anzugeben:

```
(: make-confluence (string river river -> river))
```

Kombinatoren verstecken sich in vielen Problemstellungen, Du musst Sie nur suchen: Dann findest Du erstaunlich oft auch welche. Darum geht es in Mantra 8:

MANTRA 8
Suche nach Kombinatoren für Deine Daten, die aus kleinen Dingen größere Dinge machen – und daraus wieder größere Dinge machen.

5.3 FINANZVERTRÄGE ABBILDEN

`selbstbezuege/contract.rkt` **Code**

Es ist Zeit für ein etwas größeres Beispiel. Wir bilden Finanzverträge ab und programmieren dazu eine stark vereinfachte Version eines Klassikers der Informatik-Forschung, das zu mehreren Veröffentlichungen und zur Gründung einer erfolgreichen Firma geführt hat.[1] Selbstbezüge spielen eine wichtige Rolle.

Wichtig bei diesem Beispiel: Für die Repräsentation von Finanzverträgen aus diesem Abschnitt haben renommierte Informatik-Forscher mehrere Monate gebraucht. Wir können sie mit den bisher präsentierten Programmiermitteln nachbauen, aber Du solltest nicht von Dir erwarten, dass Du das Beispiel in wenigen Stunden auch selbst hättest entwickeln können.

[1] Wer mehr wissen möchte, sollte das Paper von Peyton Jones und Eber [PE03] lesen, das es auch im Internet kostenlos zum Download gibt.

In der Finanzbranche werden oft Verträge geschlossen, die zur strukturierten Zahlung von Geldbeträgen führen. Wer eine Bankerin fragt, was der einfachste solche Vertrag ist, bekommt oft die Antwort *Zero-Bond*. Hier ist ein Beispiel für einen Zero-Bond:

Ich bekomme am 31. Juni 2030 € 1000.

So ein Vertrag wird immer zwischen zwei Vertragspartnern geschlossen und der eine ist immer «ich». Daher kommt die Formulierung «Ich bekomme». Der Begriff «Zero-Bond» setzt sich zusammen aus «keine Zinsen» (Zero) und «Recht auf spätere Zahlung» (Bond).

Wir können daraus eine einfache Datendefinition machen:

```
; Ein Zero-Bond hat folgende Eigenschaften:
; - Datum
; - Betrag
; - Währung
```

An der Formulierung «hat folgende Eigenschaften» sehen wir sofort, dass es sich um zusammengesetzte Daten handelt. Daraus folgt direkt diese Record-Definition:

```
(define-record zero-bond
  make-zero-bond
  (zero-bond-date     date)
  (zero-bond-amount   rational)
  (zero-bond-currency currency))
```

Wir müssten noch Definitionen für `date` und `currency` beisteuern, schieben das aber auf die lange Bank. Wir wollen stattdessen zunächst noch einmal grundsätzlich über die richtige Datendefinition für solche Verträge nachdenken.

Es gibt ja noch viel mehr solche Verträge: Futures, Forwards, Swaps, Swaptions … Jeder Vertrag hat mehrere Eigenschaften, das würde also darauf hinauslaufen, dass wir sehr viele Datendefinitionen für zusammengesetzte Daten und die zugehörigen Record-Definitionen schreiben müssten – und am Ende eine Datendefinition zu «Vertrag», die auf eine große Signatur für gemischte Daten hinausläuft. Das ist eine Menge Arbeit, und sie wäre auch nie fertig, weil sich die Banker ständig neue Verträge ausdenken.

Wer aber genug solche Verträge studiert, bemerkt, dass diese aus Bausteinen bestehen, die immer wiederkehren. Das suggeriert einen anderen Ansatz, nämlich diese Bausteine zu identifizieren und dafür die Datenanalyse durchzuführen. Wir vollziehen stattdessen die Arbeit der Autoren des Papers [PE03] nach. Die haben (über mehrere Monate) einen Satz bestechend einfacher Bausteine zusammengestellt, indem sie bekannte Verträge in möglichst kleine und einfache Bestandteile zerlegten. Jeder dieser Bestandteile ist für sich genommen ein «kleiner Vertrag», es gibt aber auch Kombinatoren, die aus kleinen Verträgen größere machen, insbesondere auch noch unbekannte Klassen von Verträgen. Mit diesen Bestandteilen lassen sich durch den Einsatz von Kombinatoren sehr viele Finanzverträge (auch noch unbekannte) abbilden.

Da es mehrere Klassen von Bausteinen und Kombinatoren gibt, werden wir Verträge als gemischte Daten repräsentieren und dafür schrittweise eine Datendefinition aufbauen:

```
; Ein Vertrag ist eins der folgenden:
; - ...
```

Dazu gehört natürlich eine passende Signatur-Definition, die wir ebenfalls schrittweise aufbauen werden:

```
(define contract
  (signature (mixed ...)))
```

Um die Bausteine und Kombinatoren zu identifizieren, schauen wir uns zunächst den Zero-Bond näher an. Auch wenn der einfach aussieht, gibt es mehrere Aspekte, die auch unabhängig voneinander Sinn ergeben: die Auszahlung eines bestimmten *Betrags* in einer bestimmten *Währung* und die Möglichkeit, eine Zahlung *später* zu veranlassen. Das sind drei separate Ideen, und es ist sinnvoll, diese getrennt als Daten zu repräsentieren.

Zahlung einer bestimmten Währung | Fangen wir an mit der Zahlung einer bestimmten Währung. Der Einfachheit halber nehmen wir an, dass alle Zahlungen in Euro sind. Um die richtige Daten-Definition zu finden, versuchen wir, die *einfachste* Euro-Zahlung zu finden, und die besteht aus *einem* Euro. Die Daten-Definition dazu ist ernüchternd einfach:

```
; Ein Euro hat keine Eigenschaften
```

Wir könnten den Euro einfach als die Zeichenkette `"EUR"` abbilden. Das wäre sinnvoll, wenn der Euro Teil einer Aufzählung ist. Dies ist allerdings hier nicht der Fall, andere Vertragsbausteine haben durchaus Eigenschaften. (Siehe dazu auch Aufgabe 5.13 auf Seite 172.) Wir nehmen die Datendefinition stattdessen beim Wort «hat … Eigenschaften» und bilden den Euro als zusammengesetzte Daten ab. Dann wird daraus folgende Record-Definition:

```
(define-record one-euro
  make-one-euro
  one-euro?)
```

Wir fügen als Nächstes `one-euro` zur Daten- und zur Signatur-Definition von `contract` hinzu:

```
; Ein Vertrag ist eins der folgenden:
; - ein Euro
; - ...
(define contract
  (signature (mixed one-euro ...)))
```

Beliebige Beträge | Als Nächstes bilden wir die Möglichkeit ab, einen Betrag zu wählen. Eine naheliegende erste Idee wäre, die Idee «n Euros» abzubilden, etwa so:

```
; Euros haben folgende Eigenschaft:
; - wieviele
(define-record euros
  make-euros
  euros?
  (euros-amount rational))
```

Wenn wir das hätten, bräuchten wir aber `one-euro` nicht mehr. Außerdem wäre das Resultat dann nicht mehr so einfach wie möglich: Besser wäre es, wenn wir die Idee «wieviele» trennen könnten von «Euro». Dann könnten wir sagen «eine Vielzahl von einem Euro». Das klingt erstmal komisch:

```
; Eine Vielzahl hat folgende Eigenschaften:
; - wieviele
; - wovon
```

Aber die richtige Form für zusammengesetzte Daten hat das schon einmal. Es reicht für eine erste Skizze einer Record-Definition:

```
(define-record multiple
  make-multiple
  multiple?
  (multiple-number ...)
  (multiple-of     ...))
```

Wir müssen aber noch klären, was die Signatur von `multiple-number` respektive `multiple-of` ist. Bei `multiple-number` müssen wir uns nicht auf ganze Zahlen beschränken – ein halber Euro geht schließlich auch. Da ist `rational` sinnvoll.

Bei `multiple-of` liegt es nahe, `one-euro` hinzuschreiben: Dann könnten wir den Zero-Bond schon hinschreiben. Allerdings wäre `multiple` ziemlich eingeschränkt und nicht besonders zukunftssicher: Was, wenn andere Währungen dazukommen, `one-gbp` oder so? Vielleicht sind wir versucht, eine Signatur `currency` für Währungen zu definieren und für `multiple-of` zu verwenden. Aber das wäre immer noch zu eingeschränkt: Man kann ja auch mehrere Aktien (zum Beispiel) im Rahmen eines Vertrags übergeben – oder auch mehrere Zero-Bonds oder andere Verträge.

Und da ist sie ganz plötzlich, die zentrale Idee: Dass ein Vertrag den Abschluss *anderer* Verträge verfügen kann. Wir schreiben deshalb als Signatur von `multiple-of` einfach `contract` und schärfen bei der Gelegenheit die Datendefinition:

```
; Ein Vielfaches besteht aus:
; - Anzahl
; - Vertrag
(define-record multiple
    make-multiple
    multiple?
    (multiple-number rational)
    (multiple-of     contract))
```

Nun gibt es schon zwei Klassen von Verträgen – `one-euro` und `multiple`. Wir erweitern die Definition von `contract` entsprechend:

```
(define contract
  (signature (mixed one-euro multiple)))
```

Mit Hilfe von `one-euro` und `multiple` können wir einen Vertrag definieren, der festlegt, dass wir € 100 bekommen – sofort:

```
(define euro100 (make-multiple 100 (make-one-euro))) ; 100 Euros
```

AUFGABE 5.2

Definiere eine Funktion `make-euros` mit Kurzbeschreibung, Signatur und Test wie folgt:

```
; Euro-Betrag auszahlen
(: make-euros (rational -> contract))
(check-expect (make-euros 100) euro100)
```

□

Mit Hilfe der Funktion aus der Aufgabe können wir leicht auch € 200 definieren:

```
(define euro200 (make-euros 200)) ; 200 Euros
```

Verzögerungen | Für die Zero-Bonds benötigen wir noch die Möglichkeit, eine Zahlung zu verzögern. Dazu benutzen wir den gleichen Trick wie bei `multiple` und definieren einen weiteren Kombinator, der einen ganzen Vertrag verzögert: Wir schließen also einen Vertrag ab, später einen Vertrag abzuschließen, und der kann dann die Zahlung auslösen. Um so einen Vertrag zu beschreiben, benötigen wir das Datum, an dem der «spätere» Vertrag aktiv wird und den späteren Vertrag selbst:

```
; Eine Verzögerung besteht aus:
; - Datum
; - Vertrag, der zu dem Datum gültig wird
```

Diese Datendefinition beschreibt wieder zusammengesetzte Daten. Die dazugehörige Record-Definition sieht so aus:

```
(define-record later
  make-later
  later?
  (later-date     date)
  (later-contract contract))
```

Mit `later` können wir die Signatur-Definition von `contract` erweitern:

```
(define contract
  (signature (mixed one-euro multiple later)))
```

Aber es fehlt noch etwas: Wir haben für `later-date` die Signatur `date` verwendet, die noch gar nicht definiert ist. Ein Datum besteht aus Jahr, Monat und Tag, was direkt zu einer Record-Definition führt:

```
(define-record date
  make-date
  date?
  (date-year  natural)
  (date-month natural)
  (date-day   natural))
```

AUFGABE 5.3

Wir haben für alle Felder von `date` die Signatur `natural` verwendet. Diese Signatur ist sehr unpräzise, zumindest für `date-month` und `date-day`.

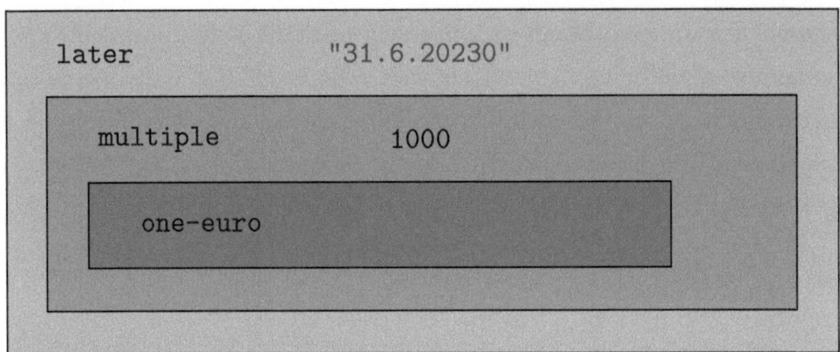

Abbildung 5.2: Zero-Bond als Schichten dargestellt

Verbessere die Signaturen von `date-month` und `date-day` mit Hilfe von `integer-from-to` aus Abschnitt 2.2 auf Seite 55! □

Bevor es weitergeht, definieren wir noch zwei Beispiele für das Datum:

```
(define date1 (make-date 2019 07 26)) ; 26. Juli 2019
(define date2 (make-date 2019 12 24)) ; Weihnachten 2019
```

Mit Hilfe dieser Definitionen können wir auch endlich zwei Beispiele für `later` angeben:

```
(define later1
  (make-later date1 euro100)) ; Ich bekomme am 26.7.2019 100€.
(define later2
  (make-later date2 euro200)) ; Ich bekomme Weihnachten 2019 200€.
```

Außerdem können wir den Zero-Bond vom Anfang dieses Abschnitts definieren:

```
; Ich bekomme am 31. Juni 2030 1000€.
(define zero1 (make-later (make-date 2030 06 31)
                          (make-euros 1000)))
```

Abbildung 5.2 zeigt den Aufbau des Zero-Bonds `zero1` als ineinandergeschachtelte Schichten: In den `later`-Vertrag ist ein `multiple`-Vertrag eingeschachtelt, und dort wiederum der `one-euro`-Vertrag. Aus dieser Sicht ist der `multiple`-Vertrag der «innere» Vertrag des `later`-Vertrags.

Verträge kombinieren | Jetzt wo die Zero-Bonds erledigt sind, können wir überlegen, ob es noch weitere Möglichkeiten geben sollte, Verträge herzustellen. Immer wenn Du Repräsentationen mit Kombinatoren baust, solltest Du nach Möglichkeiten suchen, aus zwei Dingen ein größeres Ding zu bauen.

Beispiele für dieses Prinzip haben wir in diesem Kapitel schon mehrere gesehen:

- Ein Hauptfluss und ein Nebenfluss werden zu einem Fluss kombiniert.
- Zwei Bilder werden übereinander, nebeneinander und aufeinander zu einem Bild kombiniert.

Auf die Verträge bezogen bedeutet dies, dass wir zwei Verträge zu einem zusammensetzen, der die Rechte und Pflichten von beiden kombiniert. So könnte dies gehen:

```
; Eine Kombinationsvertrag besteht aus:
; - Vertrag Nr. 1
; - Vertrag Nr. 2
```

Das sind wieder zusammengesetzte Daten mit zwei Selbstbezügen:

```
(define-record both
  make-both
  both?
  (both-contract-1 contract)
  (both-contract-2 contract))
```

Hier sind zwei Beispiele für `both`:

```
; Heute 100€, später nochmal 100€
(define both1 (make-both euro100 later1))
; Heute 200€, später nochmal 200€
(define both2 (make-both both1 later2))
```

Wir müssen noch die Definition von `contract` erweitern:

```
(define contract
  (signature (mixed one-euro multiple later both)))
```

Der kleinste Vertrag | Es gibt noch ein weiteres Prinzip beim Repräsentieren mit Kombinatoren: Suche immer nach dem *kleinsten* möglichen Baustein. Wir haben ja schon einen ziemlich kleinen Baustein definiert: `one-euro`. Aber oft ist der kleine Baustein eine Variation von «nichts», und so ist es auch hier: Der kleinste Vertrag ist einer ohne Rechte oder Pflichten. Ihn sollten wir unbedingt auch definieren – zunächst nur der Vollständigkeit halber, aber später werden wir ihn tatsächlich noch brauchen.

Solch ein «Nichts-Vertrag» hat, wie `one-euro` auch, keine Eigenschaften. Wir repräsentieren ihn aber, genau wie bei `one-euro`, durch einen Record, damit wir ihn mit Hilfe seiner Signatur in die Definition von `contract` einbauen können:

```
; Ein Nichts-Vertrag hat keine Eigenschaften
(define-record nothing
  make-nothing
  nothing?)
```

Entsprechend erweitern wir `contract`:

```
(define contract
  (signature
   (mixed one-euro multiple later both nothing)))
```

In Aufgabe 5.11 auf Seite 172 geht es um noch einen weiteren Kombinator.

Verträge bewerten | Wir haben viel Energie für die Repräsentation von Verträgen verwendet, aber noch gar nichts damit gemacht. Es fehlen noch ein paar saftige Funktionen!

Wenn wir einen Vertrag haben, wollen wir vielleicht wissen, wieviel Geld wir eigentlich insgesamt bekommen. Das nehmen wir uns als erste Aufgabe vor. Wir fangen an mit folgender Kurzbeschreibung:

```
; Für einen Vertrag berechnen, wieviel Geld wir bekommen
```

In der Kurzbeschreibung tauchen die Begriffe «Vertrag» und «Geld» auf, das übersetzen wir in folgende Signatur:

```
(: contract-payment (contract -> rational))
```

Die Funktion fasst alle Zahlungen zu einem Euro-Betrag zusammen, Zinsen ignorieren wir. Die Funktionsweise illustrieren wir wie immer mit Testfällen. Bei festen Euro-Beträgen ist recht klar, was herauskommen muss:

```
(check-expect (contract-payment euro100) 100)
(check-expect (contract-payment euro200) 200)
```

Die Beispiele `later1` und `later2` sind verzögerte Verträge über € 100 beziehungsweise € 200. Die Verzögerung spielt bei `contract-payment` keine Rolle:

```
(check-expect (contract-payment later1) 100)
(check-expect (contract-payment later2) 200)
```

Bei den beiden `both`-Beispielen werden jeweils zwei Zahlungen von € 100 respektive € 200 kombiniert:

```
(check-expect (contract-payment both1) 200)
(check-expect (contract-payment both2) 400)
```

Die Schablone sieht so aus:

```
(define contract-payment
  (lambda (contract)
    ...))
```

Da es sich bei der Definition von `contract` um gemischte Daten handelt, sieht die erste Schablone für `contract-payment` so aus:

```
(define contract-payment
  (lambda (contract)
    (cond
      ((nothing? contract) ...)
      ((one-euro? contract) ...)
      ((multiple? contract) ...)
      ((later? contract) ...)
      ((both? contract) ...))))
```

Bei den einzelnen Fällen von `contract` handelt es sich jeweils um zusammengesetzte Daten, wir können also die Schablone um die Anwendungen der Selektoren ergänzen, soweit es welche gibt:

```
(define contract-payment
  (lambda (contract)
    (cond
      ((nothing? contract) ...)
      ((one-euro? contract) ...)
      ((multiple? contract)
       ...
       (multiple-number contract)
       (multiple-of contract)
       ...)
      ((later? contract)
       ...
       (later-date contract)
       (later-contract contract)
       ...)
      ((both? contract)
       ...
       (both-contract-1 contract)
```

```
        (both-contract-2 contract)
        ...))))
```

Es geht noch weiter:
`(multiple-of contract)`,
`(later-contract contract)`,
`(both-contract-1 contract)` und `(both-contract-2 contract)`
sind allesamt Selbstbezüge, wir können also dort rekursive Aufrufe hinschreiben:

```
(define contract-payment
  (lambda (contract)
    (cond
      ((nothing? contract) ...)
      ((one-euro? contract) ...)
      ((multiple? contract)
       ...
       (multiple-number contract)
       (contract-payment (multiple-of contract))
       ...)
      ((later? contract)
       ...
       (later-date contract)
       (contract-payment (later-contract contract))
       ...)
      ((both? contract)
       ...
       (contract-payment (both-contract-1 contract))
       (contract-payment (both-contract-2 contract))
       ...))))
```

Damit ist die Schablone fertig und wir können versuchen, für jeden Fall etwas Sinnvolles hinzuschreiben. Bei den ersten beiden ist es nicht so schwierig: Bei einem `nothing`-Vertrag wird nichts ausgezahlt, bei einem `one-euro`-Vertrag wird ein € 1 ausgezahlt:

```
(define contract-payment
  (lambda (contract)
    (cond
      ((nothing? contract) 0)
```

```
    ((one-euro? contract) 1)
    ...)))
```

Wir nehmen uns als Nächstes den `multiple`-Fall vor: Da stehen in der Schablone schon:

- `(multiple-number contract)`, also die *Anzahl*
- `(contract-payment (multiple-of contract))`, also *was bei einem ausgezahlt* wird

Diese beiden Größen müssen wir miteinander multiplizieren, um die Gesamtsumme zu berechnen, die ausgezahlt wird:

```
(define contract-payment
  (lambda (contract)
    (cond
      ...
      ((multiple? contract)
       (* (multiple-number contract)
          (contract-payment (multiple-of contract))))
      ...)))
```

Nun ist der `later`-Fall an der Reihe. Für `contract-payment` ist `(later-date contract)`, also der Zeitpunkt, zu dem der Vertrag aktiv wird, irrelevant: Es geht ja nur um den Betrag des «inneren» Vertrags, und der steht schon in der Schablone:

```
(define contract-payment
  (lambda (contract)
    (cond
      ...
      ((later? contract)
       (contract-payment (later-contract contract)))
      ...)))
```

Zu guter letzt kommt `both`. Die Zahlungen, die sich aus den beiden Teilverträgen ergeben, stehen schon in der Schablone. Wir müssen sie lediglich addieren. Die vollständige Funktion sieht dann so aus:

```
(define contract-payment
  (lambda (contract)
    (cond
      ((nothing? contract) 0)
      ((one-euro? contract) 1)
```

```
((multiple? contract)
 (* (multiple-number contract)
    (contract-payment (multiple-of contract))))
((later? contract)
 (contract-payment (later-contract contract)))
((both? contract)
 (+ (contract-payment (both-contract-1 contract))
    (contract-payment (both-contract-2 contract))))))
```

Verträge verwalten | Eine weitere nützliche Funktion von Verträgen betrifft die Entwicklung eines Vertrags über die Zeit: Je länger ein Vertrag geschlossen ist, desto mehr Zahlungen werden dadurch getätigt und entsprechend bleiben weniger Zahlungen übrig. Um das abzubilden, brauchen wir eine Funktion, die ausrechnet, was von einem Vertrag nach einem bestimmten Zeitpunkt noch übrigbleibt. So könnte die Kurzbeschreibung lauten:

```
; Was bleibt übrig, nachdem zu einem gegebenen Datum ausgezahlt wurde?
```

Um diese Funktion zu schreiben, müssen wir uns erst einmal überlegen, wie dieser «Rest» von einem Vertrag repräsentiert werden kann. Die richtige Idee ist so einfach, dass es gar nicht so einfach ist, sie zu sehen: Den «Rest eines Vertrags» können wir wieder als Vertrag repräsentieren. Wir müssen also keine neue Datenanalyse durchführen und können mit der Signatur fortfahren. Die Funktion braucht als Eingabe einen Vertrag; als Ausgabe kommt der neue Vertrag heraus. Außerdem brauchen wir noch das Datum, das in der Kurzbeschreibung erwähnt wird:

```
(: contract-rest (contract date -> contract))
```

Kommen wir zu einigen Testfällen: Die Verträge `euro100` und `euro200` werden sofort ausgezahlt, da bleibt also nichts mehr übrig:

```
(check-expect (contract-rest euro100 date1) (make-nothing))
(check-expect (contract-rest euro200 date1) (make-nothing))
```

Das Beispiel `later1` kommt zum Datum `date1` zur Auszahlung (der 26. Juli 2019), ab diesem Datum ist also nichts mehr übrig:

```
(check-expect (contract-rest later1 date1) (make-nothing))
```

Der Beispielvertrag `later2` hingegen wird erst zu `date2` ausgezahlt, das ist Weihnachten 2019.[2] Zum Zeitpunkt `date1` passiert deswegen noch nichts, der Vertrag kommt also unverändert zurück:

2 Als dieses Kapitel geschrieben wurde, lag das noch in der Zukunft.

```
(check-expect (contract-rest later2 date1) later2)
```

Interesant wird es bei den both-Verträgen. Bei both1 passiert der eine Teil sofort, der andere wird bis date1 verzögert. Zum Zeitpunkt date1 bleibt allerdings von beiden Hälften nichts übrig:

```
(check-expect (contract-rest both1 date1) (make-nothing))
```

Bei both2 bleibt allerdings zum Zeitpunkt date1 noch die «rechte» Hälfte übrig later2:

```
(check-expect (contract-rest both2 date1) later2)
```

Aber zum Zeitpunkt date2 ist auch das perdu:

```
(check-expect (contract-rest both2 date2) (make-nothing))
```

Wir schreiten nun zur Funktion selbst. Hier das Gerüst:

```
(define contract-rest
  (lambda (contract date)
    ...))
```

Die Eingabe-Signatur enthält ein contract, wir können also wieder die Schablone für gemischte Daten verwenden:

```
(define contract-rest
  (lambda (contract date)
    (cond
      ((nothing? contract) ...)
      ((one-euro? contract) ...)
      ((multiple? contract) ...)
      ((later? contract) ...)
      ((both? contract) ...))))
```

Wir ergänzen als Nächstes die Schablonen für die einzelnen Fälle, bei denen es sich ja jeweils um zusammengesetzte Daten handelt:

```
(define contract-rest
  (lambda (contract date)
    (cond
      ((nothing? contract) ...)
      ((one-euro? contract) ...)
      ((multiple? contract)
       ...
```

```
    (multiple-number contract)
    (multiple-of contract)
    ...)
   ((later? contract)
    ...
    (later-date contract)
    (later-contract contract)
    ...)
   ((both? contract)
    ...
    (both-contract-1 contract)
    (both-contract-2 contract)
    ...))))
```

Fast hätten wir es vergessen – in den Fällen für `multiple`, `later` und `both` gibt es ja Selbstreferenzen und damit rekursive Aufrufe:

```
(define contract-rest
  (lambda (contract date)
    (cond
      ((nothing? contract) ...)
      ((one-euro? contract) ...)
      ((multiple? contract)
       ...
       (multiple-number contract)
       (contract-rest (multiple-of contract) date)
       ...)
      ((later? contract)
       ...
       (later-date contract)
       (contract-rest (later-contract contract) date)
       ...)
      ((both? contract)
       ...
       (contract-rest (both-contract-1 contract) date)
       (contract-rest (both-contract-2 contract) date)
       ...))
```

```
...
(date-year date)
(date-month date)
(date-day date)
...))
```

Wir können außerdem noch die Schablone für `date` bemühen, wobei es sich zum zusammengesetzte Daten handelt. Das Datum ist nur im `later`-Fall relevant – wir füllen die Schablone aus, wenn wir zu diesem Fall kommen.

Wir fangen wieder mit den einfachen Fällen an. Bei `nothing` und `one-euro` bleibt jeweils nichts übrig:

```
(define contract-rest
  (lambda (contract date)
    (cond
      ((nothing? contract) (make-nothing))
      ((one-euro? contract) (make-nothing))
      ...)))
```

AUFGABE 5.4

Sind beide Fälle schon durch Testfälle abgedeckt? Wenn nicht, schreibe einen! □

Als Nächstes ist `multiple` an der Reihe. Der rekursive Aufruf aus der Schablone beantwortet die folgende Frage: «Wieviel ist von *einem* Vertrag nach dem Datum noch übrig?» Wenn wir mit n das Ergebnis von `(multiple-number contract)` bezeichnen, dann müssen wir die Frage beantworten, wieviel von n Verträgen übrig bleibt. Wir müssen wieder mit n multiplizieren:

```
(define contract-rest
  (lambda (contract date)
    (cond
      ...
      ((multiple? contract)
       (make-multiple (multiple-number contract)
                      (contract-rest (multiple-of contract) date)))
      ...)))
```

Als Nächstes ist der `later`-Fall dran. Der rekursive Aufruf beantwortet die Frage, was von dem Vertrag übrigbleibt, falls das Datum `date` schon vorbei beziehungsweise gerade heute ist. Wenn date noch in der Zukunft liegt, passiert gar nichts und die Funktion sollte den gesamten Vertrag contract zurückliefern.

Das heißt, das date in zwei Klassen zerfällt, nämlich (a) vor oder an dem Datum (later-date contract) oder (b) danach. Wir brauchen also eine Verzweigung danach, und dazu müssen wir die beiden Daten vergleichen. Diese Aufgabe ist kompliziert genug, dass wir sie zurückstellen und uns vornehmen, später eine Funktion mit folgender Kurzbeschreibung und Signatur zu schreiben:

```
; Ist ein Datum früher als ein anderes?
(: date<=? (date date -> boolean))
```

Mit Hilfe dieser Funktion können wir den later-Fall folgendermaßen fertigstellen:

```
(define contract-rest
  (lambda (contract date)
    (cond
      ...
      ((later? contract)
       (if (date<=? (later-date contract) date)
           (contract-rest (later-contract contract) date)
           contract))
      ...)))
```

Wir haben dabei etwas geschummelt und uns darum gedrückt, die Schablone für date auszufüllen. Das müssen wir bei date<=? nachholen.

Es bleibt der Fall für both. Die rekursiven Aufrufe aus der Schablone liefern, was vom «linken» beziehungsweise «rechten» Vertrag übriggeblieben ist. Wir müssen die Ergebnisse nur wieder zusammensetzen:

```
(define contract-rest
  (lambda (contract date)
    (cond
      ...
      ((both? contract)
       (make-both (contract-rest (both-contract-1 contract) date)
                  (contract-rest (both-contract-2 contract) date))))))
```

Fertig!

Also fast: Wir müssen ja noch die Funktion date<=? schreiben. Für einen Teil davon spannen wir Dich ein:

AUFGABE 5.5

Schreibe ausreichende Testfälle für `date<=?`! □

Hier ist das Gerüst:

```
(define date<=?
  (lambda (date1 date2)
    ...))
```

Das es sich sowohl bei `date1` als auch `date2` um zusammengesetzte Daten handelt

```
(define date<=?
  (lambda (date1 date2)
    ...
    (date-year date1) (date-year date2)
    (date-month date1) (date-month date2)
    (date-day date1) (date-day date2)
    ...))
```

Um den Rumpf richtig hinzubekommen, müssen wir sorgfältig alle möglichen Fälle abarbeiten. Zunächst müssen wir die beiden Jahreszahlen vergleichen – wenn sie bei `date1` und `date2` unterschiedlich sind, so steht das Ergebnis fest. Wenn nicht, so muss die Funktion die Monate vergleichen und schließlich die Tage. Das sieht am Ende so aus:

```
(define date<=?
  (lambda (date1 date2)
    (cond
      ((< (date-year date1) (date-year date2)) #t)
      ((> (date-year date1) (date-year date2)) #f)
      ((< (date-month date1) (date-month date2)) #t)
      ((> (date-month date1) (date-month date2)) #f)
      ((< (date-day date1) (date-day date2)) #t)
      ((> (date-day date1) (date-day date2)) #f)
      (else #t))))
```

Verträge vereinfachen | Leider ist der Code für die `contract-rest`-Funktion zwar vollständig, funktioniert aber nicht wie erwartet: Die Tests schlagen fehl, und zwar fast alle! Wie kann das sein? Hier ist der erste:

```
(check-expect (contract-rest euro100 date1) (make-nothing))
```

Hier ist die Meldung vom Fehlschlag:

```
Der tatsächliche Wert #<record:multiple 100 #<record:nothing>>
ist nicht der erwartete Wert #<record:nothing>.
```

Was ist passiert? Zur Erinnerung, der Vertrag `euro100` ist so definiert:

```
(define euro100 (make-multiple 100 (make-one-euro)))
```

Die `contract-rest`-Funktion hat erst einmal berechnet, was von dem einen Euro übriggeblieben ist und vom Rest dann 100 Stück zurückgegeben: 100 Stück von nichts. Das Ergebnis ist ja auch formal korrekt, aber eben nicht wie vom Testfall erwartet. Unpraktisch ist es auf jeden Fall:

AUFGABE 5.6

Finde noch drei weitere komplizierte Wege, «Verträge über nichts» aufzuschreiben. □

Um das Problem zu vermeiden, wäre es gut, wenn das Programm Verträge über «n mal nichts» gar nicht erst konstruieren würden. Dafür müssen wir beim Konstruktor `make-multiple` ansetzen. Wenn der auf einen `nothing`-Vertrag angewendet wird, muss das Ergebnis auch wieder ein `nothing`-Vertrag sein. Um das zu erreichen, müssen wir `make-multiple` umdefinieren. Da die Definition von `make-multiple` von `define-record` erledigt wird, wenden wir einen Trick an und benennen den Konstruktor erst einmal um, in dem wir die Record-Definition ändern:

```
(define-record multiple
  really-make-multiple
  multiple?
  (multiple-number   rational)
  (multiple-of       contract))
```

Der Name `really-make-multiple` ist reine Konvention – solange der Name nur anders ist als `make-multiple`! Als nächstes definieren wir eine neue Funktion mit dem alten Namen und dem gleichen Vertrag. Hier sind Kurzbeschreibung, Signatur und ein Testfall, der gerade `euro100` entspricht:

```
; multiple-Vertrag konstruieren, dabei vereinfachen
(: make-multiple (rational contract -> contract))

(check-expect (make-multiple 100 (make-nothing))
              (make-nothing))
```

Hier ist das Gerüst für die Funktion:

```
(define make-multiple
  (lambda (factor contract)
    ...))
```

Die Eingabe `contract` zerfällt in zwei Fälle: `nothing` und alle anderen. Im ersten Fall geben wir wieder `nothing` zurück, im zweiten rufen wir den richtigen Konstruktor auf:

```
(define make-multiple
  (lambda (factor contract)
    (if (nothing? contract)
        (make-nothing)
        (really-make-multiple factor contract))))
```

Damit funktionieren schonmal die ersten beiden Testfälle, die ursprünglich fehlgeschlagen sind. Es bleiben aber noch weitere. Der erste ist dieser hier:

```
Der tatsächliche Wert
#<record:both #<record:nothing> #<record:nothing>>
ist nicht der erwartete Wert
#<record:nothing>.
```

Das deutet auf ein analoges Problem wie bei `multiple` hin: Nichts und nochmal nichts ist eben nichts, aber der Konstruktor von `both` weiß das nicht. Wir wenden den gleichen Trick an und benennen zunächst den Konstruktor um:

```
(define-record both
  really-make-both
  both?
  (both-contract-1 contract)
  (both-contract-2 contract))
```

Als Nächstes definieren wir einen neuen Konstruktor selber:

```
; Kombinationsvertrag konstruieren, dabei vereinfachen
(: make-both (contract contract -> contract))

(check-expect (make-both (make-nothing) (make-nothing))
              (make-nothing))
```

Durch diesen Testfall ist «nichts und nichts» abgedeckt. Das können wir aber noch etwas verallgemeinern. Das illustrieren am besten die folgenden Testfälle, bei denen jeweils nur die linke beziehungsweise rechte Seite des `both`-Vertrags nichts ist:

```
(check-expect (make-both (make-one-euro) (make-nothing))
              (make-one-euro))

(check-expect (make-both (make-nothing) (make-one-euro))
              (make-one-euro))
```

Hier ist das Gerüst zur Funktion:

```
(define make-both
  (lambda (contract-1 contract-2)
    ...))
```

Die Eingaben zerfallen in drei Klassen, nämlich wenn `contract-1` nichts ist, wenn `contract-2` nichts ist und alle anderen. Entsprechend brauchen wir eine Verzweigung mit drei Zweigen:

```
(define make-both
  (lambda (contract-1 contract-2)
    (cond
      ((nothing? contract-1) contract-2)
      ((nothing? contract-2) contract-1)
      (else
       (really-make-both contract-1 contract-2)))))
```

Und nun endlich verlaufen alle Tests erfolgreich.

Die Funktionen `make-multiple` und `make-both`, welche die ursprünglichen Konstruktoren gleichen Namens ersetzen und bei der Konstruktion die entstehenden Verträge gleich schon etwas vereinfachen heißen auch *smart constructors*.

Kombinatorrepräsentationen finden | Die Autoren des Papers über Finanzverträge haben Monate gebraucht, um die beschriebene elegante Repräsentation zu finden. Sie sind nach zwei Prinzipien vorgegangen, die auch auf viele andere Problemstellungen übertragbar sind.

- Sie haben Finanzverträge in ihre kleinsten Bestandteile zerlegt.
- Sie haben nach Kombinatoren für Finanzverträge gesucht und welche gefunden, entsprechend Mantra 8 auf Seite 46.

AUFGABEN

AUFGABE 5.7

Schreibe Funktionen zum Umgang mit Duschprodukten!

1. Beginne mit zwei verschiedenen Duschprodukten: Seife und Shampoo. Bei Seife ist die Farbe und der pH-Wert relevant, bei Shampoo die Farbe und der Haartyp. Schreibe eine Datendefinition für Duschprodukte und den Code dafür!
2. Füge Duschgel als weiteres Duschprodukt hinzu, das zur Hälfte aus einer beliebigen Seife und zur Hälfte aus einem beliebigen Shampoo besteht. (Wir tun einfach so, als wäre das so.)
3. Füge eine «Mixtur» als weiteres Duschprodukt hinzu, das aus zwei beliebigen Duschprodukten zusammengerührt wird, mit wählbaren Anteilen für das erste und zweite Duschprodukt.
4. Schreibe eine Funktion, die den Seifenanteil eines beliebigen Duschprodukts berechnet.

AUFGABE 5.8

Eine geometrische Figur in der zweidimensionalen Ebene ist entweder

- ein *Quadrat* parallel zu den Koordinatenachsen,
- ein *Kreis*
- oder eine *Überlagerung* zweier geometrischer Figuren. (Die Figuren werden übereinandergelegt; die Flächen der beiden Figuren werden also vereinigt.)

Führe eine Datenanalyse für geometrische Figuren durch! Schreibe eine Funktion, die überprüft, ob ein gegebener Punkt innerhalb der Fläche einer gegebenen geometrischen Figur liegt.

Falls Du bei dieser Aufgabe eine Funktion brauchst, die eine Quadratwurzel zieht (muss nicht zwingend sein), so hat diese den Namen `sqrt` (für «square root») und folgende Signatur:

```
(: sqrt (number -> number))
```

AUFGABE 5.9

Schreibe einen sinnvollen *smart constructor* für `later`-Verträge.

AUFGABE 5.10

Kann der folgende Vertrag vereinfacht werden? Erweitere den entsprechenden *smart constructor*:

```
(make-multiple 100 (make-multiple 100 (make-one-euro)))
```

AUFGABE 5.11

Füge eine weitere Klasse von Verträgen hinzu, die `give`-Verträge: Ein `give`-Vertrag dreht alle Zahlungen um, die sich aus einem Vertrag ergeben. Das heißt, ein `give`-Vertrag von € 1 führt dazu, dass der Vertragsinhaber dem Vertragspartner € 1 *geben* muss und nicht bekommt. Erweitere die beiden Funktionen, so dass sie auch mit `give`-Verträgen klarkommen. Benutze, um Zahlungen «in die andere Richtung» zu repräsentieren, ein negatives Vorzeichen.

AUFGABE 5.12

Die Funktionen `contract-payment` und `contract-rest` passen nicht so recht zusammen: Die eine berechnet *alle* Zahlungen, die anderen den Rest eines Vertrags ab einem bestimmten Zeitpunkt. Schreibe eine Funktion `contract-payment-until`, die alle Zahlungen bis zu einem bestimmten Zeitpunkt berechnet!

AUFGABE 5.13

Statt nullstelliger zusammengesetzter Daten wie `nothing` oder `one-euro` könnte man theoretisch auch – wie bei Aufzählungen – feste Zeichenketten wie `"nothing"` und `"one-euro"` verwenden. Versuch dies umzusetzen!

6 PROGRAMMIEREN MIT LISTEN

Im vorigen Kapitel haben wir bereits Daten mit Selbstbezug kennengelernt, die Informationen variabler Größe repräsentieren können: Flüsse, Bilder und Finanzverträge. Die Repräsentationen dafür waren recht speziell das jeweilige Einsatzgebiet gekoppelt. In diesem Kapitel lernen wir eine besonders praktische Datendefinition mit Selbstbezug kennen, die in nahezu allen Einsatzgebieten nützlich ist: *Listen*.

Hier sind einige Listen aus dem täglichen Leben:

Brot	Herbert	1	Axl	Dauerwelle	Pumps
Butter	Mike	2	Slash	Dreadlocks	
Käse		3	Duff	Irokese	
		4	Dizzy	Vokuhila	
		5	Izzy		
		6	Melissa		
			Brain		
			Bumblefoot		

Keine dieser Listen ist auf ihre jeweilige Länge festgelegt: Zur Liste mit «Brot» könnten beispielsweise noch «Gurken» hinzukommen, zur Liste mit Axl, Slash undsoweiter könnte zum Beispiel noch Steven dazukommen.

6.1 LISTEN REPRÄSENTIEREN

`listen/list0.rkt` **Code**

In der Einführung haben wir Listen mit unterschiedlichen Sorten von Elementen gesehen. Für den Anfang konzentrieren wir uns zunächst einmal auf Listen von Zahlen, um die Dinge einfach zu halten. Dann schreiben wir eine Funktion, um die Zahlen aus so einer Liste zu addieren. Es gibt verschiedene Möglichkeiten, Listen zu repräsentieren. Die Repräsentation, die wir in diesem Kapitel einführen, hat als besonders einfach und universell verwendbar herausgestellt.

Diese Repräsentation ist nach dem gleichen Prinzip entstanden die zum Finanzverträge in Abschnitt 5.3 auf Seite 150: Wir suchen zunächst nach der einfachsten Liste, die wir uns vorstellen können. Man könnte auf die Idee kommen, dass dies eine Liste mit nur einem Element ist, aber noch einfacher ist eine mit gar keinen Elementen – die *leere Liste*. Natürlich werden wir auch nichtleere Listen brauchen, darum ist der erste Entwurf einer Datendefinition wie folgt:

```
; Eine Liste aus Zahlen ist eins der folgenden:
; - eine leere Liste
; - eine nichtleere Liste
```

Die leere Liste hat keine Bestandteile, wir werden sie aber später von den nichtleeren Listen unterscheiden müssen. Wir benutzen deshalb eine leere Record-Definition:

```
; leere Liste
(define-record empty-list
  make-empty-list
  empty?)
```

Beim Namen für das Prädikat haben wir etwas gemogelt. Von Amts wegen müsste es `empty-list?` heißen. Da es aber noch öfter vorkommen wird, kürzen wir es zu `empty?` ab.

Wir definieren außerdem eine Abkürzung für die leere Liste. Auch diese kommt noch öfter vor, und wir müssen sie so nicht jedesmal neu komstruieren:

```
(define empty (make-empty-list))
```

Nun sind die nichtleeren Listen dran. Nach dem Kombinatorprinzip aus dem vorigen Kapitel sollten wir eine nichtleere Liste konstruieren, indem wir eine bestehende Liste erweitern:

```
; Eine nichtleere Liste besteht aus:
; - dem ersten Element
; - einer Liste aus Zahlen mit den restlichen Elementen
```

Diese spezielle Definition für nichtleere Listen heißt *Cons-Liste*. Das zweite Feld enthält eine «Liste aus Zahlen» – da ist der Selbstbezug.

Wir ändern die Datendefinition für Listen entsprechend ab:

```
; Eine Liste aus Zahlen ist eins der folgenden:
; - eine leere Liste
; - eine Cons-Liste

; Eine Cons-Liste besteht aus:
; - dem ersten Element
; - einer Liste aus Zahlen mit den restlichen Elementen
```

Die Datendefinition für Cons wandeln wir in eine Record-Definition um. Dafür nehmen wir an, dass die Signatur für Listen von Zahlen `list-of-numbers` heißt – die werden wir im Nachgang definieren:

```
(define-record cons-list
  cons
  cons?
  (first number)
  (rest  list-of-numbers))
```

Ähnlich wie bei `empty-list` haben wir die Funktionen der Record-Definition kürzer genannt als sonst, weil sie noch oft vorkommen werden: sonst: Der Konstruktor heißt statt `make-cons-list` hier `cons`, das Prädikat nur `cons?` statt `cons-list?` und bei den Selektoren fehlt jeweils das `cons-` vorn.

Es fehlt noch die Definition der Signatur `list-of-numbers` für «Liste von Zahlen», die aus leeren Listen und Cons-Listen gemischt wird:

```
(define list-of-numbers
  (signature
   (mixed empty-list
          cons-list)))
```

Hier sind einige Beispiele für Listen:

```
; leere Liste
(define list0 empty)
; einelementige Liste mit der Zahl 42
(define list1 (cons 42 empty))
; Liste mit den Zahlen 1 2 3
(define list3 (cons 1 (cons 2 (cons 3 empty))))
; Liste mit den Zahlen e und pi
(define list2 (cons 2.7183 (cons 3.14159 empty)))
; Liste mit den Zahlen 2 3 5 7
(define list4 (cons 2 (cons 3 (cons 5 (cons 7 empty)))))
```

An den Beispielen kann man sehen, dass es einen Unterschied zwischen der intuitiven Struktur von Listen und ihrer Repräsentation gibt. Intuitiv besteht eine Liste aus einer Aneinanderreihung ihrer Elemente. Die Repräsentation ist aber geschachtelt, wie Abbildung 6.1 zeigt. Sie erlaubt uns insbesondere, aus kleineren Listen größere zu bauen und trotzdem die kleineren Listen wiederzuverwenden:

```
; Liste mit den Zahlen 1 2 3 5 7
(define list5 (cons 1 list4))
```

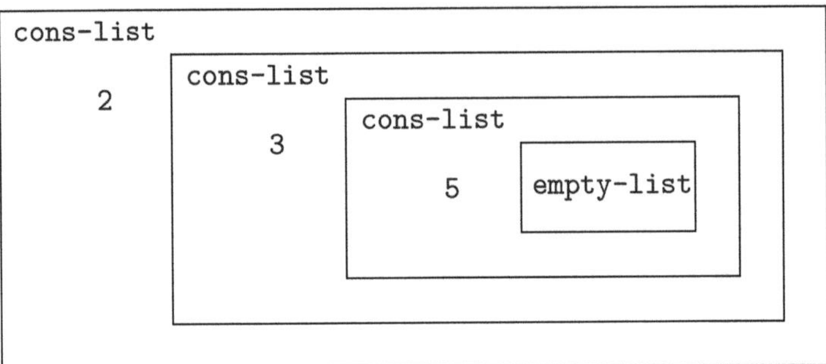

Abbildung 6.1: Struktur der Liste mit den Elementen 2 3 5

Dieses Beispiel zeigt außerdem, dass der Konstruktor `cons` an eine existierende Liste *vorn* ein Element anhängt.

Nun sind wir bereit, eine Funktion über Listen zu schreiben, welche die Zahlen einer Liste aufaddiert. Kurzbeschreibung und Signatur sehen so aus:

```
; Summe der Elemente einer Liste von Zahlen berechnen
(: list-sum (list-of-numbers -> number))
```

Als Nächstes brauchen wir Testfälle, die wir mit Hilfe der Beispiel-Listen von oben (und gegebenenfalls einem Taschenrechner) konstruieren:

```
(check-expect (list-sum list2) 5.85989)
(check-expect (list-sum list3) 6)
(check-expect (list-sum list4) 17)
```

AUFGABE 6.1

Schreibe auch Testfälle für `list-sum` auf Basis der Beispiel-Listen `list0` und `list1`! Falls Du Dir nicht sicher bist, rate! □

Als Nächstes kommt wie immer das Gerüst:

```
(define list-sum
  (lambda (list)
    ...))
```

Die Signatur sagt, dass `list-sum` eine Liste als Eingabe akzeptiert – gemischte Daten. Die Schablone dazu sieht so aus:

```
(define list-sum
  (lambda (list)
    (cond
      ((empty? list) ...)
      ((cons? list) ...))))
```

Beim `cons-list`-Fall handelt es sich um zusammengesetzte Daten, wir können also entsprechend der Schablone dafür Selektor-Aufrufe hinschreiben. Bei `rest` sitzt außerdem ein Selbstbezug, wir schreiben also auch einen rekursiven Aufruf in die Schablone:

```
(define list-sum
  (lambda (list)
    (cond
      ((empty? list) ...)
      ((cons? list)
       ...
       (first list)
       (list-sum (rest list))
       ...))))
```

Nun sind alle möglichen Konstruktionsanleitungen angewendet. Wir vervollständigen die Schablone, zuerst den Fall für Cons-Listen. Dort steht in der Schablone `(first list)` und `(list-sum (rest list))`. Zum Verständnis hilft, die beiden Ausdrucke ins Deutsche zu übersetzen:

- `(first list)` ist das *erste Element der Liste* und
- `(list-sum (rest list))` ist die *Summe der restlichen Elemente*.

Gefragt ist aber die Summe *aller Elemente*, dazu müssen wir die beiden noch addieren:

```
(+ (first list) (list-sum (rest list)))
```

Es bleibt der Fall der leeren Liste. Intuitiv hat die gar keine Summe, aber irgendetwas müssen wir da hinschreiben. Wir schreiben vorläufig 0 ins Programm, werden diese Wahl aber noch diskutieren:

```
(define list-sum
  (lambda (list)
    (cond
      ((empty? list) 0)
      ((cons? list)
       (+ (first list) (list-sum (rest list)))))))
```

Damit funktionieren die Testfälle und die Funktion ist fertig!

AUFGABE 6.2

Verfolge die Auswertung der Testfälle im Stepper! □

AUFGABE 6.3

Ändere den Zweig für die leere Liste und schreibe etwas anderes als 0 hin. Funktionieren die Testfälle dann noch? □

Tatsächlich ist 0 die einzig richtige Zahl, die im `empty`-Fall stehen darf. Das mag intuitiv einleuchten: die leere Liste ist schließlich «nichts» und 0 ist auch irgendwie «nichts». Ein weiteres Beispiel wird aber gleich zeigen, dass diese Argumentation zu einfach ist.

Wir schreiben als Nächstes eine Funktion, die alle Zahlen einer Liste *multipliziert*. Hier sind Kurzbeschreibung, Signatur, Tests und Gerüst:

```
; Produkt der Elemente einer Liste von Zahlen berechnen
(: list-product (list-of-numbers -> number))

(check-expect (list-product list1) 42)
(check-expect (list-product list3) 6)
(check-expect (list-product list4) 210)

(define list-product
  (lambda (list)
    ...))
```

Die Schablone entsteht genau wie bei `list-sum` aus den Konstruktionsanleitungen für gemischte Daten, zusammengesetzte Daten und Selbstbezüge:

```
(define list-product
  (lambda (list)
    (cond
      ((empty? list) ...)
      ((cons? list)
       ...
       (first list)
       ...
       (list-product (rest list))))))
```

Wir kümmern uns wieder zuerst um den cons-Fall. In der Schablone stehen (first list), das erste Element und (list-product (rest list)), das Produkt der restlichen Elemente. Wir müssen nur noch beide miteinander multiplizieren, um das Produkt aller Elemente zu berechnen:

```
(* (first list) (list-product (rest list)))
```

Bleibt wieder der empty-Fall – wieder die leere Liste. Die Versuchung ist groß, wieder «nichts» hinzuschreiben, also 0. Dann allerdings schlagen *alle* Testfälle fehl:

```
Der tatsächliche Wert 0 ist nicht der erwartete Wert 42.
Der tatsächliche Wert 0 ist nicht der erwartete Wert 6.
Der tatsächliche Wert 0 ist nicht der erwartete Wert 210.
```

Warum kommt immer 0 heraus? Das können wir anhand der Auswertung von (list-product list3) sehen. Die sieht so aus – wir haben einige Zwischenschritte ausgelassen:

```
(list-product list3)
↪ (list-product (cons 1 (cons 2 (cons 3 empty))))
↪ (cond ((empty? (cons 1 ...)) ...) ((cons? (cons 1 ...)) ...))
↪ (cond ((empty? (cons 1 ...)) ...) ((cons? (cons 1 ...)) ...))
↪ (* (first (cons 1 ...)) (list-product (rest (cons 1 ...))))
↪ (* 1 (list-product (rest (cons 1 ...))))
↪ (* 1 (list-product (cons 2 (cons 3 empty))))
↪ (* 1 (* 2 (list-product (cons 3 empty))))
↪ (* 1 (* 2 (* 3 (list-product empty))))
↪ (* 1 (* 2 (* 3 (cond ((empty? empty) 0) ...))))
↪ (* 1 (* 2 (* 3 (cond (#t 0) ...))))
↪ (* 1 (* 2 (* 3 0)))
```

Die Auswertung ist auf so einem guten Weg – aber um Schluss macht list-product alles kaputt und multipliziert mit 0. Und so ist es mit *jeder* Eingabe. Wir müssten also statt mit 0 mit einer Zahl multiplizieren, die das Ergebnis nicht kaputtmacht sondern genauso lässt, wie es ist. Im Fall der Multiplikation ist das die 1, nicht die 0. Die richtige Funktion sieht damit so aus:

```
(define list-product
  (lambda (list)
    (cond
      ((empty? list) 1)
      ((cons? list)
       (* (first list) (list-product (rest list)))))))
```

Rückblickend können wir damit auch erklären, warum bei `list-sum` im `empty`-Fall 0 stehen muss: Die 0 macht beim Addieren das Ergebnis nicht kaputt. Darum spricht man auch davon, dass 0 das *neutrale Element* bezüglich der Addition ist, 1 das neutrale Element bezüglich der Multiplikation.

6.2 LISTEN MIT ANDEREN ELEMENTEN

`listen/list-of.rkt` **Code**

Das Prinzip «Liste» ist nicht auf Listen von Zahlen beschränkt: Genauso gut kann man sich Listen aus Zeichenketten, den Tieren aus Kapitel 4.1 oder Bildern vorstellen. Um das zu ermöglichen, können wir die Datendefinition anpassen. Wir entfernen alle Erwähnungen von Zahlen und sprechen ausschließlich von «Elementen»:

```
; Eine Liste ist eins der folgenden:
; - eine leere Liste
; - eine Cons-Liste

; Eine Cons-Liste besteht aus:
; - dem ersten Element
; - einer Liste mit den restlichen Elementen
```

Tatsächlich können wir Listen bereits bauen, deren Elemente keine Zahlen sind:

```
(define string-list (cons "Mike" (cons "Sperber" empty)))
```

AUFGABE 6.4

Probiere die Definition von `string-list` aus! □

Diese Definition kann DrRacket zwar ausführen, aber es gibt jede Menge Signaturverletzungen.

Die verletzten Signaturen sind allesamt `number`, am prominentesten in der Record-Definition von `cons-list`. Wenn wir dort auch Zeichenketten verwenden wollen, ohne Listen aus Zahlen zu verbieten, müssen wir über `number` und `string` abstrahieren. Bei der Record-Definition geht das, indem wir aus `cons-list` stattdessen `(cons-list-of element)` machen. Das wirkt wie ein **`lambda`** mit `element` als Parameter. Wir können dann `element` innerhalb der Record-Definition benutzen:

```
(define-record (cons-list-of element)
  cons
  cons?
  (first element)
  (rest  ...))
```

Diese Record-Definition definiert `cons-list-of` als Funktion, die eine Signatur akzeptiert (die Signatur der Elemente) und eine Signatur zurückliefert, nämlich die der Cons-Listen mit der gegebenen Signatur für die Elemente. Die Signatur können wir auch hinschreiben:

```
(: cons-list-of (signature -> signature))
```

Da `cons-list-of` eine Signatur konstruiert, nennen wir diese Funktion auch *Signatur-Konstruktor*. Das `element` ist ein *Signatur-Parameter*. Wir müssen also immer da, wo wir vorher `cons-list` stand, `(cons-list-of ...)` schreiben und eine Signatur für die Elemente angeben, also zum Beispiel `(cons-list-of number)` oder `(cons-list-of string)`.

Die Signatur von `rest` war vorher `list-of-numbers`, die müssen wir also auch ändern. Wie genau, ergibt sich erst im Zusammenhang mit der abstrahierten Definition von `list-of-numbers`. Da es sich hier um eine ganz normale Definition mit **`define`** handelt, können wir ein **`lambda`** benutzen, um über den Signatur der Elemente zu abstrahieren:

```
(define list-of
  (lambda (element)
    (signature
     (mixed empty-list
            (cons-list-of element)))))
```

Wir können mit dieser Definition nun statt `list-of-numbers` also `(list-of number)` schreiben. Damit können wir auch die Record-Definition von `cons-list-of` vervollständigen, indem wir beim `rest`-Feld als Signatur `(list-of element)` schreiben, wo vorher `list-of-numbers` stand:

```
(define-record (cons-list-of element)
  cons
  cons?
  (first element)
  (rest  (list-of element)))
```

Das erledigt die Signaturverletzungen.

Eine `define-record`-Form mit Signatur-Parametern hat folgende allgemeine Gestalt:

```
(define-record (t sp1 ... spk)
  c
  p
  (sel1 sig1)
  ...
  (seln sign))
```

- Die Signatur-Parameter $sp_1 \ldots sp_k$ können in den Signaturen $sig_1 \ldots sig_n$ verwendet werden.
- t ist der Name des Signatur-Konstruktors mit der Signatur:

  `(: t (signature ... (k-mal) -> signature))`

- c, p und $sel_1, \ldots, sel_n$ sind die Namen von Konstruktor, Prädikat und Selektoren.

Abbildung 6.2: `define-record` mit Signatur-Parametern

Abbildung 6.2 fasst die neue Form von `define-record` mit Signatur-Parametern zusammen. Bei dieser neuen Form von `define-record` ist nicht mehr offensichtlich, wie die Signaturen des Konstruktors und der beiden Selektoren aussehen sollen, wenn wir sie ausschreiben. Wir brauchen dafür ein neues Konstrukt, um auszudrücken, dass potenziell bei jedem Aufruf von `cons`, `first` und `rest` eine andere Elementsignatur verwendet wird. Das sieht so aus:

```
(: cons (%element (list-of %element) -> (cons-list-of %element)))
(: first ((cons-list-of %element) -> %element))
(: rest ((cons-list-of %element) -> (list-of %element)))
```

Das % kennzeichnet *Signaturvariablen*. Die Signaturvariable `%element` steht für eine beliebige Signatur. Die Signatur-Deklaration von `cons` bedeutet außerdem, dass die Signatur von neuem Element (das erste `%element`) und die Signatur der Listenelemente (das `%element` in `(list %element)` übereinstimmen sollten. (DrRacket überprüft dies aber nicht.)

Vielleicht ist Dir der Gedanke gekommen, dass statt `%element` in den obigen Signaturen auch any stehen könnte. Rein technisch gesehen ist das korrekt. Allerdings wären die resultierenden Signaturen weniger präzise. Nimm einmal an, dort stünde zum Beispiel das hier:

```
(: cons (any (list-of any) -> (cons-list-of any)))
```

Diese Signatur sagt «`cons` akzeptiert irgendeinen Wert und irgendeine Liste und produziert wieder irgendeine Liste». Zum Vergleich sagt die Signatur

```
(: cons (%element (list-of %element) -> (cons-list-of %element)))
```

aus, dass das neue Element, das `cons` akzeptiert, die gleiche Signatur erfüllen muss wie die schon vorhandenen Elemente der Liste und die Elemente der Resultatliste: Alle drei Vorkommen von `%element` müssen in einer konkreten Anwendung von `cons` die gleiche Signatur sein.

Bevor das Programm wieder funktioniert, müssen wir noch ein kleines Problem beheben: `List-of-numbers` ist nicht mehr definiert, steht aber noch in den Signatur-Deklarationen von `list-sum` und `list-product`. Wir können entweder `list-of-numbers` durch `(list-of number)` ersetzen oder eine Signatur-Definition dazuschreiben:

```
(define list-of-numbers (signature (list-of number)))
```

Diese Definition muss vor `list-sum` und `list-product` stehen, damit sie dort bekannt ist.

6.3 KONSTRUKTIONSANLEITUNG

Bei der Konstruktion von Funktionen, die Listen akzeptieren, haben wir drei Schablonen kombiniert: gemischte und zusammengesetzte Daten sowie Selbstbezüge. Wir werden noch viele Funktionen mit Listen als Eingabe schreiben. Deshalb lohnt es sich, solchen Funktionen eine eigene Konstruktionsanleitung zu widmen:

KONSTRUKTIONSANLEITUNG 18 (LISTEN ALS EINGABE: SCHABLONE)

Die Schablone für eine Funktion, die eine Liste akzeptiert, sieht folgendermaßen aus:

```
(: f (... (list-of elem) ... -> ...))

(define f
  (lambda (... list ...)
    (cond
      ((empty? list) ...)
      ((cons? list)
       ...
       (first list)
       ...
       (f ... (rest list) ...)
       ...
       ))))
```

Die eingebaute Funktion `list` erlaubt es, Listen aus ihren Elementen ohne Verwendung von `cons` zu erzeugen. Sie akzeptiert eine beliebige Anzahl von Argumenten, macht daraus eine Liste und gibt diese zurück:

```
(list 1 2 3)
↪ #<list 1 2 3>
(list "Axl" "Slash" "Izzy")
↪ #<list "Axl" "Slash" "Izzy">
```

Abbildung 6.3: `list`

6.4 EINGEBAUTE LISTEN

Da Listen in diesem Buch noch oft vorkommen und es umständlich ist, jedesmal die Definitionen für `cons` und `list-of` an den Anfang von Programmen zu setzen, macht die nächste Sprachebene das Programmieren mit Listen einfacher.

Schalte deshalb in die nächste Sprachebene hoch:

Fange eine neue Datei an. Wähle danach wieder das Menü `Sprache` aus, darunter den Menüpunkt `Sprache auswählen` und dann `Schreibe Dein Programm!` (*ohne* `Anfänger`). Dann drücke noch einmal `Start`.

Ab sofort sind `cons`, `cons?`, `first` und `rest` vordefiniert genau wie der Signaturkonstruktor `list-of`. Es gibt außerdem eine praktische neue Funktion `list`, die in Abbildung 6.3 beschrieben ist.

In der neuen Sprachebene werden nichtleere Listen übersichtlicher ausgedruckt als bisher, nämlich als `#<list ...>`, wobei die Listenelemente zwischen den spitzen Klammern aufgereiht sind:

```
(list "Axl" "Slash" "Izzy")
↪ #<list "Axl" "Slash" "Izzy">
```

6.5 PARAMETRISCHE POLYMORPHIE

`listen/polymorphism.rkt`	**Code**

Keine Angst vor der hochtrabenden Überschrift: Wir schreiben in diesem Abschnitt eine recht einfache Funktion, welche die Länge einer Liste ermittelt. Hier ist die Kurzbeschreibung:

```
; Länge einer Liste berechnen
```

Der Anfang einer Signatur-Deklaration sieht so aus:

```
(: list-length ((list-of ...) -> natural))
```

Was können wir anstelle der Ellipse hinschreiben? Der Funktion sollte egal sein, auf welche Signatur die Elemente der Liste passen. Wir können dies zum Ausdruck bringen, indem wir eine Signaturvariable verwenden, genau wie bei den Signaturen von `cons`, `first` und `rest`. Das sieht so aus:

```
(: list-length ((list-of %element) -> natural))
```

Die Verwendung der Signaturvariable `%element` bedeutet, genau wie oben, dass die Signatur der Elemente der Liste bei jedem Aufruf von `list-length` anders sein kann.

Solche Funktionen, die Argumente akzeptieren, deren Signaturen Signaturvariablen enthalten, heißen *polymorph* oder auch *parametrisch polymorph* (weil die Signaturvariable eine Art Parameter abgibt), und das dazugehörige Konzept heißt *parametrische Polymorphie*: ein großes Wort, das hier für eine kleine Sache steht. Mehr und interessantere Beispiele für parametrische Polymorphie wird es in Kapitel 9 geben.

Weiter mit `list-length` – hier ist das Gerüst:

```
(define list-length
  (lambda (lis)
    ...))
```

Die Schablone ist wie gehabt:

```
(define list-length
  (lambda (lis)
    (cond
      ((empty? lis) ...)
      ((cons? lis)
       ... (first lis) ...
       ... (list-length (rest lis)) ...))))
```

Es ist `list-length` egal, was der Wert von `(first lis)` ist. Die Länge der Liste ist unabhängig davon, was für Werte sich darin befinden – entscheidend ist nur, wieviele es sind. (Dieser Umstand ist gerade verantwortlich für die parametrische Polymorphie.) Deshalb können wir den Selektoraufruf `(first lis)` aus der Schablone streichen und diese dann zum vollständigen Rumpf ergänzen:

```
(define list-length
  (lambda (lis)
```

```
  (cond
    ((empty? lis) 0)
    ((cons? lis)
     (+ 1
        (list-length (rest lis))))))
```

Die Funktion `list-length` ist unter dem Namen `length` fest eingebaut.

6.6 FUNKTIONEN, DIE LISTEN PRODUZIEREN

`listen/dillo-list.rkt`	**Code**

In den vorherigen Abschnitten haben wir ausschließlich Funktionen programmiert, die Listen *akzeptieren*. In diesem Abschnitt schreiben wir Funktionen, die Listen *produzieren*. Das geht mit Techniken, die wir bereits vorgestellt haben. Wir machen die Sache interessanter, indem wir in einem ersten Beispiel Listen von zusammengesetzten Daten betrachten und in einem zweiten Beispiel zwei Listen verarbeiten.

6.6.1 GÜRTELTIERE ÜBERFAHREN

Auf Seite 105 haben wir die Funktion `run-over-dillo` geschrieben, die für das Überfahren von Gürteltieren zuständig ist. In diesem Abschnitt schreiben wir die Funktion, die das gleich massenweise erledigt, beispielsweise für alle Gürteltiere auf einem Highway.

Dazu übernehmen wir Daten- und Record-Definition von Gürteltieren aus Abschnitt 3.4 sowie die Funktiondefinition von `run-over-dillo`. Du kannst auch einfach den Gürteltier-Code erweitern – dann musst Du allerdings die Sprachebene auf **`Schreibe Dein Programm!`** hochschalten, damit die Listen zur Verfügung stehen.

Gürteltiere können wir in Listen stecken, ebenso wie Zahlen, Zeichenketten oder boolesche Werte. Hier ist ein Beispiel:

```
; Gürteltiere auf Highway 75
(define highway75 (list dillo1 dillo2 dillo3 dillo4))
```

(`Dillo1`, `dillo2`, `dillo3` und `dillo4` sind die Beispielgürteltiere aus Abschnitt 3.4.)

Diese Liste hat die Signatur `(list-of dillo)`. Wenn wir eine Funktion schreiben wollen, die alle Gürteltiere aus einer Liste überfährt, müsste diese also folgende Kurzbeschreibung und Signatur haben:

```
; Gürteltiere überfahren
(: run-over-dillos ((list-of dillo) -> (list-of dillo)))
```

Als Testfall kann obige Beispielliste herhalten:

```
(check-expect (run-over-dillos highway75)
              (list (make-dillo 55000 #f)
                    dillo2
                    (make-dillo 60000 #f)
                    dillo4))
```

Zur Erinnerung: `dillo2` und `dillo4` sind bereits tot, dementsprechend sind sie überfahren wie zuvor. Hier ist das Gerüst:

```
(define run-over-dillos
  (lambda (dillos)
    ...))
```

Die Funktion akzeptiert eine Liste als Eingabe, wir können also, wie schon so oft, die entsprechende Schablone zum Einsatz bringen:

```
(define run-over-dillos
  (lambda (dillos)
    (cond
     ((empty? dillos) ...)
     ((cons? dillos)
      ... (first dillos) ...
      ... (run-over-dillos (rest dillos)) ...))))
```

Im ersten Zweig ist die Sache klar: Geht eine leere Liste rein, kommt auch eine leere Liste raus. Im zweiten Zweig können wir uns erst einmal um das erste Gürteltier kümmern. Wir haben ja bereits eine Funktion, die ein einzelnes Gürteltier überfährt; diese können wir auf das erste Element der Liste anwenden:

```
(define run-over-dillos
  (lambda (dillos)
    (cond
     ((empty? dillos) empty)
     ((cons? dillos)
      ... (run-over-dillo (first dillos)) ...
      ... (run-over-dillos (rest dillos)) ...))))
```

Lesen wir noch einmal die beiden Ausdrücke, die im zweiten Zweig stehen:

- `(run-over-dillo (first dillos))` ist das erste Gürteltier der Liste, überfahren.
- `(run-over-dillos (rest dillos))` ist eine Liste der restlichen Gürteltiere, auch überfahren.

Gefragt ist eine Liste *aller* Gürteltiere, überfahren: Wir müssen also nur die Resultate der beiden Ausdrucke mit `cons` kombinieren:

```
(define run-over-dillos
  (lambda (dillos)
    (cond
     ((empty? dillos) empty)
     ((cons? dillos)
      (cons (run-over-dillo (first dillos))
            (run-over-dillos (rest dillos)))))))
```

Fertig!

Dieses Beispiel zeigt, dass wir für Funktionen, die Listen produzieren, keine neue Technik brauchen: Wenn eine Funktion eine leere Liste produzieren soll, benutzen wir an der entsprechenden Stelle `empty`, und bei nichtleeren Listen benutzen wir `cons`, bringen also die Schablone für Funktionen zum Einsatz, die zusammengesetzte Daten produzieren.

6.6.2 GÜRTELTIERE EXTRAHIEREN

Wir nehmen uns noch eine weitere Übung vor, bei der Listen produziert werden: Aus einer Liste von Gürteltieren wollen wir alle (noch) lebenden herausholen, vielleicht, um sie in Sicherheit zu bringen.

So sehen Kurzbeschreibung, Signatur, ein Testfall und Gerüst aus:

```
; Lebendige Gürteltiere aufsammeln
(: live-dillos ((list-of dillo) -> (list-of dillo)))

(check-expect (live-dillos highway75)
              (list dillo1 dillo3))

(define live-dillos
  (lambda (dillos)
    ...))
```

Wir fügen als Nächstes die Standard-Schablone für Funktionen ein, die Listen akzeptieren:

```
(define live-dillos
  (lambda (dillos)
    (cond
      ((empty? dillos) ...)
      ((cons? dillos)
       ... (first dillos) ...
       ... (live-dillos (rest dillos)) ...))))
```

Der erste Fall betrifft die leere Liste – aus einer leeren Liste von Gürteltiere können wir keine lebendigen Gürteltiere herausholen, da kommt also `empty` hin. Im zweiten Fall ist es etwas aufwendiger. Wir machen uns wieder klar, was die beiden Bestandteile bedeuten, die in der Schablone stehen:

- `(first dillo)` ist das erste Gürteltier in der Liste.
- `(live-dillos (rest dillos))` sind die lebendigen unter den restlichen Gürteltieren.

Da die Gesamtaufgabe ist, die lebendigen Gürteltiere zu extrahieren, sollten wir beim ersten Gürteltier feststellen, ob es (noch) lebt. Da steht dann folgender Zwischenstand:

```
(define live-dillos
  (lambda (dillos)
    (cond
      ((empty? dillos) empty)
      ((cons? dillos)
       ... (dillo-alive? (first dillos)) ...
       ... (first dillos) ...
       ... (live-dillos (rest dillos)) ...))))
```

Der Aufruf `(dillo-alive? (first dillos))` bietet sich für eine binäre Verzweigung an:

```
(define live-dillos
  (lambda (dillos)
    (cond
      ((empty? dillos) empty)
      ((cons? dillos)
       (if (dillo-alive? (first dillos))
           ...
           ...)
       ... (first dillos) ...
       ... (live-dillos (rest dillos)) ...))))
```

Wir müssen uns jetzt überlegen, was wir in die beiden Zweige des `if` schreiben. Im ersten Zweig – der Konsequente – ist das Gürteltier `(first dillos)` (noch) am Leben, im zweiten – der Alternative – ist es tot.

In der Alternative (Gürteltier tot) ist `(live-dillos (rest dillos))` schon die richtige Antwort. `(first dillos)` fällt unter den Tisch:

```
(define live-dillos
  (lambda (dillos)
    (cond
      ((empty? dillos) empty)
      ((cons? dillos)
       (if (dillo-alive? (first dillos))
           ...
           (live-dillos (rest dillos)))
       ... (first dillos) ...))))
```

Auch, wenn wir den rekursiven Aufruf `(live-dillos (rest dillos))` scheinbar schon «verbraucht» haben – im anderen Zweig (Gürteltier lebt (noch)) brauchen wir die restlichen lebendigen Gürteltiere noch einmal. Wir müssen diesmal aber darauf achten, dass wir das erste Gürteltier in der Ausgabe wieder unterbringen und vorn an die restlichen Gürteltiere dran-`cons`-en:

```
(define live-dillos
  (lambda (dillos)
    (cond
      ((empty? dillos) empty)
      ((cons? dillos)
       (if (dillo-alive? (first dillos))
           (cons (first dillos)
                 (live-dillos (rest dillos)))
           (live-dillos (rest dillos)))))))
```

Fertig!

6.6.3 ZWEI LISTEN ANEINANDERHÄNGEN

In unserem nächsten Beispiel ist eine Funktion `concatenate` gefragt, die zwei Listen aneinanderhängt. Kurzbeschreibung, Signatur und Gerüst sehen folgendermaßen aus:

```
; zwei Listen aneinanderhängen
```

```
(: concatenate ((list-of %element) (list-of %element)
               -> (list-of %element)))
```

Diese Funktion ist wie `list-length` polymorph – in der Signatur kommt die Signaturvariable `%element` vor. Beachte, dass `%element` *dreimal* vorkommt: Die Signatur besagt, dass die Signaturen der Elemente der beiden Eingabelisten und die Signatur der Ausgabeliste sich einander entsprechen. Hier sind Testfall und Gerüst für `concatenate`:

```
(check-expect (concatenate (list 1 2 3) (list 4 5 6))
              (list 1 2 3 4 5 6))

(define concatenate
  (lambda (list1 list2)
    ...))
```

Konstruktionsanleitung 18 auf Seite 183 ist eigentlich nur für Funktionen gedacht, die eine einzelne Liste akzeptieren. Welche von beiden ist das *list* aus der Anleitung? Im Zweifelsfall können wir beide Alternativen ausprobieren. Wir versuchen es zunächst mit `list2`:

```
(define concatenate
  (lambda (list1 list2)
    (cond
      ((empty? list2) ...)
      ((cons? list2)
       ... (first list2) ...
       ... (concatenate list1 (rest list2)) ...))))
```

Der erste Zweig des **cond** ist noch einfach: Wenn `list2` leer ist, muss `list1` herauskommen. Jedoch wäre für das obige Beispiel der Wert von `(concatenate list1 (rest list2))` die Liste `#<list 1 2 3 5 6>`. Bei dieser Liste fehlt das Element 4 in der Mitte, und es ist nicht ersichtlich, wie unsere Funktion sie passend ergänzen könnte. Diese Möglichkeit führt also in eine Sackgasse. Wir versuchen deshalb, die Schablone auf `list1` statt auf `list2` anzuwenden:

```
(define concatenate
  (lambda (list1 list2)
    (cond
      ((empty? list1) ...)
      ((cons? list1)
       ... (first list1) ...
       ... (concatenate (rest list1) list2) ...))))
```

Die erste Ellipse ist einfach zu ersetzen: Ist die erste Liste leer, ist das Ergebnis die zweite Liste list2. Für den zweiten Fall sollten wir uns noch einmal ins Gedächtnis rufen, was für einen Wert (concatenate (rest list1) list2) liefert: das Ergebnis dieses Aufrufs ist eine Liste, die aus (rest list1) und list2 zusammengesetzt wurde. Auf das obige Beispiel übertragen, falls list1 die Liste #<list 1 2 3> ist und list2 die Liste #<list 4 5 6>, hat (rest list1) den Wert #<list 2 3>. Der Wert von (concatenate (rest list1) list2) wäre also:

```
#<list 2 3 4 5 6>
```

Es fehlt das erste Element von list1, (first list1), das vorn an das Ergebnis angehängt werden muss. Das geht mit cons:

```
(define concatenate
  (lambda (list1 list2)
    (cond
      ((empty? list1) list2)
      ((cons? list1)
       (cons (first list1)
             (concatenate (rest list1) list2))))))
```

Dieses Beispiel zeigt ein weiteres Schablonenelement, das noch öfter vorkommen wird: Wie bei anderen zusammengesetzten Daten müssen Funktionen, die Listen konstruieren sollen, irgendwo ein cons enthalten.

Da viele Programme die Funktionen list-length und concatenate benötigen, sind sie in den Lehrsprachen übrigens bereits unter den Namen length und append eingebaut.

6.7 MINIMUM EINER LISTE UND LOKALE VARIABLEN

listen/list-min.rkt **Code**

Wir nehmen uns noch eine weitere Übung vor, nämlich das Minimum einer Liste von Zahlen zu berechnen. Das ist scheinbar einfach, birgt aber einige Untiefen. Hier sind der erste Anlauf für Kurzbeschreibung, Tests und Gerüst:

```
; Minimum einer Liste von Zahlen berechnen
(: list-min ((list-of real) -> real))

(check-expect (list-min (list 5 3 1 4)) 1)
(check-expect (list-min (list 5 3 1 4 -4 3)) -4)
```

Vielleicht siehst Du schon das erste Problem. Die Tests sparen einen einfachen aber wichtigen Fall aus, nämlich die leere Liste – und die hat kein Minimum.

Eine Möglichkeit wäre, in dem Fall `violation` aufzurufen wie in Abschnitt 2.10 auf Seite 82. (Siehe dazu Aufgabe 6.16 auf Seite 204.) Eine andere ist, wie in Abschnitt 4.4 auf Seite 132 einen Extra-Wert für diesen Fall zu benutzen. Das hat wie dort den Vorteil, dass wir in der Signatur ablesen können, dass die Funktion auch fehlschlagen kann. Wir führen also folgenden leeren Record-Typ dafür ein:

```
; Kein Resultat
(define-record no-result
  make-no-result
  no-result?)
```

Die Signatur erweitern wir entsprechend:

```
(: list-min ((list-of real) -> (mixed real no-result)))
```

Außerdem schreiben wir noch einen Testfall dafür:

```
(check-expect (no-result? (list-min empty)) #t)
```

Nun können wir wie gewohnt die Schablone für Listen anwenden:

```
(define list-min
  (lambda (list)
    (cond
      ((empty? list) ...)
      ((cons? list)
       ... (first list) ...
       ... (list-min (rest list)) ...))))
```

Der `empty`-Fall ist gerade der, in dem es kein Resultat gibt:

```
(define list-min
  (lambda (list)
    (cond
      ((empty? list) (make-no-result))
      ((cons? list)
       ... (first list) ...
       ... (list-min (rest list)) ...))))
```

Im `cons`-Fall müssen wir darauf achten, dass der rekursive Aufruf von `list-min` gemischte Daten liefert. Wir müssen also eine Verzweigung einbauen, die zwischen `no-result` und einer Zahl unterscheidet. Wir machen das mit einer binären Verzweigung:

```
(define list-min
  (lambda (list)
    (cond
      ((empty? list) (make-no-result))
      ((cons? list)
       (if (no-result? (list-min (rest list)))
           ...
           ...)
       ... (first list) ...
       ... (list-min (rest list)) ...))))
```

Falls der rekursive Aufruf ein `no-result` liefert, haben wir nur das erste Element der Liste `(first list)` in der Hand – der Rest der Liste muss dann ja leer sein. In dem Fall muss `(first list)` auch das Minimum sein:

```
(define list-min
  (lambda (list)
    (cond
      ((empty? list) (make-no-result))
      ((cons? list)
       (if (no-result? (list-min (rest list)))
           (first list)
           ...)
       ... (first list) ...
       ... (list-min (rest list)) ...))))
```

Falls der rekursive Aufruf von `list-min` ein Resultat liefert, ist dieses Resultat das Minimum der restlichen Liste. Um das Minimum der Gesamtliste zu berechnen, müssen wir es allerdings noch mit `(first list)` vergleichen, das ebenfalls das Minimum sein könnte. Abhängig vom Ergebnis des Vergleichs ist das eine oder das andere das Minimum:

```
(define list-min
  (lambda (list)
    (cond
      ((empty? list) (make-no-result))
```

Im Rumpf eines **lambda** und im Zweig eines **cond** kann jeweils am Anfang eine Definition stehen. Eine solche *lokale Definition* bindet eine *lokale Variable*.
Diese Definition wir jedesmal ausgewertet, wenn die Auswertung beim Rumpf des **lambda** beziehungsweise beim Zweig des **cond** ankommt und ist auch nur innerhalb davon («lokal») sichtbar.

Abbildung 6.4: lokale Definition, lokale Variable

```
((cons? list)
 (if (no-result? (list-min (rest list)))
     (first list)
     (if (< (first list)
            (list-min (rest list)))
         (first list)
         (list-min (rest list))))))))
```

Diese Funktion ist korrekt.

Allerdings hat sie noch einen Makel: `(list-min (rest list))` taucht insgesamt dreimal auf, und es ist tatsächlich möglich, dass alle drei tatsächlich ausgewertet werden: Dreimal die gleiche Arbeit. (Du kannst Dich mit dem Stepper davon überzeugen.) Wir sollten dafür sorgen, dass der rekursive Aufruf nur einmal ausgewertet wird. Dazu führen wir ein neues Programmierkonstrukt ein, die *lokale Variable* (siehe Abbildung 6.4), für die zunächst eine Definition innerhalb des Rumpfes von `list-min` anlegen:

```
(define list-min
  (lambda (list)
    (cond
      ((empty? list) (make-no-result))
      ((cons? list)
       (define rest-min (list-min (rest list)))
       ...))))
```

Diese Definition wird jedesmal ausgewertet, wenn die Auswertung den **cond**-Zweig für `cons` erreicht und ist auch nur innerhalb dieses Zweiges aktiv. Wir ersetzen nun `(list-min (rest list))` durch die neue Variable `rest-min`:

```
(define list-min
  (lambda (list)
    (cond
      ((empty? list) (make-no-result))
```

```
    ((cons? list)
     (define rest-min (list-min (rest list)))
     (if (no-result? rest-min)
         (first list)
         (if (< (first list)
                rest-min)
             (first list)
             rest-min)))))
```

Fertig!

Das heißt ... ein kleines bißchen verbessern können wir sie noch: Der `if`-Ausdruck am Ende berechnet das Minimum von `(first list)` und `rest-min`. Für die Berechnung des Minimums zweier Zahlen gibt es schon eine eingebaute Funktion namens `min`, die wir verwenden können:

```
(define list-min
  (lambda (list)
    (cond
      ((empty? list) (make-no-result))
      ((cons? list)
       (define rest-min (list-min (rest list)))
       (if (no-result? rest-min)
           (first list)
           (min (first list) rest-min))))))
```

Jetzt aber fertig!

6.8 FUNKTIONEN AUF NICHTLEEREN LISTEN

Das `list-min`-Beispiel war nützlich, um zu demonstrieren, wie wir «es gibt kein Ergebnis» repräsentieren können. Es gibt aber noch eine andere Möglichkeit, mit dem Problem der leeren Liste bei `list-min` fertigzuwerden: Wir verbieten sie einfach! Dann brauchen wir `no-result` gar nicht mehr.

Wir definieren also eine alternative Version von `list-min` mit Kurzbeschreibung und Signatur wie folgt:

```
; Minimum einer nichtleeren Liste von Zahlen berechnen
(: list-min-nonempty ((cons-list-of real) -> real))
```

Der Signaturkonstruktor `cons-list-of` entspricht dem gleichnamigen Signatur-Konstruktor aus Abschnitt 6.2 und beschreibt Cons-Listen – das sind ja genau die nichtleeren.

Wir benutzen die gleichen Testfälle wie vorhin:

```
(check-expect (list-min-nonempty (list 5 3 1 4)) 1)
(check-expect (list-min-nonempty (list 5 3 1 4 -4 3)) -4)
```

Die Schablone müssen wir gegenüber der für `list-of` allerdings etwas anpassen. Schließlich liefert für eine nichtleere Liste die Bedingung `(empty? list)` *immer* `#f` und `(empty? list)` *immer* `#t`, die Verzweigung damit wäre also sinnlos. Es ist stattdessen `(rest list)`, das entweder leer oder nichtleer sein kann. Das sieht dann so aus:

```
(define list-min-nonempty
  (lambda (list)
    (cond
      ((empty? (rest list)) ...)
      ((cons? (rest list))
       ... (first list) ...
       ... (list-min-nonempty (rest list)) ...))))
```

Im ersten Zweig hat die Liste also genau ein Element, im zweiten Zweig hat sie mindestens zwei Elemente. Das Minimum einer Liste mit einem Element ist einfach dieses eine Element. Im zweiten Fall können wir, genau wie bei `list-min`, das Minimum von `(first list)` und dem Minimum des Rests der Liste berechnen:

```
(define list-min-nonempty
  (lambda (list)
    (cond
      ((empty? (rest list))
       (first list))
      ((cons? (rest list))
       (min (first list)
            (list-min-nonempty (rest list)))))))
```

Fertig!

AUFGABE 6.5

Kannst Du vorhersagen, was genau passiert, wenn Du `list-min-nonempty` trotzdem auf eine leere Liste anwendest? Probiere es aus! □

Aufgabe 6.6

Schreibe eine spezielle Konstruktionsanleitung für Funktionen, die nichtleere Listen akzeptieren!

□

ANMERKUNGEN

Listen sind eine Art Alleskleber: Sie taugen auch für die Repräsentation von Tabellen, Mengen und vielen anderen zusammengesetzten Daten. Für Listen gibt es eine riesige Anzahl praktischer Funktionen, von denen die Funktionen in diesem Kapitel nur die Spitze des Eisberges sind. Da ab hier Listen in den Lehrsprachen fest eingebaut sind, können sie als universelles Kommunikationsmittel zwischen Programmen dienen, weil sich Funktionen auf Listen aus einem Programm auch in einem anderen verwenden lassen. Dies unterscheidet funktionale Sprachen von vielen anderen Programmiersprachen, in denen Listen vom Programmierer selbst definiert werden müssen oder nur eine untergeordnete Rolle spielen.

AUFGABEN

Aufgabe 6.7

Schreibe Ausdrücke für Listen, welche die Beispiellisten vom Anfang von Kapitel 6 auf Seite 173 repräsentieren.

Aufgabe 6.8

Schreibe folgende Funktionen auf Listen:

1. Eine Funktion `count-zeroes`, die die Anzahl von Nullen in einer Liste von Zahlen berechnet.
2. Eine Funktion `contains>10?`, die feststellt, ob eine Liste von Zahlen eine Zahl enthält, die größer als 10 ist.

Aufgabe 6.9

Schreibe Versionen von `list-sum` und `list-product`, die nur auf nichtleeren Listen funktionieren und bei denen Du kein neutrales Element angeben musst. □

Aufgabe 6.10

Auf einem Acker gibt es – vereinfacht dargestellt – Kartoffeln, Erdklumpen und Steine. Ein Ackerbestandteil ist also eine Kartoffel, ein Erdklumpen oder ein Stein. Jedes dieser Ackerbestandteile hat ein Gewicht in Gramm; Kartoffeln besitzen außerdem zusätzlich noch die Eigenschaft, ob sie essbar sind oder nicht (und daher aussortiert werden müssen). Schreibe ein Programm für eine Kartoffel-Erntemaschine, die die essbaren Kartoffeln aus den Ackerbestandteilen herausfiltern muss.

1. Führe eine Datenanalyse für Ackerbestandteile durch und schreibe dazu passende Daten- und Record-Definitionen. Gib ein paar Beispiele für Ackerbestandteile an, die Du in den nächsten Teilaufgaben in Testfällen verwenden kannst.
2. Schreibe eine Funktion `edible-potato?`, die überprüft ob ein übergebener Ackerbestandteil eine essbare Kartoffel ist.
3. Schreibe eine Funktion `weight`, die das Gewicht eines beliebigen Ackerbestandteils zurückgibt.
4. Schreibe eine Daten- und Record-Definition für Listen von Ackerbestandteilen. Gib alle Signaturen an! Gib außerdem mindestens fünf verschiedene Beispiele für Listen mit Ackerbestandteilen an.
5. Schreibe eine Funktion `total-weight`, die eine Liste von Ackerbestandteilen akzeptiert und das Gesamtgewicht aller Ackerbestandteile in der Liste ausrechnet.
6. Schreibe eine Funktion `total-edible-potatoes-weight`, die eine Liste von Ackerbestandteilen akzeptiert und das Gesamtgewicht aller essbaren Kartoffeln in der Liste ausrechnet.
7. Schreibe eine Funktion `count`, die eine Liste von Ackerbestandteilen akzeptiert und die Anzahl der Ackerbestandteile in der Liste bestimmt.
8. Schreibe eine Funktion `count-edible-potatoes`, die eine Liste von Ackerbestandteilen akzeptiert und die Anzahl der essbaren Kartoffeln in der Liste bestimmt.
9. Eine Maschine soll nun die Kartoffeln aus dem Acker automatisch ernten. Leider ist die Maschine sehr alt und kommt deswegen mit großen Steinen und Erdklumpen nicht klar. Der Erntevorgang wird abgebrochen, sobald ein Stein oder ein Erdklumpen, der schwerer als 1kg ist, in die Maschine gerät. Schreibe die Funktion `harvester`, die diesen Vorgang simuliert. Als Eingabe bekommt diese Funktion eine Liste von Ackerbestandteilen, die sie nach und nach abarbeitet. Herauskommen soll eine Liste von Ackerbestandteilen, in der die geerneteten essbaren Kartoffeln enthalten sind. Schreibe ausreichend Testfälle, beachte auch den Fall, dass die Maschine im Leerlauf betrieben wird. Verwende die Funktionen aus den vorherigen Aufgabenteilen.
10. Schreibe eine Funktion `heaviest-potato`, die aus einer Liste von Ackerbestandteilen die schwerste essbare Kartoffel heraussucht und zurückgibt. Wenn in der Liste keine essbare Kar-

toffel enthalten ist, soll die Funktion `(make-no-result)` zurückgeben. (Siehe Abschnitt 4.4 auf Seite 132.)

11. Schreibe eine Funktion `filter-edible-potatoes`, die eine Liste von Ackerbestandteilen akzeptiert und essbaren Kartoffeln als Liste zurückgibt.
12. Schreibe eine Funktion `drop-stones`, die eine Liste von Ackerbestandteilen akzeptiert und eine Liste zurückgibt, in der es keine Steine mehr gibt.
13. Schreibe eine Funktion `average-weight-edible-potatoes`, die eine Liste von Ackerbestandteilen akzeptiert und das durchschnittliche Gewicht der essbaren Kartoffeln berechnet.

Aufgabe 6.11

Wir repräsentieren einen Lithium-Ionen-Akku als eine Liste von Lithium-Ionen-Zellen. Eine Zelle besteht aus einer maximalen Ladung (in Milliamperestunden, mAh) und einer momentanen Ladung (ebenfalls in mAh).

Wenn eine Zelle eine Ladung von 1000mAh hat, bedeutet das, dass die Zelle eine Strom-stärke von 1000mA (Milliampere) für eine Stunde lang liefern kann. Die momentane Ladung darf nie über die maximale Ladung steigen und nie unter 10% der maximalen Ladung fallen, in unserer Beispiel-Zelle also 100mAh, sonst geht die Zelle kaputt.

1. Führe eine Datenanalyse für Li-Ionen-Akkus und Li-Ionen-Zellen durch, schreibe die Datendefinitionen auf und setze die Datendefinitionen um.

2. Schreibe folgende Funktionen:
   - `cell-full?`, die überprüft, ob eine Zelle vollständig geladen ist (das heißt ob die momentante Ladung gleich der maximalen Ladung ist)
   - `cell-empty?`, die überprüft, ob eine Zelle entladen ist (das heißt ob die momentane Ladung gleich der minimalen Ladung ist, also 10% der maximalen Ladung)
   - `cell-defect?`, die überprüft, ob eine Zelle defekt ist (das heißt ob die momentane Ladung die maximale Ladung überschreitet oder die minimale Ladung unterschreitet)
   - `cell-ok?`, die überprüft, ob eine Zelle funktioniert (das heißt ob die momentane Ladung innerhalb der minimalen und maximalen Ladung liegt)

3. Schreibe folgende Funktionen:
   - `battery-full?`, die überprüft, ob ein Akku vollständig geladen ist (das heißt ob alle Zellen voll sind); eine Batterie ohne Zelle gilt als geladen.

- `battery-empty?`, die überprüft, ob ein Akku entladen ist (das heißt ob alle Zellen leer sind); eine Batterie ohne Zelle gilt auch als leer.
- `battery-broken?`, die überprüft, ob ein Akku defekt ist (das heißt ob mindestens eine Zelle defekt ist); eine Batterie ohne Zelle gilt als nicht defekt.
- `battery-ok?`, die überprüft, ob ein Akku funktioniert (das heißt ob alle Zellen funktionieren); eine Batterie ohne Zelle gilt als funktionstüchtig.

Gehe in den folgenden Teilaufgaben davon aus, dass nur *funktionierende* Zellen und Batterien übergeben werden:

4. Das Ladegerät kann eine Zelle um 500mAh pro Stunde aufladen. Schreibe eine Funktion `time-to-fully-charge-cell`, die ausrechnet, wieviele Stunden es dauert, bis das Ladegerät die Zelle aufgeladen hat.

5. Schreibe eine Funktion `charge-cell`, die eine Zelle und eine Zeit in Stunden akzeptiert und die Zelle zurückgibt, die mit dem in der vorherigen Teilaufgabe genannten Ladegerät für die übergebene Zeit geladen wurde. Die Ladung darf aber nicht über die maximale Ladung steigen! Die restliche Zeit verfällt, wenn die Zelle bereits voll ist.

6. Schreibe eine Funktion `charge-battery`, die einen Akku auflädt. Die Funktion gibt einen Akku zurück, der mit dem Ladegerät für die übergebene Zeit geladen wurde. Ist eine Zelle vollständig geladen, so wird die nächste Zelle mit der restlichen Zeit geladen. Sind alle Zellen geladen und ist die Zeit jedoch noch nicht aufgebraucht, so verstreicht diese.

7. Das Entladen einer Zelle hängt vom Verbraucher ab. Ein Gerät hat einen Verbrauchswert, angegeben in mA. Schreibe eine Funktion `time-to-fully-discharge-cell`, die eine Zelle und einen Verbrauch pro Stunde akzeptiert und ausrechnet, wie lange es dauert, bis die Zelle entladen ist.

8. Schreibe eine Funktion `time-to-fully-discharge-battery`, die einen Akku und einen Verbrauch pro Stunde akzeptiert und ausrechnet, wie lange es dauert, bis der Akkus leer ist.

9. Schreibe eine Funktion `discharge-cell`, die eine Zelle, einen Verbrauch pro Stunde und die Dauer (in Stunden) akzeptiert, für die der Verbraucher den Strom der Zelle verbraucht. Die Funktion soll eine Zelle zurückgeben, die für die Dauer den Verbraucher mit Strom versorgt hat. Die Ladung darf aber nicht unter die minimale Ladung fallen! Die restliche Zeit verfällt, wenn die Zelle bereits leer ist. (Tatsächlich geht dem Verbraucher einfach der Strom aus.)

10. Schreibe eine Funktion `discharge-battery`, die eine Batterie, einen Verbrauch pro Stunde und die Dauer (in Stunden) akzeptiert. Die Funktion soll eine Batterie, zurückgeben, die für die Dauer den Verbraucher mit Strom versorgt hat. Ist die Ladung einer Zelle verbraucht, wird die Ladung der nächsten Zelle für die verbleibende Zeit verbraucht. Sind alle Zellen entladen und ist die Zeit jedoch noch nicht aufgebraucht, so verstreicht diese, dem Verbraucher geht der Strom aus.

Aufgabe 6.12

Schreibe eine Funktion, die auf möglichst einfache Weise eine Liste von Zahlen aufsteigend sortiert! Gehe dazu wie folgt vor:

1. Schreibe eine Funktion `delete-once`, die aus einer Liste von Zahlen das erste Vorkommen einer gegebenen Zahl entfernt.
   Beispiel: `(delete-once 5 (list 1 2 5 3 4 5))` ergibt `#<list 1 2 3 4 5>`.
   (Wenn die Liste die Zahl nicht enthält, soll sie unverändert zurückgegeben werden.)
2. Schreibe eine Funktion `sort`, die eine Liste von Zahlen in aufsteigender Reihenfolge sortiert.
   Benutze dazu `list-min` auf Abschnitt 6.7 auf Seite 192 und `delete-once`.
   Beispiel: `(sort (list 1 5 3 2 4))` ergibt `#<list 1 2 3 4 5>`.

Aufgabe 6.13

In einer Firma stempeln die Mitarbeiter Stempelkarten, um ihre Arbeitszeit nachzuweisen: Auf jeder Stempelkarte ist die Nummer des Mitarbeiters vermerkt sowie eine Liste von jeweils gearbeiteten Stunden. Gehe der Einfachheit halber davon aus, dass nur ganze Stunden notiert werden. Außerdem gibt es für jeden Mitarbeiter eine Personalakte mit Name, Nummer und Stundenlohn (auch nur in ganzen Euros) des Mitarbeiters. Am Ende jedes Monats muss an jeden Mitarbeiter der Lohn überwiesen werden. Dazu werden Überweisungen erzeugt; jede Überweisung besteht aus der Mitarbeiternummer und einem Überweisungsbetrag.

Schreibe Daten- und Record-Definitionen für Stempelkarten, Personalakten und Überweisungen.

Schreibe eine Funktion, die eine Liste von Personalakten und eine Liste von Stempelkarten für einen Monat akzeptiert, für jeden Mitarbeiter die gearbeiteten Stunden aufsummiert und eine Liste der Überweisungen zurückliefert.

Aufgabe 6.14

Du bist Besitzer eines Parkplatzes mit Bereichen für unterschiedliche Fahrzeuge: PKWs (`car`), Lastwagen (`truck`), Wohnmobile (`caravan`), Busse (`bus`) und Fahrräder (`bike`). Wegen der Finanznot hat die Stadt Tübingen beschlossen, dass Du für jedes Fahrzeug, das auf Ihrem Parkplatz parkt, Abgaben entrichten musst, und zwar pro Tag je:

- `car`: 3 Cent
- `truck`: 5 Cent + 3 Cent pro Achse
- `caravan`: 4 Cent
- `bus`: 10 Cent + 1 Cent pro Sitzplatz
- `bike`: 1 Cent.

Der Fahrzeughalter kann die Abgaben nur für den jeweiligen Tag begleichen, so dass Du die Parkdauer nicht beachten musst.

1. Mache eine Datenanalyse und schreibe Daten- und Record-Definitionen für die Fahrzeugtypen `truck`, `bus` und `simple-vehicle`. Dabei werden unter `simple-vehicle` die Fahrzeuge zusammengefasst, bei denen keine variablen Kosten anfallen.
2. Schreibe Funktionen `tax-truck`, `tax-bus` und `tax-simple-vehicle` zur Ermittlung der Abgaben für diese Fahrzeugtypen
3. Definiere einen Datentyp `vehicle`. Schreibe eine Funktion `tax-vehicle`, die die Abgaben für ein beliebiges Fahrzeug berechnet.
4. Schreibe nun eine Funktion `calculate-tax`, die die täglichen Abgaben berechnet, die Du an das Finanzamt für alle Fahrzeuge auf ihrem Parkplatz bezahlen musst. Die Funktion akzeptiert eine Liste von Fahrzeugen und berechnet die Gesamtabgaben eines Tages.

Benutze bei jeder Funktion und jedem Record, den Du schreibst, die Konstruktionsanleitungen: Erstelle zunächst Kurzbeschreibung, Signatur, einige Testfälle und das Gerüst der Funktion. Vervollständige anschließend das Gerüst und vergewissere Dich, dass die Testfälle korrekt durchlaufen!

AUFGABE 6.15

Da Du jetzt mit Listen programmieren kannst, bittet Dr. Knaubichler Dich nochmals um Ihre Hilfe (siehe Aufgabe 4.7 auf Seite 136): Schreibe ein Programm, das aus einer Liste von Grundkreaturen die zwei Grundkreaturen auswählt, die miteinander gekreuzt die leistungsstärkste Kreatur ergeben. Gehe dazu wie folgt vor:

1. Schreibe ein Prädikat für Kreaturen.
2. Schreibe eine Funktion `creature-power`, die eine beliebige Kreatur akzeptiert und deren Leistung berechnet. Die Leistung ist die Summe aller Eigenschaften.
3. Schreibe eine Funktion `find-optimal-breeding-partner`, die eine Grundkreatur c_1 und eine Liste von Grundkreaturen akzeptiert. Die Funktion soll die Grundkreatur c_2 aus der Liste auswählen und zurückgeben, die der beste Kreuzungspartner von c_1 ist. Die Kreuzung von c_1 und c_2 soll also unter allen möglichen Kreuzungen die Kreatur mit der höchsten Leistung ergeben. Falls die Liste der Grundkreaturen leer ist, soll die Funktion `(make-no-result)` zurückgeben. (Siehe Abschnitt 4.4 auf Seite 132.)
4. Schreibe eine Funktion `breed-optimal-partner`, die eine Grundkreatur c_1 und eine Liste von Grundkreaturen akzeptiert. Die Funktion soll c_1 mit der Grundkreatur aus der Liste kreuzen, die zur leistungsstärksten Kreatur führt. Falls die Liste der Grundkreaturen leer ist, soll die Funktion `(make-no-result)` zurückgeben. Benutze `find-optimal-breeding-partner`.
5. Schreibe eine Funktion `optimal-breed`, die eine Liste von Grundkreaturen akzeptiert. Die Funktion soll die beiden Grundkreaturen aus der Liste miteinander kreuzen, die unter allen möglichen Kreuzungen die Kreatur mit der höchsten Leistung ergeben. Benutze die Funktionen aus den vorherigen Teilaufgaben.

AUFGABE 6.16

Programmiere eine Variante der Funktion `list-min` in Abschnitt 6.7 auf Seite 192, in der Du statt `(make-no-result)` die Funktion `violation` aufrufst. Was musst Du noch alles ändern?

7 NATÜRLICHE ZAHLEN

In diesem Kapitel geht es um Funktionen, die etwas zählen und sich dementsprechend mit Zahlen beschäftigen. Wir haben schon eine Reihe von Programmen gesehen, die mit Zahlen rechnen, aber Zählen ist etwas besonderes und verdient deshalb ein eigenes Kapitel mit eigener Konstruktionsanleitung.

7.1 ZAHLEN, DIE ZÄHLEN

natuerliche-zahlen/natural.rkt	**Code**

Du kennst bestimmt aus dem Mathematikunterricht die *Potenz* einer Zahl (der *Basis*) b zu einem *Exponenten* e:

$$b^e$$

Uns interessieren hier Exponenten, die ganze Zahlen ab 0 sind. Für solche Exponenten ist die Potenz folgendermaßen definiert:

$$b^e \stackrel{\text{def}}{=} \underbrace{b \times \ldots \times b}_{\text{e-mal}}$$

Der Exponent e muss also eine natürliche Zahl sein.[1]

Umgangssprachlich sind natürliche Zahlen gerade die Zahlen, die Gegenstände zählen. In unserer Intuition sind die natürlichen Zahlen einfach auf einem Zahlenstrahl angeordnet und bilden eine Reihe. Für das Programmieren ist das aber wenig hilfreich. Viel mehr können wir mit der folgenden Datendefinition anfangen:

```
; Eine natürliche Zahl ist eine der folgenden:
; - 0
; - der Nachfolger einer natürlichen Zahl
```

In dieser Definition findet man alte Bekannte wieder: Es handelt sich um eine Fallunterscheidung, und der zweite Fall enthält einen Selbstbezug.

Dir mag der Begriff «Nachfolger» etwas befremdlich erscheinen: Der Nachfolger einer Zahl ist einfach nur die Zahl «plus 1». Weil der Nachfolger im Zusammenhang mit natürlichen Zahlen eine besondere Bedeutung hat, spendieren wir ihm zunächst eine eigene Hilfsfunktion:

---

1 Spitzfindige Leser können anmerken, dass in manchen Lehrbüchern die natürlichen Zahlen mit 1 beginnen, aber wir halten uns an DIN 5473, und da ist die 0 mit dabei.

```
; Nachfolger einer Zahl
(: successor (natural -> natural))

(define successor
  (lambda (n)
    (+ n 1)))
```

Wo ein Nachfolger ist, muss es auch einen Vorgänger geben, und der zieht Eins ab:

```
; Vorgänger einer Zahl
(: predecessor (natural -> natural))

(define predecessor
  (lambda (n)
    (- n 1)))
```

Allerdings haben wir bei dieser Definition etwas geschummelt, weil der Vorgänger nur für die natürlichen Zahlen funktioniert, welche die Nachfolger anderer natürlicher Zahlen sind – also für sogenannte *positive* natürliche Zahlen. Die Signatur kann das nicht zum Ausdruck bringen, da es keine eingebaute Signatur dafür gibt. Aber wir können eine Verzweigung entsprechend der Datendefinition einbauen, um die Funktion vor Missbrauch zu schützen:

```
(define predecessor
  (lambda (n)
    (cond
      ((zero? n)
       (violation "0 does not have a predecessor"))
      ((positive? n)
       (- n 1)))))
```

Du siehst in der Funktionsdefinition die beiden eingebauten Funktionen `zero?` und `positive?`, welche die beiden Fälle der Datendefinition der natürlichen Zahlen unterscheiden.

Zurück zur eigentlichen Aufgabe, der Potenz. So könnten Kurzbeschreibung, Signatur und zwei Tests aussehen:

```
; Potenz einer Zahl berechnen
(: power (number natural -> number))

(check-expect (power 5 0) 1)
(check-expect (power 5 3) 125)
```

Als Nächstes ist das Gerüst dran:

```
(define power
  (lambda (base exponent)
    ...))
```

Für den Rumpf können wir eine Schablone aus der Datendefinition für `exponent` ableiten, das ist ja die natürliche Zahl. Die Datendefinition für natürliche Zahlen ist eine Fallunterscheidung mit zwei Fällen, dementsprechend brauchen wir eine Verzweigung mit zwei Zweigen:

```
(define power
  (lambda (base exponent)
    (cond
      ((zero? exponent) ...)
      ((positive? exponent) ...))))
```

Im zweiten Fall der Datendefinition steckt außerdem eine Selbstreferenz, wir schreiben also noch einen rekursiven Aufruf in die Schablone:

```
(define power
  (lambda (base exponent)
    (cond
      ((zero? exponent) ...)
      ((positive? exponent)
       ... (power base (predecessor exponent)) ...))))
```

Beim ersten Fall – Exponent 0 – muss als Potenz 1 herauskommen, das neutrale Element bezüglich der Multiplikation: Das ist ja nichts anderes, als die Zahlen der leeren Liste zu multiplizieren. (Siehe dazu auch Seite 180 in Abschnitt 6.1.) Für den anderen Fall ist das Ergebnis des rekursiven Aufruf die Potenz von `base` mit dem Vorgänger von `exponent` als Exponent. Damit wir als Ergebnis `base` mit sich selbst `exponent`-mal multipliziert bekommen, fehlt noch eine Multiplikation mit `base`:

```
(define power
  (lambda (base exponent)
    (cond
      ((zero? exponent) 1)
      ((positive? base)
       (* base (power base (predecessor exponent)))))))
```

Fertig!

Der Begriff des Vorgängers ist hier eher im Weg: Er passt zwar gut zur Verwendung des Worts «Nachfolger» in der Datendefinition. `(predecessor exponent)` ist aber hier das gleiche ist wie `(- exponent 1)`, und entsprechend werden wir auch in der Schablone direkt `(- ... 1)` statt `predecessor` verwenden.

AUFGABE 7.1

Die Funktion `predecessor` hat zwei Zweige: Warum ist der Aufruf in `power` immer gleichbedeutend zu `(- exponent 1)` – was ist mit dem anderen Zweig?

KONSTRUKTIONSANLEITUNG 19 (NATÜRLICHE ZAHLEN ALS EINGABE: SCHABLONE)

Eine Schablone für eine Funktion, die eine natürliche Zahl akzeptiert, sieht folgendermaßen aus:

```
(define f
  (lambda (... n ...)
    (cond
      ((zero? n) ...)
      ((positive? n)
       ...
       (f ... (- n 1) ...)
       ...
       ))))
```

7.2 NATÜRLICHE ZAHLEN UND LISTEN

natuerliche-zahlen/list.rkt **Code**

Zwischen natürlichen Zahlen und Listen besteht eine enge Beziehung: Die Datendefinition für natürliche Zahlen entspricht in ihrer Struktur der von Listen. Die Funktion `list-length` in Abschnitt 6.5 auf Seite 185 macht aus einer Liste eine natürliche Zahl. Das geht auch umgekehrt:

```
; Liste aus Kopien eines Werts erzeugen
(: copies (natural %element -> (list-of %element)))

(check-expect (copies 4 23) (list 23 23 23 23))
```

```
(check-expect (copies 5 "Mike")
              (list "Mike" "Mike" "Mike" "Mike" "Mike"))
```

Die Signatur der Funktion enthält die Signaturvariable `%element`, ist also polymorph und macht klar, dass die Elemente der Liste nur zur Signatur `%element` gehören können.

```
(define copies
  (lambda (count element)
    ...))
```

Die Konstruktionsanleitung schlägt folgende Schablone vor:

```
(define copies
  (lambda (count element)
    (cond
      ((zero? count) ...)
      ((positive? count)
       ... (copies (- count 1) element) ...)))))
```

Für den ersten Fall brauchen wir eine Liste mit 0 Elemente. Im zweiten Fall liefert der rekursive Aufruf eine Liste mit einem Element weniger, als wir brauchen. Das ergänzen wir zur fertigen Definition so:

```
(define copies
  (lambda (count element)
    (cond
      ((zero? count)
       empty)
      ((positive? count)
       (cons element
             (copies (- count 1) element))))))
```

Eine weitere nützliche Funktion akzeptiert die Nummer eines Listenelementes – einen sogenannten *Index* – und liefert das Element:

```
; Nummeriertes Element aus einer Liste holen
(: nth ((list-of %element) natural -> %element))

(check-expect (nth (list 1 2 3 4 5) 0) 1)
(check-expect (nth (list 1 2 3 4 5) 2) 3)
```

Wir sollten uns noch überlegen, was passieren soll, wenn es den Index in der Liste gar nicht gibt. Die Funktion kann kein sinnvolles Ergebnis liefern, das zur Signatur passt – es muss ja ein Element der Liste herauskommen. Wir können also nur einen Fehler anzeigen. Daraus wird folgender Testfall:

```
(check-error (nth (list 1 2 3 4 5) 5))
```

Das Gerüst der Funktion sieht folgendermaßen aus:

```
(define nth
  (lambda (list index)
    ...))
```

Wir können die Schablone für Listen als Eingabe benutzen oder die für natürliche Zahlen. Hier ist der Index federführend – beim zweitem Element einer tausendelementigen Liste ist die Länge irrelevant. Wir halten uns also an die Konstruktionsanleitung für natürliche Zahlen:

```
(define nth
  (lambda (list index)
    (cond
      ((zero? index) ...)
      ((positive? index)
       ... (nth (rest list) (- index 1)) ...))))
```

Im ersten Fall ist der Index 0, also das erste Element gefragt. Im zweiten Fall liefert der rekursive Aufruf im Rest der Liste das Element an Stelle `(- index 1)`, also das `index`-te Element in `list`. Die Funktion sieht so aus:

```
(define nth
  (lambda (list index)
    (cond
      ((zero? index) (first list))
      ((positive? index)
       (nth (rest list) (- index 1))))))
```

Alle Testfälle laufen bereits durch – obwohl wir für den Fehlerfall gar nichts programmiert haben.

AUFGABE 7.2

Werte mit dieser Definition folgenden Ausdruck aus:

```
(nth (list 1 2 3 4 5) 5)
```

□

Die Fehlermeldung ist zwar technisch richtig, gibt aber keinen Aufschluss auf die Ursache des Fehlers. Das können wir korrigieren, indem wir doch noch die Schablone für Listen als Eingabe ergänzen und `violation` benutzen. (Siehe Abschnitt 2.10 auf Seite 82.)

```
(define nth
  (lambda (list index)
    (cond
      ((empty? list)
       (violation "nth: Die Liste ist nicht lang genug"))
      ((cons? list)
       (cond
         ((zero? index) (first list))
         ((positive? index)
          (nth (rest list) (- index 1))))))))
```

Fertig!

7.3 ANDERSRUM ZÄHLEN

natuerliche-zahlen/count-from.rkt	**Code**

Wir programmieren noch ein weiteres Beispiel: Zwei Zahlen bestimmen Unter- und Obergrenze eines Bereichs ganzer Zahlen und wir wollen die Liste dieser Zahlen generieren. Die Zahlen zwischen 3 und 7 sind zum Beispiel 3, 4, 5, 6, 7.

Hier sind Kurzbeschreibung, Signatur und ein Test:

```
; Liste aufeinanderfolgender ganzer Zahlen berechnen
(: between (integer integer -> (list-of integer)))

(check-expect (between 3 7) (list 3 4 5 6 7))
```

Hier ist das Gerüst für die Funktion:

```
(define between
  (lambda (from to)
    ...))
```

Es ist gar nicht so klar, was für eine Schablone wir anwenden sollten, um die Funktion zu vervollständigen: In der Signatur steht `integer`, die Eingaben können also auch negative Zahlen sein, mithin keine natürlichen Zahlen. Die Konstruktionsanleitung für natürliche Zahlen ist also nicht direkt anwendbar. Allerdings geht es bei der Funktion doch augenscheinlich ums Zählen, irgendwie sind also doch natürliche Zahlen im Spiel.

Wir können uns der Lösung nähern, indem wir zählen, wieviele Elemente die Ausgabe-Liste hat. Am Testfall sind es fünf Elemente, allgemein ist das eins mehr als die Differenz der beiden Eingabezahlen – und das ist immer eine natürliche Zahl.

Wir können die Aufgabe also leicht umformulieren: Nicht «die Zahlen zwischen 3 und 7» generieren, sondern «die 5 Zahlen ab 3». Dafür können wir eine eigene Funktion schreiben:

```
; Aufeinanderfolgende Zahlen ab einer Zahl generieren
(: count-from (integer natural -> (list-of integer)))

(check-expect (count-from 3 5) (list 3 4 5 6 7))
```

Das Gerüst ist wie folgt:

```
(define count-from
  (lambda (from count)
    ...))
```

Da `count` eine natürliche Zahl ist, können wir die entsprechende Schablone anwenden:

```
(define count-from
  (lambda (from count)
    (cond
      ((zero? count) ...)
      ((positive? count)
       ... (count-from ... (- count 1)) ...))))
```

Im ersten Fall sind null Elemente gefragt, da muss das Ergebnis `empty` sein. Da eine Liste herauskommt, werden wir im zweiten Fall `cons` benutzen, um diese zu konstruieren. Außerdem ist das gewünschte erste Element gerade `from`. Wir können die Schablone also wie folgt weiterentwickeln:

```
(define count-from
  (lambda (from count)
    (cond
      ((zero? count) empty)
      ((positive? count)
       (cons from
             ... (count-from ... (- count 1)) ...)))))
```

Für den Rest der Ausgabe-Liste brauchen wir eine Liste, die mit der nächsten Zahl anfängt, also mit `(+ from 1)`. Wenn wir das als erstes Argument des rekursiven Aufrufs benutzen, ist dieser schon genau die benötigte Rest-Liste:

```
(define count-from
  (lambda (from count)
    (cond
      ((zero? count) empty)
      ((positive? count)
       (cons from
             (count-from (+ from 1) (- count 1)))))))
```

Nun ist `count-from` fertig, aber unsere eigentliche Funktion `between` noch nicht. Wir können aber `count-from` benutzen, um `between` zu realisieren:

```
(define between
  (lambda (from to)
    (count-from from (+ (- to from) 1))))
```

Fertig!

Vielleicht erscheint Dir umständlich, die Aufgabe erst einmal umzumodeln auf eine Aufgabe über natürliche Zahlen und dann die zu bearbeiten. Geht das nicht «direkt»? Es geht.

Der Schlüssel zur direkten Lösung ist die Einsicht, dass die natürliche Zahl in der Aufgabe gerade die Differenz zwischen `from` und `to` ist. Wir können eine entsprechende Verzweigung so formulieren:

```
(define between
  (lambda (from to)
    (cond
      ((= from to) ...)
      ((< from to)
       ... (between ... ...) ...))))
```

Beim ersten Zweig brauchen wir eine einelementige Liste. Im zweiten ist es wieder sinnvoll, zunächst das `cons` hinzuschreiben, weil wir wissen, dass das erste Element `from` ist:

```
(define between
  (lambda (from to)
    (cond
      ((= from to) ...)
```

```
      ((< from to)
       (cons from (between ... ...))))))
```

Nun können wir die Argumente des rekursiven Aufrufs ergänzen. Wir benötigen eine Liste, die mit der nächsten Zahl anfängt und genau wie gehabt aufhört:

```
(define between
  (lambda (from to)
    (cond
      ((= from to) (list from))
      ((< from to)
       (cons from (between (+ from 1) to))))))
```

Fertig! Vielleicht fällt Dir bei dieser Aufgabe auf, dass es leicht passieren kann, dass die ganzen Zahlen «um eins verrutschen». Man könnte zum Beispiel leicht auf die Idee kommen, im ersten Zweig statt `(list from)` einfach `empty` hinzuschreiben. Es ist deswegen sinnvoll, beim Programmieren von Funktionen über natürliche und ganze Zahlen genau hinzuschauen, ob sie korrekt sind.

7.4 EXKURS: POTENZ OPTIMIEREN

`natuerliche-zahlen/power.rkt`	**Code**

Wir kehren in diesem Abschnitt noch einmal zur Potenz zurück. Mit einem Trick können wir nämlich den Rechenaufwand reduzieren: Zum Beispiel können wir 3^{10} folgendermaßen berechnen:

$$3^{10} = 3^5 \times 3^5$$

Wir müssen also nicht mühsam die 3 zehnmal mit sich selbst multiplizieren, es reicht, 3^5 zu berechnen und mit sich selbst zu multiplizieren. Bei ungeraden Exponenten geht der Trick auch, wir müssen aber einmal extra mit der Basis multiplizieren:

$$3^9 = 3^4 \times 3^4 \times 3$$

Diesen Trick können wir auch zu einem Programm machen. Wir nennen die Funktion der Einfachheit halber `power2`, die aber ansonsten genau wie `power` funktionieren soll. Hier ist das Gerüst:

```
(define power2
  (lambda (base exponent)
    ...))
```

In `power2` wird nicht mehr direkt gezählt, obwohl der Exponent immer noch eine natürliche Zahl ist. Weil nicht gezählt wird, können wir die Schablone für natürliche Zahlen (wieder) nicht direkt verwenden. Allerdings können wir eine alternative Datendefinition für natürliche Zahlen unterstellen, die Zahlen halbiert, statt sich (wie die erste Definition) auf den Vorgänger zu beziehen.

```
; Eine natürliche Zahl ist:
; - 0
; - das Doppelte einer natürlichen Zahl
; - der Nachfolger des Doppelten einer natürlichen Zahl
```

Da die Datendefinition drei Fälle hat, muss der Rumpf aus einer Verzweigung mit drei Zweigen bestehen:

```
(define power2
  (lambda (base exponent)
    (cond
      ((zero? exponent) ...)
      ((even? exponent) ...)
      ((odd? exponent) ...))))
```

Der erste Fall entspricht der ursprünglichen `power`-Funktion – da muss eine 1 hin. Der zweite und der dritte Fall enthalten jeweils einen Selbstbezug, weswegen dort rekursive Aufrufe stehen müssen. Im zweiten Fall steht «das Doppelte», wir müssen also halbieren. Im dritten Fall müssen wir vor dem Halbieren noch eins abziehen. Wir benutzen jeweils `quotient`, weil wir ganzzahlig halbieren:

```
(define power2
  (lambda (base exponent)
    (cond
      ((zero? exponent) 1)
      ((even? exponent)
       ... (power2 base (quotient exponent 2)) ...)
      ((odd? exponent)
       ... (power2 base (quotient (- exponent 1) 2)) ...))))
```

Wir kümmern uns nun um den zweiten Fall: Wenn dort b die Basis und e der Exponent sind, dann kommt beim rekursiven Aufruf heraus:

$$b^{\frac{e}{2}}$$

Gesucht ist

$$b^e = b^{\frac{e}{2}} \times b^{\frac{e}{2}}.$$

Dafür müssen wir $b^{\frac{e}{2}}$ mit sich selbst multiplizieren. Damit diese Zahl nicht zweimal berechnet wird, legen wir dafür eine lokale Definition an:

```
(define power2
  (lambda (base exponent)
    (cond
      ((zero? exponent) 1)
      ((even? exponent)
       (define half (power2 base (quotient exponent 2)))
       (* half half))
      ((odd? exponent)
       ... (power2 base (quotient (- exponent 1) 2)) ...))))
```

Im dritten Fall gilt:

$$b^e = b^{\frac{e-1}{2}} \times b^{\frac{e-1}{2}} \times b.$$

Entsprechend können wir den letzten Zweig ausfüllen:

```
(define power2
  (lambda (base exponent)
    (cond
      ((zero? exponent) 1)
      ((even? exponent)
       (define half (power2 base (quotient exponent 2)))
       (* half half))
      ((odd? exponent)
       (define half (power2 base (quotient (- exponent 1) 2)))
       (* half half base)))))
```

AUFGABE 7.3

Überzeuge Dich mit dem Stepper, dass `power2` weniger Multiplikationen benötigt als `power`! □

AUFGABEN

AUFGABE 7.4

Schreibe eine Funktion, welche die *Fakultät* einer Zahl n berechnet! Die ist definiert als:

$$n! \stackrel{\text{def}}{=} 1 \times 2 \times \cdots \times n$$

AUFGABE 7.5

Programmieren Sie folgende Funktionen auf Listen:

1. Programmiere eine Funktion `take`, die als Argumente eine Liste `l` und eine Zahl `n` akzeptiert, und die ersten `n` Elemente der Liste `l` zurückgibt. Beispiel:

   ```
   (take (list 1 2 3 4 5 6 7 8) 5)
   ↪ #<list 1 2 3 4 5>
   ```

   Gehe davon aus, dass `l` mindestens `n` Elemente lang ist.
2. Programmiere eine Funktion `drop`, die als Argumente eine Liste `l` und eine Zahl `n` akzeptiert, und die Liste `l` ohne die ersten `n` Elemente zurückgibt. Beispiel:

   ```
   (drop (list 1 2 3 4 5 6 7 8) 3)
   ↪ #<list 4 5 6 7 8>
   ```

   Gehe davon aus, dass `l` mindestens `n` Elemente lang ist.

AUFGABE 7.6

- Die eingebaute Funktion `even?` akzeptiert eine ganze Zahl und liefert `#t`, falls diese gerade ist und `#f` wenn nicht. Schreibe mit Hilfe von `even?` eine Funktion namens `evens`, welche für zwei Zahlen a und b eine Liste der geraden Zahlen zwischen a und b zurückgibt:

  ```
  (evens 1 10)
  ↪ #<list 2 4 6 8 10>
  ```

- Die eingebaute Funktion `odd?` akzeptiert eine ganze Zahl und liefert `#t`, falls diese ungerade ist und `#f` wenn nicht. Schreibe mit Hilfe von `odd?` eine Funktion `odds`, welche für zwei Zahlen a und b eine Liste der ungeraden Zahlen zwischen a und b zurückgibt:

  ```
  (odds 1 10)
  ↪ #<list 1 3 5 7 9>
  ```

8 EXKURS: INDUKTIVE BEWEISE UND DEFINITIONEN

In den vergangenen Kapiteln haben wir uns oft mit Selbstbezügen in Datendefinitionen beschäftigt und den rekursiven Funktionen, die sie akzeptieren. Dieses Kapitel beschäftigt sich mit der mathematischen Seite solcher Funktionen. Es ist für Dich als Lektüre sinnvoll, wenn Du Dich besonders für Mathematik interessierst oder studiumshalber dafür interessieren musst. Für das Verständnis der folgenden Kapitel kannst Du es aber auch weglassen.

Die Mathematik bildet Daten mit Selbstbezug als sogenannte *induktiv definierte* Mengen ab. Dies ermöglicht uns, dass wir uns von der Korrektheit einer Funktion mit Hilfe eines sogenannten induktiven Beweises überzeugen. Dieses Kapitel zeigt, was das ist und wie das geht.

8.1 MENGEN

Bevor wir über induktiv definierte Mengen reden, reden wir erstmal über Mengen als solche. Dabei benutzen wir den Mengenbegriff aus der sogenannten «naiven Mengenlehre», die sich um eine stringente mathematische Formalisierung drückt, für unsere Zwecke aber ausreicht. Uns geht es vor allem um die Notation für den Umgang mit Mengen, die wir in weiteren Exkursen benutzen werden. Es kann gut sein, dass Du dies alles schon kennst. Dann kannst Du diesen Abschnitt gern überspringen oder kurz überfliegen.

In der naiven Mengenlehre herrscht die Grundannahme, dass die Welt aus «Objekten» besteht: Das kann alles mögliche sein, reale Dinge genauso wie eingebildete. Wenn Du Dir nun einige dieser Objekte herauspickst, also eine Art Sammlung von Objekten, dann hast Du eine Menge. Wichtig: Für jede Menge und jedes Objekte musst Du ein klares Kriterium haben, dass besagt, ob das Objekt in der Menge ist oder draußen. Auch eine Menge ist ein Objekt. Du kannst also eine Menge definieren, deren Elemente selbst Mengen sind.[1] Wichtig außerdem noch beim Mengenbegriff: Die Elemente einer Menge sind immer unterschiedlich, ein Element kann nur einmal in einer Menge enthalten sein.

Die Objekte einer Menge M heißen *Elemente* von M. Die Notation $x \in M$ bedeutet, dass x ein Element von M ist, $x \notin M$, dass x kein Element von M ist.

Häufig haben wir es mit Mengen von Zahlen zu tun: So bezeichnet $\mathbb{N}$ die Menge der *natürlichen Zahlen*, entspricht also der Signatur `natural` (siehe Seite 34). $\mathbb{Z}$ bezeichnet die Menge der

[1] Wenn man diesen Gedanken weiterführt, kommt man schnell zu Widersprüchen. Die Menge aller Mengen enthält sich zum Beispiel selbst. Aber was ist mit der Menge aller Mengen, die sich *nicht* selbst enthalten – enthält die sich auch selbst? Der Buchklassiker *Gödel, Escher, Bach* [Hof79] macht aus solchen Fragen große Unterhaltung.

ganzen Zahlen, entspricht also der Signatur `integer`. $\mathbb{R}$ ist die Menge der *reellen Zahlen*; die Signatur dazu ist `real`.

Endliche Mengen, also Mengen mit endlich vielen Elementen schreiben wir als Aufreihung ihrer Elemente, eingeschlossen in geschweifte Klammern:

$$M = \{11, 13, 17, 19\}.$$

Häufig werden Mengen jedoch auch durch eine bestimmte Eigenschaft definiert, die ihre Elemente haben. Das geht auch mit geschweiften Klammern und einem senkrechten Strich. Hier ist ein Beispiel:

$$M = \{x \mid x \text{ ist Primzahl}, 10 \leq x \leq 20\}.$$

Die *leere Menge* ist die Menge, die keine Elemente besitzt und wird durch $\varnothing$ bezeichnet.

A heißt *Teilmenge* von B, geschrieben $A \subseteq B$, wenn jedes Element von A auch Element von B ist.

Zwei Mengen sind gleich, wenn sie die gleichen Elemente besitzen. Das ist der Fall, wenn die eine Menge Teilmenge der anderen ist und umgekehrt:

$$A \subseteq B \text{ und } B \subseteq A$$

Daraus ergibt sich zum Beispiel folgende Gleichtung.

$$\{11, 13, 17, 19\} = \{17, 13, 19, 11\}$$

Die Reihenfolge, in der die Elemente in den geschweiften Klammern geschrieben sind, ist also unerheblich. Außerdem spielt es keine Rolle, wenn ein Element mehrmals in den geschweiften Klammern auftaucht. Wie oben schon gesagt, jedes Element ist in einer Menge nur einmal oder keinmal enthalten:

$$\{11, 13, 17, 19\} = \{11, 13, 11, 17, 17, 11, 13, 19\}$$

Die Notation $A \nsubseteq B$ bedeutet, dass $A \subseteq B$ nicht gilt, $A \neq B$, dass $A = B$ nicht gilt. A heißt *echte Teilmenge* von B, wenn $A \subseteq B$, aber $A \neq B$. Die Notation dafür ist $A \subset B$. Es bedeutet $B \supseteq A$, dass $A \subseteq B$ gilt, ebenso für $B \supset A$.

Die *Vereinigung* $A \cup B$ zweier Mengen A und B ist so definiert:

$$A \cup B = \{a \mid a \in A \text{ oder } a \in B\}$$

Der *Durchschnitt* $A \cap B$ zweier Mengen A und B ist so:

$$A \cap B = \{a \mid a \in A \,\text{und}\, a \in B\}$$

Die *Differenz* $A \setminus B$ zweier Mengen A und B ist so definiert:

$$A \setminus B = \{a \mid a \in A \,\text{und}\, a \notin B\}$$

Das *kartesische Produkt* $A \times B$ zweier Mengen A und B ist definiert durch

$$A \times B = \{(a, b) \mid a \in A,\ b \in B\}$$

Die Elemente des kartesisches Produkt – Paare aus jeweils einem Element von A und aus B – werden mit Klammern drum und Komma dazwischen geschrieben und heißen auch *Tupel*.

Wenn zum Beispiel $A = \{1, 2, 3\}$ und $B = \{4, 5\}$, dann gilt:

$$A \times B = \{(1, 4), (2, 4), (3, 4), (1, 5), (2, 5), (3, 5)\}$$

Tupel sind also das mathematische Gegenstück zu zusammengesetzten Daten.

Warum heißt es «Produkt», fragst Du Dich vielleicht, und warum ist das Symbol $\times$ das gleiche wie beim Produkt zweier Zahlen? Nun, wenn A und B endliche Mengen sind, also A aus m Elementen besteht und B aus n Elementen, dann besteht $A \times B$ aus $m \times n$ Elementen. Im Beispiel oben hat deshalb das Produkt $3 \times 2 = 6$ Elemente.

Tupel gibt es nicht nur zweistellig, sondern mit beliebigen Stelligkeiten: 3-Tupel, 4-Tupel undsoweiter.

8.2 AUSSAGEN ÜBER NATÜRLICHE ZAHLEN

In der Mathematik gibt es viele kuriose Aussagen über natürliche Zahlen. Legendenstatus hat zum Beispiel die Gaußsche Summenformel. Diese besagt, dass für eine natürliche Zahl n die Summer aller Zahlen von 1 bis n mit der Formel

$$\frac{n \times (n + 1)}{2}$$

berechnet werden kann: Man muss also gar nicht mühsam die Zahlen einzeln addieren. Mathematiker lieben spezielle Schreibweisen und könnten Gauß' Behauptung folgendermaßen aufschreiben:

$$\forall n \in \mathbb{N} : \sum_{i=0}^{n} i = \frac{n \times (n+1)}{2}$$

Das $\forall$ heißt «für alle», das $\in$ heißt «Element von» $\mathbb{N}$ ist das Kürzel für die Menge der natürlichen Zahlen. Am Anfang steht also «für alle n, die Element von $\mathbb{N}$ sind» oder ganz lapidar «für alle natürlichen Zahlen n».

Das $\sum$ ist ein griechisches Sigma und steht für «Summe». Das $i = 0$ untendrunter und das n obendrüber bedeuten, dass eine neue Variable i eingeführt wird, und die nacheinander die Werte $0, 1, 2, \ldots n$ annimmt, und für jeden Wert in die Formel rechts vom $\sum$ eingesetzt wird.

In $\sum_{i_0}^{i} i$ steht rechts vom Σ nur i, das heißt deshalb $0 + 1 + 2 + \cdots + n$. Die Gaußsche Summenformel besagt also, dass diese Summe immer das gleiche Ergebnis liefert wie die Formel $\frac{n \times (n+1)}{2}$.

Wie können wir die Gaußsche Summenformel beweisen? Gauß' Argument war, dass, wenn er die Summe ausschreibt (wir lassen die 0 weg):

$$1 + 2 + \ldots + (n-1) + n$$

… die beiden «äußeren» Summanden 1 und n zusammen $n + 1$ ergeben, die beiden «nächstinneren» Summanden 2 und $n-1$ ebenfalls $n+1$ undsoweiter bis zur «Mitte» – effektiv also halb so oft $n + 1$ auf sich selbst addiert wird wie die Reihe selbst lang ist. Es ist also einfach nachzuvollziehen, wie Gauß auf die Formel kam und warum sie korrekt ist.

Was ist aber mit folgender Reihe?

$$\sum_{i=0}^{n} i^2$$

Der Blick auf die ausgeschriebene Form hilft nicht direkt weiter:

$$1 + 4 + 9 + 16 + \ldots + (n-1)^2 + n^2$$

Allerdings lohnt es sich, einen Blick auf die ersten paar Glieder der Reihe zu werfen, und diese tabellarisch über die Gaußsche Summen zu setzen:

n	0	1	2	3	4	5	6	…
$\sum_{i=0}^{n} i^2$	0	1	5	14	30	55	91	…
$\sum_{i=0}^{n} i$	0	1	3	6	10	15	21	…

Wenn Du die Paare der Summen der beiden Reihen lang genug anstarrt, siehst Du vielleicht, dass sich alle als Brüche auf den Nenner 3 kürzen lassen:

n	0	1	2	3	4	5	6	...
$\frac{\sum_{i=0}^{n} i^2}{\sum_{i=0}^{n} i}$	$\frac{?}{3}$	$\frac{3}{3}$	$\frac{5}{3}$	$\frac{7}{3}$	$\frac{9}{3}$	$\frac{11}{3}$	$\frac{13}{3}$	...

Einzige Ausnahme ist der Bruch für 0: dort wird durch 0 geteilt, es ist also unklar, welcher Bruch an dieser Stelle in der Tabelle stehen sollte. Ansonsten suggeriert die Tabelle folgende Formel:

$$\frac{\sum_{i=0}^{n} i^2}{\sum_{i=0}^{n} i} = \frac{2n+1}{3}$$

Die Gleichung können wir mit $\sum_{i=0}^{n} i = n(n+1)/2$ multiplizieren:

$$\sum_{i=0}^{n} i^2 = \frac{n(n+1)(2n+1)}{6} \tag{8.1}$$

Schöne Formel – aber stimmt sie auch für alle $n \in \mathbb{N}$? (Für den unklaren Fall 0 stimmt sie.) Du kannst sie noch für weitere n, zum Beispiel $7, 8, \ldots$ ausprobieren, und es kommt immer das richtige heraus. Aber das reicht nicht, um die Behauptung für *alle* $n \in \mathbb{N}$ zu beweisen.

Wenn die Behauptung für alle $n \in \mathbb{N}$ stimmt, also insbesondere auch für ein bestimmtes $n \in \mathbb{N}$, dann sollte sie auch für $n+1$ gelten, das wäre dann die folgende Gleichung, bei der gegenüber der Gleichung oben für n jeweils $n+1$ eingesetzt wurde:

$$\sum_{i=0}^{n+1} i^2 = \frac{(n+1)((n+1)+1)(2(n+1)+1)}{6}$$

Das können wir etwas vereinfachen:

$$\sum_{i=0}^{n+1} i^2 = \frac{(n+1)(n+2)(2n+3)}{6} \tag{8.2}$$

Bei der Reihe $\sum_{i=0}^{n+1} i^2$ können wir den letzen Summand ausgliedern und die Gleichung damit folgendermaßen schreiben:

$$(\sum_{i=0}^{n} i^2) + (n+1)^2 = \frac{(n+1)(n+2)(2n+3)}{6}$$

Damit bietet sich die Chance, die jeweiligen Seiten von Gleichung 8.1 von den Seiten von Gleichung 8.2 abzuziehen:

$$(\sum_{i=0}^{n} i^2) + (n+1)^2 - \sum_{i=0}^{n} i^2 = \frac{(n+1)(n+2)(2n+3)}{6} - \frac{n(n+1)(2n+1)}{6}$$

Es bleibt:

$$(n+1)^2 = \frac{(n+1)(n+2)(2n+3)}{6} - \frac{n(n+1)(2n+1)}{6}$$

Wenn diese Gleichung stimmt, dann stimmt auch Gleichung 8.2. Das lässt sich ausrechnen:

$$\begin{aligned}\frac{(n+1)(n+2)(2n+3)}{6} - \frac{n(n+1)(2n+1)}{6} &= \frac{(n+1)(n+2)(2n+3) - n(n+1)(2n+1)}{6} \\ &= \frac{(n+1)((n+2)(2n+3) - n(2n+1))}{6} \\ &= \frac{(n+1)(2n^2 + 3n + 4n + 6 - 2n^2 - n)}{6} \\ &= \frac{(n+1)(6n+6)}{6} \\ &= \frac{6(n+1)^2}{6} \\ &= (n+1)^2\end{aligned}$$

Tatsache! Aber was wurde jetzt eigentlich gezeigt? Es ist leicht, bei den vielen Schritten von oben den Faden zu verlieren. Hier noch einmal die Zusammenfassung:

Es *schien* so, als ob folgende Gleichung stimmen würde:

$$\sum_{i=0}^{n} i^2 = \frac{n(n+1)(2n+1)}{6}$$

Es *ist* so, dass folgende Gleichung stimmt:

$$(n+1)^2 = \frac{(n+1)(n+2)(2n+3)}{6} - \frac{n(n+1)(2n+1)}{6}$$

Wenn also die erste Gleichung («schien so»), stimmen würde, dann folgte daraus diese Gleichung:

$$\sum_{i=0}^{n+1} i^2 = \frac{(n+1)(n+2)(2n+3)}{6}$$

Das ist aber die gleiche Behauptung, nur für $n+1$ statt n – mit anderen Worten folgt aus der Behauptung für n die Behauptung für $n+1$. Da wir oben durch Ausrechnen bereits gezeigt haben, dass die Behauptung für $1, \ldots, 6$ gilt, gilt sie auch für 7. Da sie für 7 gilt, gilt sie auch für 8. Undsoweiter für alle natürlichen Zahlen. Wir müssen das nicht für jede Zahl einzeln auszuprobieren. Die Vermutung von oben ist deshalb bewiesen.

8.3 INDUKTIVE BEWEISE FÜHREN

Das im vorigen Abschnitt verwendete Beweisprinzip für Beweise von Sätzen der Form «für alle $n \in \mathbb{N} \ldots$» heißt *vollständige Induktion.*[2] Diese funktioniert bei Aufgaben, bei denen eine Behauptung für alle $n \in \mathbb{N}$ zu beweisen ist. Für den Beweis werden folgende Zutaten benötigt:

1. ein Beweis dafür, dass die Behauptung für $n = 0$ stimmt und
2. ein Beweis dafür, dass, wenn die Behauptung für ein beliebiges n gilt, sie auch für $n+1$ gilt.

Die erste Zutat (der *Induktionsanfang*) lässt sich meist durch Einsetzen beweisen, für die zweite Zutat (den *Induktionsschluss*) ist in der Regel Algebra nötig. Da die Behauptung nach Zutat Nr. 1 für 0 gilt, muss sie nach Zutat Nr. 2 auch für 1 gelten, und deshalb auch für $2, \ldots$ und damit für alle natürlichen Zahlen.

Es muss nicht unbedingt bei 0 losgehen, sondern kann auch bei einer beliebigen Zahl a beginnen – dann gilt aber die Behauptung nur für alle natürlichen Zahlen ab a.

Wenn die Behauptung erst einmal formuliert ist, sind induktive Beweise oft einfach zu führen, da sie meist dem obigen Schema folgen. Das wichtigste dabei ist, das Schema auch tatsächlich einzuhalten. Darum empfiehlt es sich, dass Du folgende Anleitung befolgst – eine Art Konstruktionsanleitung für Beweise mit vollständiger Induktion:

1. Formuliere die zu beweisende Behauptung als Behauptung der Form «Für alle $n \in \mathbb{N}$ gilt …», falls das noch nicht geschehen ist.
2. Schreibe die Überschrift «$n = 0$:». Schreibe die Behauptung noch einmal ab, wobei Du das «für alle $n \in \mathbb{N}$» weglassen und für n die 0 einsetzt.
3. Beweise die abgeschriebene Behauptung. (Das ist oft einfach.)
4. Schreibe das Wort «Induktionsvoraussetzung:» Schreibe darunter die Behauptung noch einmal ab, wobei Du das «für alle $n \in \mathbb{N}$» weglässt – lass das n da, wo es ist.
5. Schreibe «Induktionsschluss (zu zeigen):». Schreibe darunter die Behauptung noch einmal ab, wobei Du für n stattdessen $(n+1)$ einsetzt. (Das «für alle $n \in \mathbb{N}$» wieder weg.)

[2] Nicht zu verwechseln mit der *philosophischen Induktion*. Die vollständige Induktion ist zwar verwandt, philosophisch gesehen aber eher eine deduktive Technik.

6. Beweise den Induktionsschluss unter Verwendung der Induktionsvoraussetzung.
   Wenn die Behauptung eine Gleichung der Form $A = B$ ist, kannst Du häufig die Induktionsvoraussetzung direkt oder nach einigen Umformungen in den Induktionsschluss einsetzen.

Wir gehen die Anleitung anhand des obigen Beispiels durch. Die Behauptung ist:

$$\sum_{i=0}^{n} i^2 = \frac{n(n+1)(2n+1)}{6}$$

Die Behauptung ist durch Raten entstanden – es gibt leider keine Patentanleitung, solche Gleichungen zu finden: Hier sind Experimentierfreude und Geduld gefragt. Steht die Behauptung erst einmal fest, ist sie allerdings recht einfach zu beweisen:

1. Ausgeschrieben hat die Behauptung bereits die richtige Form:

$$\forall n \in \mathbb{N} : \sum_{i=0}^{n} i^2 = \frac{n(n+1)(2n+1)}{6}$$

2. $n = 0$:

$$\sum_{i=0}^{0} i^2 = \frac{0(0+1)(2 \times 0+1)}{6}$$

3. Beide Seiten der Gleichung sind 0, sie ist also bewiesen.
4. Induktionsvoraussetzung:

$$\sum_{i=0}^{n} i^2 = \frac{n(n+1)(2n+1)}{6}$$

5. Induktionsschluss (zu zeigen):

$$\sum_{i=0}^{n+1} i^2 = \frac{(n+1)((n+1)+1)(2(n+1)+1)}{6}$$

6. Die Summe auf der linken Seite können wir aufteilen:

$$(\sum_{i=0}^{n} i^2) + (n+1)^2 = \frac{(n+1)((n+1)+1)(2(n+1)+1)}{6}$$

   Damit können wir die Induktionsvoraussetzung einsetzen, in der $\sum_{i=0}^{n} i^2$ auf der linken Seite steht. Das funktioniert fast immer bei Induktionsbeweisen über Summen oder Produkte:

$$(\frac{n(n+1)(2n+1)}{6}) + (n+1)^2 = \frac{(n+1)((n+1)+1)(2(n+1)+1)}{6}$$

Die linke Seite können wir folgendermaßen vereinfachen:

$$\begin{aligned}
\frac{n(n+1)(2n+1)}{6} + (n+1)^2 &= \frac{n(n+1)(2n+1) + 6(n+1)^2}{6} \\
&= \frac{(n+1)(n(2n+1) + 6(n+1))}{6} \\
&= \frac{(n+1)(2n^2 + n + 6n + 6)}{6} \\
&= \frac{(n+1)(2n^2 + 7n + 6)}{6}
\end{aligned}$$

Die rechte Seite können wir folgendermaßen vereinfachen:

$$\begin{aligned}
\frac{(n+1)((n+1)+1)(2(n+1)+1)}{6} &= \frac{(n+1)(n+2)(2(n+1)+1)}{6} \\
&= \frac{(n+1)(n+2)(2n+2+1)}{6} \\
&= \frac{(n+1)(n+2)(2n+3)}{6} \\
&= \frac{(n+1)(2n^2 + 4n + 3n + 6)}{6} \\
&= \frac{(n+1)(2n^2 + 4n + 3n + 6)}{6} \\
&= \frac{(n+1)(2n^2 + 7n + 6)}{6}
\end{aligned}$$

Damit ist bei der linken und der rechten Seite jeweils das gleiche herausgekommen und die Behauptung ist bewiesen.

8.4 STRUKTUR DER NATÜRLICHEN ZAHLEN

Die vollständige Induktion aus dem vorigen Abschnitt ist nur für die Menge der natürlichen Zahlen geeignet. Sie funktioniert aber nicht für alle Mengen: Für die reellen Zahlen $\mathbb{R}$ zum Beispiel erreicht die Konstruktion «bei 0 anfangen und dann immer um 1 hochzählen» einfach nicht alle Elemente der Menge.Die natürlichen Zahlen sind also etwas besonderes. Das haben wir schon in Kapitel 7 gesehen: es sind Zahlen, die zählen, und auf Seite 205 steht eine Datendefinition:

```
; Eine natürliche Zahl ist eine der folgenden:
; - 0
; - der Nachfolger einer natürlichen Zahl
```

Diese Datendefinition können wir als Bastelanleitung für die Menge der natürlichen Zahlen auffassen: Diese Datendefinition erreicht *jede* natürliche Zahl – jede Zahl kann in der Form $0+1+...+1$ geschrieben werden. Für diese Art Bastelanleitung für Mengen ist charakteristisch, dass es ein oder mehrere *Basiselemente* gibt (in diesem Fall die 0) und dann ein oder mehrere Regeln, die aus beliebigeren «kleineren» Elementen «größere» Elemente mit Hilfe eines Selbstbezug konstruieren, in diesem Fall die Regel, die besagt, dass für jede natürliche Zahl auch ihr Nachfolger eine natürliche Zahl ist.

Hier ist das mathematische Pendant zu der Datendefinition der natürlichen Zahlen:

Definition 8.1 (natürliche Zahlen)

Die Menge der natürlichen Zahlen $\mathbb{N}$ ist folgendermaßen definiert:

1. $0 \in \mathbb{N}$
2. Für $n \in \mathbb{N}$ ist auch $n + 1 \in \mathbb{N}$.
3. Die obigen Regeln definieren *alle* $n \in \mathbb{N}$.

Eine solche Definition heißt auch *induktive Definition*, die eine *induktive Menge* definiert. Die letzte Klausel ist bei induktiven Definition immer dabei – ohne sie könnte zum Beispiel die Menge der reellen Zahlen als $\mathbb{N}$ durchgehen, weil die Klauseln davor keinen Anspruch auf Vollständigkeit erheben könnten. Diese Klausel heißt *induktiver Abschluss*.

Wenn Du genau hinschaust, siehst Du, dass die induktive Definition genau die gleiche Struktur hat wie die Definition der Induktion von Seite 225: Es gibt eine Klausel für die 0 und eine Klausel für den Schritt von n nach $n + 1$. Die induktive Definition sagt, dass es zwei verschiedene Sorten von natürlichen Zahlen gibt, nämlich das Basiselement 0 aus der ersten Regel der Definition und die (positiven) Zahlen $n + 1$ aus der zweiten Klausel. Diese Struktur entspricht außerdem der Datendefinition und der Schablone aus Konstruktionsanleitung 19 auf Seite 208.

Entsprechend muss eine Behauptung über die natürlichen Zahlen für beide Sorten bewiesen werden:

Einerseits für das Basiselement 0 und andererseits für die positiven Zahlen, die keine Basiselemente sind. Die Klauseln für die Basiselemente heißen *Induktionsverankerungen*. Da die zweite Klausel einen *Selbstbezug* enthält – es muss schon eine natürliche Zahl da sein, um eine weitere zu finden – muss dort ein Induktionsschluss bewiesen werden.

Die natürlichen Zahlen haben nur ein Basiselement und es gibt nur eine Klausel mit Selbstbezug. In Abschnitt 5.3 auf Seite 5.3 ging es um Finanzverträge – da gab es mehr als eine Klausel mit Selbstbezug, und auch in diesem Kapitel werden wir noch ein solches Beispiel sehen.

8.5 ENDLICHE FOLGEN

Die natürlichen Zahlen sind nicht die einzige induktiv definierte Menge. Ein weiteres Beispiel sind die *endlichen Folgen*, die den Listen entsprechen. Beim Programmieren verwenden wir die Notation `(list-of s)`, um die Signatur für Listen hinzuschreiben, die aus Werten der Signature ss bestehen. Das Gegenstück in der Mathematik ist die Notation M^*, die Menge der Folgen mit Elementen aus der Menge M.

DEFINITION 8.2

Sei M eine beliebige Menge. Die Menge M^* der *endlichen Folgen über* M ist folgendermaßen definiert:

1. Es gibt eine *leere Folge* ϵ[3] $\in M^*$.
2. Wenn $f \in M^*$ eine Folge ist und $m \in M$, so ist $mf \in M^*$, also auch eine Folge.
3. Die obigen Regeln definieren *alle* $f \in M^*$.

Eine Folge entsteht also aus einer bestehenden Folge dadurch, dass vorn noch ein Element angehängt wird. Folgen über $M = \{a, b, c\}$ sind deshalb etwa

$$\epsilon, a\epsilon, b\epsilon, c\epsilon, aa\epsilon, ab\epsilon, ac\epsilon, \ldots, abc\epsilon, \ldots\ cbba\epsilon, \ldots \quad \text{(nicht alphabetisch sortiert)}$$

Da das ϵ bei nichtleeren Folgen immer dazugehört, wird es oft nicht mitnotiert.

Die Definition der endlichen Folgen ist analog zur Definition 8.1: Die erste Klausel ist der *Basisfall*, die zweite Klausel enthält einen *Selbstbezug* und die dritte Klausel bildet den induktiven Abschluss.

8.5.1 FUNKTIONEN AUF ENDLICHEN FOLGEN

Dieser Abschnitt demonstriert, wie mathematische Funktionen auf endlichen Folgen formuliert werden. Als Beispiel ist eine Funktion namens s gefragt, die für eine Folge deren Summe ausrechnet, also zum Beispiel:

$$s(1\,2\,3\,\epsilon) = 6$$
$$s(2\,3\,5\,7\epsilon) = 17$$
$$s(17\,23\,42\,5\,\epsilon) = 87$$

[3] Dieser griechische Buchstabe ϵ ist ein kleines Epsilon, in der Mathematik oft für Dinge verwendet, die «leer» oder «klein» sind.

Die Funktion entspricht also `list-sum` aus Abschnitt 6.1. Da es zwei verschiedene Sorten endlicher Folgen gibt – die leere Folge und die «nichtleeren» Folgen – liegt es nahe, die entsprechende Funktion mit einer Verzweigung zu schreiben, die zwischen den beiden Sorten unterscheidet:

$$s(f) \stackrel{\text{def}}{=} \begin{cases} ? & \text{falls } f = \epsilon \\ ? & \text{falls } f = mf', m \in M, f' \in M^* \end{cases}$$[4]

Diese Definition hat eine Verzweigung mit zwei Zweigen. Der erste Zweig greift, wenn f die leere Folge ist. Der zweite Zweig greift entsprechend, wenn f nicht leer ist. Das ist verklausuliert als $f = mf'$, was heißt, dass f die *Form* mf' hat, also aus einem ersten Element m und einer Restfolge f' besteht. Wenn also zum Beispiel f die Folge $abcd\epsilon$ ist, dann ist $m = a$ und $f' = bcd$.

Es fehlen noch die Stellen, wo Fragezeichen stehen. Die Summe der leeren Folge ist 0: Wenn es sich um eine andere Zahl $m \neq 0$ handeln würde, ließe sich die Summe einer beliebigen Folge durch das Anhängen der leeren Folge um m verändern. Die erste Lücke ist also schon geschlossen:

$$s(f) \stackrel{\text{def}}{=} \begin{cases} 0 & \text{falls } f = \epsilon \\ ? & \text{falls } f = mf', m \in M, f' \in M^* \end{cases}$$

Im zweiten Fall handelt es sich bei f um ein zusammengesetztes Objekt mit den Bestandteilen m und f'. Deshalb können m und f' für die Konstruktion des Funktionswerts herangezogen werden:

$$s(f) \stackrel{\text{def}}{=} \begin{cases} 0 & \text{falls } f = \epsilon \\ \ldots m \ldots f' \ldots & \text{falls } f = mf', m \in M, f' \in M^* \end{cases}$$

Soweit sind die bekannten Techniken für die Konstruktion von Funktionen auf gemischten und zusammengesetzten Daten zur Anwendung gekommen, lediglich übertragen von Programm-Funktionen auf mathematische Funktionen.

Für den nächsten Schritt passt – genau wie beim Programmieren – ein rekursiver Aufruf zum Selbstbezug. Die Funktionsdefinition verdichtet sich folgendermaßen:

$$s(f) \stackrel{\text{def}}{=} \begin{cases} 0 & \text{falls } f = \epsilon \\ \ldots m \ldots s(f') \ldots & \text{falls } f = mf', m \in M, f' \in M^* \end{cases}$$

4 Vielleicht irritiert Dich das Apostroph bei f', weil es in der Schulanalysis für «Ableitung» steht. Das ist in diesem Buch – und auch oft sonst in der Mathematik – nicht so: f' ist nur eine weitere Variable, gesprochen «f Strich».

Hier ist $s(f')$ die Summe aller Folgenelemente in f'. Gefragt ist die Summe aller Folgenelemente von $f = mf'$. Es fehlt also zur Summe nur noch m selbst:

$$s(f) \stackrel{\text{def}}{=} \begin{cases} 0 & \text{falls } f = \epsilon \\ m + s(f') & \text{falls } f = mf', m \in M, f' \in M^* \end{cases}$$

Mit Papier und Bleistift können wir schnell nachvollziehen, dass die Definition korrekt arbeitet:

$$\begin{aligned} s(17\,23\,42\,5\,\epsilon) &= 17 + s(23\,42\,5\,\epsilon) \\ &= 17 + 23 + s(42\,5\,\epsilon) \\ &= 17 + 23 + 42 + s(5\,\epsilon) \\ &= 17 + 23 + 42 + 5 + s(\epsilon) \\ &= 17 + 23 + 42 + 5 + 0 \\ &= 87 \end{aligned}$$

Die Definition von s ruft sich also an der Stelle selbst auf, an der die induktive Definition der endlichen Folgen den Selbstbezug «$f' \in M^*$ eine Folge» enthält.

Vielleicht begegnest Du der Definition von s mit Skepsis, taucht doch s sowohl auf der linken als auch auf der rechten Seite auf. Es sieht so aus, als sei s «durch sich selbst definiert». Tatsächlich ist dies jedoch kein Problem, da:

- sich $s(f)$ stets selbst auf einer *kürzeren* Folge f' aufruft, und
- schließlich bei der leeren Folge landet, bei der die Verzweigung greift und keinen weiteren rekursiven Aufruf mehr vornimmt.

Solange eine rekursive Funktion dem Schema von s folgt und damit der Struktur der Folgen selbst, sind diese beiden Bedingungen automatisch erfüllt.

8.5.2 FOLGENINDUKTION

Das Gegenstück zur vollständigen Induktion heißt bei den Folgen *Folgeninduktion*. Der «Schluss von n auf $n + 1$» wird bei der Folgeninduktion zu je einem Schluss von f auf mf für alle Folgen f und alle $m \in M$. Oft kommt es dabei auf das Folgenelement m gar nicht an.

Um zu beweisen, dass eine Behauptung für alle $f \in M^*$ gilt, genügen folgende Schritte:

1. Die Behauptung gilt für $f = \epsilon$ (*Induktionsanfang*)
2. Wenn die Behauptung für eine Folge f gilt, so gilt sie auch für alle Folgen mf wobei $m \in M$. (*Induktionsschluss*).

Die Folgeninduktion funktioniert, weil sie der Struktur der Definition der endlichen Folgen 8.2 genauso folgt wie die vollständige Induktion der Struktur der natürlichen Zahlen. Das Lemma lässt sich auch mit Hilfe der vollständigen Induktion beweisen – siehe Aufgabe 8.8.

Entsprechend der vollständigen Induktion gibt es auch für die Folgeninduktion eine Anleitung:

1. Formuliere die zu beweisende Behauptung als Behauptung der Form «Für alle $f \in M^*$ gilt…», falls das noch nicht geschehen ist.
2. Schreibe die Überschrift «$f = \epsilon$:». Schreibe die Behauptung noch einmal ab, wobei Du das «für alle $f \in M^*$» weglässt und für f das ϵ einsetzt.
3. Beweise die abgeschriebene Behauptung. (Das ist oft einfach.)
4. Schreibe das Wort «Induktionsvoraussetzung:» Schreibe darunter die Behauptung noch einmal ab, wobei Du das «für alle $f \in M^*$» weglässt – lass das f da, wo es ist.
5. Schreibe «Induktionsschluss (zu zeigen):». Schreibe darunter die Behauptung noch einmal ab, wobei Du für f stattdessen mf einsetzt. (Lass das «für alle $f \in M^*$» wieder weg.)
6. Beweise den Induktionsschluss unter Verwendung der Induktionsvoraussetzung. Denke daran, die Behauptung für *alle* $m \in M$ zu beweisen – das ist meist aber nicht immer einfach. Wenn die Behauptung eine Gleichung der Form $A = B$ ist, kannst Du häufig die Induktionsvoraussetzung in den Induktionsschluss einsetzen.

Für ein sinnvolles Beispiel dient die Funktion cat, die Folgen aneinanderhängt:

$$\mathrm{cat}(f_1, f_2) \stackrel{\text{def}}{=} \begin{cases} f_2 & \text{falls } f_1 = \epsilon \\ m\ \mathrm{cat}(f_1', f_2) & \text{falls } f_1 = mf_1', m \in M, f_1' \in M^* \end{cases}$$

Es soll bewiesen werden, dass cat assoziativ ist, das heißt für alle $u, v, w \in M^*$ gilt

$$\mathrm{cat}(u, \mathrm{cat}(v, w)) = \mathrm{cat}(\mathrm{cat}(u, v), w).$$

1. Die Form der Behauptung ist noch problematisch, da in ihr drei Folgen auftauchen – und keine davon heißt f. Im schlimmsten Fall musst Du raten, über welche Folge die Induktion geht und gegebenenfalls alle Möglichkeiten durchprobieren. Wir entscheiden uns für die erste Folge u und benennen sie in f um, damit der Beweis auf die Anleitung passt. Außerdem müssen wir bei der Anwendung der Definition von cat für f_1 dieses f einsetzen.

$$\forall f \in M^* \forall v, w \in M^* : \mathrm{cat}(f, \mathrm{cat}(v, w)) = \mathrm{cat}(\mathrm{cat}(f, v), w)$$

2. $f = \epsilon$: Hier gilt

$$\begin{aligned} \mathrm{cat}(\epsilon, \mathrm{cat}(v, w)) &= \mathrm{cat}(v, w) \\ \mathrm{cat}(\mathrm{cat}(\epsilon, v), w) &= \mathrm{cat}(v, w) \end{aligned}$$

   nach der definierenden Gleichung.
3. Induktionsvoraussetzung:

$$\mathrm{cat}(f, \mathrm{cat}(v, w)) = \mathrm{cat}(\mathrm{cat}(f, v), w)$$

4. Induktionsschluss (zu zeigen):

$$\mathrm{cat}(mf, \mathrm{cat}(v, w)) = \mathrm{cat}(\mathrm{cat}(mf, v), w)$$

5. Wir benutzen die Definition von cat, um die linke Seite weiter auszurechnen:

$$\mathrm{cat}(mf, \mathrm{cat}(v, w)) = m\mathrm{cat}(f, \mathrm{cat}(v, w))$$

   Hier steht aber $\mathrm{cat}(f, \mathrm{cat}(v, w))$ – und das steht auch auf der linken Seite der Induktionsvoraussetzung. Wir können also einsetzen:

$$= m\mathrm{cat}(\mathrm{cat}(f, v), w)$$

   Ebenso können wir die rechte Seite ausrechnen:

$$\begin{aligned} \mathrm{cat}(\mathrm{cat}(mf, v), w) &= \mathrm{cat}(m\mathrm{cat}(f, v), w) \\ &= m\mathrm{cat}(\mathrm{cat}(f, v), w) \end{aligned}$$

   Das ist aber das gleiche, das auch bei der linken Seite herausgekommen ist – der Beweis ist fertig.

8.6 NOTATION FÜR INDUKTIVE DEFINITIONEN

Induktive Mengen kommen in der Informatik enorm häufig vor – so häufig, dass sich eine Kurzschreibweise für ihre induktiven Definitionen eingebürgert hat, die sogenannte *kontextfreie Grammatik*. In den meisten Informatik-Büchern geht mit dem Begriff eine langwierige mathematische Definition einher, die wir für dieses Buch nicht in aller Ausführlichkeit benötigen. Wir benutzen die kontextfreie Grammatik (ab hier einfach nur «Grammatik») informell als Abkürzung für eine länger ausgeschriebene induktive Definition. Hier die Grammatik für die natürlichen Zahlen:

$\langle\mathbb{N}\rangle \rightarrow$ `0` $\mid \langle\mathbb{N}\rangle$ `+ 1`

In der Grammatik steht $\langle\mathbb{N}\rangle$ für «eine natürliche Zahl». Lesen kannst Du die Grammatik so: Eine natürliche Zahl ist entweder die 0 oder hat die Form $n+1$ wobei n wiederum eine natürliche Zahl ist. Der obligatorische induktive Abschluss («Die obigen Regeln definieren *alle* $n \in \mathbb{N}$.») wird stillschweigend vorausgesetzt und darum weggelassen.

Das Zeichen $\rightarrow$ kann also als «ist» oder «hat die Form» gelesen werden, das Zeichen $\mid$ als «oder». Die Notation $\langle X\rangle$ definiert eine entsprechende Menge X. Die Grammatik ist also eine Art mathematische Schreibweise für zusammengesetzte Daten, gemischte Daten ($\mid$) und Selbstbezüge, nur eben für mathematische Objekte.

Für die Menge der Folgen über einer Menge M genügt also folgende Notation:

$\langle M^*\rangle \rightarrow \epsilon \mid \langle M\rangle\ \langle M^*\rangle$

In beiden Definitionen ist jeweils der Selbstbezug klar zu sehen: Bei den natürlichen Zahlen taucht $\langle\mathbb{N}\rangle$ in einer Klausel auf, bei den Folgen $\langle M^*\rangle$. Alle anderen Klauseln – also die ohne Selbstbezug – beschreiben Basisfälle.

8.7 STRUKTURELLE REKURSION

In Abschnitt 8.5 ist zu sehen, dass die Definition der beiden Beispielfunktionen auf Folgen (s und cat) jeweils der induktiven Definition der Folgen «folgt» – die Definition beider Funktionen hat die Form:

$$F(f, \ldots) \stackrel{\text{def}}{=} \begin{cases} \ldots & \text{falls } f = \epsilon \\ \ldots F(f') \ldots & \text{falls } f = mf', m \in M, f' \in M^* \end{cases}$$

Das ist kein Zufall: Die rekursive Funktionsdefinition gehört zur induktiven Mengendefinition wie Pech zu Schwefel. Zwei Grundregeln legen diese Form fest:

1. Für jede Klausel gibt es eine Verzweigung mit einem Zweig der induktiven Definition.
2. Bei Selbstbezügen steht im entsprechenden Zweig ein Selbstaufruf.

Auch bei den natürlichen Zahlen lassen sich viele Operationen rekursiv aufschreiben. Zum Beispiel die Potenz:

$$b^n \stackrel{\text{def}}{=} \begin{cases} 1 & \text{falls } n = 0 \\ bb^{n'} & \text{falls } n = n' + 1, n' \in \mathbb{N} \end{cases}$$

Die Notation $n = n' + 1$ folgt zwar der induktiven Definition, ist hier aber gleichbedeutend mit $n > 0$ und $n' = n - 1$. Deshalb werden induktive Definitionen auf natürlichen Zahlen meist so geschrieben:

$$b^n \stackrel{\text{def}}{=} \begin{cases} 1 & \text{falls } n = 0 \\ bb^{n-1} & \text{falls } n > 0 \end{cases}$$

Die Korrespondenz zwischen induktiven Definitionen und den rekursiven Funktionen lässt sich auch allgemein formulieren. Angenommen, die Menge X ist durch einer Grammatik definiert, die n Klauseln hat:

$\langle X \rangle \rightarrow C_1 \mid \ldots \mid C_n$

Eine Funktion auf dieser Menge braucht dann – genau wie bei gemischten Daten – eine Verzweigung mit n Zweigen, eine für jede Klausel:

$$F(x) \stackrel{\text{def}}{=} \begin{cases} R_1 & \text{falls } x = F_1 \\ \ldots & \\ R_n & \text{falls } x = F_n \end{cases}$$

Die Bedingung $x = F_i$ ergibt sich jeweils aus der entsprechenden Klausel. Wenn dort Bezüge zu anderen Mengen oder Selbstbezüge stehen, so werden diese durch Variablen ersetzt und entsprechende Mengenzugehörigkeiten. Angenommen, die Klausel C_i hat beispielsweise diese Form:

[⟨A⟩ & ⟨B⟩]

Dann müsste F_i entsprechend so aussehen:

$$x = [\, a \,\&\, b \,], a \in A, b \in B$$

Eine Klausel C_i mit Selbstbezug sähe beispielsweise so aus:

{ ⟨X⟩ }

Das dazugehörige F_i sähe so aus:

$$x = \{\, x' \,\}, x' \in X$$

Dementsprechend steht höchstwahrscheinlich in der rechten Seite R_i ein rekursiver Aufruf $F(x')$.

Funktionen dieser Form, die der Struktur einer induktiven Menge direkt folgen, heißen *strukturell rekursiv*.

Die folgende Grammatik beschreibt einfache aussagenlogische Ausdrücke, also Aussagen mit «und», «oder» und «nicht»:

$$\begin{aligned}\langle \mathrm{E} \rangle \;\rightarrow\; & \top \mid \bot \\ & \mid \langle \mathrm{E} \rangle \wedge \langle \mathrm{E} \rangle \\ & \mid \langle \mathrm{E} \rangle \vee \langle \mathrm{E} \rangle \\ & \mid \neg \langle \mathrm{E} \rangle\end{aligned}$$

Gedacht ist das folgendermaßen: $\top$ steht für «wahr», $\bot$ für «falsch», $\wedge$ für «und», $\vee$ für «oder» und $\neg$ für «nicht». Beispiele für Ausdrücke sind:

$$\begin{gathered}\top \\ \top \vee \bot \\ \bot \vee \top \\ \neg\bot\end{gathered}$$

Beim Ausdruck $\top \vee \bot \wedge \top$ ist nicht klar, wie er gemeint ist, da die Klammerung fehlt. In solchen Fällen schreiben wir einen Ausdruck genau wie in der Arithmetik mit Klammern:

$$\begin{gathered}(\top \vee \bot) \wedge \top \\ \top \vee (\bot \wedge \top)\end{gathered}$$

Jeder solche Ausdruck hat einen Wahrheitswert, also «wahr» oder «falsch», und eine strukturell rekursive Funktion kann diesen Wahrheitswert errechnen. Diese Funktion «heißt» $[\![\_]\!]$[5] – für einen Ausdruck e liefert $[\![e]\!]$ den Wert 1, falls der Ausdruck «wahr» ist, und 0, falls «falsch». Die doppelten eckigen Klammern heißen in der Fachsprache «Semantikklammern» und werden oft benutzt, um Funktionen auf Mengen zu schreiben, die durch eine Grammatik definiert sind.

Die Funktionsdefinition besteht, wie oben beschrieben, auf jeden Fall aus einer Verzweigung, die für jede Klausel der Grammatik einen Zweig aufweist:

$$[\![e]\!] \stackrel{\mathrm{def}}{=} \begin{cases} ? & \text{falls } e = \top \\ ? & \text{falls } e = \bot \\ ? & \text{falls } e = e_1 \wedge e_2 \\ ? & \text{falls } e = e_1 \vee e_2 \\ ? & \text{falls } e = \neg e' \end{cases}$$

5 Eine elegante mündliche Aussprache gibt es dafür leider nicht.

In den Zweigen für $\wedge$, $\vee$ und $\neg$ sind rekursive Aufrufe angezeigt, weil in der Grammatik dort Selbstbezüge stehen:

$$[\![e]\!] \stackrel{\text{def}}{=} \begin{cases} ? & \text{falls } e = \top \\ ? & \text{falls } e = \bot \\ \ldots [\![e_1]\!] \ldots [\![e_2]\!] & \text{falls } e = e_1 \wedge e_2 \\ \ldots [\![e_1]\!] \ldots [\![e_2]\!] & \text{falls } e = e_1 \vee e_2 \\ \ldots [\![e']\!] \ldots & \text{falls } e = \neg e' \end{cases}$$

Die ersten beiden Fälle liefern 1 und 0 respektive, für die weiteren Fälle werden folgende Hilfsfunktionen definiert:

$$a(t_1, t_2) \stackrel{\text{def}}{=} \begin{cases} 1 & \text{falls } t_1 = 1 \text{ und } t_2 = 1 \\ 0 & sonst \end{cases} \qquad o(t_1, t_2) \stackrel{\text{def}}{=} \begin{cases} 0 & \text{falls } t_1 = 0 \text{ und } t_2 = 0 \\ 1 & sonst \end{cases}$$

$$n(t) \stackrel{\text{def}}{=} \begin{cases} 1 & \text{falls } t = 0 \\ 0 & \text{falls } t = 1 \end{cases}$$

Die Funktion a liefert nur dann 1, wenn t_1 *und* t_2 1 sind (sonst 0). Die Funktion o liefert dann 1, wenn t_1 *oder* t_2 1 sind (sonst 0). Die Funktion n liefert dann 1, wenn t *nicht* 1 ist (sonst 0). Diese Funktionen vervollständigen nun die Definition von $[\![\_]\!]$:

$$[\![e]\!] \stackrel{\text{def}}{=} \begin{cases} 1 & \text{falls } e = \top \\ 0 & \text{falls } e = \bot \\ a([\![e_1]\!], [\![e_2]\!]) & \text{falls } e = e_1 \wedge e_2 \\ o([\![e_1]\!], [\![e_2]\!]) & \text{falls } e = e_1 \vee e_2 \\ n([\![e']\!]) & \text{falls } e = \neg e' \end{cases}$$

8.8 STRUKTURELLE INDUKTION

Beweise von Eigenschaften strukturell rekursiver Funktionen funktionieren – entsprechend den natürlichen Zahlen und den Folgen – mit *struktureller Induktion*. Strukturelle Induktion folgt der Struktur der Grammatik – vollständige Induktion und Folgeninduktion sind Spezialfälle. Das folgende Beispiel dafür baut auf den aussagenlogischen Ausdrücken aus dem vorigen Abschnitt auf:

SATZ 8.3 Aus einem aussagenlogischen Ausdruck e entsteht der Ausdruck $\overline{e}$, indem jedes $\top$ durch $\bot$, jedes $\bot$ durch $\top$, jedes $\wedge$ durch $\vee$ und jedes $\vee$ durch $\wedge$ ersetzt wird. Es gilt für jeden Ausdruck e:

$$[\![\overline{e}]\!] = n([\![e]\!])$$

Die Behauptung hat bereits die für einen Induktionsbeweis geeignete Form «für alle e», wobei e aus einer induktiv definierten Menge kommt. Die Behauptung muss jetzt für alle möglichen Fälle von e bewiesen werden – da die Grammatik für Ausdrücke fünf Fälle hat, sind auch fünf Fälle zu beweisen: $e = \top$, $e = \bot$, $e = e_1 \wedge e_2$, $e_1 \vee e_2$ und $e = \neg e'$, wobei e_1, e_2 und e' ihrerseits Ausdrücke sind.

Hier sind die Beweise für die Fälle $e = \top$, $e = \bot$:

$$\begin{aligned} [\![\top]\!] &= 1 & \quad [\![\bot]\!] &= 0 \\ [\![\overline{\top}]\!] &= [\![\bot]\!] & \quad [\![\overline{\bot}]\!] &= [\![\top]\!] \\ &= 0 & &= 1 \\ &= n(1) & &= n(0) \end{aligned}$$

Als Nächstes ist der Fall $e = e_1 \wedge e_2$ an der Reihe. Da die Klausel

$\langle \mathrm{E} \rangle \rightarrow \ldots \mid \langle \mathrm{E} \rangle \wedge \langle \mathrm{E} \rangle$

zwei Selbstbezüge hat, gibt es auch eine zweiteilige Induktionsvoraussetzung – die Behauptung kann für e_1 und e_2 angenommen werden: $[\![\overline{e_1}]\!] = n([\![e_1]\!])$, $[\![\overline{e_2}]\!] = n([\![e_2]\!])$. Der Induktionsschluss dazu sieht so aus:

$$\begin{aligned} [\![e_1 \wedge e_2]\!] &= a([\![e_1]\!], [\![e_2]\!]) \\ [\![\overline{e_1 \wedge e_2}]\!] &= [\![\overline{e_1} \vee \overline{e_2}]\!] && \text{Definition von }^{-} \\ &= o([\![\overline{e_1}]\!], [\![\overline{e_2}]\!]) \\ &= o(n([\![e_1]\!]), n([\![e_2]\!])) && \text{Induktionsvoraussetzung} \\ &= n(a([\![e_1]\!], [\![e_2]\!])) \end{aligned}$$

Der letzte Schritt ergibt sich aus genauer Betrachtung der Definitionen von o und a beziehungsweise durch Einsetzen aller möglichen Werte für t_1 und t_2.

Der Fall $e = e_1 \vee e_2$ folgt analog. Wieder gibt es zwei Selbstbezüge, also gilt wieder die zweiteilige Induktionsvoraussetzung $[\![\overline{e_1}]\!] = n([\![e_1]\!])$, $[\![\overline{e_2}]\!] = n([\![e_2]\!])$. Induktionsschluss (zu zeigen):

$$
\begin{aligned}
[\![e_1 \vee e_2]\!] &= o([\![e_1]\!], [\![e_2]\!]) \\
[\![\overline{e_1 \vee e_2}]\!] &= [\![\overline{e_1} \wedge \overline{e_2}]\!] && \text{Definition von}\ ^- \\
&= a([\![\overline{e_1}]\!], [\![\overline{e_2}]\!]) \\
&= a(n([\![e_1]\!]), n([\![e_2]\!])) && \text{Induktionsvoraussetzung} \\
&= n(o([\![e_1]\!], [\![e_2]\!]))
\end{aligned}
$$

Schließlich fehlt noch der Fall $e = \neg e'$. Hier gibt es nur einen Selbstbezug, entsprechend lautet die Induktionsvoraussetzung: $[\![\overline{e'}]\!] = n([\![e']\!])$. Induktionsschluss (zu zeigen):

$$
\begin{aligned}
[\![\neg e']\!] &= n([\![e']\!]) \\
[\![\overline{\neg e'}]\!] &= \neg\overline{e'} && \text{Definition von}\ ^- \\
&= n([\![\overline{e'}]\!]) \\
&= n(n([\![e']\!])) && \text{Induktionsvoraussetzung}
\end{aligned}
$$

Das Beispiel zeigt, dass strukturell induktive Beweise durchaus mehr als einen «Induktionsanfang» haben können – hier die Fälle $\top$ und $\bot$. Ebenso gibt es mehr als einen Induktionsschluss – einen für jede Klausel mit Selbstbezug, hier sind das drei Fälle.

Für Beweise mit struktureller Induktion gilt also folgende Anleitung:

1. Formuliere Du die zu beweisende Behauptung als Behauptung der Form «Für alle $x \in X$ gilt …» (wobei X eine induktiv definierte Menge ist), falls das noch nicht geschehen ist.
2. Führe jetzt einen Beweis für jede einzelne Klausel C_i der induktiven Definition:
3. Schreibe die Überschrift «$x = F_i$», wobei F_i eine Bedingung ist, die der Klausel entspricht. Schreibe die Behauptung noch einmal ab, wobei Du das «für alle $x \in X$» weglässt und für x stattdessen F_i einsetzt.
4. Wenn die Klausel keinen Selbstbezug enthält, so beweise die Behauptung direkt.
5. Wenn die Klausel einen oder mehrere Selbstbezüge enthält, so stehen in der Überschrift Variablen x_j oder x' o.ä., die ihrerseits Element von X sind. Schreibe dann die Überschrift «Induktionsvoraussetzung:». Schreibe darunter für jeden Selbstbezug die Behauptung noch einmal ab, wobei Du das «für alle $x \in X$» weglässt und für x stattdessen x_j beziehungsweise x' einsetzt.

   Schreibe darunter das Wort «Induktionsschluss» und beweise die Behauptung. Denke daran, die Induktionsvoraussetzung zu benutzen.

ANMERKUNGEN

Die erste konstruktive Definitionen der natürlichen Zahlen wurde bereits im Jahr 1889 von PEANO vorgeschlagen:

DEFINITION 8.4 (PEANO-AXIOME)

Die Menge $\mathbb{N}$ der natürlichen Zahlen ist durch folgende Eigenschaften, die *Peano-Axiome*, gegeben:

1. Es gibt eine natürliche Zahl $0 \in \mathbb{N}$.
2. Zu jeder Zahl $n \in \mathbb{N}$ gibt es eine Zahl $n' \in \mathbb{N}$, die *Nachfolger von n* heißt.
3. Für alle $n \in \mathbb{N}$ ist $n' \neq 0$.
4. Aus $n' = m'$ folgt $n = m$.
5. Eine Menge M von natürlichen Zahlen, welche die 0 enthält und mit jeder Zahl $m \in M$ auch deren Nachfolger m', ist mit $\mathbb{N}$ identisch.

Diese Definition ist äquivalent zu Definition 8.1 von Seite 228. Wie in Definition 8.1, lässt sich $\mathbb{N}$ sich aus den Peano-Axiomen schrittweise konstruieren. Aus 1. und 2. folgt, dass es natürliche Zahlen

$$0, 0', 0'', 0''', 0'''', \ldots$$

gibt. Ohne die 0 am Anfang entsteht die Darstellung der natürlichen Zahlen durch Striche. Die Axiome 3 und 4 besagen, dass es für jede Zahl nur eine einzige Strichdarstellung gibt: jedes Anfügen eines Striches « $'$ » erzeugt eine völlig neue Zahl. Ohne Klausel 4 könnte man theoretisch auf die Idee kommen, dass es zwei unterschiedliche Zahlen gibt, die beide den gleichen Nachfolger haben.

Die Peano-Formulierung ist zwar ähnlich zu Definition 8.1, weist aber auch interessante Unterschiede auf:

- Für «n'» ist im täglichen Umgang natürlich die Bezeichnung «$n + 1$» gebräuchlich.
- Die dritte und vierte Bedingung zusammen besagen, dass die Nachfolgerfunktion injektiv ist, das heißt durch fortgesetzte Anwendung der Nachfolgerfunktion entstehen immer neue Elemente.
- Schließlich beschreibt die fünfte Bedingung den *induktiven Abschluss*, der festlegt, dass außer den solchermaßen erzeugten Elementen keine weiteren existieren. Axiom 5 wird auch *Induktionsaxiom* genannt. In Definition 8.1 hat das Induktionsaxiom die üblichere Form «Die obigen Regeln definieren *alle* $n \in \mathbb{N}$.» Ebenfalls üblich ist eine Formulierung wie wie «... die *kleinste* Menge mit den Eigenschaften ...».

AUFGABEN

AUFGABE 8.1

Beweise die Gaußsche Summenformel mit vollständiger Induktion:

$$\forall n \in \mathbb{N} : \sum_{i=0}^{n} i = \frac{n \times (n+1)}{2}$$

AUFGABE 8.2

Betrachte folgende Tabelle:

$$\begin{aligned} 1 &= 1 \\ 1 - 4 &= -(1+2) \\ 1 - 4 + 9 &= 1 + 2 + 3 \\ 1 - 4 + 9 - 16 &= -(1+2+3+4) \end{aligned}$$

Rate die Gleichung, die dieser Tabelle zugrundeliegt und schreibe in mathematischer Notation auf. Beweise die Gleichung!

AUFGABE 8.3

Beweise, dass folgende Gleichung für alle $n \in \mathbb{N}$ gilt:

$$\sum_{i=0}^{n} i^3 = \left(\sum_{i=0}^{n} i\right)^2$$

AUFGABE 8.4

Was ist falsch an folgendem Induktionsbeweis für die Behauptung «Alle Pferde haben die gleiche Farbe»?

Induktionsanfang Für eine leere Menge von Pferden gilt die Behauptung trivialerweise.

Induktionsschluss Gegeben sei eine Menge von $n + 1$ Pferden. Nimm ein Pferd aus der Menge heraus – die restlichen Pferde haben per Induktionsannahme die gleiche Farbe. Nimm ein anderes Pferd aus der Menge heraus – wieder haben die restlichen Pferde per Induktionsannahme die gleiche Farbe. Da die übrigen Pferde die Farbe in der Zwischenzeit nicht plötzlich gewechselt haben können, war es in beiden Fällen die gleiche Farbe, und alle $n + 1$ Pferde haben diese Farbe.

Aufgabe 8.5

Für boolesche Variablen A und B gelten die sogenannten *DeMorgan'schen Gesetze*: :

$$\begin{aligned} \neg(A \vee B) &= \neg A \wedge \neg B \\ \neg(A \wedge B) &= \neg A \vee \neg B \end{aligned}$$

Zeige, dass die Gesetzen gelten, indem Du alle möglichen Werte für A und B durchprobierst.

Aufgabe 8.6

Beweise mittels Induktion, dass über Folgen für $u, v \in M^*$ gilt:

$$\text{len}(\text{cat}(u, v)) = \text{len}(u) + \text{len}(v)$$

Dabei sei len die Länge von Folgen, definiert als:

$$\text{len}(f) \stackrel{\text{def}}{=} \begin{cases} 0 & \text{falls } f = \epsilon \\ \text{len}(f') + 1 & \text{falls } f = mf' \end{cases}$$

Aufgabe 8.7

Beweise durch Folgeninduktion:

$$\begin{aligned} \text{cat}(v, w) = \text{cat}(z, w) \Rightarrow v = z \\ \text{cat}(v, w) = \text{cat}(v, z) \Rightarrow w = z \end{aligned}$$

Aufgabe 8.8

Beweise die Korrektheit der Folgeninduktion aus Abschnitt 8.5.2 (Seite 231) mit Hilfe der vollständigen Induktion. Beschreibe dazu, wie sich eine Aussage über alle Folgen in eine Aussage über die Längen der Folgen umwandeln lässt. Setze dann die Klauseln der vollständigen Induktion mit den entsprechenden Klauseln der Folgeninduktion in Beziehung.

Aufgabe 8.9

Gib eine induktive Definition der umgangssprachlich definierten Funktion $\bar{\ }$ aus Abschnitt 8.8 (Seite 238) an.

Aufgabe 8.10

Gib eine Datendefinition für die aussagenlogischen Ausdrücke aus Abschnitt 8.8 an. Programmiere die Funktion $[\![\_]\!]$ sowie die Funktion $\bar{\ }$.

Aufgabe 8.11

Die *Fibonacci*-Funktion auf den natürlichen Zahlen ist folgendermaßen definiert:

$$\mathit{fib}(n) \stackrel{\text{def}}{=} \begin{cases} 0 & \text{falls } x = 0 \\ 1 & \text{falls } x = 1 \\ \mathit{fib}(n-2) + \mathit{fib}(n-1) & \text{sonst} \end{cases}$$

Beweise, dass $\mathit{fib}(n)$ die ganze Zahl ist, die am nächsten zu $\Phi^n/\sqrt{5}$ liegt, wobei $\Phi = (1+\sqrt{5})/2$.

Anleitung: Zeige, dass $\mathit{fib}(n) = (\Phi^n - \Psi^n)/\sqrt{5}$, wobei $\Psi = (1-\sqrt{5})/2$.

Aufgabe 8.12

Eine partielle Ordnung $\preccurlyeq$ auf einer Menge M heißt *wohlfundiert* oder *noethersch*, wenn es keine unendlichen Folgen $(x_i)_{i\in\mathbb{N}}$ gibt, so dass für alle $i \in \mathbb{N}$ gilt

$$x_{i+1} \preccurlyeq x_i \text{ und } x_{i+1} \neq x_i$$

auch geschrieben als:

$$x_{i+1} \prec x_i\,.$$

Das Beweisprinzip der *wohlfundierten* oder *noetherschen Induktion* ist dafür zuständig, die Gültigkeit einer Eigenschaft P auf M zu beweisen, wenn es eine wohlfundierte Ordnung $\preccurlyeq$ auf M gibt. Es besagt, dass es ausreicht, $P(z)$ unter der Voraussetzung nachzuweisen, dass $P(y)$ für alle Vorgänger y von z gilt. Anders gesagt:

$$\forall z \in M : (\forall y \in M : y \prec z \Rightarrow P(y)) \Rightarrow P(z)) \Rightarrow \forall x \in M : P(x)$$

Leite die vollständige und die strukturelle Induktion als Spezialfälle der wohlfundierten Induktion her.

9 HIGHER-ORDER-PROGRAMMIERUNG

Der renommierte Informatiker Paul Hudak wurde einst gefragt, was die drei wichtigsten Dinge beim Programmieren seien. Er antwortete: «Abstraktion, Abstraktion, Abstraktion». In der Tat ist das Mantra 4 auf Seite 45 eins der wichtigsten:

MANTRA 4
Wenn Du zwei Programmteile siehst, die sich nur an wenigen Stellen unterscheiden und die inhaltlich verwandt sind, abstrahiere!

In diesem Kapitel werden wir dieses Mantra konsequent anwenden. Dabei kommt oft eine besondere Art Funktion heraus: Funktionen, die andere Funktionen als Eingabe akzeptieren oder als Ausgabe liefern. Solche Funktionen heißen auch *Funktionen höherer Ordnung* oder *Higher-Order-Funktion*. Um die resultierende Art der Programmierung – die *Higher-Order-Programmierung* – geht es in diesem Kapitel.

9.1 FUSSBALL-FAKTEN ERMITTELN

`higher-order/soccer.rkt`	**Code**

Eine nahezu unerschöpfliche Quelle für Diskussionen stellen die Fußballergebnisse dar. Hier stellen sich so bedeutsame Fragen wie:

- Wie hat diese Saison Bayern München gegen 1. FC Kaiserslautern auswärts gespielt?[1]
- Wie viele Tore sind in dieser Saison gefallen?
- Welche Mannschaft ist abstiegsgefährdet?

All diese Informationen speisen sich aus Ergebnissen der Spiele einer Saison. Ein Spiel können wir folgendermaßen charakterisieren:

```
; Ein Spiel hat folgende Eigenschaften:
; - Spieltag
; - Heimmannschaft
; - Heimmannschaft-Tore
; - Gastmannschaft
; - Gastmannschaft-Tore
```

[1] Wir wissen, das ist schon eine Weile her.

Es handelt sich sichtlich um zusammengesetzte Daten. Wir müssen uns überlegen, welche Signaturen zu den einzelnen Bestandteilen passen. Spieltag und Tore sind allesamt natürliche Zahlen. Eine Mannschaft können wir durch ihren Namen als Zeichenkette repräsentieren. Das ergibt folgende Record-Definition:

```
(define-record game
  make-game game?
  (game-matchday natural)
  (game-home-team string)
  (game-home-goals natural)
  (game-guest-team string)
  (game-guest-goals natural))
```

Die Signatur `string` in einer Signatur ist ziemlich nichtssagend. (Das ist speziell bei `string` oft so.) Wenn wir zum Beispiel später noch Spielerinnen-Namen aufnehmen wollten, wären das vielleicht auch Zeichenketten. Um das in Signaturen zu unterscheiden, benutzen wir folgende Signaturdefinition:

```
; Eine Mannschaft ist durch ihren Namen identifiziert.
(define team (signature string))
```

Außerdem ersetzen wir in der Definition von game jeweils `string` durch game.

Es folgen hier beispielhaft die Ergebnisse des ersten Spieltags der Bundesliga-Saison 2009/2010:

```
(define game1 (make-game 1 "Wolfsburg" 2 "Stuttgart" 0))
(define game2 (make-game 1 "Mainz" 2 "Bayer 04" 2))
(define game3 (make-game 1 "Hertha" 1 "Hannover" 0))
(define game4 (make-game 1 "Bremen" 2 "Frankfurt" 3))
(define game5 (make-game 1 "Nürnberg" 1 "Schalke" 2))
(define game6 (make-game 1 "Dortmund" 1 "1. FC Köln" 0))
(define game7 (make-game 1 "Hoffenheim" 1 "Bayern" 1))
(define game8 (make-game 1 "Bochum" 3 "Gladbach" 3))
(define game9 (make-game 1 "Freiburg" 1 "Hamburg" 1))

(define day1
  (list game1 game2 game3 game4 game5 game6 game7 game8 game9))
```

Eine recht einfache Frage ist die Bestimmung der Punktzahl, welche die Gastgebermannschaft in einem bestimmten Spiel erzielt hat. Die Punktzahl ist zwar eine natürliche Zahl, es gibt aber nur drei Möglichkeiten: 0, 1 und 3. Wir können also eine präzisere Signatur als `points` definieren:

```
; Punktzahl in Spiel
(define points
  (signature (enum 0 1 3)))
```

Unsere Funktion für die Bestimmung der Punktzahl hat Kurzbeschreibung, Signatur, Tests und Gerüst wie folgt:

```
; Punktzahl für Heimmannschaft berechnen
(: home-points (game -> points))

(check-expect (home-points game1) 3)
(check-expect (home-points game2) 1)
(check-expect (home-points game3) 3)
(check-expect (home-points game4) 0)

(define home-points
  (lambda (game)
    ...))
```

Entsprechend der Signatur der Ausgabe fallen die Spiele in drei unterschiedliche Klassen, das heißt wir brauchen eine Verzweigung mit drei Zweigen entsprechend den drei möglichen Punktzahlen:

```
(define home-points
  (lambda (game)
    (cond
      (... 3)
      (... 0)
      (... 1))))
```

Die Bedingungen der drei Zweige kommen aus den Fußballregeln – wir müssen die Tore von Heim- und Gastmannschaft vergleichen:

```
(define home-points
  (lambda (game)
    (cond
      ((> (game-home-goals game) (game-guest-goals game)) 3)
      ((< (game-home-goals game) (game-guest-goals game)) 0)
      ((= (game-home-goals game) (game-guest-goals game)) 1))))
```

Das funktioniert schon korrekt, ist aber noch unelegant. Das (game-home-goals game) ist dreimal wiederholt – wir sollten eine lokale Definition einführen, damit es nur einmal dasteht. Ebenso für den Aufruf von game-guest-goals. Das sieht dann so aus:

```
(define home-points
  (lambda (game)
    (define goals1 (game-home-goals game))
    (define goals2 (game-guest-goals game))
    (cond
      ((> goals1 goals2) 3)
      ((< goals1 goals2) 0)
      ((= goals1 goals2) 1))))
```

Du könntest berechtigterweise fragen, warum die lokalen Variablen goals1 und goals2 heißen, und nicht home-goals und guest-goals heißen. Das wird bei der nächsten Funktion (hoffentlich) klar, welche die Punkte ausrechnet, die dem Gästeteam zustehen:

```
; Punktzahl für Gastmannschaft berechnen
(: guest-points (game -> points))

(define guest-points
  (lambda (game)
    (define goals1 (game-guest-goals game))
    (define goals2 (game-home-goals game))
    (cond
      ((> goals1 goals2) 3)
      ((< goals1 goals2) 0)
      ((= goals1 goals2) 1))))
```

Diese beiden Funktionen sind weitgehend identisch, der einzige Unterschied ist die Definition der lokalen Variablen goals1 und goals2. Eine solche Duplizierung von Code ist immer schlecht, vor allem, wenn sich etwas ändert. Theoretisch könnte der Fußballbund die Regeln für die Vergabe von Punkten ändern, und dann müssten wir beide Funktionen in gleicher Weise anpassen. Die Lösung für das Problem zeigt sich dadurch, dass wir aus dem gemeinsamen Code der beiden Funktionen eine neue Funktion machen, entsprechend dem Abstraktions-Mantra:

MANTRA 4
Wenn Du zwei Programmteile siehst, die sich nur an wenigen Stellen unterscheiden und die inhaltlich verwandt sind, abstrahiere!

Um zu abstrahieren, kopieren wir eine der beiden Funktionsdefinitionen und geben ihr einen neuen Namen, in diesem Fall `compute-points`:

```
(define compute-points
  (lambda (game)
    (define goals1 (game-guest-goals game))
    (define goals2 (game-home-goals game))
    (cond
      ((> goals1 goals2) 3)
      ((< goals1 goals2) 0)
      ((= goals1 goals2) 1))))
```

Nun identifizieren wir in der kopierten Funktion die Stellen, die sich bei den beiden ursprünglichen Funktionen unterscheiden und ersetzen diese Stellen durch neue Namen. Hier sind das gerade `game-guest-goals` und `game-home-goals`, wir ersetzen sie durch die Namen `get-goals-1` und `get-goals-2`:

```
(define compute-points
  (lambda (game)
    (define goals1 (get-goals-1 game))
    (define goals2 (get-goals-2 game))
    (cond
      ((> goals1 goals2) 3)
      ((< goals1 goals2) 0)
      ((= goals1 goals2) 1))))
```

Diese neuen Variablen sind noch ungebunden, wir müssen sie deshalb noch im **`lambda`** unterbringen:

```
(define compute-points
  (lambda (get-goals-1 get-goals-2 game)
    (define goals1 (get-goals-1 game))
    (define goals2 (get-goals-2 game))
    (cond
      ((> goals1 goals2) 3)
      ((< goals1 goals2) 0)
      ((= goals1 goals2) 1))))
```

Damit können wir die bisherigen Definitionen von `home-points` und `guest-points` ersetzen durch die folgenden:

```
(define home-points
  (lambda (game)
    (compute-points game-home-goals game-guest-goals game)))

(define guest-points
  (lambda (game)
    (compute-points game-guest-goals game-home-goals game)))
```

Diese neuen Definitionen lassen die Gemeinsamkeiten und Unterschiede beider Funktionen klar erkennen und vermeiden die doppelte Definition der Fußball-Punkteregeln.

Wichtig: Diese beiden Definitionen müssen *nach* der Definition von `compute-points` stehen, da davor `compute-points` noch nicht definiert ist.

Der neuen Funktion fehlt noch eine Signatur. Die Funktion akzeptiert drei Argumente. Das letzte hat die Signatur `game`. Die ersten beiden werden aus den Funktionen `game-home-goals` und `game-guest-goals` bestückt, die jeweils die Signatur `(game -> natural)` haben. Daraus können wir die Signatur für `compute-points` zusammensetzen:

```
(: compute-points ((game -> natural) (game -> natural) game ->
    points))
```

In der Signatur tauchen mehrere Pfeile auf, weil die Funktion `compute-points` ihrerseits zwei Funktionen als Argumente akzeptiert. Solche Funktionen mit mehreren Pfeilen in der Signatur heißen *Funktionen höherer Ordnung* oder *Higher-Order-Funktionen*.

Die Abstraktion bei der Entwicklung von `compute-points` hätten wir auch etwas anders anstellen können: Wir haben bei `compute-points` die beiden Parameter `get-goals-1` und `get-goals-2` zu dem schon bestehenden **`lambda`** hinzugefügt. Wir können stattdessen auch ein neues **`lambda`** einfügen. (Bei Definitionen, in denen noch kein **`lambda`** steht, müssten wir das sowieso.) Das sieht dann so aus:

```
(define make-compute-points
  (lambda (get-goals-1 get-goals-2)
    (lambda (game)
      (define goals1 (get-goals-1 game))
      (define goals2 (get-goals-2 game))
      (cond
        ((> goals1 goals2) 3)
        ((< goals1 goals2) 0)
        ((= goals1 goals2) 1)))))
```

Die Signatur dieser Funktion unterscheidet sich leicht von der Signatur von `compute-points`. Sie akzeptiert nicht mehr drei Argumente sondern nur zwei, aber liefert dafür eine Funktion, die von einem Spiel die Punkte liefert:

```
(: make-compute-points ((game -> natural) (game -> natural)
                        -> (game -> points)))
```

Mit der Funktion `make-compute-points` können wir ebenfalls alternative Definitionen von `home-points` und `guest-points` schreiben. Auf den ersten Blick ist das umständlich, wenn wir das genauso machen wie mit `compute-points`, da wir noch mehr Klammern brauchen:

```
(define home-points
  (lambda (game)
    ((make-compute-points game-home-goals game-guest-goals) game)))

(define guest-points
  (lambda (game)
    ((make-compute-points game-guest-goals game-home-goals) game)))
```

Vielleicht fällt Dir aber das Muster auf, das diese beiden Definitionen gemeinsam haben:

```
(define f
  (lambda (x)
    (g x)))
```

Das heißt, wenn das Programm `f` aufruft, ruft diese Funktion direkt g auf, mit der gleichen Eingabe: `f` und g sind also äquivalent, und wir könnten genauso gut schreiben:

```
(define f g)
```

Das gleiche Prinzip können wir auch auf `home-points` und `guest-points` anwenden:

```
(define home-points
  (make-compute-points game-home-goals game-guest-goals))

(define guest-points
  (make-compute-points game-guest-goals game-home-goals))
```

Man kann auch schön an der Signatur von `make-compute-points` sehen, dass diese als Resultat eine Funktion mit Signatur `(game -> points)` liefert, das ist gerade die gewünschte Signatur von `home-points` und `guest-points`.

Vielleicht hast Du Dich über den Namen `make-compute-points` gewundert: Während die Funktion `compute-points` direkt eine Punktzahl berechnet, macht `make-compute-points` eine Funktion, welche die Punktzahl berechnet: Darum der Präfix `make-`. Es handelt sich also um eine Art «Funktionsfabrik».

AUFGABE 9.1

Wir hätten das neue **`lambda`** auch unterhalb des alten **`lambda`** einfügen können statt oberhalb. Welche Signatur hätte die Funktion `make-compute-points` dann? Warum ist das keine so gute Idee? □

Die Abstraktionstechnik, die wir für die Konstruktion der Funktionen `compute-points` und `make-compute-points` verwendet haben, wenden wir in diesem Buch noch öfter an. Sie verdient deshalb eine eigene Konstruktionsanleitung:

KONSTRUKTIONSANLEITUNG 20 (ABSTRAKTION)

Wenn Du zwei Definitionen geschrieben hast, die inhaltlich verwandt sind und viele Ähnlichkeiten aufweisen, abstrahiere wie folgt:

1. Kopiere eine der beiden Definitionen und gib ihr einen neuen Namen.
2. Ersetze die Stellen, bei denen sich die beiden Definitionen unterscheiden, jeweils durch eine neue Variable.
3. Füge die neuen Variablen als Parameter zum **`lambda`** der Definition hinzu oder füge ein neues **`lambda`** mit diesen Parametern ein. Du musst gegebenenfalls rekursive Aufrufe der Funktion anpassen.
4. Schreibe eine Signatur für die neue Funktion.
5. Ersetze die beiden alten Definitionen durch Aufrufe der neuen Definition.

9.2 HIGHER-ORDER-FUNKTIONEN AUF LISTEN

`higher-order/list.rkt` **Code**

Als Nächstes wollen wir herausbekommen, welche Spiele einer Saison unentschieden ausgingen. Dazu ist zunächst eine Funktion notwendig, die feststellt, ob *ein* bestimmtes Spiel unentschieden war:

```
; Ist Spiel unentschieden?
(: game-draw? (game -> boolean))
```

```
(define game-draw?
  (lambda (g)
    (= 1 (home-points g))))
```

Die Spiele der Saison liegen in einer Liste, wir schreiben also eine Funktion, die aus einer Liste von Spielen die unentschiedenen herausholt. Kurzbeschreibung, Signatur und Gerüst folgen der Konstruktionsanleitung für Funktionen auf Listen. Hier ist die Schablone:

```
; Unentschiedene Spiele rausfiltern
(: drawn-games ((list-of game) -> (list-of game)))

(check-expect (drawn-games day1) (list game2 game7 game8 game9))

(define drawn-games
  (lambda (list)
    ...))
```

Die Funktion hat eine Liste als Eingabe, es kommt also die entsprechende Schablone zur Anwendung:

```
(define drawn-games
  (lambda (list)
    (cond
      ((empty? list) ...)
      ((cons? list)
       ... (first list) ...
       ... (drawn-games (rest list)) ...))))
```

Der rekursive Aufruf liefert die unentschiedenen Spiele des Rests, wir müssen also nur noch beim ersten Spiel entscheiden, ob es unentschieden ausging:

```
(define drawn-games
  (lambda (list)
    (cond
      ((empty? list) ...)
      ((cons? list)
       ... (game-draw? (first list)) ...
       ... (drawn-games (rest list)) ...))))
```

Die Funktion `game-draw?` liefert einen booleschen Wert, den können wir eigentlich nur in eine binäre Verzweigung stecken:

```
(define drawn-games
  (lambda (list)
    (cond
      ((empty? list) ...)
      ((cons? list)
       (if (game-draw? (first list))
           ...
           ...)
       ... (drawn-games (rest list)) ...))))
```

Abhängig davon, ob das Spiel unentschieden ist oder nicht, bringen wir es im Ergebnis unter:

```
(define drawn-games
  (lambda (list)
    (cond
      ((empty? list) empty)
      ((cons? list)
       (if (game-draw? (first list))
           (cons (first list) (drawn-games (rest list)))
           (drawn-games (rest list)))))))
```

Analog zu `drawn-games` schreiben wir nun eine Funktion, die alle Spiele aus einer Liste extrahiert, die die Heimmannschaft gewonnen hat. Dazu brauchen wir eine Funktion analog zu `game-draw?`:

```
; Hat die Heimmannschaft gewonnen?
(: home-won? (game -> boolean))

(check-expect (home-won? game1) #t)
(check-expect (home-won? game2) #f)
(check-expect (home-won? game4) #f)

(define home-won?
  (lambda (game)
    (= 3 (home-points game))))
```

Die Funktion `home-won-games` entsteht analog zu `drawn-games`.

```
; Spiele herausfiltern, bei denen die Heimmannschaft gewann
(: home-won-games ((list-of game) -> (list-of game)))

(check-expect (home-won-games day1) (list game1 game3 game6))

(define home-won-games
  (lambda (list)
    (cond
      ((empty? list) empty)
      ((cons? list)
       (if (home-won? (first list))
           (cons (first list)
                 (home-won-games (rest list)))
           (home-won-games (rest list)))))))
```

Die beiden Funktionen `drawn-games` und `home-won-games` sind bis auf den Namen fast identisch. Der einzige Unterschied ist, dass an der Stelle von `game-draw?` in der zweiten Funktion `home-won?` steht. Darüber können wir nach Konstruktionsanleitung 20 auf Seite 252 abstrahieren. Dazu kopieren wir die letzte Funktion und denken uns einen neuen Namen aus – da es in beiden Fällen ums «extrahieren» geht, nehmen wir `extract-games`:

```
(define extract-games
  (lambda (list)
    (cond
      ((empty? list) empty)
      ((cons? list)
       (if (home-won? (first list))
           (cons (first list)
                 (extract-games (rest list)))
           (extract-games (rest list)))))))
```

Als Nächstes müssen wir die Stelle, die sich bei beiden Definitionen unterscheidet (`game-draw?` beziehungsweise `home-won?`), durch eine neue Variable bezeichnen. Die nennen wir `f?`:

```
(define extract-games
  (lambda (list)
    (cond
      ((empty? list) empty)
```

```
      ((cons? list)
       (if (f? (first list))
           (cons (first list)
                 (extract-games (rest list)))
           (extract-games (rest list)))))))
```

Als Nächstes müssen wir die neue Variable als Parameter zum **lambda** hinzufügen. Aufpassen: Die beiden rekursiven Aufrufe müssen ebenfalls um den Parameter erweitert werden:

```
(define extract-games
  (lambda (f? list)
    (cond
      ((empty? list) empty)
      ((cons? list)
       (if (f? (first list))
           (cons (first list)
                 (extract-games f? (rest list)))
                 (extract-games f? (rest list)))))))
```

(Es ist Geschmackssache, ober der neue Parameter vor oder hinter die alten kommt.)

Die Funktionsdefinition ist damit fertig, aber wir müssen noch eine Signatur schreiben. Wir fangen mit der Signatur von `home-won-games` an und erweitern um den zusätzlichen Parameter:

```
(: extract-games (... (list-of game) -> (list-of game)))
```

Der zusätzliche Parameter ist `f?`, den wir für `game-draw?` und `home-won?` eingesetzt haben. Diese beiden Funktionen haben die Signatur `(game -> boolean)`, das können wir also für die Ellipse einsetzen:

```
(: extract-games ((game -> boolean) (list-of game) -> (list-of game)))
```

Nun können wir Aufrufe der alten Funktionen durch Aufrufe der neuen ersetzen. Wir tun das, indem wir die Testfälle für `drawn-games` und `home-won-games` anpassen:

```
(check-expect (extract-games game-draw? day1)
              (list game2 game7 game8 game9))
              (check-expect (extract-games home-won? day1)
              (list game1 game3 game6))
```

Fertig!

Vielleicht hast Du das Gefühl, das Muster der Funktion `extract-games` schon gesehen zu haben. In der Tat sieht die Funktion `live-dillos` in Abschnitt 6.6.2 auf Seite 6.6.2 ebenfalls den Funktionen `drawn-games` und `home-won-games` sehr ähnlich. Hier ist sie noch einmal zur Erinnerung:

```
(: live-dillos ((list-of dillo) -> (list-of dillo)))

(define live-dillos
  (lambda (dillos)
    (cond
      ((empty? dillos) empty)
      ((cons? dillos)
       (if (dillo-alive? (first dillos))
           (cons (first dillos)
                 (live-dillos (rest dillos)))
           (live-dillos (rest dillos)))))))
```

Und tatsächlich – wenn wir `dillos` in `list` umbenennen und den gleichen Abstraktionsprozess wie bei `drawn-games` und `home-won-games` durchlaufen, dann entsteht die identische Funktionsdefinition zu `extract-games`. Allerdings gibt es dann immer noch einen Unterschied – die Signaturen sind unterschiedlich. Die Funktion `extract-games` kann nur Listen von Spielen verarbeiten, während `live-dillos` eine Liste von Gürteltieren akzeptiert. Können auch darüber – einmal `game`, das andere Mal `dillo` – abstrahieren?

Können wir! Dazu sollten wir die Funktion noch umbenennen, wir wählen `extract-list` statt `extract-games`. Vor allem aber müssen wir die Signatur ändern, die bisher auf `game` abonniert ist. Auf Signaturebene abstrahieren wir durch Signaturvariablen und ersetzen einfach mal probehalber jedes `game` durch `%a`:

```
(: extract-list ((%a -> boolean) (list-of %a) -> (list-of %a)))
```

Diese Funktion können wir nun versuchen zu verstehen: Sie akzeptiert eine Liste von `%a`s und eine Funktion, die `%a`s akzeptiert. Man kann daran fast schon sehen, was die Funktion macht: Das einzige, was sie mit der Funktion anfangen kann, ist sie auf die Elemente der Liste anzuwenden – sonst gibt es ja weit und breit keine anderen `%a`s. Dass die Funktion einen booleschen Wert produziert, suggeriert schon, dass anhand dieses Werts unterschieden wird. Die Signatur liefert also wertvolle Informationen darüber, was die Funktion macht – wenn auch nicht alle.

AUFGABE 9.2

Schreibe eine andere sinnvolle Funktion mit der gleichen Signatur wie `extract-list`! □

Wir betrachten noch eine weitere Anwendung von `extract-list`: Wir wollen aus einer Liste von Spielen die Spiele extrahieren, an denen eine bestimmte Mannschaft teilgenommen hat. Auch dazu definieren wir eine Hilfsfunktion, die feststellt, ob eine Mannschaft bei einem Spiel die Heim- oder die Gastmannschaft ist:

```
; Spielt Mannschaft bei Spiel?
(: plays-game? (team game -> boolean))

(check-expect (plays-game? "Wolfsburg" game1) #t)
(check-expect (plays-game? "Stuttgart" game1) #t)
(check-expect (plays-game? "Hannover" game1) #f)

(define plays-game?
  (lambda (team game)
    (or (string=? team (game-home-team game))
        (string=? team (game-guest-team game)))))
```

Nehmen wir an, wir wollen alle Spiele mit Beteiligung von Nürnberg extrahieren, indem wir die Funktion `extract-list` verwenden. Dafür brauchen wir eine Funktion mit Signatur `(game -> boolean)`. Die können wir folgendermaßen definieren:

```
; Spielt Nürnberg mit?
(: plays-nürnberg? (game -> boolean))

(check-expect (plays-nürnberg? game1) #f)
(check-expect (plays-nürnberg? game5) #t)

(define plays-nürnberg?
  (lambda (game)
    (plays-game? "Nürnberg" game)))
```

Damit können wir zum Beispiel alle Nürnberg-Spiele aus der Saison extrahieren:

```
(extract-list plays-nürnberg? season-2009/2010)
```

Soweit so gut. Aber was, wenn wir auch die Spiele des HSV extrahieren wollen? Wir könnten eine Funktion `plays-hamburg?` definieren, aber wenn wir viele solcher Anfragen stellen, wird es auf Dauer umständlich, für jeden Verein extra eine Definiton zu schreiben.

Einfacher ist es, stattdessen die Funktion, die wir an `extract-list` übergeben, «ad hoc» mit einem `lambda` zu konstruieren:

```
(extract-list (lambda (game) (plays-game? "Nürnberg" game))
              season-2009/2010)
(extract-list (lambda (game) (plays-game? "Hamburg" game))
              season-2009/2010)
```

Wir sind von der Signatur her vorgegangen: `extract-list` erwartet eine Funktion mit einem Parameter der Signatur `game`, also schreiben wir ein **`lambda`** mit einem entsprechenden Parameter. Wir wollen alle Spiele extrahieren, bei denen Nürnberg beziehungsweise Hamburg dabei ist, also schreiben wir den entsprechenden Ausdruck in den Rumpf.

AUFGABE 9.3

Schreibe eine Funktion `games-playing`, die alle Spiele aus einer Liste extrahiert, bei denen eine bestimmte Mannschaft dabei war. □

Die Funktion `extract-list` ist so praktisch, dass sie unter dem Namen `filter` fest eingebaut ist.

9.3 LISTEN UMWANDELN

Bestimmte Fußballstatistiken beschäftigen sich damit, wieviele Tore in einem Spiel, an einem Spieltag oder in einer ganzen Saison geschossen wurden. Grundlage dafür ist die Anzahl Tore eines einzelnen Spiels. Hier sind Kurzbeschreibung, Signatur, Tests und Gerüst dafür:

```
; Gesamttore eines Spiels berechnen
(: total-goals (game -> natural))

(check-expect (total-goals game1) 2)
(check-expect (total-goals game2) 4)

(define total-goals
  (lambda (game)
    ...))
```

Als Schablone machen wir davon Gebrauch, dass die Eingabe zusammengesetzte Daten sind:

```
(define total-goals
  (lambda (game)
```

```
    ... (game-matchday game) ...
    ... (game-home-team game) ...
    ... (game-home-goals game) ...
    ... (game-guest-team game) ...
    ... (game-guest-goals game) ...))
```

Für die Gesamt-Torzahl benötigen wir nur `(game-home-goals game)` und `(game-guest-goals game)`, die addiert werden:

```
(define total-goals
  (lambda (game)
    (+ (game-home-goals game)
       (game-guest-goals game))))
```

Als Nächstes wollen wir die Gesamttore jeweils aller Spiele eines Spieltags herausbekommen. Dazu wollen wir aus einer Liste der Spiele eine Liste der zugehörigen Gesamttore machen:

```
; Gesamttore in einer Liste von Spielen berechnen
(: list-total-goals ((list-of game) -> (list-of natural)))
```

Das erste Element des Ergebnisses soll die Toranzahl des ersten Spiels der Eingabeliste sein, das zweite Element die Toranzahl des zweiten Spiels undsoweiter. Dieser Test illustriert die Funktionsweise:

```
(check-expect (list-total-goals day1)
              (list 2 4 1 5 3 1 2 6 2))
```

Es folgt das Gerüst mit der obligatorischen Schablone für Funktionen auf Listen:

```
(define list-total-goals
  (lambda (list)
    (cond
      ((empty? list) ...)
      ((cons? list)
       ... (first list)
       ... (list-total-goals (rest list)) ...))))
```

Falls die Eingabe eine leere Liste ist, so kann auch die Ausgabe nur leer sein. Im anderen Zweig steht in der Schablone das erste Spiel: von dem muss die Funktion die Toranzahl ermitteln, für den Rest ist das schon passiert. Die beiden Ergebnisse kombinieren wir mit `cons`:

```
(define list-total-goals
  (lambda (list)
```

```
    (cond
      ((empty? list) empty)
      ((cons? list)
       (cons (total-goals (first list))
             (list-total-goals (rest list)))))))
```

AUFGABE 9.4

Benutze die Funktion `list-sum` aus Abschnitt 6.1 auf Seite 176, um eine Funktion zu schreiben, welche die durchschnittliche Toranzahl einer Liste von Spielen berechnet. □

Fans sind vielleicht weniger an Gesamttoren interessiert als an den Toren ihrer Mannschaft. Damit wir uns da einen Überblick verschaffen können, benötigen wir wieder erst einmal eine Funktion, welche für ein einzelnes Spiel die Anzahl der Tore einer bestimmten Mannschaft berechnet:

```
; Tore einer Mannschaft aus einem Spiel berechnen
(: team-goals (team game -> natural))

(check-expect (team-goals "Wolfsburg" game1) 2)
(check-expect (team-goals "Stuttgart" game1) 0)
```

Was soll passieren, wenn die gewünschte Mannschaft bei dem Spiel nicht dabei war? Ein Fehler:

```
(check-error (team-goals "Hannover" game1))
```

Gerüst und Schablone machen wieder davon Gebrauch, dass `game` zusammengesetzte Daten sind:

```
(define team-goals
  (lambda (team game)
    ... (game-matchday game) ...
    ... (game-home-team game) ...
    ... (game-home-goals game) ...
    ... (game-guest-team game) ...
    ... (game-guest-goals game) ...))
```

Außerdem gibt es eine Fallunterscheidung in den Daten, je nachdem, ob die gesuchte Mannschaft die Heim- oder die Gastmannschaft ist, was zu einer Verzweigung mit zwei Zweigen führt:

```
(define team-goals
  (lambda (team game)
```

```
    (cond
      ((string=? team (game-home-team game))
       (game-home-goals game))
      ((string=? team (game-guest-team game))
       (game-guest-goals game)))))
```

Jetzt wollen wir auch diese Funktion benutzen, um eine ganze Liste von Spielen, bei denen eine bestimmte Mannschaft mitspielt, in die Liste der Tore dieser Mannschaft verwandelt. Signatur und Kurzbeschreibung sehen so aus:

```
; Tore einer Mannschaft aus einer Liste von Spielen auflisten
(: list-team-goals (team (list-of game) -> (list-of natural)))
```

AUFGABE 9.5

Schreibe einen Testfall, der eine Liste der Tore von Hamburg in einer Saison berechnet. Benutze dazu `filter`! □

Gerüst und Schablone sehen so aus:

```
(define list-team-goals
  (lambda (team list)
    (cond
      ((empty? list) ...)
      ((cons? list)
      ... (first list) ...
      ... (list-team-goals team (rest list)) ...))))
```

Und wieder kommt bei einer leeren Liste als Eingabe eine leere Liste heraus, und wir wenden im `cons`-Fall die zuvor geschriebene Hilfsfunktion auf das erste Element an und bauen mit `cons` die Ergebnis-Liste:

```
(define list-team-goals
  (lambda (team list)
    (cond
      ((empty? list) empty)
      ((cons? list)
       (cons (team-goals team (first list))
             (list-team-goals team (rest list)))))))
```

Fertig! Allerdings ruft das Abstraktions-Mantra: Die beiden Funktionen `list-total-goals` und `list-team-goals` ähneln sich stark. Sie unterscheiden sich nur darin, dass erstere `total-goals` auf dem ersten Element der Liste aufruft und die zweite `team-goals`.

Um zu abstrahieren, gehen wir wieder nach Konstruktionsanleitung 20 auf Seite 252 vor. Wir kopieren eine der beiden Funktionen (wir nehmen die erste) und geben ihr einen neuen Namen:

```
(define list-apply
  (lambda (list)
    (cond
      ((empty? list) empty)
      ((cons? list)
       (cons (total-goals (first list))
             (list-apply (rest list)))))))
```

Die Funktion heißt `list-apply`, weil sie eine Funktion auf alle Elemente einer Liste anwendet.

Als Nächstes müssen wir eine Variable dort einführen, wo die beiden Funktionen sich unterscheiden, nämlich bei `total-goals`. Wir nennen die Funktion einfach `f`:

```
(define list-apply
  (lambda (list)
    (cond
      ((empty? list) empty)
      ((cons? list)
       (cons (f (first list))
             (list-apply (rest list)))))))
```

Nun müssen wir die neue Variable noch im **`lambda`** unterbringen, ohne zu vergessen, sie auch im rekursiven Aufruf aufzuführen:

```
(define list-apply
  (lambda (f list)
    (cond
      ((empty? list) empty)
      ((cons? list)
       (cons (f (first list))
             (list-apply f (rest list)))))))
```

AUFGABE 9.6

Ändere die Definition von `list-total-goals` so, dass sie `list-apply` benutzt. □

Wir brauchen noch eine Signatur für die neue Funktion. Wir versuchen sie mal, «von null» zu konstruieren, indem wir aufschreiben, was wir wissen. Wir wissen, dass `list-apply` zwei Argumente hat, von denen das erste eine einstellige Funktion und das zweite eine Liste ist. Außerdem produziert die Funktion auch eine Liste als Ergebnis. Das sieht schriftlich so aus:

```
(: list-apply ((... -> ...) (list-of ...) -> (list-of ...)))
```

Wir haben zwar über zwei Funktionen abstrahiert, die sich mit Spielen beschäftigen. Aber die entstandene Funktion `list-apply` hat nichts Fußball-spezifisches mehr an sich. Wir wissen also nichts über die Signatur der Elemente der Eingabeliste. Wir schreiben dort also eine Signaturvariable hin:

```
(: list-apply ((... -> ...) (list-of %element) -> (list-of ...)))
```

Nun wissen wir, dass die Elemente der Eingabeliste als Eingabe für die Funktion `f` verwendet werden, wir können also auch dort `%element` hinschreiben:

```
(: list-apply ((%element -> ...) (list-of %element)
               -> (list-of ...)))
```

Die Definition von `list-apply` legt auch für das Ergebnis von `f` keine Signatur fest. Wir schreiben also auch da eine Signaturvariable hin:

```
(: list-apply ((%element -> %result) (list-of %element)
               -> (list-of ...)))
```

Es fehlt nur noch die Signatur für die Elemente der Ergebnisliste. Dafür müssen wir den Aufruf von `cons` betrachten, dessen erstes Argument gerade das Ergebnis des Aufrufs von `f` ist. Dort muss deshalb auch `%result` hin:

```
(: list-apply ((%element -> %result) (list-of %element)
               -> (list-of %result)))
```

Bei solchen Signaturen, in denen überhaupt nichts über die Signaturvariablen bekannt ist, ist es üblich, kürzere Namen für die Signaturvariablen zu wählen, zum Beispiel so:

```
(: list-apply ((%a -> %b) (list-of %a) -> (list-of %b)))
```

Fertig!

AUFGABE 9.7

Schreibe auch `list-team-goals` so um, dass es `list-apply` verwendet. Du musst einen ähnlichen Trick verwenden wie bei der Kombination von `extract-list` und `plays-game?` im vorigen Abschnitt auf Seite 258. □

Die Funktion `list-apply` ist ähnlich praktisch wie `filter` aus dem vorigen Abschnitt und ist darum unter dem Namen `map` fest eingebaut.

9.4 LISTEN ZUSAMMENFALTEN

In Abschnitt 6.1 haben wir auf Seite 176 die Funktionen `list-sum` und `list-product` geschrieben, welche die Summe einer Liste von Zahlen bildet:

```
; Summe der Elemente einer Liste von Zahlen berechnen
(: list-sum ((list-of number) -> number))

(define list-sum
  (lambda (list)
    (cond
      ((empty? list) 0)
      ((cons? list)
       (+ (first list) (list-sum (rest list)))))))

; Produkt der Elemente einer Liste von Zahlen berechnen
(: list-product (list-of-numbers -> number))

(define list-product
  (lambda (list)
    (cond
      ((empty? list) 1)
      ((cons? list)
       (* (first list) (list-product (rest list)))))))
```

Die Definitionen von `list-sum` und `list-product` unterscheiden sich, bis auf den Namen, nur an zwei Stellen: im Zweig für `empty`, wo das jeweilige neutrale Element steht, und im Zweig für `cons`, wo die Funktion steht, die benutzt wird, um das erste Element mit dem Ergebnis des rekursiven Aufrufs zu kombinieren. Es ist also eine gute Idee zu abstrahieren! Wir gehen wieder nach Konstruktionsanleitung 20 auf Seite 252 vor. Weil wir noch nicht genau wissen, was die Funktion machen wird, nennen wir sie `xxx` in der Hoffnung, dass uns später ein besserer Name einfällt:

```
(define xxx
  (lambda (list)
```

```
    (cond
      ((empty? list) 1)
      ((cons? list)
       (* (first list) (xxx (rest list)))))))
```

Als Nächstes müssen wir die Unterschiede zwischen den beiden Funktionen durch neue Variablen ersetzen, das sind hier gerade `1` und `*`. Die neuen Variablen nennen wir `for-empty` und `for-cons`, weil sie in den Zweigen für `empty` respektive `cons` stehen:

```
(define xxx
  (lambda (list)
    (cond
      ((empty? list) for-empty)
      ((cons? list)
       (for-cons (first list) (xxx (rest list)))))))
```

Für den nächsten Schritt fügen wir die neuen Variablen zum bestehenden **`lambda`** hinzu. Wir müssen wieder darauf achten, die Variablen auch zum rekursiven Aufruf hinzuzufügen:

```
(define xxx
  (lambda (for-empty for-cons list)
    (cond
      ((empty? list) for-empty)
      ((cons? list)
       (for-cons (first list)
                 (xxx for-empty for-cons (rest list)))))))
```

Diese Funktion kann sowohl die Aufgabe von `list-sum` als auch die von `list-product` erledigen:

```
(xxx 0 + (list 1 2 3 4))
↪ 10
```

und so aufmultiplizieren:

```
(xxx 1 * (list 1 2 3 4))
↪ 24
```

Als Nächstes steht nach Konstruktionsanleitung die Signatur für die neue Funktion an. Es liegt nahe, die Signatur von `list-sum` beziehungsweise `list-product` zu verallgemeinern. Für den neuen Parameter `for-empty` verwenden wir die Signatur von `0` und `1`, also `number`. Für `for-cons` verwenden wir die Signatur von `+` und `*`, also `(number number -> number)`:

```
(: xxx (number (number number -> number) (list-of number) -> number))
```

Bei näherer Betrachtung steht aber in der Definition von xxx allerdings nichts «zahlenspezifisches», wir könnten also versuchen, number durch eine Signaturvariable zu ersetzen, wie wir es auch bei list-apply beziehungsweise map im vorigen Abschnitt gemacht haben:

```
(: xxx (%a (%a %a -> %a) (list-of %a) -> %a))
```

Das heißt, wir könnten versuchen, xxx mit etwas aufzurufen, das keine Liste von Zahlen ist. Wir brauchen dafür ein passendes zweites Argument, also eine Funktion, deren Signatur die Form (%a %a -> %a) hat. Ein Beispiel ist die Funktion append, die zwei Listen aneinanderhängt und folgende Signatur hat:

```
((list-of %element) (list-of %element) -> (list-of %element))
```

Weil wir (list-of %element) für %a einsetzen, brauchen wir als weitere Argumente für xxx noch eine Liste als erstes und eine Liste von Listen als drittes Argument. Das könnte so aussehen:

```
(xxx empty append (list (list 1 2 3) (list 4 5 6) (list 7 8 9)))
↪ #<list 1 2 3 4 5 6 7 8 9>
```

Wir können also xxx benutzen, um eine Liste von Listen «flachzuklopfen».

Aber ist das schon die beste Signatur für xxx? Wir können wie bei list-map untersuchen, ob die %as tatsächlich alle gleich sein müssen. Um das herauszubekommen, könnten wir mal annehmen, sie seien alle verschieden:

```
(: xxx (%a (%b %c -> %d) (list-of %e) -> %f))
```

Wenn wir aber die Definition von xxx genau anschauen, dann sehen wir, dass jeweils einige Signaturvariablen gleich sein müssen:

- Die Signatur %a von for-empty muss die gleiche sein wie %f, weil for-empty als Ergebnis von xxx verwendet wird.
- Die Signatur %b des ersten Arguments von for-cons muss die gleiche sein wie die der Listenelemente %a, weil als erstes Argument (first list) verwendet wird.
- Die Signatur %c des Arguments von for-cons muss die gleiche sein wie %f, weil das Ergebnis von xxx dort verwendet wird.
- Die Signatur %d des Ergebnisses von for-cons muss ebenfalls die gleiche sein wie %f, weil der Aufruf von for-cons als Ergebnis von xxx verwendet wird.

Aber immerhin müssen %a und %b nicht gleich sein. Es bleibt:

```
(: xxx (%a (%b %a -> %a) (list-of %b) -> %a))
```

AUFGABE 9.8

Verfolge die Auswertung von

```
(xxx 0 + (list 1 2 3))
```

im Stepper! □

Im Stepper kannst Du sehen, dass xxx folgendermaßen arbeitet:

(xxx e c #<list a_1 ... a_n >)
$\hookrightarrow \ldots \hookrightarrow$
(c a_1 (c a_2 (... (c a_n u) ...)))

Im Fall von 0 und + wird die Liste dann zu einem einzelnen Wert reduziert oder «zusammengefaltet», weswegen wir die Funktion `list-fold` nennen.

Die Funktionsweise von `list-fold` können wir daran veranschaulichen, dass sich die ursprüngliche Liste auch als

(cons a_1 (cons a_2 (... (cons a_n empty ...)))

schreiben lässt. Das heißt, an die Stelle von `cons` tritt c und an die Stelle von `empty` tritt e.

AUFGABE 9.9

Kannst Du daraus ableiten, was hierbei herauskommt, ohne DrRacket zu benutzen?

```
(list-fold empty cons (list 1 2 3))
```

□

Eine andere, praktische Darstellung von `list-fold` ist, die Gleichung mit dem Operator *zwischen* den Operanden zu schreiben (und nicht davor). Um das deutlich zu machen, schreiben wir für `for-cons` nicht c sondern $\odot$:

(list-fold c $\odot$ #<list a_1 ... a_n>)
$\hookrightarrow \ldots \hookrightarrow$
$a_1 \odot (a_2 \odot (\ldots (a_n \odot e) \ldots))$

Die Funktion `list-fold` ist erstaunlich vielseitig und kann die Aufgaben vieler anderer Funktionen auf Listen erledigen. Zum Beispiel können wir uns `list-apply` noch einmal vorknöpfen und versuchen, die Definition mit `list-fold` zu schreiben. Hier zur Erinnerung die bisherige Fassung:

```
(define list-apply
  (lambda (f list)
    (cond
      ((empty? list) empty)
      ((cons? list)
       (cons (f (first list))
             (list-apply f (rest list)))))))
```

Wir wollen `list-apply` in folgende Form umschreiben:

```
(define list-apply
  (lambda (f list)
    (list-fold ...
               ...
               list)))
```

Wir müssen passende Werte für die beiden Parameter von `list-fold` finden, `for-empty` und `for-cons`. In `list-apply` steht im `empty`-Zweig `empty`.

Bei `for-cons` ist es nicht so offensichtlich. Wir können uns aber an der Signatur orientieren. Gefragt ist eine Funktion mit zwei Argumenten: das erste ist das erste Listenelement, das zweite das Resultat des rekursiven Aufrufs. Wir können also so anfangen:

```
(define list-apply
  (lambda (f list)
    (list-fold empt
               (lambda (first-list result)
                 ...)
               list)))
```

Im Rumpf des neuen **`lambda`** müssen wir nun Code hinschreiben, der dem Code aus `list-apply` im `cons`-Zweig entspricht, also:

```
       (cons (f (first list))
             (list-apply f (rest list)))
```

Allerdings müssen wir die Parameter aus dem **`lambda`** benutzen, also `first-list` und `result`: `first-list` ist gerade der Wert von `(first-lits)`, `result` das Resultat des rekursiven Aufrufs. Wir ersetzen also «rückwärts»:

```
(define list-apply
  (lambda (f list)
```

```
(list-fold empty
           (lambda (first-list result)
             (cons (f first-list)
                   result))
           list)))
```

Fertig!

AUFGABE 9.10

Schreibe auf die gleiche Weise `extract-list` mit Hilfe von `list-fold` um! □

Die Funktion `list-fold` ist so praktisch, dass auch sie fest eingebaut ist, und zwar unter dem Namen `fold`.

9.5 SCHÖNFINKELN

Vielleicht erinnerst Du Dich an die Funktion `plays-game?` auf Seite 258. Wir haben sie geschrieben, um mit Hilfe von `extract-list` Spiele zu extrahieren, bei denen eine bestimmte Mannschaft mitspielt. Allerdings konnten wir `plays-game?` nicht direkt mit `extract-list` verwenden, weil `extract-list` eine einstellige Funktion akzeptiert, `plays-game?` aber zweistellig ist. Wir mussten **`lambda`** verwenden, um eine passende Funktion zu konstruieren. Zur Erinnerung, das sah so aus:

```
(extract-list (lambda (game) (plays-game? "Nürnberg" game))
              season-2009/2010)
(extract-list (lambda (game) (plays-game? "Hamburg" game))
              season-2009/2010)
```

Die beiden **`lambda`**s sind bis auf den Namen der Mannschaft fast identisch, das schreit mal wieder nach Abstraktion! Dafür brauchen wir eine Funktion, die solche **`lambda`**s wie oben erzeugt. Wenn wir eins davon kopieren und gerade die unterschiedliche Stelle durch eine Variable ersetzen, sieht das so aus:

```
(lambda (game) (plays-game? team game))
```

Jetzt müssen wir noch `team` irgendwo binden. Es ist nicht sinnvoll, es zum existierenden **`lambda`** hinzuzufügen – dann hätten wir wieder eine zweistellige Funktion. Stattdessen machen wir ein **`lambda`** drumherum und geben dem ganzen einen Namen:

```
(define plays-game?/team
  (lambda (team)
    (lambda (game) (plays-game? team game))))
```

(Der Schrägstrich gehört ganz normal zum Namen.)

Diese Funktion akzeptiert eine Mannschaft und liefert wieder eine Funktion, die für das Spiel einen booleschen Wert liefert. Sie hat also folgende Signatur:

```
(: plays-game?/team (team -> (game -> boolean)))
```

Jetzt können wir die Aufrufe von `extract-list` mit Hilfe von `plays-game?/team` schreiben:

```
(extract-list (plays-game?/team "Nürnberg")
              season-2009/2010)
(extract-list (plays-game?/team "Hamburg")
              season-2009/2010)
```

Eine ähnliche Konstruktion können wir für `team-goals` durchführen, um es zum Beispiel einfacher mit `list-apply` zu verwenden. Dabei kommt folgende Definition heraus:

```
(: team-goals/team (team -> (game -> natural)))
(define team-goals/team
  (lambda (team)
    (lambda (game)
      (team-goals team game))))
```

Wir können wieder abstrahieren, über `plays-game?/team` und `team-goals/team` – die sind identisch bis auf die Funktion, die am Ende aufgerufen wird. Wir kopieren also wieder und ersetzen sie durch die neue Variable `f`. Wir nennen die Funktion vorerst wieder `xxx`:

```
(define xxx
  (lambda (team)
    (lambda (game)
      (f team game))))
```

Für den neuen Namen machen wir wieder ein neues **`lambda`**:

```
(define xxx
  (lambda (f)
    (lambda (team)
      (lambda (game)
        (f team game)))))
```

Wir brauchen eine Signatur. Da drei **lambda**s involviert sind, brauchen wir drei Pfeile. Außerdem ist das erste Argument für f eine Funktion, die zwei Argumente akzeptiert – noch ein Pfeil:

```
(: xxx ((... ... -> ...) -> (... -> (... -> ...))))
```

Viele Pfeile – lass Dich nicht aus der Ruhe bringen!

Wir abstrahieren zwar über zwei Funktionen, die sich mit Fußball beschäftigen, aber *schon wieder* ist es so, dass die entstandene Funktion nichts fußball-spezifisches hat. Wir versuchen es deshalb erst einmal wieder mit Typvariablen und fangen mit der Signatur von f an. Wir nehmen einfach mal drei verschiedene Variablen – gegebenenfalls finden wir später heraus, dass einige davon gleich sein müssen:

```
(: xxx ((%a %b -> %c) -> (... -> (... -> ...))))
```

Innerhalb von xxx wird f aufgerufen mit team und game, die zu den Signaturen %a respektive %b gehören. Die weitere Analyse wird darum vereinfacht, wenn wir team in a und game in b umbenennen:

```
(define xxx
  (lambda (f)
    (lambda (a)
      (lambda (b)
        (f a b)))))
```

Mit diesen Namen wir den Rest der Signatur ablesen:

```
(: xxx ((%a %b -> %c) -> (%a -> (%b -> %c))))
```

Wie sollte die Funktion heißen? Tatsächlich ist sie berühmt und geht auf Arbeiten der Mathematiker Moses Schönfinkel und Haskell Curry zurück. Im englischsprachigen Raum heißt das Verb dazu darum *curry*, im deutschsprachigen Raum *schönfinkeln* oder *curryfizieren*. Hier also die finale Version:

```
; Funktion schönfinkeln
(: curry ((%a %b -> %c) -> (%a -> (%b -> %c))))

(define curry
  (lambda (f)
    (lambda (a)
      (lambda (b)
        (f a b)))))
```

Hier ist ein Testfall, der `curry` zusammen mit `plays-game?` verwendet:

```
(check-expect (list-apply ((curry team-goals) "Hamburg")
                          (filter ((curry plays-game?) "Hamburg")
                                  season-2009/2010))
              (list 1 4 4 3 3 1 1 3 0 3 2 2 0 1 0 4 2
                    2 0 1 3 3 0 0 1 2 2 0 0 2 0 1 4 1))
```

AUFGABE 9.11

Schreibe ein Beispiel, das `curry` zusammen mit `team-goals` verwendet! □

Die `curry`-Funktion macht aus einer zweistelligen eine einstellige Funktion. Um die zweistellige Funktion aufzurufen, muss das Programm beide Argumente auf einmal liefern, im anderen Fall kommen sie nacheinander – aber das Ergebnis ist das gleiche.

Wenn wir aus einer zweistelligen Funktion eine einstellige machen können (also eine einstellige Funktion, die eine einstellige Funktion liefert), geht das auch umgekehrt? Na klar! Dazu drehen wir die Signatur gegenüber `curry` um, indem wir die Teile vor und hinter dem Pfeil in der Mitte vertauschen:

```
; Funktion entschönfinkeln
(: uncurry ((%a -> (%b -> %c)) -> (%a %b -> %c)))
```

Als Test lassen wir `uncurry` auf das Resultat von `curry` los:

```
(check-expect ((uncurry (curry +)) 3 4) 7)
```

Für die Konstruktion orientieren wir uns wie bei `curry` an der Signatur: `curry` akzeptiert eine Funktion und liefert eine zweistellige Funktion. Wir fangen deshalb folgendermaßen an:

```
(define uncurry
  (lambda (f)
    (lambda (a b)
      ...)))
```

Die innere Funktion soll einen Wert mit Signatur `%c` produzieren. Um den zu bekommen, müssen wir zunächst `f` mit einem Wert der Signatur `%a` aufrufen – den haben wir mit `a`:

```
(define uncurry
  (lambda (f)
    (lambda (a b)
      ... (f a) ...))
```

Der Aufruf `(f a)` liefert wiederum eine Funktion mit Signatur `(%b -> %c)`, wir müssen also noch einmal Klammern drummachen und ein %b liefern – das ist in diesem Fall `b`:

```
(define uncurry
  (lambda (f)
    (lambda (a b)
      ((f a) b))))
```

Fertig!

Damit ist die Transformation ein *Isomorphismus*; es gilt folgende Gleichung für Funktionen f mit zwei Parametern:

$$\texttt{(uncurry (curry } f\texttt{))} = f$$

AUFGABE 9.12

Versuche, Funktionen `curry3` und `uncurry3` zu schreiben. Sie sollen wie `curry` und `uncurry` arbeiten, aber für Funktionen mit drei statt nur mit zwei Eingaben. □

9.6 LEXIKALISCHE BINDUNG

In diesem Abschnitt schreiben wir ausnahmsweise keine neuen Funktionen, sondern untersuchen einen subtilen Aspekt des Verhaltens von Funktionen: den Umgang mit Variablen. Dir ist sicher schon aufgefallen, dass wir in unterschiedlichen Funktionen oft die gleichen Namen verwenden, zum Beispiel hier:

```
(define feed-dillo
  (lambda (dillo)
    ...))
(define run-over-dillo
  (lambda (dillo)
    ...))
```

Obwohl der Parameter in beiden Funktionen `dillo` heißt, haben die beiden nichts miteinander zu tun. Das kannst Du im Stepper nachvollziehen, wenn Du bei der Auswertung zusiehst. Du kannst es aber auch direkt am Programm sehen. Um der Sache auf den Grund zu gehen, betrachten wir folgendes Programm:

```
(define pi 3.14159265)
```

```
; Fläche eines Kreises ausrechnen
(: circle-area (real -> real))

(check-expect (circle-area 5) 78.53981625)

(define circle-area
  (lambda (radius)
    (* pi radius radius)))
```

In dem Programm interessieren uns die Variablen `pi` und `radius`, die mehrmals auftauchen – man spricht darum auch von unterschiedlichen *Vorkommen* dieser Variablen.

Die Auswertung des Tests führt dazu, dass im Rumpf des **`lambda`** von `circle-area` die Variable `radius` ersetzt wird. Dieser Vorgang heißt auch *Bindung* und das ist so, weil `radius` als Parameter im **`lambda`** steht. Dieses Vorkommen als Parameter heißt auch *Bindung* der Variable. Die beiden Vorkommen von `radius` im Rumpf `(* pi radius radius)`, die ersetzt werden, heißen *gebundene Vorkommen*. Auch das `pi` im Rumpf von `circle-area` wird ersetzt und ist darum ein gebundenes Vorkommen. Das dazugehörige bindende Vorkommen steht im **`define`** obendrüber.

Je nachdem, ob die Bindung mit **`define`** oder **`lambda`** passiert, verhält sie sich unterschiedlich. Das kannst Du sehen, wenn Du das obige Programm laufen lässt und in der REPL `radius` und `pi` auswertest:

```
> radius
radius: Variable ist nicht definiert
> pi
3.14159265
```

Das heißt, `pi` können wir überall benutzen: Man sagt auch, dass `pi` überall im Programm *sichtbar* ist. Es handelt sich bei `pi` um eine *globale Variable*. Globale Variablen werden auch von Record-Definitionen mit `define-record` gebunden. Im Gegensatz dazu ist `radius` nur im Rumpf des **`lambda`** sichtbar, dessen Parameter es ist – es ist eine sogenannte *lokale Variable*.

Lokale Variablen entstehen außerdem durch lokale Definitionen wie zum Beispiel bei der Funktion `home-points` in Abschnitt 9.1 auf Seite 248. Wenn eine lokale Definition am Anfang eines **`lambda`**-Rumpfes steht, ist sie in dem Rumpf sichtbar. Wenn sie im Zweig eines **`cond`** steht, ist sie nur in diesem Zweig sichtbar.

Die Beziehung zwischen den Bindung und gebundenen Vorkommen kannst Du in DrRacket visualisieren, indem Du auf den Knopf `Syntaxprüfung` (Englisch `Check Syntax`) drückst und

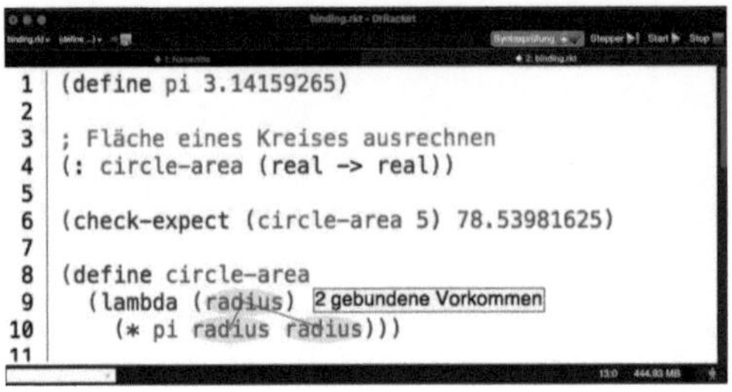

```
(define pi 3.14159265)

; Fläche eines Kreises ausrechnen
(: circle-area (real -> real))

(check-expect (circle-area 5) 78.53981625)

(define circle-area
  (lambda (radius) 2 gebundene Vorkommen
    (* pi radius radius)))
```

Abbildung 9.1: Anzeige von Bindung nach Syntaxprüfung

dann mit dem Mauszeiger über Variablenvorkommen streichst. Abbildung 9.1 zeigt exemplarisch, wie das aussieht.

AUFGABE 9.13

Probiere die `Syntaxprüfung` auf dem Fußball-Code aus und untersuche zum Beispiel die Variablen in der Funktion `home-points`. □

Eine dritte Kategorie von Bindung gibt es auch noch, nämlich die «eingebauten» Variablen wie `string-append` und `+`, die ähnlich global sichtbar sind wie die globalen Variablen. Wenn Du über sie nach `Syntaxprüfung` streichst, wird `importiert aus` angezeigt.

Damit könnte man meinen, es sei alles zur Bindung gesagt: Globale und eingebaute Variablen sind überall sichtbar; eine lokale Variable ist innerhalb ihres `lambda`-Rumpfes beziehungsweise `cond`-Zweiges sichtbar. Aber was ist mit der folgenden Funktion?

```
(define f
  (lambda (x)
    (define y (+ x 1))
    (lambda (x)
      (+ x y))))
```

Die ist zugegeben künstlich konstruiert. Aber wie verhält sie sich?

AUFGABE 9.14

Was liefert die Auswertung von `((f 1) 2)`? □

In dieser Funktion gibt es *zwei* Variablen namens `x`: Zwei Bindungen als Parameter und auch zwei gebundende Vorkommen. Welche gebundenen Vorkommen gehören zu welchen Bindungen? Hier gilt die Regel der sogenannten *lexikalischen Bindung*:

Definition 9.1 (Lexikalische Bindung)

Du findest die zu einem gebundenen Vorkommen zugehörige Bindung, indem Du von innen nach außen in der Klammerstruktur der Funktion suchst: Die erste Bindung als Parameter oder lokale Definition, die Du so findest, gehört zu dem gebundenden Vorkommen.

Wenn Du auf diese Art und Weise keine Bindung findest, halte Ausschau nach einer globalen Definition. Wenn Du keine globale Definition findest, muss es sich um eine eingebaute beziehungsweise importierte Definition handeln.

Die lexikalische Bindung ordnet einer Bindung ihre gebundenden Vorkommen zu. Das bedeutet, dass Du, wenn Du eine Bindung und all ihre gebundenen Vorkommen unbenennst, das Verhalten des Programms nicht änderst. Entsprechend sind also Variablen, die zu unterschiedlichen Bindungen gehören, unterschiedliche Variablen. Wenn Du nach einer Syntaxprüfung über einer Variable das Kontextmenü («rechte Maustaste») aufrufst, gibt es dort einen Punkt `umbenennen`, der das Umbenennen automatisiert.

Die Definition von `f` kommt Dir vielleicht esoterisch vor – wir haben künstlich unterschiedliche Variablen gleichen Namens angelegt. Tatsächlich haben wir aber schon oft Programme geschrieben, bei denen mehrere Variablen gleichen Namens auftauchen, zuletzt zum Beispiel bei der Funktion `home-points`:

```
(: home-points (game -> points))
...
(define home-points
  (lambda (game)
    ...))
```

Hier gibt es zwei Variablen namens `game`: In der Signaturdeklaration ist das die Signatur `game` aus der gleichnamigen Record-Definition. In der Funktion ist es der Parameter `game`. Dieser erfüllt die Signatur `game` – darum haben die Signatur und der Parameter ja gerade den gleichen Namen, um diese Beziehung deutlich zu machen.

Der Begriff «lexikalische Bindung» suggeriert, dass es noch andere Formen der Bindung gibt: Tatsächlich funktioniert Bindung in einigen anderen, vornehmlich älteren Sprachen, nach anderen Prinzipien, oft unter dem Begriff *dynamische Bindung* zusammengefasst. Lexikalische Bindung wird oft auch *statische Bindung* genannt. «Statisch» bedeutet im Kontext der Programmierung «bevor das Programm läuft» und statische Bindung bedeutet, dass Du die Beziehung zwischen Bindungen und gebundenen Vorkommen am Programmtext ablesen kannst. Bei dynamischer Bindung ergibt sich diese Beziehung erst, wenn das Programm läuft.

Man könnte meinen, *jetzt* wäre alles gesagt zur Bindung. Aber es gibt noch eine weitere Besonderheit, nämlich wenn in einer Definition (gleich ob lokal oder global) die Variable, die definiert wird, auch gleich wieder auftaucht. Auch davon haben wir schon ständig Gebrauch gemacht, nämlich in rekursiven Funktionen, wo für den rekursiven Aufruf genau die Variable benutzt wird, in deren Definition sie sich befindet.

Aufgabe 9.15

Zu welchen Bindungen gehören die gebundenden Vorkommen von x in folgendem Programm?

```
(define g
  (lambda (x)
    (define x (+ x 1))
    (define y (+ x 1))
    (lambda (x)
      (+ x y))))
```

Kannst Du vorhersagen – ohne es in der REPL auszuprobieren – was `((g 1) 2)` liefert? □

Aufgaben

Aufgabe 9.16

Schreibe eine Funktion `any?`, die eine Liste akzeptiert sowie eine Funktion, die für jedes Listenelement entweder `#t` oder `#f` liefert. `Any?` soll `#t` zurückgeben, wenn mindestens die Funktion für mindestens ein Element der Liste `#t` zurückgibt, sonst `#f`.

Schreibe eine analoge Funktion `every?`, die dann `#t` zurückgibt, wenn die Funktion für alle Elemente der Liste `#t` zurückgibt, sonst `#f`. Schreibe zunächst eine Fassung nach dem Muster von `any?`. Schreibe eine zweite Fassung, die einfach `any?` aufruft und selbst keine Rekursion benutzt.

Aufgabe 9.17

Schreibe Funktionen `feed-animals` und `run-over-animals` die mit Hilfe der Funktionen in Abschnitt 4.2 auf Seite 123 alle Tiere einer Liste füttert respektive überfährt.

Aufgabe 9.18

Schreibe folgende Funktionen unter der Verwendung von `filter`!

- Schreibe eine Funktion `evens`, welche die ungeraden Zahlen aus einer Liste entfernt,
- eine Funktion `count-zeroes`, die in einer Liste von Zahlen die Nullen zählt,
- und eine Funktion `multiples`, die eine Zahl n und eine Liste von Zahlen akzeptiert, und eine Liste alle Vielfachen der Zahl n liefert.

AUFGABE 9.19

Programmiere eine Funktion `filter-map`, die als Argumente eine Funktion `p` mit einem Argument sowie eine Liste `l` akzeptiert. `Filter-map` soll als Ergebnis die Liste der Rückgabewerte von `p` für diejenigen Elemente von `l` zurückgeben, für die `p` nicht `#f` zurückgibt.

Beispiel:

```
(filter-map (lambda (x)
              (if (even? x)
                  (+ x 1)
                  #f))
            (list 1 2 5 17 24 13))
↪ #<list 3 25>
```

AUFGABE 9.20

Verwende die Funktion `list-fold` um folgende Funktionen zu schreiben:

1. Schreibe eine neue Version der Funktion `list-map`, die eine Funktion auf jedes Element einer Liste anwendet und die Liste der Ergebnisse liefert.
2. Schreibe eine Funktion `list-or`, die eine Funktion auf alle Elemente einer Liste anwendet, die jeweils ein Boolean liefert, und die Resultate mit `or` verknüpft.
3. Schreibe eine Funktion `count-trues`, die ein Funktion mit boolescher Rückgabe auf alle Elemente einer Liste anwendet und zählt, wie häufig `#t` zurückgegeben wird.
4. Schreibe eine Funktion `contains?`, die `#t` liefert, wenn ein Element in einer Liste enthalten ist, sonst `#f`.
5. Schreibe eine Funktion `remove-duplicates`, die alle doppelten Elemente aus einer Liste filtert.

AUFGABE 9.21

Fußballreporter zitieren gern obskure Fakten über vergangene Spiele, wenn sie zum Spielverlauf wenig zu sagen haben.

Hier ein Beispiel:

> «In der Saison 2009/2010 gab es ja immerhin vier Spieltage, an denen die größte Tordifferenz kleiner als 3 war.»

1. Stelle dem Fußballreporter Hilfsfunktionen zur Verfügung, die ihm erlauben, eine Antwort auf solch eine Frage zu finden:

   An wie vielen Spieltagen der Saison 2009/2010 war die größte Tordifferenz kleiner als 3?

   Schreibe mit Hilfe dieser Funktionen einen Ausdruck, der testet, ob die am Anfang dieser Aufgabe zitierte Aussage über die Tordifferenzen in der Saison 2009/2010 stimmt!

   (a) Schreibe eine Funktion, die aus einer Liste die Dubletten entfernt. Diese Funktion akzeptiert eine Liste sowie eine Funktion, die zwei Elemente der Liste akzeptiert und zurückliefert, ob diese gleich sind. (Also zum Beispiel = bei Listen von Zahlen.) Sie liefert dann eine Liste, in der jedes Element «nur einmal vorkommt», also kein anderes, das dazu gleich ist.
   (b) Schreibe eine Funktion, die aus der Liste aller Spiele eine Liste aller Spielplannummern extrahiert.
   (c) Schreibe eine Funktion, die aus der Liste aller Spiele eine Liste von Listen aller Spiele macht – so dass in jeder Teilliste alle Spiele eines Spieltags zusammengefasst sind.
   (d) Schreibe eine Funktion, welche die Tordifferenz eines Spiels zurückliefert.
   (e) Schreibe eine Funktion, welche das maximale Element einer Liste berechnet. Die Funktion sollte neben der Liste eine Funktion akzeptieren, die berechnet, ob ein Element «kleiner oder gleich» einem anderen ist.
   (f) Schreibe schließlich einen Ausdruck, der die Anzahl der Spieltage der Saison 2009/2010 liefert, bei denen die größte Tordifferenz kleiner als 3 war.
2. Schreibe Ausdrücke, die folgende Fragen beantworten – entwickele dazu, falls nötig, weitere Hilfsfunktionen:
   - An welchem Spieltag gab es die meisten Heimsiege?
   - An welchem Spieltag fielen die meisten Tore?
   - Gab es mehr Siege für die Heimmanschaften an ungeraden Spieltagen als an geraden?

AUFGABE 9.22

Betrachte das folgende Programm:

```
(define x 2)          ;  --> zwei
(define y -1)         ;  --> minuseins
```

```
(define z -3)           ; --> minusdrei
(define f
  (lambda (x z)
    (+ (* x x) z y)))
(f 4 -2)
```

Benenne die Variablen x, y und z, die in den ersten drei Zeilen des Programms definiert werden, im kompletten Programm um, und zwar x in zwei, y in minuseins und z in minusdrei. Achte bei der Umbenennung auf die lexikalische Bindung. Benenne keine Parameter der Funktion f um.

Nachdem Du die Umbenennung durchgeführt hast, welches Ergebnis liefert der Ausdruck (f 4 -2)?

AUFGABE 9.23

Betrachte das folgende Programm:

```
(define x 2)                     ; --> zwei
(define y 4)                     ; --> vier
(define z                        ; --> f
  (lambda (x y z)
    (+ x (z y))))

(z y x (lambda (z) (+ x z)))
```

Benenne die Variablen x, y und z, die in den ersten drei Zeilen des Programms definiert werden, im kompletten Programm um. Der neue Name der Variable steht als Kommentar im Programm hinter dem Pfeil (-->). Achte bei der Umbenennung auf die lexikalische Bindung. Benenne keine Parameter der Funktion z um.

Berechne, nachdem Du die Umbenennung durchgeführt haben, von Hand (z y x (lambda (z) (+ x z))) und halte die Zwischenschritte fest.

AUFGABE 9.24

Betrachte folgendes Programm:

```
(define x 1)
(define y 3)
(define z 5)
```

```
(define f
  (lambda (x)
    ((lambda (y)
       ((lambda (z)
          (+ z (* x y)))
        (+ x z)))
     (+ x y))))
(f y)
```

Benenne hier alle lokalen Variablen, die innerhalb der Funktion `f` gebunden werden, um. Verändere nicht den Namen der Variablen `x`, `y` und `z` aus den ersten drei Zeilen des Programms. Welches Ergebnis liefert der Ausdruck `(f y)` nach der Umbenennung?

AUFGABE 9.25

Programmiere ein einfaches Telefonbuch: Ein Telefonbuch ist als Funktion repräsentiert, die den Namen einer Person akzeptiert und die Telefonnummer der Person zurückliefert.

1. Definiere zunächst eine Signatur `phonebook-result` für das Ergebnis des Nachschlagens in einem Telefonbuch. Ein solches Ergebnis ist entweder eine Telefonnummer oder ein Wert, der «nicht gefunden» darstellt,
   Die Signatur des Telefonbuchs ist `(string -> phonebook-result)`.
2. Definiere einen Wert `empty-phonebook`, der das leere Telefonbuch repräsentiert.
3. Definiere eine Funktion `add-to-phonebook`, die ein Telefonbuch, einen Namen und eine Telefonnummer erwartet und das um den neuen Eintrag erweiterte Telefonbuch zurückliefert.
4. Schreibe eine Funktion `lookup-in-phonebook`, die ein Telefonbuch und einen Namen einer Person erwartet und die Nummer der Person im Telefonbuch zurückliefert. Beispiele:
   - `(lookup-in-phonebook empty-phonebook "Hans")` liefert «nicht gefunden».
   - ```
     (lookup-in-phonebook
       (add-to-phonebook empty-phonebook "Hans" "754829")
       "Hans")
     ```
     liefert die Nummer 754829.
   - ```
     (lookup-in-phonebook
       (add-to-phonebook empty-phonebook "Hans" "754829")
       "Lea")
     ```
     liefert «nicht gefunden».

AUFGABE 9.26

Diese Aufgabe ist für Dich geeignet, falls Du das entsprechende Wissen aus der Mathematik besitzt:

Ein Polynom ist eine Funktion von $\mathbb{R}$ nach $\mathbb{R}$ und hat folgende Form:

$$p(x) = a_0 + a_1 \times x + a_2 \times x^2 + \ldots + a_n \times x^n$$

Ein Polynom wird also eindeutig durch die Koeffizienten a_0 bis a_n bestimmt.

1. Schreibe die Datendefinition für Polynome.
2. Programmiere eine Funktion `polynomial+`, die zwei Polynome addiert. Schreibe ggf. zutreffende Eigenschaften auf und überprüfe diese!
3. Programmiere eine Funktion `polynomial*`, die zwei Polynome multipliziert. Beispielsweise werden die Polynome $a_0 + a_1x$ und $b_0 + b_1x$ nach folgendem Schema multipliziert:

$$\begin{aligned} & a_0 \times (b_0 + b_1 \times x) \\ + \quad & a_1x \times (b_0 + b_1 \times x) \\ = \quad & a_0 \times b_0 + a_0 \times b_1x + a_1 \times b_0x + a_1 \times b_1x^2 \end{aligned}$$

   Schreibe ggf. zutreffende Eigenschaften auf und überprüfe diese!
4. Schreibe eine Funktion `polynomial-function`, die ein Polynom akzeptiert und eine Funktion liefert, die ein Polynom an einer bestimmten Stelle auswertet, also gerade der Funktion p aus der Definition entspricht.
5. Die Ableitung eines Polynoms p wie oben ist bekanntlich durch

$$p'(x) = a_1 + 2 \times a_2 \times x + 3 \times a_3 \times x^2 + \ldots + n \times a_n \times x^{n-1}$$

   gegeben. Schreibe die Funktion `polynomial-derivative`, die von einem gegebenen Polynom das abgeleitete Polynom berechnet.

AUFGABE 9.27

Listen lassen sich nach verschiedenen Kriterien sortieren: zum Beispiel aufsteigend, absteigend, oder abhängig von einem Feld der Elemente. So kann eine Liste von Fußballspielen nach der Gesamtanzahl der Tore, der Anzahl der Tore des Heimteams oder der Anzahl der Tore des Gästeteams oder der Anzahl der Tore der gewinnenden Mannschaft sortiert werden. Das Kriterium für die Sortierung wird durch eine Funktion festgelegt, die ermittelt, ob ein Elemente vor einem anderen stehen soll.

1. Schreibe eine Funktion, die eine Liste nach einem beliebigen Kriterium sortiert. Die Funktion sollte folgende Signatur haben:

   ```
   (: list-sort ((%a %a -> boolean) (list-of %a) -> (list-of %a)))
   ```

   Das erste Argument ist eine Funktion, die eine *Ordnung* realisiert, also zwei Elemente vergleicht, und #t zurückliefert, falls sie schon in der richtigen Reihenfolge sind und #f, falls nicht. Zum Beispiel können <= oder >= für das Sortieren von Listen von Zahlen verwendet werden.
2. Benutze diese Funktion, um eine Liste von Fußballspielen nach den folgenden Kriterien zu sortieren:
   - Gesamtanzahl der Tore,
   - Anzahl der Tore der Heimmannschaft,
   - Anzahl der Tore des Gastmannschaft oder
   - Anzahl der Tore der gewinnenden Mannschaft

AUFGABE 9.28

Folgen mit unendlicher Länge lassen sich als zusammengesetzte Daten mit zwei Komponenten repräsentieren: Dabei ist die erste Komponente das erste Element der Folge und die zweite eine Funktion ohne Parameter, die, wenn sie angewendet wird, eine Folge mit den restlichen Elementen ohne das erste liefert. Solche unendlichen Folgen heißen *Streams*. Schreibe Daten- und Record-Definition für Streams!

Folgende Funktion soll einen Stream aus natürlichen Zahlen liefern, ab einer Zahl n:

```
; Stream mit Zahlen ab n erzeugen
(: from (natural -> stream))
(define from
  (lambda (n)
    (make-stream n
                 (lambda () (from (+ n 1))))))
```

(Dabei ist angenommen, dass der Konstruktor der Record-Definition make-stream heißt.) Zur Betrachtung von Streams ist folgende Funktion nützlich, welche die ersten n Elemente eines Streams als Liste extrahiert:

```
; erste Elemente eines Streams in eine Liste extrahieren
(: stream-take (natural stream -> (list-of %a)))
```

```
(define stream-take
  (lambda (n stream)
    (if (= n 0)
        empty
        (cons (stream-first stream)
              (stream-take (- n 1)
                           ((stream-rest-function stream)))))))
```

(Dabei haben wir angenommen, dass die Selektoren `stream-first` und `stream-rest-function` heißen.)

`Stream-take` lässt sich zum Beispiel auf das Ergebnis von `from` anwenden:

```
(stream-take 17 (from 4))
↪ #<list 4 5 6 7 8 9 10 11 12 13 14 15 16 17 18 19 20>
```

Programmiere einige intellektuelle Herausforderungen mit Streams!

1. Programmiere eine Funktion `stream-drop`, die eine natürliche Zahl n und einen Stream akzeptiert, und einen neuen Stream liefert, der aus dem alten durch Weglassen der ersten n Elemente entsteht:

   ```
   (stream-take 17 (stream-drop 3 (from 4)))
   ↪ #<list 7 8 9 10 11 12 13 14 15 16 17 18 19 20 21 22 23>
   ```

2. Programmiere eine Funktion `stream-filter` analog zu `filter`:

   ```
   (stream-take 10 (stream-filter odd? (from 1)))
   ↪ #<list 1 3 5 7 9 11 13 15 17 19>
   ```

3. Programmiere eine Funktion `drop-multiples`, die eine Zahl n und einen Stream von Zahlen s akzeptiert. `Drop-multiples` soll einen Stream liefern, in dem gegenüber s alle Vielfachen von n entfernt wurden:

   ```
   (stream-take 10 (drop-multiples 3 (from 1)))
   ↪ #<list 1 2 4 5 7 8 10 11 13 14>
   ```

4. Schreibe eine Funktion `sieve`, die aus einem Stream von Zahlen all diejenigen Zahlen entfernt, die Vielfache von Vorgängern im Stream sind:

   ```
   (stream-take 10 (sieve (from 2)))
   ↪ #<list 2 3 5 7 11 13 17 19 23 29>
   ```

   Um was für Zahlen handelt es sich in dem Beispielaufruf und warum?

5. Schreibe eine Funktion `powers`, die für eine Zahl n einen Stream ihrer Potenzen liefert:

```
(stream-take 10 (powers 2))
↪ #<list 2 4 8 16 32 64 128 256 512 1024>
```

6. Schreibe eine Funktion `stream-map` analog zu `list-map`:

```
(stream-take 10 (stream-map (lambda (x) (+ x 1)) (from 1)))
↪ #<list 2 3 4 5 6 7 8 9 10 11>
```

7. Schreibe eine Funktion `merge`, die zwei aufsteigende Streams von Zahlen zu einem aufsteigenden Stream der Elemente beider Streams vereinigt:

```
(stream-take 10 (merge (powers 2) (powers 3)))
↪ #<list 2 3 4 8 9 16 27 32 64 81>
```

8. Schreibe eine Definition für einen Stream aufsteigend sortierter Potenzen von Primzahlen:

```
(stream-take 10 prime-powers)
↪ #<list 2 3 4 5 7 8 9 11 13 16>
```

   Definiere dazu zunächst einen Stream aus Streams von Potenzen

```
(define prime-powers-stream (stream-map powers (sieve (from 2))))
```

   Definiere eine Funktion `merge-streams`, welche diesen Stream akzeptiert und die Elemente der Streams aus `prime-powers-stream` mit Hilfe von `merge` aufsteigend sortiert.

AUFGABE 9.29

Betrachte folgende mysteriöse Funktion:

```
(: // ((%a -> (%b -> %b)) (list-of %a) -> (%b -> %b)))

(define //
  (lambda (proc lis)
    (cond
      ((empty? lis)
       (lambda (y)
         y))
      ((cons? lis)
       (lambda (y)
```

```
        ((proc (first lis))
         ((// proc (rest lis))
          y)))))))
```

Hinweise: Beachte die Signaturen! In mehreren Teilaufgaben gibt es Gelegenheiten, `curry` beziehungsweise `uncurry` zu benutzen.

- Vergleiche die Funktion mit `list-fold` und beschreibe, wie `//` und `list-fold` zueinander in Beziehung stehen. Schreibe, falls möglich, eine Definition von `//`, die `list-fold` benutzt und umgekehrt.
- Schreibe mit Hilfe von `//` eine Funktion `list-sum`, welche die Elemente einer Liste addiert.
- Schreibe eine Funktion `insert`, die eine reelle Zahl n akzeptiert und eine Funktion zurückliefert, die eine aufsteigend sortierte Liste von reellen Zahlen konsumiert und eine Liste zurückliefert, in der n an die entsprechende Stelle der Liste einsortiert wurde.
- Schreibe mit Hilfe von `//` eine Funktion, die eine Liste von reellen Zahlen aufsteigend sortiert.

Aufgabe 9.30

Betrachte folgendes mysteriöse Programm:

```
(define y
  (lambda (f)
    ((lambda (x)
       (f (lambda (z) ((x x) z))))
     (lambda (x)
       (f (lambda (z) ((x x) z)))))))

(define m
  (y
   (lambda (f)
     (lambda (x)
       (cond
         ((= x 1)
          1)
         ((> x 1)
          (* x (f (- x 1)))))))))
```

Probiere `m` aus – was macht die Funktion?

Die Funktion `y` wird auch *Fixpunktkombinator* genannt. Das Thema kommt in Abschnitt 14.8.3 auf Seite 458 noch einmal ausführlich:

Aufgabe 9.31

Beweise, dass für Funktionen p_1 mit einem Parameter, die einparametrige Funktionen zurückgeben, und Funktionen p_2 mit zwei Parametern gilt:

$$\texttt{(curry (uncurry } p_1\texttt{))} = p_1$$
$$\texttt{(uncurry (curry } p_2\texttt{))} = p_2$$

Aufgabe 9.32

Eine Funktion f ist *idempotent*, wenn gilt:

$$\texttt{(compose } f \; f\texttt{)} = f$$

Zeige, dass folgende Funktion idempotent ist:

```
(define abs
  (lambda (x)
    (if (negative? x)
        (- x)
        x)))
```

Welche anderen idempotente Funktionen kennst Du?

10 PROGRAMMIEREN MIT AKKUMULATOREN

Manche Berechnungen funktionieren am einfachsten, wenn sie ein Zwischenergebnis mitführen und aktualisieren. Die bisherigen Konstruktionsanleitungen für Funktionen, die Listen oder natürliche Zahlen verarbeiten, können das aber nicht. Wir brauchen dafür eine neue Programmiertechnik, das Programmieren mit *Akkumulatoren*, und entsprechend angepasste Konstruktionsanleitungen. Beides behandeln wir in diesem Kapitel.

10.1 ZWISCHENERGEBNISSE MITFÜHREN

akkumulatoren/accumulator.rkt	**Code**

Wir fangen mit einer scheinbar einfachen Funktion an: Gefragt ist eine Funktion, die eine Liste invertiert, also die Reihenfolge ihrer Elemente umdreht:

```
; Liste umdrehen
(: invert ((list-of %a) -> (list-of %a)))

(check-expect (invert empty) empty)
(check-expect (invert (list 1 2 3 4)) (list 4 3 2 1))
```

Gerüst und Schablone sehen wie folgt aus:

```
(define invert
  (lambda (list)
    (cond
      ((empty? list) ...)
      ((cons? list)
      ... (invert (rest list)) ...
      ... (first list) ...))))
```

Um den Rumpf zu vervollständigen, können wir uns an dem zweiten Testfall orientieren – da ist `list` die Liste mit den Elementen 1 2 3 4. Entsprechend ist `(first list)` die Zahl 1, `(rest list)` die Liste mit den Elementen 2 3 4, das heiß der rekursive Aufruf liefert die Liste mit den Elementen 4 3 2. Um das gewünschte Ergebnis mit den Elementen 4 3 2 1 zu bekommen, müssen wir deshalb `(first list)` hinten an das Ergebnis des rekursiven Aufrufs anhängen.

Um ein Element *hinten* an eine Liste zu hängen, haben wir bisher noch keine fertige Funktion – die müssen wir erst noch schreiben. Wir könnten die Arbeit jetzt unterbrechen, um das zu tun. Wir machen erstmal nur eine Notiz, dass wir das später machen – in Form einer Kurzbeschreibung und einer Signatur:

```
; Element an Liste anhängen
(: append-element ((list-of %a) %a -> (list-of %a)))
```

Wenn wir diese Funktion voraussetzen, können wir `invert` recht einfach fertigschreiben:

```
(define invert
  (lambda (list)
    (cond
      ((empty? list) empty)
      ((cons? list)
       (append-element (invert (rest list))
                       (first list))))))
```

Die Funktion `append-element` ist ganz ähnlich der Funktion `concatenate` aus Abschnitt 6.5. Zunächst Testfälle:

```
(check-expect (append-element (list 1 2 3) 4) (list 1 2 3 4))
(check-expect (append-element empty 4) (list 4))
```

Gerüst und Schablone:

```
(define append-element
  (lambda (list element)
    (cond
      ((empty? list) ...)
      ((cons? list)
       ... (first list) ...
       ... (append-element (rest list) element) ...))))
```

Im `cons`-Fall können wir auch hier die Lösung anhand eines Beispiels finden: Im Testfall hat `list` die Elemente 1 2 3, der rekursive Aufruf liefert also 2 3 4. Wir müssen `(first list)`, also die 1, nur noch vorne dranhängen, mit `cons`. Im `empty`-Fall hängen wir `element` hinten an eine leere Liste – wir brauchen deshalb eine einelementige Liste mit `element` drin, das könnten wir mit der eingebauten `list` machen:

```
(define append-element
  (lambda (list element)
    (cond
```

```
((empty? list) (list element))
((cons? list)
 (cons (first list)
       (append-element (rest list) element)))))
```

Hier wollten wir gern «Fertig!» wie sonst auch schreiben, aber die Funktion funktioniert nicht: DrRacket beschwert sich, dass nach der öffnenden Klammer von `(list element)` keine Funktion steht sondern `#<empty-list>`. Wups! Das liegt daran, dass wir zwar in `(list element)` die eingebaute Funktion `list` gemeint haben, wir aber auch einen Parameter mit dem Namen `list` benutzen, und der überdeckt nach den Regeln der lexikalischen Bindung aus Abschnitt 9.6 auf Seite 274 die eingebaute Funktion.

Wir können das Problem auf zwei Arten lösen – wir benennen den Parameter um oder wir konstruieren die einelementige Liste «von Hand». Wir haben uns für letzteres entschieden:

```
(define append-element
  (lambda (list element)
    (cond
      ((empty? list) (cons element empty))
      ((cons? list)
       (cons (first list)
             (append-element (rest list) element))))))
```

Doch zurück zu `invert`. Schon das Invertieren von Listen der Länge 1000 eine ganze Weile. Du kannst das ausprobieren, indem Du die Funktion `copies` aus Abschnitt 7.2 auf Seite 208 verwendest und das hier in der REPL auswertest:

```
(invert (copies 1000 42))
```

Das dauert auf dem alten Computer von Michael Sperber immerhin ein paar Sekunden: Das wäre vielleicht in den 70er Jahren noch akzeptabel gewesen. Das Invertieren einer Liste der Länge 400 dauert *mehr* als doppelt so lang wie das Invertieren einer Liste der Länge 200 benötigt. Das liegt daran, dass `invert` bei jedem rekursiven Aufruf `append-element` aufruft, und `append-element` selbst macht soviele rekursive Aufrufe wie die Liste lang ist. Das sind für eine Liste der Länge 20 für den ersten Aufruf von `append-element` 19 Aufrufe, für den zweiten 18 Aufrufe undsoweiter.

Das sind also $19 + 18 + 17 + \ldots + 1$ rekursive Aufrufe. Vielleicht erinnerst Du Dich – das ist ein Beispiel für die Gaußsche Summenformel, siehe Abschnitt 8.2 auf Seite 221:

$$\forall n \in \mathbb{N} : \sum_{i=0}^{n} i = \frac{n \times (n+1)}{2}$$

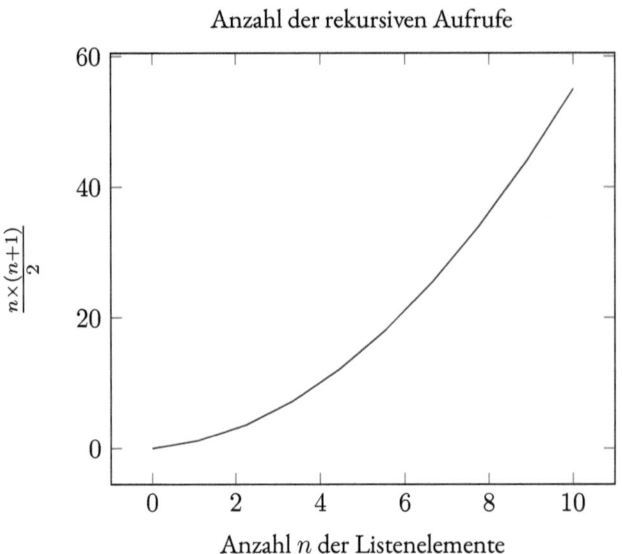

Abbildung 10.1: Funktionaufrufe bei `invert`

Wenn Du diese Formel für immer größer werdende n ausrechnest, wird die Zahl schwindelerregend schnell größer, wie Abbildung 10.1 zeigt. Woran liegt das?

Wenn Du die rechte Seite ausmultiplizierst, steht da:

$$\frac{n \times (n+1)}{2} = \frac{n^2 + n}{2}$$

In der Formel bestimmt das n^2 das schnelle Wachstum, auch *quadratisch* genannt.

Zum Glück gibt es eine bessere Methode, eine Liste umzudrehen: Die obige `invert`-Funktion konstruiert die Ergebnisliste, indem stets Elemente *hinten* angehängt werden. Das entspricht nicht der «natürlichen» Konstruktion von Listen mit `cons`, das ein Element *vorn* anhängt. Das Ergebnis ließe sich durch Anhängen vorn ganz einfach konstruieren, indem in folgender Reihenfolge Zwischenergebnisse berechnet werden, wie hier für den Testfall `(invert (list 1 2 3 4))`:

```
#<empty-list>
#<list 1>
#<list 2 1>
#<list 3 2 1>
#<list 4 3 2 1>
```

Jedes Zwischenergebnis entsteht aus dem vorhergehenden, indem ein Element vorn an die Liste darüber angehängt wird. Dies geschieht in der Reihenfolge, in der die Elemente in der ursprünglichen Liste auftreten: scheinbar einfach. Allerdings erlaubt die normale Konstruktionsanleitung für Listen nicht, dieses Zwischenergebnis mitzuführen: Das Ergebnis des rekursiven Aufrufs `(invert (rest lis))` ist unabhängig vom Wert von `(first lis)`. Damit aber ist es der Funktion aus der normalen Konstruktionsanleitung unmöglich, die obige Folge von Zwischenergebnissen nachzuvollziehen, da von einem Zwischenergebnis zum nächsten gerade `(first lis)` vorn angehängt wird. Wir müssen also etwas anders an das Problem herangehen.

Um das Zwischenergebnis mitzuführen, benutzen wir einen separaten Parameter, einen sogenannten *Akkumulator*. Dieser sammelt die invertierte Liste der bisher schon «gesehenen» Elemente auf. Hier ist die Signatur der neuen Funktion `invert-helper`:

```
; Hilfsfunktion zum Umdrehen einer Liste
(: invert-helper ((list-of %a) (list-of %a) -> (list-of %a)))
```

Der folgende Testfall soll illustrieren, wie die Funktion arbeitet:

```
(check-expect (invert-helper (list 4 5 6) (list 3 2 1))
              (list 6 5 4 3 2 1))
```

Die zweite Liste – der Akkumulator – enthält die «bereits invertierten» Elemente. Die erste Liste ist noch nicht verarbeitet; die Elemente werden nacheinander an den Akkumulator vorn drangehängt. Für die Definition der Funktion setzen wir erst einmal die bereits bekannte Schablone ein für Funktionen, die eine Liste akzeptieren:

```
(define invert-helper
  (lambda (list inverted)
    (cond
      ((empty? list) ...)
      ((cons? list)
       ... (first list) ...
       ... (invert-helper (rest list) ...) ...))))
```

Ziemlich viele Lücken noch! Füllen wir erstmal die einfachste, im `empty`-Fall: Dann nämlich hat die Funktion schon «alle Elemente gesehen» und diese in den Akkumulator `inverted` «hineinakkumuliert» – der enthält dann die invertierte Eingabeliste:

```
(define invert-helper
  (lambda (list inverted)
    (cond
```

```
      ((empty? list) inverted)
      ((cons? list)
       ... (first list) ...
       ... (invert-helper (rest list) ...) ...))))
```

Im cons-Fall müssen wir das Argument zum zweiten Parameter von `invert-helper` ergänzen: Wir sind natürlich versucht, da einfach `inverted` hinzuschreiben wie bei vielen anderen rekursiven Funktionen vorher. Aber wir müssen doch die Elemente von `list` da noch «hineinakkumulieren» und aus dem vorigen Zwischenergebnis das nächste machen. Für das «Hineinakkumulieren» nehmen wir das erste Element und hängen es vorn an, so wie wir es in der Beispielrechnung auch gemacht haben:

```
(define invert-helper
  (lambda (list inverted)
    (cond
      ((empty? list) inverted)
      ((cons? list)
       ...
       (invert-helper (rest list)
                      (cons (first list) inverted))
       ...))))
```

Was müssen wir noch dazuschreiben? Die Funktion arbeitet schon die Eingabeliste ab und akkumuliert ihre Elemente in `inverted` hinein. Sie ist bereits fertig, wir müssen nur die Ellipsen wegmachen:

```
(define invert-helper
  (lambda (list inverted)
    (cond
      ((empty? list) inverted)
      ((cons? list)
       (invert-helper (rest list)
                      (cons (first list) inverted))))))
```

Die Funktion kann schon was, ist aber nicht identisch zur ursprünglichen `invert`-Funktion, die ja nur eine Eingabe hat. Um «einfach nur eine Liste umzudrehen», können wir `invert-helper` mit einem leeren Akkumulator aufrufen, wie in diesem Testfall:

```
(check-expect (invert-helper (list 1 2 3) empty)
              (list 3 2 1))
```

AUFGABE 10.1

Definiere `invert` um, so dass es `invert-helper` benutzt! □

Die neue Version von `invert` benutzt keine Hilfsfunktion und macht soviele rekursive Aufrufe wie die Eingabeliste Elemente hat, ihre Laufzeit wächst also *linear*.

Die Funktion `invert` ist so nützlich, dass sie unter dem Namen `reverse` eingebaut ist.

10.2 SCHABLONEN FÜR FUNKTIONEN MIT AKKUMULATOR

Auch für Funktionen mit Akkumulator entwickeln wir eine Konstruktionsanleitung. Vorher wollen wir aber noch einmal anhand eines weiteren Beispiels Revue passieren lassen, wie der Konstruktionsprozess bei solchen Funktionen eigentlich genau aussieht. Wir nehmen uns eine Funktion vor, die wir eigentlich schon kennen, nämlich aus Abschnitt 6.1 auf Seite 176:

```
; Summe der Elemente einer Liste von Zahlen berechnen
(: list-sum ((list-of number) -> number))
```

Wir nehmen uns allerdings diesmal vor, mit Akkumulator zu arbeiten. Dazu müssen wir uns überlegen, was für Information der Akkumulator eigentlich akkumulieren soll. Das sollte ein *Zwischenergebnis* sein, eine vorläufige Version des gewünschten Endergebnisses. Da hier das Endergebnis die Summe aller Listenelemente ist, nehmen wir als Zwischenergebnis die Summe aller Listenelemente, die unsere Funktion schon «gesehen» hat und nennen es `sum`. Wir schreiben folgende Schablone:

```
(define list-sum-helper
  (lambda (list sum)
    (cond
      ((empty? list) ... sum ...)
      ((cons? list)
       (list-sum-helper (rest list)
                        (... (first list) ... sum ...))))))
```

Warum sieht sie gerade so aus, beziehungsweise: Was ist der Unterschied zur ganz normalen Schablone für Listen als Eingabe aus Konstruktionsanleitung 18 auf Seite 183? Hier ist sie zur Erinnerung noch einmal:

```
(define f
  (lambda (... list ...)
```

```
(cond
  ((empty? list) ...)
  ((cons? list)
   ...
   (first list)
   (f (first list))
   ...
   ))))
```

Im empty-Zweig steht der Akkumulator sum, während in der Schablone aus Konstruktionsanleitung 18 gar nichts steht: Hier ist die Liste am Ende und es ist Zeit, das Endergebnis auszurechnen, das im empty-Zweig herauskommen soll. Weil der Akkumulator ein Zwischenergebnis ist, muss er am Schluss zumindest nah am Endergebnis dran sein. Meist *ist* das letzte Zwischenergebnis das Endergebnis.

Im cons-Fall steht ein rekursiver Aufruf mit (rest list) als Listen-Argument – wie in Konstruktionsanleitung 18 auch. Außerdem steht dort eine Hilfestellung für die Berechnung des Akkumulator-Arguments, also des nächsten Zwischenergebnisses. Da sollte das letzte Zwischenergebnis – hier sum – und das nächste Listenelement (first list) eingehen. Darum stehen sie in der Schablone. Dieser Teil der Schablone ist also nur eine Erweiterung der ursprünglichen Schablone.

Außerdem fällt Dir vielleicht auf, dass um den rekursiven Aufruf herum keine Ellipsen ... stehen: Du solltest da nichts drumherum schreiben. Das liegt daran, dass der letzte rekursive Aufruf von list-sum-helper am Ende der Liste das Ergebnis produziert – das muss die Funktion einfach unverändert zurückliefern, und darum steht da nichts drumherum.

Um die Funktion zu vervollständigen, müssen wir noch klarer als bisher formulieren, was genau der Akkumulator sum repräsentiert. Oben haben wir etwas salopp geschrieben, dass es sich um die Summe aller Listenelemente handelt, welche die Funktion schon «gesehen» hat. Die sind aber für list-sum-helper gar nicht mehr sichtbar. Wir können sie sichtbar machen, indem wir die Funktion list-sum einbeziehen, die list-sum-helper aufruft. Hier ist die Schablone dafür:

```
(define list-sum
  (lambda (list0)
    (list-sum-helper list0 ...)))
```

Wir haben bewusst den Namen list0 gewählt, damit wir ihn nicht mit dem list aus der Funktion list-sum-helper durcheinanderbringen. (Anders als noch bei reverse – wir versuchen, es besser zu machen.)

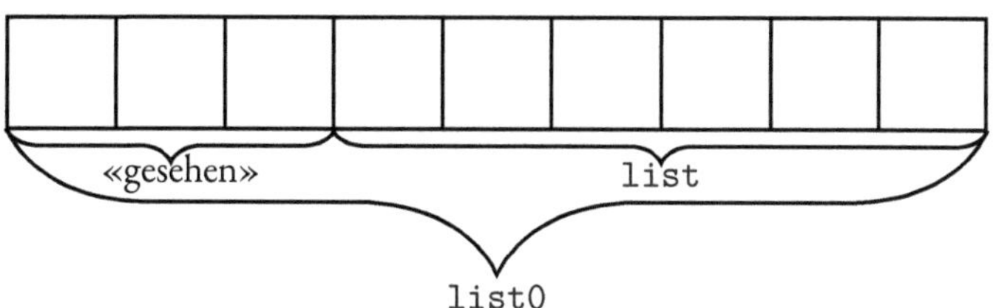

Abbildung 10.2: Gesehene Elemente einer Liste in einer Funktion mit Akkumulator

Abbildung 10.2 zeigt die Beziehung zwischen `list0` und `list`: `list0` ist die Liste *aller* Elemente, `list` markiert die Stelle, an der sich `list-sum-helper` gerade befindet, besteht also aus noch nicht gesehenen Elementen.

Bevor wir nun die Schablone ausfüllen, sollten wir überlegen, in welchem Verhältnis `list0`, `list` und `sum` stehen. Hier ist das nämlich noch einfach, aber bei machen Funktionen mit Akkumulator werden wir sehen, dass es schwieriger ist. In diesem Fall könnte das so aussehen:

`sum` ist die Summer aller Elemente in `list0` vor `list`.

Diese Aussage sollten wir als Kommentar in die Funktion schreiben, denn daraus ergibt sich alles weitere. Weil sie so wichtig ist, hat sie einen eigenen Namen: *Invariante*. («Vario» heißt im Lateinischen «sich ändern», entsprechend ist eine In-variante etwas, was sich nicht verändert.)

Um die Funktion fertigzustellen, fangen wir damit an, die Lücke in `list-sum` zu schließen, die `list-sum-helper` mit `list0` aufruf. `List0` und `list` sind also gleich – es gibt keine Elemente «vor `list`». Die Summe dieser leeren Liste ist 0 und damit auch das Argument im Aufruf von `list-sum-helper`:

```
(define list-sum
  (lambda (list0)
    (list-sum-helper list0 0)))
```

Als nächstes ist der `empty`-Zweig dran. Hier ist `sum` die Summe aller Elemente vor `list`, und, weil `list` leer ist, sind das *alle* Elemente von `list0`. Deswegen ist `sum` das gewünschte Endergebnis. Zwischenstand:

```
(define list-sum-helper
  ; sum ist die Summe aller Elemente in list0 vor list
  (lambda (list sum)
    (cond
      ((empty? list) sum)
```

```
      ((cons? list)
       (list-sum-helper (rest list)
                        (... (first list) ... sum ...))))))
```

Es bleibt der rekursive Aufruf. Hier muss der *neue* Wert von sum berechnet werden, also die Summe aller Elemente vor (rest list). Dazu müssen wir auf die bisherige Summe (first list) addieren:

```
(define list-sum-helper
  ; sum ist die Summe aller Elemente in list0 vor list
  (lambda (list sum)
    (cond
      ((empty? list) sum)
      ((cons? list)
       (list-sum-helper (rest list) (+ (first list) sum))))))
```

Fertig!

Also na ja – es nervt etwas, immer zwei Funktionen schreiben zu müssen und immer -helper dranzuhängen. Wir können die Funktion übersichtlicher machen, indem wir list-sum-helper zu einer lokalen Definition innerhalb von list-sum machen:

```
(define list-sum
  (lambda (list0)
    (define list-sum-helper
      ; sum ist die Summer aller Elemente in list0 vor list
      (lambda (list sum)
        (cond
          ((empty? list) sum)
          ((cons? list)
           (list-sum-helper (rest list) (+ (first list) sum))))))
    (list-sum-helper list0 0)))
```

Außerdem kannst Du, wenn Dich das helper nervt, einen knackigeren Namen wählen, der Dir besser gefällt. Wir nehmen accumulate:

```
(define list-sum
  (lambda (list0)
    (define accumulate
      ; sum ist die Summer aller Elemente in list0 vor list
```

```
    (lambda (list sum)
      (cond
        ((empty? list) sum)
        ((cons? list)
         (accumulate (rest list) (+ (first list) sum))))))
  (accumulate list0 0)))
```

Aus diesem Beispiel ergibt sich folgende Konstruktionsanleitung:

KONSTRUKTIONSANLEITUNG 21 (LISTEN ALS EINGABE, MIT AKKUMULATOR: SCHABLONE)

Wenn Du eine Funktion schreibst, die eine Liste akzeptiert und einen Akkumulator benutzen soll, gehe folgendermaßen vor:

1. Überlege Dir, was für Information der Akkumulator repräsentieren soll. Das ist typischerweise ein Zwischenergebnis – also ein vorläufiger Wert für das Endergebnis. Insbesondere ist die Signatur des Akkumulators die gleiche wie die des Endergebnisses.
2. Konstruiere die Schablone wie folgt:

```
(define f
  (lambda (... list0 ...)
    (define accumulate
      (lambda (list acc)
        (cond
          ((empty? list) ... acc ...)
          ((cons? list)
           (accumulate (rest list)
                       (... (first list) ... acc ...))))))
    (accumulate list0 ...)))
```

3. Formuliere eine möglichst konkrete Invariante zwischen $list_0$, *list* und *acc* und schreibe sie als Kommentar zu `accumulate`.
4. Fülle mit Hilfe der Invariante die Ellipsen in der Funktion aus.

Die Konstruktionsanleitung zeigt auch, warum es schwieriger ist, eine Funktion mit Akkumulator zu schreiben, als eine «normale» Funktion, die Listen akzeptiert: Du musst eine Invariante finden, und dafür gibt es nur wenig allgemeingültige Hilfestellung.

AUFGABE 10.2

Schreibe die Funktion `list-min-nonempty` aus Abschnitt 6.8 auf Seite 196 noch einmal, diesmal mit Akkumulator.

Überlege Dir, was der Akkumulator repräsentieren sollte sowie eine sinnvolle Invariante!

Genau wie bei `list-min-nonempty` musst Du dafür die Konstruktionsanleitung etwas variieren: Die nichtleere Liste kannst Du schon vorab in erstes Element und Rest aufteilen und daraus die richtigen Eingaben für `accumulate` berechnen. `Accumulate` ist aber wie in der Schablone. □

10.3 ÜBER NATÜRLICHE ZAHLEN AKKUMULIEREN

Auch über natürliche Zahlen können wir Funktionen schreiben, die einen Akkumulator sinnvoll benutzen. Wir zeigen das anhand der `power`-Funktion, die wir schonmal «normal» in Abschnitt 7.1 auf Seite 206 programmiert haben.

Kurzbeschreibung, Signatur und Tests sind wie gehabt:

```
; Potenz einer Zahl berechnen
(: power (number natural -> number))

(check-expect (power 5 0) 1)
(check-expect (power 5 3) 125)
```

Wir benutzen nun schon von vornherein die gleiche Namenskonvention wie in Konstruktionsanleitung 21 und benennen den entscheidenen Parameter mit einer 0 am Ende.

```
(define power
  (lambda (base exponent0)
    ...))
```

Die Schablone entsteht jetzt ganz ähnlich wie bei den Listen: Wir schreiben eine `accumulate`-Funktion mit Parametern `exponent` und `acc`. `Accumulate` macht genau wie in der Schablone aus Konstruktionsanleitung 19 auf Seite 208 eine Verzweigung nach den zwei Fällen natürlicher Zahlen. Der rekursive Aufruf im `positive?`-Zweig muss genau wie dort `(- exponent 1)` übergeben:

```
(define power
  (lambda (base exponent0)
    (define accumulate
      (lambda (exponent acc)
        (cond
          ((zero? exponent)
           ... acc ...)
```

```
        ((positive? exponent)
         (accumulate (- exponent 1) ... acc ...)))))
    (accumulate exponent0 ...)))
```

Jetzt müssen wir uns noch überlegen, was `acc` eigentlich sein soll. Da die Potenz ein wiederholtes Produkt von `base` ist, sollte `acc` auch ein Produkt sein. Während `accumulate` jedesmal `exponent` um eins herunterzählt, könnten wir den Akkumulator bei jeder Runde ein weiteres Mal mit `base` multiplizieren – ähnlich, wie wir es vielleicht auch auf einem Zettel machen würden. Der Akkumulator ist also eine «Zwischenpotenz» und wir nennen ihn deshalb einfach `power`.

Wir sollten noch eine Invariante formulieren, damit auch alles richtig läuft. Dafür müssen wir klären, *welche* Zwischenpotenz `power` eigentlich ist. Da `exponent` immer kleiner wird, bietet sich die Differenz zwischen `exponent0` und `exponent` an – die fängt bei 0 an und wird immer größer. Das Hütchen ^ im Kommentar heißt hier «hoch»:

```
(define power
  (lambda (base exponent0)
    (define accumulate
      ; power ist base^(exponent0 - exponent)
      (lambda (exponent power)
        (cond
          ((zero? exponent) ...)
          ((positive? exponent)
           (accumulate (- exponent 1) ...)))))
    (accumulate exponent0 ...)))
```

Mit der Invariante können wir die Lücken füllen: Im ersten Zweig ist `exponent` 0. Das bedeutet, dass `power` gerade «`base` hoch `exponent0`» ist – das Endergebnis. Im zweiten Zweig müssen wir entsprechend dem reduzierten `exponent` einmal `base` an das Zwischenergebnis dranmultiplizieren. Es fehlt nur noch der Wert für `power` im ersten Aufruf von `accumulate`. Da $b^0 = 1$ ist, müssen wir 1 einsetzen:

```
(define power
  (lambda (base exponent0)
    (define accumulate
      ; power ist base^(exponent0 - exponent)
      (lambda (exponent power)
        (cond
          ((zero? exponent) power)
```

```
          ((positive? exponent)
           (accumulate (- exponent 1) (* power base))))))
    (accumulate exponent0 1)))
```

Fertig!

Auch für solche Funktionen mit Akkumulator, die natürliche Zahlen konsumieren, können wir eine Schablone formulieren:

KONSTRUKTIONSANLEITUNG 22 (NATÜRLICHE ZAHLEN ALS EINGABE, MIT AKKUMULATOR: SCHABLONE)

Wenn Du eine Funktion schreibst, die eine natürliche Zahl akzeptiert und einen Akkumulator benutzen soll, gehe folgendermaßen vor:

1. Überlege Dir, was für Information der Akkumulator repräsentieren soll. Das ist typischerweise ein Zwischenergebnis – also ein vorläufiger Wert für das Endergebnis.
2. Konstruiere die Schablone wie folgt:

```
(define f
  (lambda (... n0 ...)
    (define accumulate
      (lambda (n acc)
        (cond
          ((zero? n) ... acc ...)
          ((positive? n)
           (accumulate (- n 1)
                       (... acc ...))))))
    (accumulate n0 ...)))
```

3. Formuliere eine möglichst konkrete Invariante zwischen n_0, n und acc und schreibe sie als Kommentar zu `accumulate`.
4. Fülle mit Hilfe der Invariante die Ellipsen in der Funktion aus.

AUFGABE 10.3

Programmiere eine Funktion, welche die *Fakultät* einer Zahl berechnet (auf englisch «factorial»). Für eine Zahl n ist deren Fakultät $n!$ das folgende Produkt:

$$1 \times 2 \times \cdots \times (n-1) \times n$$

□

Hier noch ein Tipp für Funktionen auf natürlichen Zahlen mit Akkumulator. Bei den Funktionen `exponent` und `list-sum` ist es egal, ob die Funktion von 0 hochzählt oder von einer Zahl n herunterzählt: Bei Addition und Multiplikation spielt die Reihenfolge keine Rolle. Das ist aber nicht immer so: Häufig macht es einen Unterschied, ob die Funktion bei 0 (oder manchmal auch 1) anfängt und hochzählt oder von einer Zahl n herunterzählt. (Schau Dir gegebenenfalls noch einmal Abschnitt 7.3 auf Seite 211 an.) Um das zu entscheiden, überlege Dir, ob Du mit Bleistift und Papier «unten» oder «oben» anfangen würdest.

10.4 AKTIENKURSE ANALYSIEREN

`akkumulatoren/profit.rkt` **Code**

Es gibt durchaus Funktionen, bei denen mehrere Zwischenergebnisse nötig sind. Um das zu demonstrieren, schreiben wir eine Funktion, die den maximalen Gewinn aus einer Reihe von Aktienkursen berechnet.

Diese Reihe von aufeinanderfolgenden Kursen repräsentieren wir als Liste von Zahlen. Entsprechend sehen Kurzbeschreibung und Signatur so aus:

```
; Bestmöglichen Gewinn durch Kauf und Verkauf ermitteln
(: max-profit ((nonempty-list-of real) -> real))
```

Gewinn erzielt man hier, indem die Aktie zunächst gekauft und dann wieder verkauft wird – und nicht umgekehrt. Die Differenz zwischen Verkaufs- und Kaufpreis ist dann der Gewinn. Der folgende Testfall illustriert dies:

```
(check-expect (max-profit (list 5 2 7 3 9 5 1)) 7)
```

Hier hätte man den maximalen Gewinn erzielt durch Kauf zum Kurs 2 und Verkauf zum Kurs 9.

Das Gerüst sieht so aus:

```
(define max-profit
  (lambda (spots)
    ...))
```

(«Spot» ist ein englisches Wort für «Kurs».)

Aber wie geht es weiter?

Die einfache Strategie, einfach die Differenz zwischen Maximum und Minimum der Liste als maximalen Gewinn auszuweisen, funktioniert leider nicht: Das Minimum ist 1, liegt aber leider hinter dem Maximum von 9.

Ebensowenig eignet sich dieses Problem für eine naive, «normale» rekursive Funktion. Die Schablone wäre diese hier:

```
(define max-profit
  (lambda (spots)
    (cond
      ((empty? spots) ...)
      ((cons? spots)
       ... (first spots) ...
       ... (max-profit (rest spots) ...)))))
```

Das Problem ist, dass der Profit des Rests der Liste nicht ausreicht, um daraus und dem ersten Element den Profit der Gesamtliste auszurechnen. Wir müssten dafür auch noch den dazugehörigen Verkaufskurs wissen.

Wir versuchen es also mal mit Zwischenergebnissen. Dafür sieht die Schablone so aus:

```
(define max-profit
  (lambda (spots0)
    (define accumulate
      (lambda (spots acc)
        (cond
          ((empty? spots) acc)
          ((cons? spots)
           (accumulate (rest spots)
                       ... (first spots) ... acc ...)))))
    (accumulate spots0 ...)))
```

Da die Funktion im ganzen den maximalen Gewinn ausrechnen soll, bietet es sich an, als Zwischenergebnis den maximalen Gewinn der bisher gesehenen Kurse zwischen `spots0` und `spots` als Zwischenergebnis mitzuführen:

```
(define max-profit
  (lambda (spots0)
    (define accumulate
      ; max-profit ist der maximale Gewinn zwischen
      ; spots0 und spots
      (lambda (spots max-profit)
        (cond
          ((empty? spots) max-profit)
```

```
        ((cons? spots)
         (accumulate (rest spots)
                     ... (first spots) ... max-profit ...)))))
    (accumulate spots0 0)))
```

Das Dumme ist, dass wir auch hier nicht genug Daten haben, um beim rekursiven Aufruf von `accumulate` einen neuen Wert für `max-profit` zu berechnen. Grundsätzlich gibt es aber nur zwei Möglichkeiten:

- `Max-profit` bleibt, wie es ist.
- `Max-profit` wird aktualisiert, weil es besser ist, zum Kurs `(first spots)` zu verkaufen als zum bisher besten Verkaufskurs.

Wir müssen also herausbekommen, wie hoch der Gewinn wäre, wenn wir zum Kurs `(first spots)` verkaufen würden. Dazu müssten wir den bestmöglichen *Kaufkurs* kennen. Dieser Kaufkurs ist der minimale Kurs unter den vergangenen Kursen: Dieses Minimum führen wir als weiteres Zwischenergebnis mit. Aktualisiert wird dieses Minimum mit der eingebauten Funktion `min`:

```
(define max-profit
  (lambda (spots0)
    (define accumulate
      ; min-spot ist das Minimum der Elemente zwischen
      ; spots0 und spots
      ; max-profit ist der maximale Gewinn zwischen
      ; spots0 und spots
      (lambda (spots min-spot max-profit)
        (cond
          ((empty? spots) max-profit)
          ((cons? spots)
           (accumulate (rest spots)
                       (min (first spots) min-spot)
                       ...)))))
    (accumulate spots0 ... 0)))
```

Es fehlt noch der richtige Anfangswert für `min-spot` beim ersten Aufruf von `accumulate`. Hier machen wir Gebrauch von der Tatsache, dass `spots0` eine nicht-leere Liste ist: Wir können sie in erstes Element und Rest aufteilen wie schon bei `list-min` in Abschnitt 6.8 auf Seite 196 sowie in Aufgabe 10.2 auf Seite 299. Das erste Element ist dann das erste Minimum:

```
    (accumulate (rest spots0) (first spots0) 0)))
```

Es fehlt nur noch der aktualisierte Wert für `max-profit`: Der ist das Maximum aus dem bisherigen `max-profit` und dem möglichen Gewinn aus dem Verkauf zum Kurs `(first spots)`. Hier das Ergebnis:

```
(define max-profit
  (lambda (spots0)
    (define accumulate
      ; min-spot ist das Minimum der Elemente zwischen
      ; spots0 und spots
      ; max-profit ist der maximale Gewinn zwischen
      ; spots0 und spots
      (lambda (spots min-spot max-profit)
        (cond
          ((empty? spots) max-profit)
          ((cons? spots)
           (accumulate (rest spots)
                       (min (first spots) min-spot)
                       (max (- (first spots) min-spot)
                            max-profit))))))
    (accumulate (rest spots0) (first spots0) 0)))
```

Fertig!

AUFGABE 10.4

Die *Fibonacci-Folge* ist eine Folge natürlicher Zahlen, die mit 0 und 1 anfängt. Jede weitere Zahl ist die Summer der beiden Zahlen davor.

Schreibe eine Funktion, welche für eine Zahl n die n-te Zahl aus der Fibonacci-Zahl berechnet. Schreibe dafür eine Funktion mit zwei Akkumulatoren.

Wichtig bei dieser Aufgabe: Überlege Dir vorher, ob Du die Fibonacci-Zahlen mit Papier und Bleistift ausrechnen würdest, indem Du bei 0 anfängst und hochzählst oder stattdessen von n herunterzählst. Schreibe Deine Funktion entsprechend. □

10.5 KONTEXT UND ENDREKURSION

In diesem Abschnitt werfen wir einen Blick darauf, wie die Auswertung rekursiver Funktionsaufrufe funktioniert. Dabei wird ein wichtiger Unterschied zwischen den Funktionen mit Akkumulator und den «normalen» Funktionen davor sichtbar.

Als Beispiel betrachten wir ein weiteres Mal `list-sum`, zunächst in der Version mit Akkumulator aus Abschnitt 10.2 auf Seite 295. Am besten ist, wenn Du Dir selbst im Stepper die Auswertung von

```
(list-sum (list 1 2 3 4))
```

anschaust. Hier sind die wichtigsten Schritte bei der Auswertung:

```
(list-sum #<list 1 2 3 4>)
↪ (accumulate #<list 1 2 3 4> 0)
↪ (accumulate (rest #<list 1 2 3 4>) (+ (first #<list 1 2 3 4>) 0))
↪ (accumulate #<list 2 3 4>    1)
↪ (accumulate #<list 3 4>      3)
↪ (accumulate #<list 4>        6)
↪ (accumulate #<empty-list>  10)
↪ 10
```

Wir haben den Wert des `sum`-Parameters immer untereinander geschrieben, und man sieht gut, wie sich das Zwischenergebnis von 0 schrittweise auf das Endergebnis 10 zubewegt.

Wenn Du das «alte» `list-sum` in Abschnitt 6.1 auf Seite 6.1 im Stepper laufen lässt, sieht das schon optisch ganz anders aus:

```
(list-sum #<list 1 2 3 4>)
↪ (+ (first #<list 1 2 3 4>) (list-sum (rest #<list 1 2 3 4>)))
↪ (+ 1 (list-sum #<list 2 3 4>))
↪ (+ 1 (+ 2 (list-sum #<list 3 4>))
↪ (+ 1 (+ 2 (+ 3 (list-sum #<list 4>))))
↪ (+ 1 (+ 2 (+ 3 (+ 4 (list-sum #<empty-list>)))))
↪ (+ 1 (+ 2 (+ 3 (+ 4 0))))
↪ (+ 1 (+ 2 (+ 3 4)))
↪ (+ 1 (+ 2 7))
↪ (+ 1 9)
↪ 10
```

Hier sieht man, dass die rekursiven Aufrufe die einzelnen Additionen «aufstauen», und die eigentliche Arbeit der Addition erst nach dem letzten rekursiven Aufruf stattfindet. Dieses «Aufstauen» kommt daher, dass der rekursive Aufruf in der alten Version innerhalb des Aufrufs von + steht:

```
(+ (first list) (list-sum (rest list)))
```

Bei der Version mit Akkumulator ist es genau umgekehrt und der rekursive Aufruf steht um den Aufruf von + herum:

```
(accumulate (rest list) (+ (first list) sum))
```

Wenn der Computer in der alten Version einen rekursiven Aufruf auswertet, muss er sich merken, dass nach dem rekursiven Aufruf noch eine Addition passieren muss. Entsprechend wird die Kette von +-Aufrufen bei jedem rekursiven Aufruf länger. Dieser Aufruf von + heißt der *Kontext* des rekursiven Aufrufs – er ist um ihn herumgewickelt.

Bei der Version mit Akkumulator hat der rekursive Aufruf von `accumulate` keinen Kontext, dementsprechend staut sich bei der Auswertung und im Stepper da auch nichts auf. Ein rekursiver Aufruf ohne Kontext heißt *endrekursiv*, weil nach dem Aufruf nichts mehr passieren muss, der Aufruf also «am Ende» steht.

Der Begriff «Endrekursion» ist etwas unglücklich: Ob ein Funktionsaufruf einen Kontext hat oder nicht, hat eigentlich gar nichts damit zu tun, ob er rekursiv ist oder nicht. Im Englischen gibt es den besseren Begriff *tail call*, der sowohl auf rekursive als auch nicht-rekursive Aufrufe zutrifft.

Dass der Aufruf im alten `list-sum` nicht endrekursiv ist, legt schon die Schablone fest, in der das Ergebnis des rekursiven Aufrufs noch mit dem ersten Element der Liste kombiniert werden muss. Bei der Schablone für Funktionen mit Akkumulator ist das nicht so, entsprechend haben die entstehenden rekursiven Aufrufe auch keinen Kontext.

Die Auswertungsprozesse, die von endrekursiven Aufrufen generiert werden, gehen in einer geraden Linie voran und heißen auch *iterative* Prozesse. In anderen Programmiersprachen spricht man auch von *Schleifen*; viele Programmiererinnen und Programmierer benutzen deshalb den Namen `loop` statt `accumulate`.

10.6 DAS PHÄNOMEN DER UMGEDREHTEN LISTE

Von `list-sum` kennen wir jetzt zwei Varianten: die ursprüngliche «normal rekursive» Version und die iterative. Bei allen Funktionen, die wir bisher auf Listen geschrieben haben, ist es auch möglich, eine endrekursive Fassung zu schreiben. Die endrekursiven Versionen sind nicht besser. Im Gegenteil: sie sind ja schwieriger zu schreiben. In diesem Kapitel ist das deshalb nur eine Fingerübung. Wir werden aber in Kapitel 15 auf Seite 465 zeigen, dass wir in vielen anderen Programmiersprachen die Listenfunktionen iterativ schreiben *müssen*. Darum ist es gut, wenn wir das schonmal gemacht haben.

Bei Funktionen, die Listen als Ergebnis produzieren, ist eine Kleinigkeit zu beachten, wenn wir sie iterativ schreiben. Wir zeigen, was diese Kleinigkeit ist, anhand einer Funktion, die aus einer

Liste von ganzen Zahlen die geraden Zahlen extrahiert. Das geht auch, indem wir einfach `filter` aufrufen, aber wir programmieren das zur Übung noch einmal. Kurzbeschreschreibung, Signatur und Testfall sind wie folgt:

```
; Aus einer Liste gerade Zahlen extrahieren
(: evens ((list-of integer) -> (list-of integer)))

(check-expect (evens (list 1 2 3 4 5 6))
              (list 2 4 6))
```

Die Schablone gibt folgendes her:

```
(define evens
  (lambda (list0)
    (define accumulate
      (lambda (list acc)
        (cond
          ((empty? list) ... acc ...)
          ((cons? list)
           (accumulate (rest list)
                       ... (first list) ... acc ...)))))
    (accumulate list0 ...)))
```

Wir müssen uns wieder einen geeigneten Akkumulator überlegen: Es bietet sich an, die schon gesehenen geraden Zahlen aufzusammeln. Wir nennen also den Akkumulator genau wie die Funktion `evens` und schreiben eine geeignete Invariante:

```
(define evens
  (lambda (list0)
    (define accumulate
      ; evens enthält die geraden Zahlen zwischen list0 und list
      (lambda (list evens)
        (cond
          ((empty? list) ... evens ...)
          ((cons? list)
           (accumulate (rest list)
                       ... (first list) ... evens ...)))))
    (accumulate list0 ...)))
```

Der erste Wert für den Akkumulator muss gemäß der Invariante `empty` sein. Ebenfalls gemäß der Invariante ist `evens` am Ende das Endergebnis. Außerdem müssen wir im rekursiven Aufruf von `accumulate` noch einen neuen Wert für `evens` berechnen: Wir hängen `(first list)` an das bisherige Zwischenergebnis an, falls es gerade ist:

```
(define evens
  (lambda (list0)
    (define accumulate
      ; evens enthält die geraden Zahlen zwischen list0 und list
      (lambda (list evens)
        (cond
          ((empty? list) evens)
          ((cons? list)
           (accumulate (rest list)
                       (if (even? (first list))
                           (cons (first list) evens)
                           evens))))))
    (accumulate list0 empty)))
```

Sieht gut aus, oder? Es gibt allerdings ein kleines Problem: Der Testfall schlägt fehl. Die Funktion liefert `#<list 6 4 2>` statt `#<list 2 4 6>` – die Liste ist verkehrt herum!

Das ist eine natürliche Konsequenz, wenn eine Liste iterativ erzeugt wird: Bei einem rekursiven Aufruf, bei dem die Ergebnisliste wächst, wird ja mit `cons` ein neues Element *vorn* angehängt, das erste Element kommt also zuletzt.

Das bedeutet, dass die Invariante zwar richtig, aber unpräzise ist: Sie sagt, welche Elemente in `evens` drin sind, aber nicht, in welcher Reihenfolge. Wir sollten sie erweitern:

```
; evens enthält die geraden Zahlen zwischen list0 und list
; in umgekehrter Reihenfolge
```

(Vielleicht magst Du `evens` sogar in `inverted-evens` umbenennen.)

Wir müssen die Funktion natürlich noch korrigieren. Glücklicherweise geht das einfach: Wir rufen einfach am Ende `invert` auf dem Ergebnis auf, und das Ergebnis passt. Wir müssen uns keine Sorgen machen, dass dadurch die Funktion wieder quadratisch wird, weil wir `invert` nur am Ende aufrufen, nicht bei jedem rekursiven Aufruf.

AUFGABE 10.5

Schreibe eine iterative Variante von `concatenate` aus Abschnitt 6.6.3 auf Seite 190. Vergleiche sie mit der Funktion `invert-helper` auf Seite 294: gibt es eine Gemeinsamkeit? □

10.7 LISTEN ITERATIV ZUSAMMENFALTEN

Du erinnerst Dich vielleicht: In Abschnitt 9.4 auf Seite 265 haben wir die Mutter aller Listenfunktionen geschrieben, `list-fold`, indem wir aus der Schablone für Listenfunktionen eine Funktion gemacht haben. Alle Listenfunktionen, die nach dieser Schablone programmiert sind, können durch einen einfachen Aufruf von `list-fold` ersetzt werden.

Für die Funktionen mit Zwischenergebnis gibt es eine andere Schablone, und wir machen in diesem Abschnitt für diese Schablone das gleiche, was `list-fold` für die frühere Schablone gemacht hat. Diesmal leiten wir die Funktion von vornherein aus der Schablone her und geben ihr gleich einen Namen, nämlich `list-fold-left`.

Warum `list-fold-left`? Wenn Du Dir die Arbeitsweise von `list-fold` im Stepper anschaust, siehst Du, dass sie die Liste von rechts nach links aufrollt. Eine Funktion mit Zwischenergebnis arbeitet aber von links nach rechts, darum das `-left`.

Hier ist die Schablone für die gewünschte Funktion aus Konstruktionsanleitung 21 auf Seite 299:

```
(define list-fold-left
  (lambda (list0 ...)
    (define accumulate
      (lambda (list acc)
        (cond
          ((empty? list) ... acc ...)
          ((cons? list)
           (accumulate (rest list)
                       ... (first list) ... acc)))))

    (accumulate list0 ...)))
```

Überall, wo Ellipsen stehen, müssen wir Namen hinschreiben: Das sind insgesamt drei Stellen. Wir arbeiten uns von hinten nach vorn, zunächst ist der erste Aufruf von `accumulate` an der Reihe. Die dortige Ellipse steht für den ersten Wert des Akkumulators `acc` – wir wählen dafür den Namen `start-acc` und nehmen ihn in die Parameter von `list-fold-left` auf.

Beim rekursiven Aufruf von `accumulate` müssen `(first list)` und `acc` zum nächsten Wert für den Akkumulator kombiniert werden. Das lassen wir von einer Funktion erledigen, analog zu `for-cons` bei `list-fold`. Schließlich bleibt noch die Ellipse am Ende im `empty?`-Zweig, bei der aus dem letzten Akkumulator das Endergebnis wird. Diesen Übergang lassen wir ebenfalls von einer Funktion erledigen, die wir `final-acc->result` nennen.

```
(define list-fold-left
  (lambda (list0 start-acc next-acc final-acc->result)
    (define accumulate
      (lambda (list acc)
        (cond
          ((empty? list) (final-acc->result acc))
          ((cons? list)
           (accumulate (rest list)
                       (next-acc (first list) acc))))))

    (accumulate list0 start-acc)))
```

Damit können wir die Aufgaben der bisherigen iterativen Funktionen erledigen. Das machen wir gleich als Testfälle. Hier sind `invert` und `list-sum`:

```
(check-expect (list-fold-left (list 1 2 3)
                              empty
                              cons
                              (lambda (inverted) inverted))
              (list 3 2 1))

(check-expect (list-fold-left (list 1 2 3 4 5)
                              0 +
                              (lambda (sum) sum))
              15)
```

Aufgabe 10.6

Bilde evens mit einem Aufruf von `list-fold-left` nach! □

Es fehlt noch eine Signatur für `list-fold-left`. Wir schreiben wieder auf, was wir wissen, nämlich dass `list-fold-left` vierstellig und dass `list0` eine Liste ist:

```
(: list-fold-left ((list-of %a) ... ... ... -> ...))
```

Beim ersten Testfall sieht man, dass der Akkumulator nicht die gleiche Signatur haben muss wie die Listenelemente. Wir benutzen für den Akkumulator deshalb eine neue Signaturvariable `%acc`:

```
(: list-fold-left ((list-of %a) %acc ... ... -> ...))
```

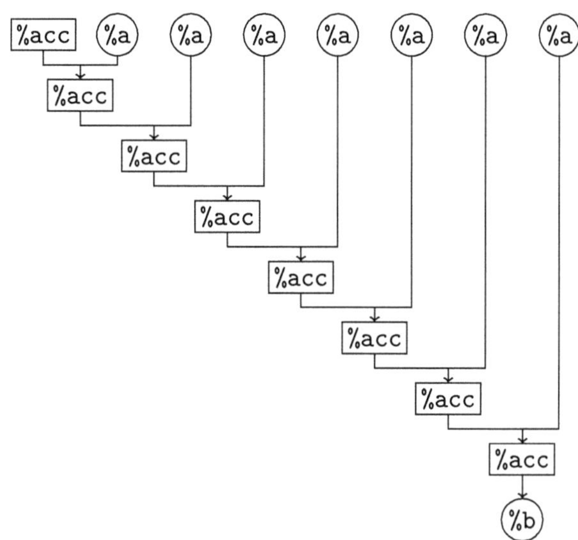

Abbildung 10.3: Ablauf von `list-fold-left`

Wir wissen außerdem, dass `next-acc` eine zweistellige und `final-acc->result` eine einstellige Funktion ist:

```
(: list-fold-left
   ((list-of %a) %acc (... ... -> ...) (... -> ...) -> ...))
```

Die Argumente von `next-acc` sind ein Listenelement und der vorige Akkumulator, heraus kommt der nächste Wert für den Akkumulator. Wir können also folgendermaßen ergänzen:

```
(: list-fold-left
   ((list-of %a) %acc (%a %acc -> %acc) (... -> ...) -> ...))
```

Es bleibt `final-acc->result`, das als Argument den letzten Akkumulator akzeptiert. Das Ergebnis wird zum Endergebnis der Funktion, wofür wir die Signaturvariable %b wählen:

```
(: list-fold-left
   ((list-of %a) %acc (%a %acc -> %acc) (%acc -> %b) -> %b))
```

Abbildung 10.3 illustriert den Zusammenhang zwischen dem Ablauf von `list-fold-left` und der Signatur. Die Verarbeitung läuft sichtlich von links nach rechts.

Abbildung 10.4 zeigt im Gegensatz dazu die Arbeitsweise von `list-fold`, das von rechts nach links arbeitet. Zur Erinnerung hier noch einmal die Signatur:

```
(: list-fold (%a (%b %a -> %a) (list-of %b) -> %a))
```

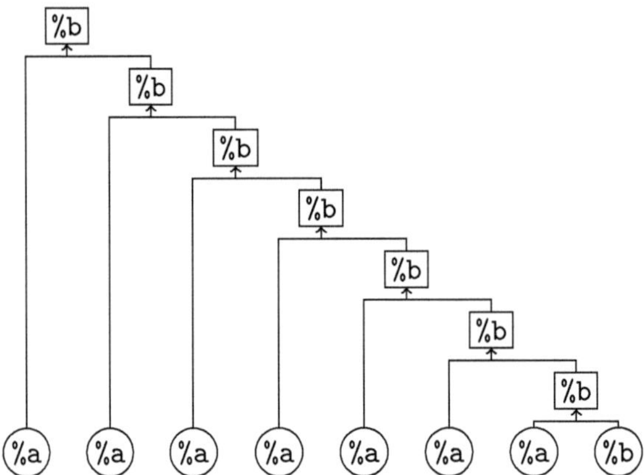

Abbildung 10.4: Ablauf von `list-fold`

ANMERKUNGEN

Bei der Auswertung von Programmen durch den Computer wird für die Verwaltung von Kontexten Speicherplatz benötigt: Bei rekursiven Funktionen ohne Akkumulator wächst dieser Speicherplatz mit der Größe der Argumente. Entsprechend wird prinzipiell kein Speicherplatz benötigt, wenn kein Kontext anfällt. In den Lehrsprachen wird auch tatsächlich kein Speicherplatz für endrekursive Aufrufe verbraucht. Leider sind viele andere Programmiersprachen nicht so sparsam und verbrauchen sinnlos Speicherplatz auch für endrekursive Aufrufe. Mehr dazu in Kapitel 15.

AUFGABEN

AUFGABE 10.7

Schreibe eine Funktion `list-sum+product`, die eine Liste von Zahlen akzeptiert und eine zweielementige Liste zurückgibt, deren erstes Element die Summe der Listenelemente und deren zweites Element ihr Produkt ist. Schreibe zwei Varianten der Funktion: eine «normal-rekursive» ohne Akkumulator und eine iterative mit zwei Akkumulatoren.

AUFGABE 10.8

Schreibe eine Version von `power2` aus Abschnitt 7.4 auf Seite 214 mit Akkumulator. Hinweis: Du kannst die gleiche Invariante wie bei `power` verwenden.

Aufgabe 10.9

Identifiziere die Kontexte der Aufrufe der Funktionen namens p in folgenden Ausdrücken:

```
(+ (p (- n 1)) 1)
(p (- n 1) acc)
(* (p (rest lis)) b)
(+ (* 2 (p (- n 1))) 1)
(p (- n 1) (* acc n))
(f (p n))
(+ (f (p n)) 5)
(p (f (- n 1)) (* n (h n)))
(+ (f (p n)) (h n))
```

Welche Aufrufe sind endrekursiv beziehungsweise *tail calls*?

Aufgabe 10.10

Schreibe eine iterative Variante von `list-length`.

Aufgabe 10.11

Schreibe eine iterative Variante von `list-min-nonempty` in Abschnitt 6.8 auf Seite 197.

Aufgabe 10.12

Schreibe `list-fold-left` mit Hilfe von `list-fold`, indem Du die Eingabeliste umdrehst.

Schreibe umgekehrt `list-fold` mit Hilfe von `list-fold-left`! □

Aufgabe 10.13

Das Newton-Verfahren dient zur nährungsweisen Berechnung von Nullstellen. Für ein gegebenen Startwert nähert sich die Iteration

$$x_{n+1} = x_n - \frac{f(x_n)}{f'(x_n)}$$

immer näher an eine Nullstelle an.

Programmiere das Newton-Verfahren!

Hinweis: Die Lösung ist fertig, wenn der Funktionswert nahe bei 0 liegt, also kleiner als eine Toleranz ist. Da das Newton-Verfahren nicht immer eine Lösung liefert, programmiere Deine Funktion so, dass sie nach einer gewissen Anzahl von Schritten automatisch abbricht.

11 VIDEOSPIELE PROGRAMMIEREN

In diesem Kapitel programmieren wir zum ersten Mal ein vollständiges, benutzbares Programm, nämlich ein kleines Videospiel. Dafür brauchen wir zwei Zusätze für die Lehrsprache in DrRacket, die Teachpacks `image.rkt` und `universe.rkt`. Ersteres ist für das Anzeigen der Grafik zuständig (wir haben es im ersten Kapitel schon einmal benutzt), und `universe.rkt` ist dafür da, die Grafiken zu bewegen und interaktiv zu machen.

Beide Teachpacks können noch viel mehr als in dieses Kapitel passt. Zum Glück steht im Hilfezentrum von DrRacket umfangreiche Dokumentation, allerdings leider derzeit nur auf Englisch: Für das `image.rkt`-Teachpack muss man dort nach `2htdp/image` suchen, für `universe.rkt` nach `2htdp/universe`.[1] Hier sind direkte Links auf die Dokumentation:

https://docs.racket-lang.org/teachpack/2htdpimage.html
https://docs.racket-lang.org/teachpack/2htdpuniverse.html

11.1 BILDER MIT `IMAGE.RKT`

Für die Grafikprogrammierung mit DrRacket laden wir ein sogenanntes *Teachpack*, ein kleiner Sprachzusatz, in diesem Fall mit einer Reihe von Funktionen zur Erzeugung von Bildern. Wir sind ihm bereits in Abschnitt 1.4.2 auf Seite 23 begegnet: Um das Teachpack zu laden, musst Du im Menü `Sprache` (oder `Language` in der englischen Ausgabe) den Punkt `Teachpack hinzufügen` (`Add teachpack`) anwählen, und im dann erscheinenden Auswahl-Dialog die Datei `image.rkt` auswählen.

11.1.1 EINFACHE BILDER

Im Teachpack `image.rkt` erzeugen verschiedene Funktionen einfache Bilder. So hat zum Beispiel die Funktion `rectangle` folgende Signatur:

```
(: rectangle (real real mode color -> image))
```

Dabei sind die ersten beiden Argumente Breite und Höhe eines Rechtecks in Pixeln. Das Argument mit Signatur `mode` ist eine Zeichenkette, die entweder `"solid"` oder `"outline"` sein muss. Sie bestimmt, ob das Rechteck als durchgängiger Klotz oder nur als Umriss gezeichnet wird. Das

[1] **`2htdp`** bezieht sich auf den Titel des Buchs *How to Design Programs* in der zweiten Auflage [FFFK14], für das diese Teachpacks ursprünglich entwickelt wurden.

Argument mit der Signatur `color` ist eine Zeichenkette, die eine Farbe (auf Englisch) bezeichnet, zum Beispiel `"red"`, `"blue"`, `"yellow"`, `"black"`, `"white"` oder `"gray"`. Als Ergebnis liefert `rectangle` ein Bild, das von der DrRacket-REPL entsprechend angezeigt wird wie andere Werte auch. Beispiel:

```
(rectangle 100 30 "outline" "brown")
```

↪

Als Farbe geht übrigens auch `"transparent"`, die das Bild durchsichtig beziehungsweise unsichtbar macht. (Wozu ist ein unsichtbares Bild gut, fragst Du vielleicht. Zum Beispiel, wenn wir ein kleineres Bild nicht ganz mittig platzieren wollen – dann können es auf ein transparentes Bild legen.)

Es gibt es noch weitere Funktionen, die geometrische Figuren zeichnen:

```
(: circle (real mode color -> image))
```

Die `circle`-Funktion liefert einen Kreis, wobei das erste Argument den Radius angibt. Die `mode`- und `color`-Argumente sind wie bei `rectangle`. Beispiel:

```
(circle 50 "solid" "red")
```

↪ 

```
(: ellipse (real real mode color -> image))
```

Diese Funktion liefert eine Ellipse, wobei das erste Argument die Breite und das zweite die Höhe angibt. Beispiel:

```
(ellipse 50 100 "solid" "green")
```

↪ 

```
(: triangle (real mode color -> image))
```

Diese Funktion liefert ein nach oben zeigendes gleichseitiges Dreieck, wobei das erste Argument die Seitenlänge angibt. Beispiel:

```
(triangle 50 "solid" "gold")
```

↪

```
(: line (real real color -> image))
```

zeichnet eine Linie. Der Aufruf `(line` w h c`)` liefert ein Bild mit Breite w und Höhe h, in dem die Linie von der linken oberen in die rechte untere Ecke verläuft. Falls die Linie entlang der anderen Diagonale verlaufen soll, kannst Du einfach das Vorzeichen von w oder von h umdrehen.

Beispiele:

```
(line 150 100 "blue")
```

↪

```
(line -150 100 "blue")
```

↪

Wir können auch ein Bild erzeugen, in dem Text steht, und zwar mit der Funktion `text`, die folgende Signatur hat:

```
(: text (string real color -> image))
```

Die Zahl ist die Höhe der Buchstaben. Beispiel:

```
(text "Schreibe Dein Programm!" 20 "red")
```

↪ Schreibe Dein Programm!

Manchmal reichen einfache Rechtecke und Kreise nicht aus und wir wollen komplexere Formen erzeugen. Eine Möglichkeit ist die Funktion `polygon`, die ein n-Eck zeichnet. Sie hat folgende Signatur:

```
(: polygon ((list-of (mixed posn pulled-point)) mode color -> image))
```

Diese Funktion akzeptiert eine Liste von Eckpunkten und die üblichen `mode`- und `color`-Argumente. Ein Eckpunkt muss entweder zur Signatur `posn` oder zu `pulled-point` gehören. Das sind eingebaute Record-Typen, bei denen `posn` so definiert sein könnte:

```
(define-record posn
  make-posn
  posn?
  (posn-x real)
  (posn-y real))
```

Dieser Typ definiert also ganz normale kartesische Koordinaten mit X- und Y-Komponente. Hier ist ein Beispiel für ein Polygon mit solchen Eckpunkten:

```
(polygon (list (make-posn 0 0)
               (make-posn -20 40)
               (make-posn 120 0)
               (make-posn -20 -40))
         "solid"
         "plum")
```

↪

Bei posn-Eckpunkten sind die Kanten also alles gerade Linien. Mit pulled-point-Eckpunkten ist es möglich, die Kanten zu Kurven zu machen. Auch pulled-point ist ein Record-Typ:

```
(define-record pulled-point
 make-pulled-point
 pulled-point?
 (pulled-point-lpull real)
 (pulled-point-langle real)
 (pulled-point-x real)
 (pulled-point-y real)
 (pulled-point-rpull real)
 (pulled-point-rangle real))
```

Wie posn hat auch pulled-point eine X- und eine Y-Koordinate. Außerdem gibt es jeweils zwei «Pull»- und «Angle»-Komponenten, die spezifizieren, wie die Kanten gebogen werden. Abbildung II.1 zeigt, wie das funktioniert: Für jeden Eckpunkt gibt es eine Kante vom vorigen Punkt – die *eingehende* Kante – und die Kante zum nächsten Punkt – die *ausgehende* Kante.

Die pulled-point-langle-Komponente gibt den Winkel an, mit dem die eingehende Kante gebogen wird, die pulled-point-rangle-Komponente den Winkel ist für die ausgehende

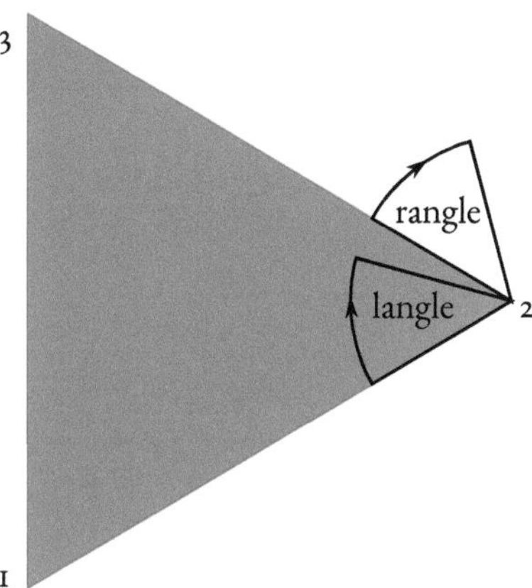

Abbildung 11.1: Funktionsweise von `pulled-point`

Kante zuständig. Abbildung 11.1 zeigt, in welche Richtung `langle` und `rangle` die beiden Kanten von Punkt Nummer 2 biegen: Die eingehende Kante kommt von Punkt 1 her, die ausgehende Kante geht zu Punkt 3. Die Komponenten `pulled-point-lpull` und `pulled-point-rpull` geben an, wieviel die Kanten verbogen werden auf einer Skala zwischen 0 und 1.

```
(polygon (list (make-pulled-point 1/2 0 0 0 1/2 -20)
               (make-posn -20 40)
               (make-pulled-point 1/2 -20 120 0 1/2 20)
               (make-posn -20 -40))
         "solid"
         "plum")
```

↪

Es ist auch möglich, Bilder-Dateien in `image.rkt`-Bilder zu verwandeln. Das macht der Menüpunkt `Bild einfügen` im `Spezial`-Menü. Alternativ ist es möglich, Bilder in anderen Applikationen auszuwählen und zu kopieren und dann in DrRacket einzufügen. Die eingefügten Bilder dienen dann als Literale für Bild-Werte. Abbildung 11.2 zeigt ein Beispiel.

Schließlich ermitteln die folgenden Funktionen Breite und Höhe eines Bildes:

```
(: image-width  (image -> natural))
(: image-height (image -> natural))
```

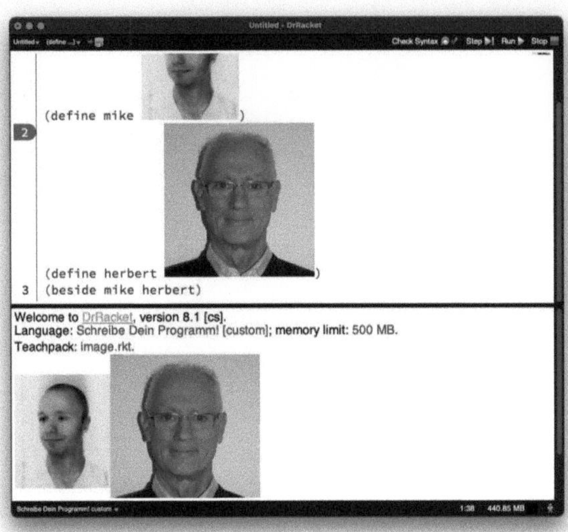

Abbildung 11.2: Bilddatei in Programm einbetten

11.1.2 BILDER ZUSAMMENSETZEN UND VERÄNDERN

Da diese geometrischen Formen für sich genommen langweilig sind, können wir mehrere Bilder zu einem zusammensetzen.

Zum Aufeinanderlegen gibt es die Funktion `overlay`, die ein Bild mittig auf ein anderes Bild drauflegt. Das Ergebnis ist groß genug, dass beide Bilder hineinpassen. Signatur und Beispiel:

```
(: overlay (image image -> image))

(overlay
  (circle 50 "solid" "gold")
  (rectangle 100 100 "solid" "blue"))
```

↪

Die Funktion `overlay/xy` erlaubt, das untere Bild gegenüber dem oberen in X- und Y-Richtung zu verschieben. Signatur und Beispiel:

```
(: overlay/xy (image real real image -> image))
```

```
(overlay/xy
  (circle 50 "solid" "gold")
  10 -20
  (rectangle 100 100 "solid" "blue"))
```

↪

Das Beispiel zeigt, das auch overlay/xy das Ergebnisbild gerade so groß macht, dass die beiden Eingabebilder hineinpassen.

Manchmal macht auch overlay/xy nicht das richtige, nämlich wenn einfach nur ein Bild in eine «Szene» platziert werden soll, zum Beispiel das Gürteltier auf einem Straßenabschnitt. In dem Fall wollen wir genau wie bei overlay/xy kontrollieren, an welchen Koordinaten das daraufgelegte Bild erscheint, aber das Bild soll nicht größer werden, wenn zum Beispiel ein Teil des Gürteltiers über den Straßenabschnitt hinausragt. Diese Aufgabe erledigt die Funktion place-iamge, deren Signatur der von overlay/xy entspricht:

```
(: place-image (image real real image -> image))
```

Die beiden Koordinaten werden anders als bei overlay/xy nicht relativ zur mittigen Anordnung interpretiert. Stattdessen geben die beiden Koordinaten die Position im zweiten Bild an, wo die Mitte des ersten Bilds platziert wird, ausgehend von der oberen linken Ecke des ersten Bildes:

```
(place-image
  (circle 50 "solid" "gold")
  40 70
  (rectangle 100 100 "solid" "blue"))
```

↪

Die Funktion place-image hat noch eine große Schwester place-image/align. Während place-image den Bezugspunkt in der Mitte des ersten Bilds setzt, erlaubt place-image auch anderee Bezugspunkte. Hier die Signatur:

```
(: place-image/align (image real real x-place y-place image -> image))
```

Die Signaturen `x-place` und `y-place` könnten folgendermaßen definiert sein:

```
(define x-place (signature (enum "left" "right" "center")))
(define y-place (signature (enum "top" "bottom" "center")))
```

Diese Argumente geben an, ob der Bezugspunkt horizontal am linken oder rechten Rand oder in der Mitte liegt und vertikal oben, unten oder in der Mitte:

```
(place-image/align
  (circle 20 "solid" "gold")
  40 70 "left" "center"
  (rectangle 100 100 "solid" "blue"))
```

↪

```
(place-image/align
  (circle 20 "solid" "gold")
  40 70 "right" "center"
  (rectangle 100 100 "solid" "blue"))
```

↪

```
(place-image/align
  (circle 20 "solid" "gold")
  40 70 "center" "center"
  (rectangle 100 100 "solid" "blue"))
```

↪

```
(place-image/align
  (circle 20 "solid" "gold")
  40 70 "center" "top"
```

```
  (rectangle 100 100 "solid" "blue"))
```

↪ 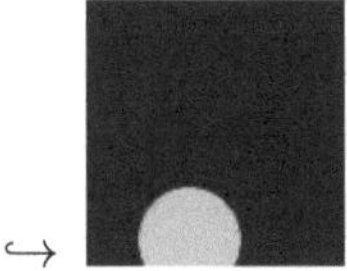

```
(place-image/align
  (circle 20 "solid" "gold")
  40 70 "center" "bottom"
  (rectangle 100 100 "solid" "blue"))
```

↪ 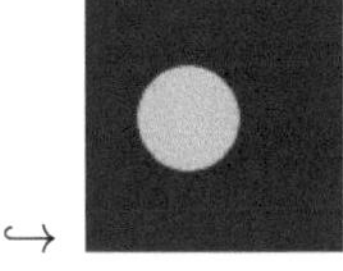

Die folgenden Funktionen `above` und `beside` kennst Du vielleicht noch aus dem ersten Kapitel auf Seite 25. Sie setzten zwei Bilder übereinander respektive nebeneinander:

```
(: above  (image image -> image))
(: beside (image image -> image))
```

Manchmal sieht ein Bild gut aus, ist aber zu klein oder zu groß geraten. Die Funktion `scale` kann es größer oder kleiner machen. Signatur:

```
(: scale (real image -> image))
```

Beispiel:

```
(define c (circle 20 "solid" "green"))
(beside (scale 0.5 c)
        c
        (scale 1 c)
        (scale 1.5 c)
        (scale 2 c)
        (scale 3 c))
```

↪

11.2 MODELLE UND ANSICHTEN

videospiele/dillo-world.rkt **Code**

In unserem Videospiel geht es um Gürteltiere auf dem texanischen Highway. Vielleicht erinnerst Du Dich, wir sind ihnen schon in Abschnitt 3.4 auf Seite 102 begegnet:

```
; Ein Gürteltier hat folgende Eigenschaften:
; - Gewicht (in g)
; - lebendig oder tot
(define-record dillo
  make-dillo
  dillo?
  (dillo-weight natural)
  (dillo-alive? boolean))

(: make-dillo (natural boolean -> dillo))
(: dillo-weight (dillo -> natural))
(: dillo-alive? (dillo -> boolean))

(define dillo1 (make-dillo 55000 #t)) ; 55 kg, lebendig
(define dillo2 (make-dillo 58000 #f)) ; 58 kg, tot
(define dillo3 (make-dillo 60000 #t)) ; 60 kg, lebendig
(define dillo4 (make-dillo 63000 #f)) ; 63 kg, tot

; Gürteltier überfahren
(: run-over-dillo (dillo -> dillo))

(define run-over-dillo
  (lambda (dillo)
    (make-dillo (dillo-weight dillo)
                #f)))
```

Die Datendefinition mit dem zugehörigen Code hält zwar einige Eigenschaften von Gürteltieren fest, für ein Videospiel fehlt aber eine grafische Darstellung. Eine solche Repräsentation mit zugehörigen Operationen heißt in der Softwararchitektur auch *Modell* oder auch *Domänenlogik*, und bei größeren Softwaresystemen ist es eine gute Idee, das Modell von der grafischen Darstellung zu trennen, damit das Modell stabil bleiben kann, auch wenn die grafische Darstellung geändert wird.

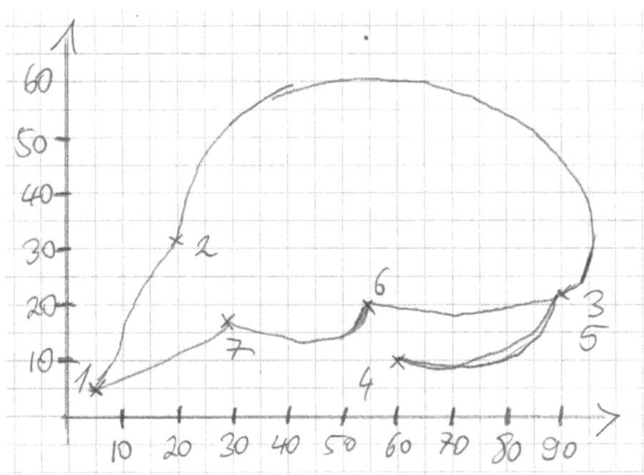

Abbildung 11.3: Umriss eines Gürteltiers

Die grafische Darstellung eines Modells nennen wir dessen *Ansicht* (auf englisch *View*). Wenn wir uns also mit Gürteltieren als Modell für ein Videospiel beschäftigen, müssen wir daraus eine Ansicht in Form eines Bildes berechnen.

Wir warnen Dich schonmal vor: Der grafische Gestaltung in diesem Kapitel fehlt es an Finesse. Wir hoffen, Du kannst sie verbessern!

Die folgende Funktion macht aus einem `dillo`-Wert ein Bild:

```
; Gürteltier-Bild erzeugen
(: dillo-image (dillo -> image))
```

Als Basis dafür machen wir erstmal ein Bild mit dem Körper des Gürteltiers. Zu diesem Zweck haben wir in Abbildung 11.3 zunächst von Hand eine Zeichnung mit dem Umriss des Gürteltiers in ein Koordinatensystem gezeichnet und die Punkte markiert, an denen sich die Richtung des Strichs abrupt ändert – also quasi die Ecken. Diese Ecken haben wir durchnummeriert und daraus haben wir dieses Polygon gemacht:

```
(define dillo-body
  (overlay/xy (polygon
               (list (make-pulled-point 0.3 30
                                        5 (- 60 5)
                                        0.2 5)
                     (make-pulled-point 0.4 20
                                        20 (- 60 32)
                                        0.5 -70)
```

```
          (make-pulled-point 0.5 120
                             90 (- 60 22)
                             0.2 -30)
          (make-pulled-point 0.5 90
                             60 (- 60 10)
                             0.5 90)
          (make-pulled-point 0 0
                             90 (- 60 22)
                             0.2 -30)
          (make-pulled-point 0 0
                             55 (- 60 20)
                             0.3 -30)
          (make-pulled-point 0 0
                             29 (- 60 17)
                             0.5 20))
   "solid"
   "brown")
  0 -30
  (rectangle 100 60
             "solid" "transparent")))
```

Du siehst, da haben wir ganz schön viel herumprobiert, bis es einigermaßen aussah, insbesondere bei den Zahlen für die `pulled-points`. Immerhin haben wir die Koordinaten aus der Zeichnung direkt übertragen, dabei ist uns aber aufgefallen, dass die Koordinaten in der Mathematik von unten nach oben, im Teachpack aber von oben nach unten laufen. Darum steht da zum Beispiel `(- 60 5)` für die Y-Koordinate 5, weil der obere Rand der Zeichnung bei 60 liegt.

Außerdem ist das Gürteltier vor allem nach oben und rechts nach außen gewölbt. DrRacket schneidet das Polygon bei der Anzeige ab, weswegen wir es mit `overlay/xy` noch auf einen transparenten Hintergrund montiert haben. So sieht das Ergebnis aus:

```
dillo-body
```

↪ 

Jetzt wollen wir ja nicht jedes Gürteltier genau gleich darstellen, sondern wir wollen dessen Eigenschaften bei der Darstellung berücksichtigen. Dafür schreiben wir die Funktion `dillo-image`, von der wir ja schon Kurzbeschreibung und Signatur gesehen haben. Hier ist das Gerüst mit der

Schablone für zusammengesetzte Daten als Eingabe:

```
(define dillo-image
  (lambda (dillo)
    ...
    (dillo-weight dillo)
    (dillo-alive? dillo)
    ...))
```

Wir sollten also noch berücksichtigen, wieviel das Gürteltier wiegt und außerdem, ob es noch lebt. Das Gewicht berücksichtigen wir, indem wir das Gürteltier größer oder kleiner machen:

```
(define dillo-image
  (lambda (dillo)
    (scale (+ 1
              (/ (- (dillo-weight dillo) 50000)
                 15000))
           dillo-body)
    ...
    (dillo-alive? dillo)
    ...))
```

Den Faktor bei `scale` haben wir durch Probieren ermittelt. Aber `(dillo-alive? dillo)` steht noch da – wir bauen das ein, indem wir einem toten Gürteltier «tote Augen» ins Gesicht setzen:

```
(define dillo-image
  (lambda (dillo)
    (scale (+ 1
              (/ (- (dillo-weight dillo) 50000)
                 15000))
           (if (dillo-alive? dillo)
               dillo-body
               (overlay/xy dead-eyes
                           -25 -25
                           dillo-body)))))

(define dead-eyes
  (overlay (line 10 10 "green")
           (line -10 10 "green")))
```

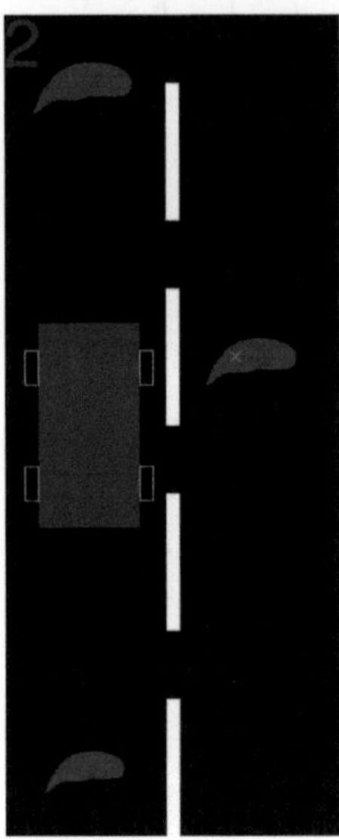

Abbildung 11.4: Gürteltiere auf der Straße

11.3 DEN HIGHWAY MODELLIEREN

Ein Gürteltier allein macht noch kein Videospiel: Wir setzen gleich mehrere Gürteltiere auf die Straße und – natürlich – überfahren sie dann. Das sieht dann so aus wie in Abbildung 11.4. Das Auto bewegt sich auf der Straße und kann entweder auf die linke oder rechte Straßenseite wechseln, wo es dann gegebenfalls über Gürteltiere fährt. Oben links steht ein Punktestand – wieviele Gürteltiere schon vom lebenden Zustand in den toten überführt wurden.

Damit wir das alles darstellen können, müssen für alles Datendefinition schreiben, was auf dem Bild der Straße zu sehen sind:

- die Position des Autos
- die Positionen der Gürteltiere zusammen mit ihren Zuständen
- der Punktestand

Für diese Aspekte des Spiels entwickeln wir Datendefinitionen. Man sieht schon, dass «Positionen» eine wichtige Rolle spielen, sowohl für das Auto als auch für die Gürteltiere. In dem Bild kann man sehen, dass dazu gehört, auf welcher Seite der Straße sich etwas aufhält und bei welchem «Straßenmeter». Hier sind Datendefinitionen für die Straßenseite und die Position heraus:

```
; Straßenseite
(define side
  (signature (enum "left" "right")))
```

```
; Eine Position auf der Straße besteht aus:
; - Straßenmeter (Abstand vom Straßenanfang in Meter)
; - Seite
(define-record position
  make-position
  position?
  (position-m-from-start real)
  (position-side side))
```

Als nächstes müssen wir die Idee «Positionen der Gürteltiere zusammen mit ihren Zuständen» in eine Datendefinition umwandeln. Wir machen das erstmal für ein einzelnes Gürteltier und nennen das Konzept «Gürteltier auf der Straße»:

```
; Ein Gürteltier auf der Straße hat folgende Eigenschaften:
; - Gürteltier-Zustand
; - Position auf der Straße
(define-record dillo-on-road
  make-dillo-on-road
  dillo-on-road?
  (dillo-on-road-state dillo)
  (dillo-on-road-position position))
```

11.4 STRASSENANSICHTEN

Jetzt wo wir die Welt modelliert haben können wir sie auch auf den Bildschirm bringen. Wir fangen erstmal mit den einfachen und offensichtlichen Elementen an: der Straße, inklusive der Markierung auf dem Mittelstreifen und dem Auto. Die Gürteltiere haben wir ja schon.

Damit wir einigermaßen realistisch über die Proportionen von allem nachdenken können, messen wir alles in Metern ab und wandeln zwischen Metern und Pixeln hin und her. Auf unserem Bildschirm sieht ein Verhältnis von 1m:100 Pixel gut aus. Diese Funktionen konvertieren hin und her:

```
; Meter in Pixel umwandeln
(: meters->pixels (real -> real))
```

```
(define meters->pixels
  (lambda (meters)
    (* meters 100)))

; Pixel in Meter umwandeln
(: pixels->meters (real -> real))

(define pixels->meters
  (lambda (pixels)
    (/ pixels 100)))
```

Die Straße selbst ist nur ein schwarzes Rechteck, das ist einfach. Schwieriger sind die Straßenmarkierungen, also abwechselnd ein weißer und ein schwarzer Streifen. Damit das realistisch aussieht, definieeren wir erst einmal die Länge der Markierungen und die der Lücken:

```
(define marking-height 2) ; Höhe der Streifen
(define gap-height 1) ; Höhe der Lücken
```

Die Markierungen und die Lücken müssen wir abwechseln aneinanderkleben. Wie oft fragst Du? Nun, der texanische Highway ist unendlich lang, das wäre schwierig. Aber wir zeigen ja nur einen Ausschnitt, und darum machen wir nur soviele Streifen, wie in den Ausschnitt passen. Wieviele das sind, hängt von der Höhe des Ausschnitts ab. Wir könnten natürlich von Hand nachzählen, das würde aber bedeuten, dass wir uns frühzeitig auf die Höhe des Ausschnitts festlegen müssten. Um das zu vermeiden, schreiben wir erst einmal eine Funktion, die als Eingabe die Anzahl der Streifen akzeptiert. Wir folgen der Schablone für Funktionen auf natürlichen Zahlen:

```
; Straßenmarkierung mit bestimmter Anzahl von Streifen malen
(: markings (natural -> image))

(define markings
  (lambda (n)
    (cond
      ((zero? n) empty-image)
      ((positive? n)
       (above (rectangle (meters->pixels .20)
                         (meters->pixels marking-height)
                         "solid"
                         "white")
```

```
                (rectangle (meters->pixels .20)
                           (meters->pixels gap-height)
                           "solid"
                           "black")
                (markings (- n 1)))))))
```

Hier jetzt die tatsächliche Höhe des Straßenabschnitts:

```
(define road-window-height 12) ; Höhe des Straßenausschnitts
```

Die Idee ist, dass Du später nur diese eine Definition ändern musst, falls Dir die Ausschnittshöhe nicht passt, und sich dann alles andere automatisch anpasst.

Um die Anzahl der nötigen Markierungen zu berechnen, teilen wir die Höhe des Straßenausschnitts durch die Länge einer Markierung plus Lücke. Zur Sicherheit addieren wir noch eins drauf: Die Division könnte nicht ganz aufgehen. Außerdem wird möglicherweise am Ende nur ein Teil eines Streifens zu sehen sein, auch dafür ist es gut, wenn im Zweifelsfall einer mehr da ist.

```
; Anzahl der nötigen Markierungen
(define marking-count
  (+ 1
     (quotient road-window-height
               (+ marking-height gap-height))))
```

Aus der Zahl machen wir schließlich das Bild der Streifen:

```
; sichtbare Markierungen
(define visible-markings
  (markings marking-count))
```

Zur Erinnerung: Die Funktion `quotient` haben wir auf Seite 98 eingeführt, sie teilt ganzzahlig.

Nun können wir das Bild des Straßenausschnitts zusammensetzen. Wir brauchen neben der Höhe auch noch die Breite und machen erstmal eine leere Szene nur aus schwarzem Asphalt:

```
; in Meter
(define road-width 5)

(define blank-road-window
  (empty-scene (meters->pixels road-width)
               (meters->pixels road-window-height)
               "black"))
```

Wie Mittelstreifen auf dem Straßenausschnitt platziert werden, hängt davon ab, an welchem Straßenmeter sich der Bildausschnitt befindet. Wir schreiben also eine Funktion, welche die Straßenmeter akzeptiert und ein passendes Bild liefert:

```
; Straßenausschnitt anzeigen
(: road-window (real -> image))
```

Wir benutzen `place-image/align` (siehe Seite 323), um die Mittelstreifen auf den Asphalt zu setzen:

```
(define road-window
  (lambda (meters)
    (place-image/align visible-markings
                       ...
                       ...
                       ... ...
                       blank-road-window)))
```

Wir setzen zunächst den Bezugspunkt beim Mittelstreifen nach oben in die Mitte:

```
(define road-window
  (lambda (meters)
    (place-image/align visible-markings
                       ...
                       ...
                       "center" "top"
                       blank-road-window)))
```

In X-Richtung muss der Mittelstreifen in die Mitte, da können wir einfach die Breite der Straße halbieren.

Bei der Y-Koordinate ist es schwieriger: Die hängt von den Straßenmetern ab. Die Straßenmeter sind aber (außer ganz am Anfang) mehr als der Ausschnitt hoch beziehungsweise das Mittelstreifenbild lang ist. Das Mittelstreifenbild wiederholt sich aber immer, wenn ein Streifen plus Lücke vorbeigezogen ist. Wir rechnen also die Anzahl der Pixel dafür aus:

```
(define marking-segment-pixels
  (meters->pixels (+ marking-height gap-height)))
```

Durch diese Zahl teilen wir und nehmen den Divisionsrest, um die Y-Position zu bekommen. Das heißt nicht ganz – der Divisionsrest ist immer positiv, und damit ist der Mittelstreifen zu weit unten:

Wir ziehen das Bild noch um einen Streifen nach oben, indem wir `marking-segment-pixels` abziehen. Das kommt dabei heraus:

```
(define road-window
  (lambda (meters)
    (place-image/align visible-markings
                       (/ (image-width blank-road-window) 2)
                       (- (remainder (meters->pixels meters)
                                     marking-segment-pixels)
                          marking-segment-pixels)
                       "center" "top"
                       blank-road-window)))
```

AUFGABE 11.1

Probiere `road-window` aus. Entferne die Substraktion von `marking-segment-pixels` und untersucht, wie sich das auswirkt! □

11.5 BEWEGTE BILDER MIT UNIVERSE.RKT

Bisher haben wir nur statische, langweilige Bilder. Es ist Zeit, sie in Bewegung zu setzen. Dafür brauchen wir ein weiteres Teachpack namens `universe.rkt`. Um es zu aktivieren, musst Du nochmal ins `Sprache/Language`-Menü und dort auf `Teachpack hinzufügen/Add Teachpack` drücken und in dem dann auftauchenden Dialog auf `universe.rkt` und schließlich auf `OK` drücken.

Zum `universe.rkt`-Teachpack gehört eine Funktion namens `animate`. Was sie macht, verdeutlicht am einfachsten ein Beispiel, dass Du in die REPL eintippen kannst:

```
(animate
  (lambda (ticks)
    (place-image/align (circle 5 "solid" "red")
                       100 ticks "center" "top"
                       (square 200 "solid" "black"))))
```

AUFGABE 11.2

Probier es aus! □

Du siehst einen kleinen roten Kreis sich in einem quadratischen Bild von oben nach unten bewegen.

Die neue Funktion `animate` akzeptiert eine Funktion mit einer Eingabe names `ticks`, die ein Bild produziert:

```
(: animate ((natural -> image) -> natural))
```

`Animate` ruft die Funktion 28mal in der Sekunde auf und zeigt die entstehenden Bilder hintereinander als Animation an. Dabei übergibt `animate` als `ticks` eine natürliche Zahl, die bei Null anfängt, und jedesmal um eins größer wird: Sie misst also die Zeit, in sogenannten *Ticks*.

Wir benutzen jetzt `animate`, um das Bild des Straßenausschnitts in Bewegung zu setzen – so, dass das Wagen genau in der Mitte ist. Wir legen zuerst fest, wie schnell der Wagen fährt. Wir haben uns für ein recht gemächliches Tempo entschieden, damit wir auch wirklich alle Gürteltiere erwischen:

```
; Meter pro Tick
(define meters-per-tick 0.1)
```

Diese Funktion ist so einfach, dass sich ausnahmsweise separates Testen nicht lohnt:

```
; Ticks in Meter umwandeln
(: ticks->meters (natural -> rational))

(define ticks->meters
  (lambda (ticks)
    (* meters-per-tick ticks)))
```

Damit schreiben wir Funktion, die aus Ticks Straßenmeter macht und `road-window` aufruft:

```
; Straßenausschnitt zu Zeitpunkt anzeigen
(: road-window-at-ticks (natural -> image))

(define road-window-at-ticks
  (lambda (ticks)
    (road-window (ticks->meters ticks))))
```

also folgendes ausprobieren:

```
(animate road-window-at-ticks)
```

AUFGABE 11.3

Schreibe eine andere Funktion Deiner Wahl mit der für `animate` passenden Signatur und probiere `animate` damit aus! □

11.6 AUTOS UND GÜRTELTIERE AUF DEM HIGHWAY

Die Straße ist fertig, als nächstes ist das Auto dran. Wir fangen mit einem Rad an:

```
; Rad
(define wheel
  (rectangle (meters->pixels 0.2) (meters->pixels .5)
             "outline" "white"))
```

Als nächstes setzen wir zwei Räder zu einem Bild zusammen, das dann links und rechts von der Karosserie platziert werden:

```
; Zwei Räder auf einer Seite des Autos
(define wheels-on-one-side
  (above wheel
         (rectangle 0 (meters->pixels 1.2) "solid" "black")
         wheel))

; Breite des Autos
(define car-width 1.5)
; Länge des Autos
(define car-length 3.0)

; Bild des Autos
(define car
  (beside
   wheels-on-one-side
   (rectangle (meters->pixels car-width) (meters->pixels car-length)
              "solid" "blue")
   wheels-on-one-side))
```

Schließlich müssen wir Auto und Gürteltiere auf der Straße platzieren. Bei der Funktion dafür ist klar, dass ein Bild herauskommen soll. Als Eingaben stehen schon einmal fest:

- das Bild, das auf der Straße platziert werden soll
- die Position des Bildes

Wir benötigen außerdem noch:

- die Zeit, weil sie bestimmt, welcher Ausschnitt der Straße angezeigt wird
- das Bild der Straße

Letzteres überrascht Dich vielleicht. Ist das Bild der Straße nicht immer das gleiche? Nein, ist es nicht! Zunächst einmal ist die Position des Mittelstreifens je nach Zeit immer unterschiedlich. Außerdem wollen wir ja nicht nur ein Bild auf der Straße platzieren, sondern viele. Dafür füttern wir das Ergebnis der Funktion wieder in die Funktion hinein, um ein weiteres Bild zu platzieren.

Kurzbeschreibung, Signatur und Gerüst sehen entsprechend aus wie folgt:

```
; Bild auf der Straße platzieren
(: place-image-on-road (image natural image position -> image))

(define place-image-on-road
  (lambda (road-image ticks image position)
    ...))
```

Da es sich bei `position` um zusammengesetzte Daten handelt, stehen in der Schablone Aufrufe der Selektoren:

```
(define place-image-on-road
  (lambda (road-image ticks image position)
    ...
    (position-m-from-start position)
    (position-side position)
    ...))
```

Wir müssen jetzt die Pixelkoordinaten des Bildes relativ zum Straßenausschnitt berechnen. Bei der X-Koordinate ist das verhältnismäßig einfach. Wir legen eine Variable `pixels-from-left` an, die sich aus `(position-side position))` ergibt, was schon in der Schablone steht. Die Seite ist relativ zum Mittelstreifen, für dessen X-Koordinate wir ebenfalls eine Zwischenvariable anlegen:

```
    ; X-Koordinate der Mitte der Straße, in Pixeln
    (define middle-pixels (/ (image-width road-image) 2))
```

Daraus ergibt sich `pixels-from-left` so:

```
    ; X-Koordinate des Mittelpunkts des Bilds
    (define pixels-from-left
      (cond
        ((string=? (position-side position) "left")
         (* middle-pixels 0.5)) ; Mitte der linken Spur
        ((string=? (position-side position) "right")
         (* middle-pixels 1.5)))) ; Mitte der rechten Spur
```

Als nächstes brauchen wir die Y-Koordinate, da ist es etwas komplizierter: Wir benötigen die Y-Koordinate von `image` *relativ* zum unteren Rand des Bildes. (Oder des oberen, das geht auch.) Das wäre folgender Ausdruck:

```
(- (position-m-from-start position)
   (ticks->meters ticks))
```

Diese Koordinate ist noch in Metern, die müssen wir noch in Pixel umrechnen. Außerdem müssen wir berücksichtigen, dass die Pixel-Koordinaten von oben nach unten laufen, die Straßenmeter aber von unten nach oben – wir ziehen also diese Zahl von der Höhe des Bildes ab. Damit können wir wieder einmal `place-image/align` (siehe Seite 323) bemühen, um das Bild auf die Straße zu setzen. Die Funktion sieht vollständig so aus:

```
(define place-image-on-road
  (lambda (road-image ticks image position)
    ; X-Koordinate der Mitte der Straße, in Pixeln
    (define middle-pixels (/ (image-width road-image) 2))

    ; X-Koordinate des Mittelpunkts des Bilds
    (define pixels-from-left
      (cond
        ((string=? (position-side position) "left")
         (* middle-pixels 0.5)) ; Mitte der linken Spur
        ((string=? (position-side position) "right")
         (* middle-pixels 1.5)))) ; Mitte der rechten Spur

    (place-image/align
     image
     pixels-from-left
     (- (image-height road-image)
        (meters->pixels (- (position-m-from-start position)
                           (ticks->meters ticks))))
     "center" "center"
     road-image)))
```

Die Funktion ist kompliziert genug, dass wir sie testen sollten. Einen `check-expect`-Test vorab zu konstruieren ist schier unmöglich, aber wir können die Funktion zumindest in der REPL ausprobieren, am einfachsten bei 0 Ticks, also am Anfang des Spiels:

```
(place-image-on-road (road-window 0) 0 car (make-position 0 "left"))
```

↪ 

Da ist noch ein Problem! Das Auto ist am unteren Rand und nur zur Hälfte zu sehen, wir wollen es aber gern in der Mitte. Wir müssen also noch die Hälfte der Höhe des Straßenabschnitts abziehen, entsprechend den Aufruf von `place-image/align` korrigieren:

```
(place-image/align
   image
   pixels-from-left
   (- (image-height road-image)
      (meters->pixels (+ (- (position-m-from-start position)
                            (ticks->meters ticks))
                         (/ road-window-height 2))))
   "center" "center"
   road-image)
```

Jetzt ist alles bei 0 in der Mitte!

Diese Funktion können wir jetzt benutzen, um zunächst das Autobild auf dem Straßenabschnitt zu platzieren:

```
; Auto auf die Straße setzen
(: place-car-on-road (natural position image -> image))

(define place-car-on-road
  (lambda (ticks car-position road-image)
    (place-image-on-road road-image
                         ticks
                         car car-position)))
```

AUFGABE 11.4

Konstruiere auf Basis von `place-car-on-road` eine Funktion, die Du an `animate` übergeben kannst und probiere sie aus! □

Ähnlich machen wir das für das Gürteltier-Bild. Die nötigen Angaben, zu Position und Zustand des Gürteltiers ziehen wir aus dem `dillo-on-road`-Record:

```
; Ein Tier auf die Straße malen
(: place-dillo-on-road (natural dillo-on-road image -> image))

(define place-dillo-on-road
  (lambda (ticks dillo-on-road road-image)
    (place-image-on-road road-image
                         ticks
                         (dillo-image
                           (dillo-on-road-state dillo-on-road))
                         (dillo-on-road-position dillo-on-road))))
```

Jetzt gibt es ja auf der Straße nicht nur ein Gürteltier sondern viele, die als Liste im `world`-Record stecken. Dafür brauchen wir eine Funktion mit folgender Kurzbeschreibung und Signatur:

```
; Alle Tiere auf die Straße malen
(: place-dillos-on-road
   (natural (list-of dillo-on-road) image -> image))
```

Wir könnten das nach Konstruktionsanleitung für Listen programmieren. Einfacher ist aber, die universelle Funktion `fold` zu benutzen. (Siehe Abschnitt 9.4 auf Seite 265.) Das sieht so aus:

```
(define place-dillos-on-road
  (lambda (ticks dillos-on-road road-image)
    (fold road-image
          (lambda (dillo-on-road image)
            (place-dillo-on-road ticks dillo-on-road image))
          dillos-on-road)))
```

Neben Auto und Gürteltieren fehlt noch die Punktzahl oben links in der Ecke:

```
; Punktzahl anzeigen
(: place-score (natural image -> image))

(define place-score
  (lambda (score image)
    (place-image/align
     (text (number->string score) 100 "blue")
     0 0 "left" "top"
     image)))
```

11.7 DIE WELT EIN HIGHWAY

Es wird Zeit, dass wir alles zusammensetzen zu einem Spiel, das sich bewegt und dass auf Knopfdruck reagiert. Das `universe.rkt`-Teachpack fordert, dass wir eine Datendefinition erstellen, in der der gesamte Zustand des Spiels steckt. In Abschnitt 11.3 auf Seite 330 hatten wir schon folgende Aspekte aufgelistet:

- die Position des Autos
- die Positionen der Gürteltiere zusammen mit ihren Zuständen
- der Punktestand

Wir wissen, dass uns das `universe.rkt`-Teachpack später die Zeit als Ticks liefern wird: Daraus können wir die Straßenmeter der Position des Autors berechnen. Nur noch die Seite müssen wir explizit repräsentieren. Es entsteht also folgende etwas angepasste Datendefinition:

```
; Die Welt des Spiels besteht aus:
; - Ticks seit Spielanfang
; - Seite, auf der das Auto fährt
; - Tiere auf der Straße
; - Punktzahl
(define-record world
  make-world
  world?
  (world-ticks natural)
  (world-car-side side)
  (world-dillos-on-road (list-of dillo-on-road))
  (world-score natural))
```

Hier ein Beispiel dafür:

```
; Vier Gürteltiere auf der Straße
(define dillos-on-road
  (list (make-dillo-on-road dillo1 (make-position 20 "left"))
        (make-dillo-on-road dillo2 (make-position 26 "right"))
        (make-dillo-on-road dillo3 (make-position 30 "left"))
        (make-dillo-on-road dillo4 (make-position 42 "left"))))

; Welt am Anfang, Auto steht links
(define initial-world
  (make-world 0 "left" dillos-on-road 0))
```

Wir werden für `place-car-on-road` die Position des Autos als `position`-Record benötigen, die noch nicht direkt im `world`-Record vorhanden ist. Die Seite steht immerhin schon da. Die Straßenmeter berechnen wir aus den Ticks. Die Funktion dafür hat Kurzbeschreibung, Signatur und Testfälle wie folgt:

```
; Position des Autos
(: world-car-position (world -> position))

(check-expect (world-car-position (make-world 0 "left" empty 0))
              (make-position 0 "left"))
(check-expect (world-car-position (make-world 100 "right" empty 0))
              (make-position (ticks->meters 100) "right"))
```

Die Schablone für die Funktion berücksichtigt, dass es sich sowohl bei Ein- als auch bei der Ausgabe jeweils um zusammengesetzte Daten handelt:

```
(define world-car-position
  (lambda (world)
    (make-position ... ...)
    ...
    (world-ticks world)
    (world-car-side world)
    (world-dillos-on-road world)
    (world-score world)
    ...))
```

Nur die ersten beiden Felder von `world` sind relevant für die Position des Autos – Gürteltiere und Punktzahl sind sichtlich nicht relevant. Für die Position brauchen wir die Straßenmeter, die wir aus den Ticks mit Hilfe von `ticks->meters` berechnen können:

```
(define world-car-position
  (lambda (world)
    (make-position (ticks->meters (world-ticks world))
                   (world-car-side world))))
```

Jetzt haben wir endlich alle Funktionen, die wir benötigen, um die ganze Welt anzuzeigen. Wir müssen sie nur kombinieren, um alles in einem `world`-Record als Straßenabschnitt anzuzeigen:

```
; Spiel anzeigen
(: world->image (world -> image))
```

```
(define world->image
  (lambda (world)
    (define ticks (world-ticks world))
    (place-score
     (world-score world)
     (place-car-on-road
      ticks
      (world-car-position world)
      (place-dillos-on-road
       ticks
       (world-dillos-on-road world)
       (road-window-at-ticks ticks))))))
```

Du kannst jetzt natürlich `(world->image initial-world)` ausprobieren, aber da ist nur der anfängliche, leere Straßenabschnitt zu sehen.

Besser wird es mit `animate`. Dafür brauchen wir eine Funktion mit Signatur `(natural -> image)`. Da wir schon `world->image` mit der Signatur `(world -> image)` haben, brauchen wir noch eine Funktion mit Signatur `(natural -> world)`, die einen passenden `world`-Wert erzeugt:

```
; Statische Welt zu einem bestimmten Zeitpunkt darstellen
(: world-at-ticks (natural -> world))

(define world-at-ticks
  (lambda (ticks)
    (make-world ticks "left" dillos-on-road 0)))
```

Nun können wir `animate` mit einer Kombination aus den beiden aufrufen:

```
(animate (lambda (ticks) (world->image (world-at-ticks ticks))))
```

Da sieht man die Straße vorbeiziehen, und schließlich tauchen auch Gürteltiere auf. Aber das Auto ist links festgeklebt und die Gürteltiere sterben auch nicht, wenn das Auto drüberfährt.

11.8 ÜBERFAHREN KONKRET

Was fehlt noch, damit aus dem `world`-Record alle Aspekte des Spiels berechnet werden können, mithin der texanische Highway simuliert:

1. Wir müssen feststellen ob das Auto die Position eines Gürteltiers berührt und dieses damit überfährt.
2. Wir müssen zählen, wieviele Tiere vo einem gegebenen Zeitpunkt vom Auto touchiert, mithin überfahren werden, damit wir die Punktzahl entsprechend erhöhen können.
3. Schließlich müssen wir alle Tiere überfahren, deren Position unter das Auto gerät.

Diese Liste arbeiten wir in diesem Abschnitt ab.

Berührung eines Gürteltiers | Als nächstes auf der Liste von Seite 344 müssen wir feststellen, ob das Auto die Position eines Gürteltiers berührt. Hier Kurzbeschreibung und Signatur dafür:

```
; Berührt das Auto eine Position?
(: car-on-position? (position position -> boolean))
```

Das Auto berührt eine Position, wenn die Position auf der gleichen Straßenseite nah dran ist. Hier die Testfälle dazu:

```
(check-expect (car-on-position? (make-position 10 "left")
                                (make-position 10 "right"))
              #f)
(check-expect (car-on-position? (make-position 10 "left")
                                (make-position 10 "left"))
              #t)
(check-expect (car-on-position? (make-position 11 "left")
                                (make-position 10 "left"))
              #t)
(check-expect (car-on-position? (make-position 10 "left")
                                (make-position 11 "left"))
              #t)
```

Für die Schablone haben wir es bei beiden Eingaben mit zusammengesetzten Daten zu tun:

```
(define car-on-position?
  (lambda (car-position position)
    ...
    (position-side car-position)
    (position-side position)
    (position-m-from-start car-position)
    (position-m-from-start position)
    ...))
```

Die beiden Straßenseiten müssen gleich sein. Bei den Straßenmetern der beiden Positionen ist relevant, dass die Straßenmeter des Autos genau in der Mitte des Autos sind – die Position darf nicht mehr als die Hälfte davon entfernt sein. Um den Vergleich zu erleichtern, egal ob die Position vor oder hinter dem Mittelpunkt ist, benutzen wir die eingebaute Funktion abs. Diese Funktion berechnet den *Absolutbetrag* einer Zahl: Sie macht aus negativen Zahlen die entsprechenden positiven Zahlen:

```
(abs 5)
↪ 5
(abs -5)
↪ 5
```

Hier die fertige Funktion:

```
(define car-on-position?
  (lambda (car-position position)
    (and (string=? (position-side car-position)
                   (position-side position))
         (<= (abs (- (position-m-from-start car-position)
                     (position-m-from-start position)))
             (/ car-length 2)))))
```

Wieviele Tiere sind gerade unter dem Auto? | Als nächstes schreiben wir eine Funktion, welche die Tiere unter dem Auto zählt, damit wir die Punktzahl entsprechend erhöhen können. Genauer gesagt zählen wir nur die *lebendigen* Gürteltiere: Für das nochmalige Überfahren eines toten Gürteltiers gibt es keinen Punkt. Hier Kurzbeschreibung und Signatur:

```
; Wieviele Tiere werden vom Auto berührt?
(: live-dillos-under-car-count
   (position (list-of dillo-on-road) -> natural))
```

Für den Test sollten wir in der Eingabe sowohl lebendige als auch tote Gürteltiere unterbringen, ebenso wie solche, die unter dem Auto liegen, und solche, die weiter weg sind:

```
(check-expect
  (live-dillos-under-car-count
    (make-position 10 "left")
     (list (make-dillo-on-road dillo1 (make-position 10 "left"))
           (make-dillo-on-road dillo2 (make-position 10 "right"))
```

```
            (make-dillo-on-road dillo2 (make-position 11 "left"))
            (make-dillo-on-road dillo1 (make-position 9 "left"))
            (make-dillo-on-road dillo1 (make-position 12 "left"))))
  2)
```

Der Test zählt das erste und das vorletzte Gürteltier.

Für die Definition könnten wir die Schablone für Funktionen auf Listen heranziehen. Da es aber darum geht, aus einer Liste einige Elemente auszuwählen, die einem bestimmten Kriterium entsprechen, können wir auch die Funktion `filter` von Seite 259 benutzen, die eingebaute Version von `extract-list`. Damit extrahieren wir die zu zählenden Gürteltiere. Die müssen wir nur noch mit der ebenfalls eingebauten Funktion `length` zählen. (`Length` ist die eingebaute Version von `list-length`, siehe Seite 186.)

```
(define live-dillos-under-car-count
  (lambda (car-position dillos-on-road)
    (length
     (filter (lambda (dillo-on-road)
               (and (car-on-position?
                     car-position
                     (dillo-on-road-position dillo-on-road))
                    (dillo-alive?
                      (dillo-on-road-state dillo-on-road))))
             dillos-on-road))))
```

Gürteltiere tatsächlich überfahren | Als letzter Arbeitsauftrag bleibt noch, die Gürteltiere, die vom Auto touchiert werden, vom lebenden in den toten Zustand zu überführen. Die Funktion akzeptiert wie `live-dillos-under-car-count` die Position des Autos und die Gürteltiere und liefert eine Liste von aktualisierten Gürteltier-Zuständen:

```
; Alle Tiere überfahren, die das Auto berührt
(: run-over-dillos-on-road
   (position (list-of dillo-on-road) -> (list-of dillo-on-road)))
```

Beim Testen gibt es jede Menge tote Gürteltiere, darum definieren wir den dazugehörigen Zustand zwecks Wiederverwendung:

```
(define dead-dillo1 (run-over-dillo dillo1))
```

```
(check-expect
 (run-over-dillos-on-road
  (make-position 10 "left")
  (list (make-dillo-on-road dillo1 (make-position 10 "left"))
        (make-dillo-on-road dillo1 (make-position 10 "right"))
        (make-dillo-on-road dillo1 (make-position 11 "left"))
        (make-dillo-on-road dillo1 (make-position 9 "left"))
        (make-dillo-on-road dillo1 (make-position 12 "left"))))
 (list (make-dillo-on-road dead-dillo1 (make-position 10 "left"))
       (make-dillo-on-road dillo1 (make-position 10 "right"))
       (make-dillo-on-road dead-dillo1 (make-position 11 "left"))
       (make-dillo-on-road dead-dillo1 (make-position 9 "left"))
       (make-dillo-on-road dillo1 (make-position 12 "left"))))
```

Die Funktion wendet also eine Operation auf jedes Element der Liste an und gibt uns die Ergebnisse in einer Liste zurück: Dafür können wir wieder eine Higher-Order-Funktion aus Kapitel 9 verwenden, nämlich `map`, die eingebaute Version von `list-map`, siehe Seite 265.

```
(define run-over-dillos-on-road
  (lambda (car-position dillos-on-road)
    (map (lambda (dillo-on-road)
           ...)
         dillos-on-road)))
```

Bei dem Argument der `lambda`-Funktion handelt es sich um zusammengesetzte Daten. Es kommen also Selektoraufrufe in die Schablone:

```
(define run-over-dillos-on-road
  (lambda (car-position dillos-on-road)
    (map (lambda (dillo-on-road)
           ...
           (dillo-on-road-position dillo-on-road)
           (dillo-on-road-state dillo-on-road)
           ...)
         dillos-on-road)))
```

Die Gürteltiere fallen in zwei Klassen: Die, die vom Auto gerade touchiert werden, und alle anderen. Wir können die Funktion `car-on-position?` benutzen, um eine binäre Verzweigung zu bilden:

```
(define run-over-dillos-on-road
  (lambda (car-position dillos-on-road)
    (map (lambda (dillo-on-road)
           (if (car-on-position?
                 car-position
                 (dillo-on-road-position dillo-on-road))
                ...
                ...)
           ...
           (dillo-on-road-position dillo-on-road)
           (dillo-on-road-state dillo-on-road)
           ...)
         dillos-on-road)))
```

Im ersten Fall sollten wir das Gürteltier überfahren, das machen wir mit `run-over-dillo`. Im anderen Fall gebenwir `dillo-on-road` unverletzt zurück:

```
(define run-over-dillos-on-road
  (lambda (car-position dillos-on-road)
    (map (lambda (dillo-on-road)
           (if (car-on-position?
                 car-position
                 (dillo-on-road-position dillo-on-road))
                (make-dillo-on-road
                 (run-over-dillo (dillo-on-road-state dillo-on-road))
                 (dillo-on-road-position dillo-on-road))
                dillo-on-road))
         dillos-on-road)))
```

AUFGABE 11.5

Was ist die Konsequenz, wenn auch das Überfahren toter Gürteltiere Punkte geben würde? Versuche, das hier schon einmal durch reines Nachdenken zu klären und probiere es später aus! □

11.9 REAKTIVE ANIMATION

An diesem Punkt haben wir alle Grundaspekte des Spiels durch Funktionen beschrieben. Wir müssen sie noch zu einem Spiel zusammensetzen. Das sollte dann insbesondere auch auf Tastendrücke reagieren. Für solche reaktiven Animationen brauchen wir noch Unterstützung vom Teachpack `universe.rkt`, das dafür extea ein neues Programmiersprachene-Element mitbringt, das heißt `big-bang`. Es startet das Spiel und hat folgende Form:

(big-bang *world* *clause* ...)

Der erste Operand *world* ist die Welt am Anfang des Spiels, danach kommen einige Klauseln, die beschreiben, was das Spiel machen soll, wenn bestimmte Sachen passieren. Das kann sein:

- eine Taste auf der Tastatur wird gedrückt
- eine Taste auf der Tastur wird losgelassen
- die Maus wird bewegt oder eine Maustaste wird gedrückt

Außerdem gibt es eine Klausel, die festlegt, wie aus der Welt ein Bild generiert wird. Die sieht so aus:

(to-draw *function*)

... und die Funktion muss die Signatur `(world -> image)` erfüllen. Damit reicht gerade so aus, um `big-bang` ein erstes Mal auszuprobieren:

```
(big-bang initial-world
  (to-draw world->image))
```

Da wird immerhin die Welt am Anfang angezeigt, die sich aber noch nicht bewegt. Dafür könnte sie auf Tastendruck reagieren, das geht mit einer Klausel folgender Form:

(on-key *function*)

Diese Funktion muss folgende Signatur haben:

```
(world string -> world)
```

Sie wird immer dann aufgerufen, wenn eine Taste gedrückt wird – und zwar mit der Welt vor dem Tastendruck und einer Zeichenkette, die er Taste entspricht. Also zum Beispiel `"a"` für die A-Taste, `"+"` für die +-Taste undsoweiter. Für die «Sondertasten» sieht das so aus:

`"left"`	Linkspfeil
`"right"`	Rechtspfeil
`"up"`	Obenpfeil
`"down"`	Untenpfeil
`"shift"`	linke Shift-Taste
`"rshift"`	rechte Shift-Taste

Für unser Spiel brauchen wir nur die Links- und Rechts-Pfeiltasten, die das Auto auf die linke oder rechte Straßenseite befördern. Wir brauchen also eine Funktion mit folgender Signatur:

```
; Auf Tastendruck reagieren
(: react-to-key (world string -> world))
```

Wir testen beide Pfeiltasten – alle anderen Tasten sollten die Welt unverändert lassen:

```
(check-expect
  (react-to-key (make-world 12 "right" dillos-on-road 5) "left")
  (make-world 12 "left" dillos-on-road 5))

(check-expect
  (react-to-key (make-world 12 "left" dillos-on-road 5) "right")
  (make-world 12 "right" dillos-on-road 5))

(check-expect
  (react-to-key (make-world 12 "left" dillos-on-road 5) "a")
  (make-world 12 "left" dillos-on-road 5))
```

Hier das Gerüst:

```
(define react-to-key
  (lambda (world key)
    ...))
```

Bei key handelt es sich effektiv um eine Aufzählung: links, rechts, alles andere. Die Schablone sieht also so aus:

```
(define react-to-key
  (lambda (world key)
    (cond
      ((string=? key "left") ...)
      ((string=? key "right") ...)
      (else ...))))
```

Außerdem steuern die Konstruktionsanleitungen Schablonen für zusammengesetzte Daten als Ein- und als Ausgabe bei:

```
(define react-to-key
  (lambda (world key)
    (cond
      ((string=? key "left")
       (make-world ... ... ... ...))
```

```
      ((string=? key "right")
       (make-world ... ... ... ...))
      (else ...))
    ...
    (world-ticks world)
    (world-car-side world)
    (world-dillos-on-road world)
    (world-score-road world)
    ...))
```

Bei Links- und Rechtspfeil ändert sich jeweils nur die Seite des Autos. Bei allen anderen Tasten ändert sich nichts:

```
(define react-to-key
  (lambda (world key)
    (cond
      ((string=? key "left")
       (make-world (world-ticks world)
                   "left"
                   (world-dillos-on-road world)
                   (world-score world)))
      ((string=? key "right")
       (make-world (world-ticks world)
                   "right"
                   (world-dillos-on-road world)
                   (world-score world)))
      (else world))))
```

Damit können wir den `big-bang`-Aufruf erweitern:

```
(big-bang initial-world
  (to-draw world->image)
  (on-key react-to-key))
```

Die Straße steht zwar immer noch permanent auf Anfang, aber wir können mit den Pfeiltasten das Auto nach links und rechts bewegen.

Dass die Straße sich bewegt, hatten wir schonmal, aber da haben wir `animate` benutzt. Bei `big-bang` funktioniert das ein wenig anders, da gibt es eine Klausel dieser Form:

(on-tick *function*)

Die Funktion bei `on-tick` wird immer aufgerufen, wenn ein Tick verstreicht, und muss die folgende Signatur haben:

```
(world -> world)
```

Das heißt, das die Funktion nicht wie bei `animate` die Anzahl der Ticks geliefert bekommt sondern selbst zählen muss. Wir fangen mal an, eine solche Funktion zu schreiben:

```
; Wie verändert sich die Welt, wenn ein Tick Zeit vergeht?
(: next-world (world -> world))
```

Gerüst und Schablone nutzen aus, dass sowohl Ein- als auch Ausgabe zusammengesetzte Daten sind:

```
(define next-world
  (lambda (world)
    (make-world ... ... ... ...)
    ...
    (world-ticks world)
    (world-car-side world)
    (world-dillos-on-road world)
    (world-score world)
    ...))
```

Wir schreiben erst einmal eine ganz einfache Funktion, bei der nur die Zeit vergeht:

```
(define next-world
  (lambda (world)
    (make-world (+ 1 (world-ticks world))
                (world-car-side world)
                (world-dillos-on-road world)
                (world-score world))))
```

Die Funktion binden wir jetzt in den `big-bang`-Ausdruck ein:

```
(big-bang initial-world
  (to-draw world->image)
  (on-tick next-world)
  (on-key react-to-key))
```

Das sieht schon besser aus: Die Straße bewegt sich, und man kann das Auto nach links und rechts steuern. Aber überfahrene Gürteltiere sterben noch nicht, und die Punktzahl geht frustrierenderweise auch noch nicht hoch. Das liegt daran, dass wir die beiden dafür zuständigen Funktionen –

`run-over-dillos-on-road` und `live-dillos-under-car-count` – noch nicht eingesetzt haben. Das holen wir nach:

```
(define next-world
  (lambda (world)
    (define car-position (world-car-position world))
    (define dillos-on-road (world-dillos-on-road world))
    (make-world (+ 1 (world-ticks world))
                (world-car-side world)
                (run-over-dillos-on-road car-position dillos-on-road)
                (+ (live-dillos-under-car-count
                     car-position dillos-on-road)
                   (world-score world)))))
```

Voilà, viel Spaß beim Gürteltiere-überfahren!

AUFGABE 11.6

Ändere das Spiel so, dass auch das Überfahren toter Gürteltiere Punkte gibt! Ist das sinnvoll? □

Hier sind noch einige weitere nützliche Klauseln für `big-bang` für anspruchsvollere Spiele:

`(on-mouse` *function*`)`

Die Funktion *function* wird immer dan aufgerufen, wenn die Maus bedient wird – also wenn sie bewegt wird, oder wenn ein Knopf gedrückt wird. Sie muss folgende Signatur haben:

```
(world integer integer mouse-event -> world)
```

Die beiden `integer`-Argumente sind die X- und Y-Koordinaten der Mausposition. Die Signatur `mouse-event` ist folgendermaßen definiert:

```
(define mouse-event
  (signature
   (enum "button-down" "button-up" "drag" "move" "enter" "leave")))
```

Die einzelnen Fälle haben folgende Bedeutungen:

`"button-down"`	Der Maus-Knopf wurde gedrückt.
`"button-up"`	Der Maus-Knopf wurde losgelassen.
`"drag"`	Die Maus wird gezogen, bewegt sich also mit gedrücktem Knopf.

`"move"`	Die Maus wurde bewegt.
`"enter"`	Der Maus-Cursor wurde ins `universe.rkt`-Fenster bewegt.
`"leave"`	Der Maus-Cursor wurde aus dem `universe.rkt`-Fenster herausbewegt.

Es gibt eine weitere coole Klausel namens `on-pad`:

(`on-pad` *function*)

Wenn die spezifiziert ist, wird ein «Game-Pad» angezeigt, das so aussieht:

In der Signatur der Funktion entsprechen die `pad-event`-Werte den Tasten auf dem Pad:

```
(world pad-event -> world)

(define pad-event
  (signature
    (enum "left" "right" "up" "down" "w" "s" "a" "d" " "
          "shift" "rshift")))
```

AUFGABE 11.7

Erweitere den Aufruf von `big-bang` so, dass man das Spiel auch mit dem Pad spielen kann! □

AUFGABEN

AUFGABE 11.8

Mache das Gürteltier-Spiel besser!

AUFGABE 11.9

Schreibe ein Telespiel Deiner Wahl.

12 BÄUME

Bäume sind eine Form von Daten, die (wie Listen) besonders oft in der Informatik vorkommt. Oft ergeben sich baumförmige Datendefinitionen aus der Problemstellung. Wenn wir über diese Datendefinitionen abstrahieren, entsteht eine universell verwendbare Form von Daten, der *Binärbaum*. Diese Binärbäume sind ähnlich vielseitig wie Listen und erlauben uns außerdem, Daten so in Bäumen zu organisieren, dass wir sie schnell wiederfinden können.

12.1 STAMMBÄUME

baeume/family-tree.rkt	**Code**

Die Idee, den Baum als Metapher für eine bestimmte Form von Daten zu benutzen, findet sich bereits in der Bibel, die Wörter wie «Baumstumpf» und «Spross» benutzt, um Abstammmung zu beschreiben. Erste bildliche Darstellungen von Stammbäumen sind aus diesen Beschreibungen ab dem 11. Jahrhundert abgeleitet worden. In Stammbäumen sind in der Regel für eine Person ihr Name sowie Verbindungen zu den beiden Eltern vermerkt. Das führt zu folgender Datendefinition:

```
; Eine Person hat folgende Eigenschaften:
; - Name
; - Elternteil #1
; - Elternteil #2
```

Diese Definition lässt offen, um was für Daten es sich bei den beiden Elternteilen handelt. Natürlich sind es auch Personen, aber wenn wir in einem Stammbaum weit genug nach oben gehen, sind diese irgendwann unbekannt: Jeder konkrete Stammbaum endet irgendwo. Wir brauchen also auch noch eine Repräsentation für einen «unbekannten Elternteil» ohne (bekannte) Eigenschaften:

```
; Ein unbekannter Elternteil hat keine Eigenschaften
(define-record unknown-parent
  make-unknown-parent
  unknown-parent?)
```

Daraus entsteht eine Datendefinition für «Elternteil»:

```
; Ein Elternteil ist eins der folgenden:
; - eine Person
; - ein unbekannter Elternteil
```

Diese – und die Datendefinition für «Person» – können wir nun in Code übersetzen:

```
(define-record person
  make-person
  person?
  (person-name string)
  (person-parent-1 parent)
  (person-parent-2 parent))

(define parent
  (signature
   (mixed person unknown-parent)))
```

Für das unbekannte Elternteil stellen wir gleich mal einen Wert her:

```
(define an-unknown-parent (make-unknown-parent))
```

Hier ein kleiner Stammbaum als Beispiel:

```
(define slash
  (make-person "Slash"
               (make-person "Ola Hudson"
                            an-unknown-parent
                            an-unknown-parent)
               (make-person "Anthony Hudson"
                            an-unknown-parent
                            an-unknown-parent)))
(define london-hudson
  (make-person "London Hudson"
               slash
               (make-person "Perla Ferrar"
                            an-unknown-parent
                            an-unknown-parent)))
```

Wir schreiben nun eine Funktion, die feststellen soll, ob jemand der Vorfahr einer Person ist, so etwa:

```
; Ist jemand Vorfahr:in einer Person?
(: ancestor? (string person -> boolean))
```

```
(check-expect (ancestor? "Slash" london-hudson) #t)
(check-expect (ancestor? "Axl" london-hudson) #f)
```

Die Schablone für diese Funktion sieht folgendermaßen aus:

```
(define ancestor?
  (lambda (name person)
    ...
    (person-name person)
    (person-parent-1 person)
    (person-parent-2 person)
    ...))
```

Was können wir mit diesen Bestandteilen anfangen? Den Namen der Person könnten wir mit dem gesuchten Namen vergleichen – wenn ja, handelt es sich um einen Vorfahren:

```
(define ancestor?
  (lambda (name person)
    (if (string=? name (person-name person))
        #t
        ...)
    (person-parent-1 person)
    (person-parent-2 person)
    ...))
```

Bei `(person-parent-1 person)` und `(person-parent-2 person)` handelt es sich um gemischte Daten. Wir könnten die nötige Verzweigung direkt in `ancestor?` einbauen. Genauso können wir eine separate Funktion schreiben, welche die Frage beantwortet, ob ein Elternteil Vorfahr ist. Da es zwei Elternteile gibt, lohnt sich tendenziell eine solche separate Funktion mit Kurzbeschreibung und Signatur wie folgt:

```
; Ist jemand Vorfahr:in eines Elternteils?
(: parent-ancestor? (string parent -> boolean))
```

Diese Funktion schreiben wir im Anschluss. Aber ihre Signatur ist genug, um die Schablone von `ancestor?` weiter auszufüllen. Wir überprüfen, ob Elternteil Nr. 1 oder Nr. 2 Vorfahr ist:

```
(define ancestor?
  (lambda (name person)
    (if (string=? name (person-name person))
        #t
```

```
        (if (or (parent-ancestor? name (person-parent-1 person))
                (parent-ancestor? name (person-parent-2 person)))
            #t
            #f))))
```

Diese Funktion ist schon korrekt, aber sie könnte noch etwas eleganter sein. Der zweite `if`-Ausdruck liefert `#t`, falls die Bedingung `#t` und `#f`, falls die Bedingung `#f` liefert: Es kommt also immer das Ergebnis der Bedingung heraus. Das ist eine allgemein anwendbare Regel:

(if *b* #t #f) $=$ *b*

Wir können `ancestor?` also verkürzen auf:

```
(define ancestor?
  (lambda (name person)
    (if (string=? name (person-name person))
        #t
        (or (parent-ancestor? name (person-parent-1 person))
            (parent-ancestor? name (person-parent-2 person))))))
```

Auch den verbleibenden `if`-Ausdruck können wir noch loswerden, weil er `#t` ergibt, wenn die Bedingung `#t` ergibt oder wenn der `or`-Ausdruck `#t` liefert. Wir können deshalb die Funktion mit einem großen `or` schreiben:

```
(define ancestor?
  (lambda (name person)
    (or (string=? name (person-name person))
        (parent-ancestor? name (person-parent-1 person))
        (parent-ancestor? name (person-parent-2 person)))))
```

Notwendig war diese Vereinfachung nicht, aber schöner sieht das Resultat schon aus, finden wir!

Es fehlt noch die Hilfsfunktion `parent-ancestor?`. Hier sind ein paar Tests:

```
(check-expect (parent-ancestor? "Slash" london-hudson) #t)
(check-expect (parent-ancestor? "Axl" london-hudson) #f)
(check-expect (parent-ancestor? "Slash" an-unknown-parent) #f)
```

Gerüst und Schablone ergeben sich – wie immer – aus der Datendefinition von `parent`:

```
(define parent-ancestor?
  (lambda (name parent)
    (cond
```

```
      ((person? parent) ...)
      ((unknown-parent? parent) ...))))
```

Für den ersten Fall können wir `ancestor?` benutzen, im zweiten Fall können wir mit `#f` antworten:

```
(define parent-ancestor?
  (lambda (name parent)
    (cond
      ((person? parent) (ancestor? name parent))
      ((unknown-parent? parent) #f))))
```

Fertig!

AUFGABE 12.1

Ändere die Funktion `ancestor?` dahingehend, dass eine Person nicht ihr eigener Vorfahr ist. Achte darauf, dass ansonsten die Funktion noch richtig arbeitet! Wird die Funktion einfacher? □

12.2 BINÄRBÄUME

baeume/binary-tree.rkt	**Code**

Wir schauen uns nochmal die Record-Defininiton von `person` an:

```
(define-record person
  make-person
  person?
  (person-name string)
  (person-parent-1 parent)
  (person-parent-2 parent))
```

Vielleicht erinnert Dich das an eine Record-Definition aus Kapitel 5:

```
(define-record confluence
  make-confluence
  confluence?
  (confluence-location  string)
  (confluence-main-stem river)
  (confluence-tributary river))
```

Die Struktur ist bei beiden Definitionen gleich. Insbesondere enthalten beide Definitionen jeweils zwei Selbstreferenzen. Bei `person` ist die Selbstreferenz auf `parent`, das so definiert ist:

```
(define parent
  (signature
   (mixed person unknown-parent)))
```

Bei `confluence` ist die Selbstreferenz auf `river`:

```
(define river
  (signature (mixed creek confluence)))
```

Die jeweils anderen Fälle von `parent` und `person` unterscheiden sich leicht:

```
(define-record unknown-parent
  make-unknown-parent
  unknown-parent?)

(define-record creek
  make-creek
  creek?
  (creek-origin string))
```

In beiden steckt selbst aber keine Selbstreferenz mehr. Beide Datendefinitionen bilden baumartige Strukturen ab: Ein `person`- oder `confluence`-Record bildet einen Ast, der zweifach verzweigt. Ein Baum endet jeweils bei `unknown-parent`- oder `creek`-Records. Weil die «inneren» Äste immer zweifach verzweigen, handelt es sich in beiden Fällen um *Binärbäume*.

Über diese beiden Sätze von Definitionen können wir abstrahieren. Fangen wir mit `person` und `confluence` an. Der gängige Name für die Verzweigungen innerhalb eines Binärbaums ist *Knoten* oder *innerer Knoten*, auf Englisch *node*. Wir brauchen außerdem einen Namen für die «Namensdaten», die bei beiden noch dabei sind. Üblich ist *Markierung*, auf Englisch *label*. Die Signatur für den Selbstbezug nennen wir einfach `tree`:

```
(define-record node
  make-node node?
  (node-label string)
  (node-left-branch tree)
  (node-right-branch tree))
```

Das Wort «branch» heißt wörtlich übersetzt «Zweig», wir verwenden aber die Begriffe «linker Teilbaum» und «rechter Teilbaum», was im Deutschen üblicher ist.

Bei der Definition für `tree` brauchen wir noch einen Namen für die Werte an den Rändern des Baums – genannt *Blätter*, auf Englisch *leaf*.

```
(define tree
  (signature (mixed leaf node)))
```

Es fehlt noch die Definition von `leaf`. Hier ist es nicht ganz so einfach, weil `creek` noch einen Namen enthält, `unknown-parent` aber nicht. Wir müssen also über beide abstrahieren. Einen Namen haben wir ja schon – `leaf` – es fehlt noch das **`lambda`**:

```
(define tree-of
  (lambda (leaf)
    (signature (mixed leaf node))))
```

Das zieht noch eine weitere Änderung nach sich, weil `tree` ja in der Definition von `node` verwendet wird. Wir müssen da entsprechend den `leaf`-Parameter mit durchziehen:

```
(define-record (node-of leaf)
  make-node node?
  (node-label string)
  (node-left-branch (tree-of leaf))
  (node-right-branch (tree-of leaf)))
```

Die Notation für die Abstraktion der Record-Signatur mit den Extra-Klammern um `(node-of leaf)` haben wir bisher erst einmal gesehen, bei der Definition von `cons-list-of` in Abschnitt 6.2 auf Seite 180.

Wir könnten an dieser Stelle fertig sein. Wir nehmen aber noch eine Verallgemeinerung vor: Wie wir sehen werden, müssen die Markierungen in Bäumen nicht unbedingt Zeichenketten sein – wir werden da noch andere Arten von Werten ablegen wollen. Darum abstrahieren wir auch über die Signatur der Markierungen noch. Außerdem reichen wir noch die Datendefinitionen nach:

```
; Ein Knoten besteht aus
; - Markierung
; - linken Ast
; - rechter Ast
(define-record (node-of leaf label)
  make-node node?
  (node-label label)
  (node-left-branch (tree-of leaf label))
  (node-right-branch (tree-of leaf label)))
```

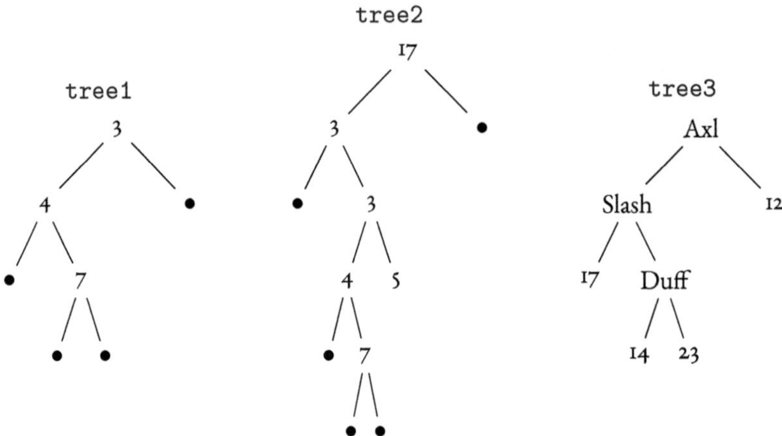

Abbildung 12.1: Beispielbäume

```
; Ein Binärbaum ist entweder ein Blatt oder ein Knoten
(define tree-of
  (lambda (leaf label)
    (signature (mixed leaf (node-of leaf label)))))
```

Das nun ist die Definition eines Binärbaums in Reinform. Hier sind zwei Beispiele, bei denen wir einfach den Wert `#f` als Blatt verwendet haben:

```
(: tree1 (tree-of false number))
(define tree1 (make-node 3 (make-node 4 #f (make-node 7 #f #f)) #f))
(: tree2 (tree-of false number))
(define tree2 (make-node 17 (make-node 3 #f tree1) #f))
```

Hier ist noch ein weiteres Beispiel, bei dem die Blätter Zahlen sind und die Markierungen Zeichenketten

```
(: tree3 (tree-of number string))
(define tree3 (make-node "Axl"
                         (make-node "Slash" 17
                                    (make-node "Duff" 14 23))
                         12))
```

Abbildung 12.1 stellt die drei Bäume `tree1`, `tree2` und `tree3` grafisch dar. Dort hat jeder Baum erkennbar einen «obersten» Knoten, die sogenannte *Wurzel* – ein Begriff, der im Zusammenhang mit Bäumen häufig verwendet wird. Bei dem Begriff muss immer mitgesagt werden, *wovon* die Wurzel gemeint ist. So ist `tree1` ein Teil von `tree2`. Entsprechend steckt die Wurzel von `tree1` (der Knoten mit der 3) auch in `tree2` drin, aber die Wurzel von `tree2` ist eben der Knoten mit der 17.

Mit der Wurzel hängt auch der Begriff *Pfad* zusammen: Der Pfad eines Knotens oder Blattes ist die Liste der Knoten von der Wurzel zu diesem Knoten oder Blatt. Der Pfad der 14 in `tree3` in Abbildung 12.1 besteht zum Beispiel aus den Knoten Axl, Slash und Duff.

Wir können `tree-of` benutzen, um die Definitionen von `river` und `confluence` zu vereinfachen:

```
(define river (tree-of creek string))
(define river? node?)
(define make-confluence make-node)
(define confluence-location node-label)
(define confluence-main-stem node-left-branch)
(define confluence-tributary node-right-branch)
```

AUFGABE 12.2

Definiere `person` mit Hilfe von `tree-of`! □

Auf Bäumen kann man alle möglichen Sachen berechnen. Ein Beispiel ist die *Tiefe*, also die maximale Anzahl Knoten auf dem Weg zu einem Blatt. (Manchmal heißt diese Größe auch die *Höhe* eines Baums.) Für die Tiefe des Baums sind die Signaturen der Blätter und Markierungen egal:

```
; Tiefe eines Baums berechnen
(: depth ((tree-of %leaf %label) -> natural))
```

Hier sind zwei Testfälle:

```
(check-expect (depth tree1) 3)
(check-expect (depth tree2) 5)
```

Bei `tree1` sind es die Knoten mit den Markierunen 3, 4 und 7, die den maximal langen Weg zu einem Blatt bilden. Bei `tree2` sind es 17, 3, 3, 4, 7.

Es geht wieder los mit der Konstruktionsanleitung. Wir brauchen die Schablone für gemischte Daten als Eingabe. Da die Datendefinition für Binärbäume zwei Fälle hat, brauchen wir ein `cond` mit zwei Zweigen. Beim ersten können wir Bedingungen mit `node?` bilden. Die Blätter haben kein festes Prädikat, aber das sind einfach alle Bäume, die keine Knoten sind – wir können also statt einer Bedingung `else` schreiben:

```
(define depth
  (lambda (tree)
    (cond
      ((node? tree) ...)
      (else ... 0))))
```

In den Knoten stecken zwei Selbstbezüge, wir brauchen also zwei rekursive Aufrufe:

```
(define depth
  (lambda (tree)
    (cond
      ((node? tree)
       ...
       (depth (node-left-branch tree))
       (depth (node-right-branch tree))
       ...)
      (else ...))))
```

Für die Tiefe zählt nur der Weg mit der maximalen Anzahl von Knoten. Außerdem müssen wir den Knoten in `tree` noch mitzählen. Blätter zählen überhaupt nicht:

```
(define depth
  (lambda (tree)
    (cond
      ((node? tree)
       (+ 1
          (max (depth (node-left-branch tree))
               (depth (node-right-branch tree)))))
      (else 0))))
```

Fertig!

AUFGABE 12.3

Schreibe eine Funktion, die alle Knoten eines Baums zählt! □

AUFGABE 12.4

Schreibe eine Funktion, die für einen Baum eine Liste aller Blätter des Baums liefert! □

12.3 BÄUME FÜR'S SUCHEN

Viele Probleme bei der Programmierung sind «Suchprobleme»: Einen Namen, eine Telefonummer, eine Bestellnummer aus einer Liste heraussuchen. Darum geht es in diesem Abschnitt und wir fangen damit an, dass wir das Wort «Liste» wörtlich nehmen und eine Funktion wie folgt schreiben:

```
; ist Wert Element einer Liste?
(: member? (%a (list-of %a) -> boolean))
```

Wir haben eine Signaturvariable verwendet, weil es sich bei den Listenelementen mal um Zahlen, mal um Zeichenketten, mal um etwas anderes handeln kann. Hier sind ein paar Testfälle:

```
(check-expect (member? 5 empty) #f)
(check-expect (member? 2 (list 1 2 3)) #t)
(check-expect (member? "Slash" (list "Axl" "Slash")) #t)
(check-expect (member? "Buckethead" (list "Axl" "Slash")) #f)
```

Hier Gerüst und Schablone für Funktionen auf Listen:

```
(define member?
  (lambda (element list)
    (cond
      ((empty? list) ...)
      ((cons? list)
       ...
       (first list)
       (member? element (rest list))
       ...))))
```

Bei der leeren Liste kann die Funktion nur `#f` zurückgeben. Bei der Cons-Liste legt die Schablone nahe, dass die Funktion erst einmal prüfen sollte, ob `(first list)` das gesucht Element ist.

Klingt einfach, oder? Aber *wie* prüfen wir das? Wir könnten das hier hinschreiben:

```
(= element (first list))
```

... aber das würde die Funktion auf Zahlen beschränken, weil = nur auf Zahlen funktioniert. Für die beiden Testfälle mit Zeichenketten müssten wir `string=?` verwenden. Wir müssen also `member?` über = respektive `string=?` abstrahieren, noch bevor die Funktion überhaupt fertig ist. Wir brauchen wie immer einen weiteren Parameter und nennen ihn `equals?`:

```
(define member?
  (lambda (equals? element list)
    (cond
      ((empty? list) ...)
      ((cons? list)
       ...
       (first list)
       (member? equals? element (rest list))
       ...))))
```

(Aufpassen: Der rekursive Aufruf muss – wie immer – auch durch den neuen Parameter erweitert werden.)

Jetzt können wir den Vergleich mit Hilfe von `equals?` durchführen und diesen mit einer binären Verzweigung verarbeiten:

```
(define member?
  (lambda (equals? element list)
    (cond
      ((empty? list) #f)
      ((cons? list)
       (if (equals? element (first list))
           #t
           (member? equals? element (rest list)))))))
```

Signatur und Testfälle haben von dem neuen Parameter noch nichts mitbekommen. Die `equals?`-Funktion akzeptiert zwei Listenelemente und liefert ein boolesches Ergebnis. Da die Listenelemente die Signatur %a haben, sieht die Signaturdeklaration für `member?` so aus:

```
(: member? ((%a %a -> boolean) %a (list-of %a) -> boolean))
```

Bei den Testfällen müssen wir jeweils noch die richtige Vergleichsfunktion übergeben. Das ist = für Zahlen und `equals?` für Zeichenketten.

```
(check-expect (member? = 5 empty) #f)
(check-expect (member? = 2 (list 1 2 3)) #t)
(check-expect (member? string=? "Slash" (list "Axl" "Slash")) #t)
(check-expect (member? string=? "Buckethead" (list "Axl" "Slash")) #f)
```

Fertig!

Allerdings hat `member?` einen Nachteil: Bei kurzen Listen oder wenn das gesuchte Element am Anfang der Liste steht, wird `member?` ziemlich schnell fertig. Aber stell Dir vor, die Liste hat ein paar Millionen Elemente und das gesuchte Element ist am Ende. Oder gar nicht drin: Dann muss `member?` die gesamte Liste abklappern.

AUFGABE 12.5

Schreibe mit Hilfe von `member?` eine Funktion, die von zwei Listen alle Elemente liefert, die in beiden Listen stehen. Wie lange braucht diese Funktion im ungünstigsten Fall? □

Kann ein Programm irgendwie schneller herausfinden, ob ein Wert Element einer Menge ist oder nicht? In der Tat ist das möglich, aber nicht mit Listen: Wir brauchen eine andere Struktur, um das Suchen zu beschleunigen – Bäume.

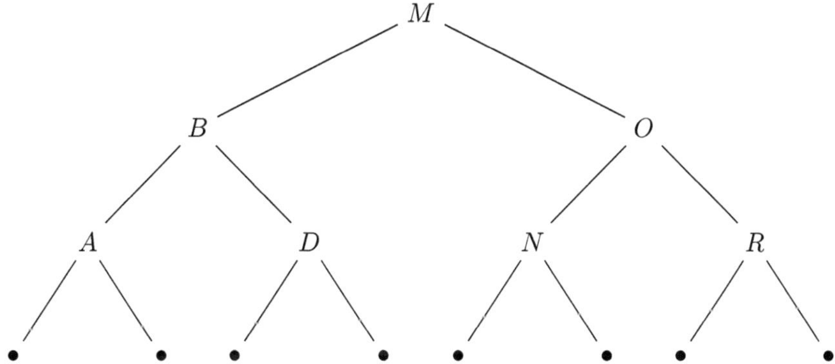

Abbildung 12.2: Sortierter Baum über Buchstaben

Schau Dir mal Abbildung 12.2 an. In diesem Baum musst Du nicht alle Elemente anschauen, um ein bestimmtes Element zu finden. Das liegt daran, dass die Buchstaben in dem Baum auf bestimmte Art nach dem Alphabet sortiert sind:

Die Wurzel mit der Markierung M hat zwei Teilbäume – die Markierungen des linken Teilbaums liegen allesamt *vor* M im Alphabet, alle Markierungen des rechten Teilbaums *nach* M. Wenn Du also nach einem Buchstaben suchst – nehmen wir mal D – dann weißt Du, wenn Du die Wurzel mit M siehst, dass D im linken Teilbaum von M – mit der Markierung B und von da aus im rechten Teilbaum von B stehen muss. Die Knoten A, O, N, R kannst Du ignorieren.

Die Suche braucht also höchstens so viele Schritte wie der Baum tief ist. Das ist schonmal besser, als in der Liste zu suchen, wo wir potenziell alle Elemente anschauen müssen.

Programmieren wir das also!

Wir fangen mit einem sortierten Baum über reellen Zahlen an. (Reelle Zahlen deshalb, weil wir sie einfach mit = und < vergleichen können. Wir verallgemeinern das später.) Die Zahlen kleben als Markierungen an den Knoten. An den Blättern steht nichts relevantes, wir benutzen deshalb immer `#f`. Entsprechend sehen Kurzbeschreibung und Signatur so aus:

```
; Ist eine Zahl in einem sortierten Baum vorhanden?
(: tree-member? (real (tree-of false real) -> boolean))
```

Die Signatur `false` ist neu: Sie beschreibt nur den Wert `#f`. Entsprechend gibt es natürlich auch eine Signatur `true` für `#t`.

Hier ein Beispielbaum und einige Tests, die ihn benutzen:

```
(define tree4
   (make-node 5
              (make-node 3 #f #f)
              (make-node 17
                         (make-node 10 #f (make-node 12 #f #f))
                         #f)))
(check-expect (tree-member? 5 tree4) #t)
(check-expect (tree-member? 17 tree4) #t)
(check-expect (tree-member? 3 tree4) #t)
(check-expect (tree-member? 10 tree4) #t)
(check-expect (tree-member? 2 tree4) #f)
```

Hier ist das Gerüst:

```
(define tree-member?
  (lambda (value tree)
    ...))
```

In die Schablone für Bäume tragen wir gleich den zweiten Fall ein: Wenn die Funktion ein Blatt erreicht, dann ist das `value` definitiv nicht im Baum, das Ergebnis dann `#f`:

```
(define tree-member?
  (lambda (value tree)
    (cond
      ((node? tree)
       ...
       (node-label tree)
```

```
         (tree-member? value (node-left-branch tree))
         (tree-member? value (node-right-branch tree))
         ...
        (else #f)))))
```

Bei Knoten können wir drei Fälle unterscheiden: Wenn die Markierung gerade das gesucht `value` ist, wenn `value` kleiner ist als die Markierung (also im linken Teilbaum stehen muss) und wenn sie größer ist. Daraus ergibt sich folgende Weiterentwicklung:

```
(define tree-member?
  (lambda (value tree)
    (cond
      ((node? tree)
       ...
      (tree-member? value (node-left-branch tree)))
      (tree-member? value (node-right-branch tree))
       ...
      (cond
        ((= value (node-label tree)) #t)
        ((< value (node-label tree)) ...
        (else ...)))
      (else #f))))
```

Da `(node-label tree)` zweimal vorkommt, machen wir dafür eien Definition und setzen die Bestandteile der Schablone so zusammen:

```
(define tree-member?
  (lambda (value tree)
    (cond
      ((node? tree)
       (define label (node-label tree))
       (cond
         ((= value label) #t)
         ((< value label)
          (tree-member? value (node-left-branch tree)))
         (else
          (tree-member? value (node-right-branch tree)))))
      (else #f))))
```

12.4 SORTIERTE BÄUME HERSTELLEN

In den Testfällen für `tree-member?` haben wir immer den Baum `tree4` vwerwendet, den wir direkt mit `make-node` konstruiert haben. Dabei mussten wir selbst darauf achten, dass er auch sortiert ist. In diesem Abschnitt automatisieren wir diese Konstruktion. Wir schreiben dafür eine Funktion, die ein neues Element in einen bestehenden sortierten Baum einfügt:

```
; Zahl in sortierten Baum einfügen
(: tree-insert (real (tree-of false real) -> (tree-of false real)))
```

Testfälle brauchen wir als nächstes. Wir könnten das so machen wie immer: Wir schreiben einen Aufruf von `tree-member?` hin und den Ergebniswert, den wir uns erhoffen. In diesem Fall aber ist es gar nicht so wichtig, was der Ergebniswert genau ist. Wichtig ist, dass ein eingefügtes Element im Ergebnisbaum auch drin ist. Außerdem ist es mühsam, immer den ganzen Baum hinzuschreiben. Darum benutzen wir `tree-member?`, um `tree-insert` zu testen.

```
(check-expect (tree-member? 5 (tree-insert 5 tree4)) #t)
(check-expect (tree-member? 11 (tree-insert 11 tree4)) #t)
```

Später werden wir feststellen, dass `tree-insert` unterschiedliche sortierte Bäume liefern kann, die allesamt korrekt sind.

AUFGABE 12.6

Die beiden Tests erwarten jeweils, dass `#t` bei `tree-member?` herauskommt. Wäre es sinnvoll, auch noch welche mit `#f` zu schreiben? □

Wenn Du ein mulmiges Gefühl bei den spärlichen beiden Tests hast: richtig! In Kapitel 13 auf Seite 401 werden wir zeigen, wie man Funktionen wie `tree-insert` besser testet.

Gerüst und Schablone von `tree-insert` sind genau wie bei `tree-member?`:

```
(define tree-insert
  (lambda (value tree)
    (cond
      ((node? tree)
        ...
        (tree-insert value (node-left-branch tree))
        (tree-insert value (node-right-branch tree))
        ...)
      (else ...))))
```

Die Fallunterscheidung bei Knoten ist ebenfalls wie in `tree-member?`, darum können wir auch die Verzweigung aus der dortigen Schablone übernehmen:

```
(define tree-insert
  (lambda (value tree)
    (cond
      ((node? tree)
        ...
        (tree-insert value (node-left-branch tree))
        (tree-insert value (node-right-branch tree))
        ...
        (cond
         ((= value (node-label tree)) ...)
         ((< value (node-label tree)) ...)
         (else ...)))
      (else ...))))
```

Auch hier ist der erste Fal einfach: Wenn `value` gerade die Markierung eines Knotens ist, dann enthält der Baum den Wert bereits, die Funktion muss nichts einfügen und kann einfach `tree` liefern. Auch für den Fall, dass `tree` ein Blatt ist (das letzte `else`), ist es recht einfach: Wir konstruieren einen neuen, einelementigen Baum:

```
(define tree-insert
  (lambda (value tree)
    (cond
      ((node? tree)
        ...
        (tree-insert value (node-left-branch tree))
        (tree-insert value (node-right-branch tree))
        ...
        (cond
         ((= value (node-label tree)) tree)
         ((< value (node-label tree)) ...)
         (else ...)))
      (else (make-node value #f #f)))))
```

Es bleiben noch zwei Fälle, in denen der einzufügende Wert links beziehungsweise rechts von der Knotenmarkierung liegt. Er muss entsprechend im linken oder rechten Teilbaum eingefügt werden.

Genau das erledigen die beiden rekursiven Aufrufe aus der Schablone. Der jeweils andere Teilbaum bleibt so wie er ist:

```
(define tree-insert
  (lambda (value tree)
    (cond
      ((node? tree)
       (cond
         ((= value (node-label tree)) tree)
         ((< value (node-label tree))
          (make-node (node-label tree)
                     (tree-insert value (node-left-branch tree))
                     (node-right-branch tree)))
         (else
          (make-node (node-label tree)
                     (node-left-branch tree)
                     (tree-insert value (node-right-branch tree))))))
      (else
       (make-node value #f #f)))))
```

Fertig!

12.5 SUCHBÄUME

Unsere Funktionen `tree-member?` und `tree-insert` funktionieren nur auf Zahlen. Die Bäume aus den Abbildungen 12.2 und 12.4 enthalten aber beide Buchstaben. Wenn wir andere Werte als Zahlen zulassen wollen, müssen wir wieder einmal abstrahieren über alles, was mit Zahlen zu tun hat.

Schau Dir nochmal die Definition von `tree-member?` an: Es gibt zwei Stellen, die «zahlenspezifisch» sind, nämlich = und <. Wenn Zeichenketten in einem sortierten Baum unterbringen wollten, müssten wir da `string=?` und `string<?` hinschreiben.

AUFGABE 12.7

Abstrahiere `tree-member?` und `tree-insert` über = und <.

Übergib mal statt < die Funktion >. Funktionieren `tree-member?` und `tree-insert` dann noch korrekt? Wie unterscheiden sich die Bäume, die mit < aus `tree-insert` herauskommen von denen mit >? □

Die abstrahierten Versionen von `tree-member?` und `tree-insert` haben einen Nachteil: Bei jedem Aufruf dieser Funktionen müssen wir die beiden Argumente für = und < hinschreiben. Das nervt und ist jedesmal eine Gelegenheit für einen Fehler, weil wir das vollkommen konsistent machen müssen. Wir wollen also versuchen, ohne diese zusätzlichen Parameter auszukommen. Dazu benutzen wir einen Trick und packen die Funktionen für = und < zusammen mit `tree`. Das Ergebnis heißt *Suchbaum*. Heraus kommt folgende Datendefinition:

```
; Ein Suchbaum besteht aus
; - Funktion für =
; - Funktion für <
; - Binärbaum
```

Um die Definition in Code umzusetzen, benutzen wir eine Record-Definition. Diesmal abstrahieren wir über die Signatur der Elemente mit einem Signatur-Parameter namens `element`:

```
(define-record (search-tree-of element)
  make-search-tree search-tree?
  (search-tree-label-=?-function (element element -> boolean))
  (search-tree-label-<?-function (element element -> boolean))
  (search-tree-tree (tree-of false element)))
```

Vergleiche die Signatur von `search-tree-tree` mit der Signatur der Bäume bei `tree-member?` und `tree-insert`!

Hier ist der Suchbaum aus Abbildung 12.2 auf Seite 369:

```
(define search-tree1
  (make-search-tree
   string=? string<?
   (make-node "M"
              (make-node "B"
                         (make-node "A" #f #f)
                         (make-node "D" #f #f))
              (make-node "O"
                         (make-node "N" #f #f)
                         (make-node "R" #f #f)))))
```

Wir schreiben nun eine Variante von `tree-member?`, die Suchbäume akzeptiert:

```
; festellen, ob Element in Suchbaum vorhanden ist
(: search-tree-member? (%a (search-tree-of %a) -> boolean))
```

```
(check-expect (search-tree-member? "M" search-tree1) #t)
(check-expect (search-tree-member? "D" search-tree1) #t)
(check-expect (search-tree-member? "N" search-tree1) #t)
(check-expect (search-tree-member? "R" search-tree1) #t)
(check-expect (search-tree-member? "Z" search-tree1) #f)
```

Hier ist das Gerüst für die Funktionsdefinition, zusammen mit der Schablone für `search-tree`:

```
(define search-tree-member?
  (lambda (value search-tree)
    ...
    (search-tree-label-=?-function search-tree)
    (search-tree-label-<?-function search-tree)
    (search-tree-tree search-tree)
    ...))
```

Wir verwenden `tree-member?` wieder und kopieren sie dafür in den Rumpf:

```
(define search-tree-member?
  (lambda (value search-tree)
    ...
    (search-tree-label-=?-function search-tree)
    (search-tree-label-<?-function search-tree)
    (search-tree-tree search-tree)
    ...
    (define tree-member?
      (lambda (value tree)
        (cond
          ((node? tree)
           (define label (node-label tree))
           (cond
             ((= value label) #t)
             ((< value label)
              (tree-member? value (node-left-branch tree)))
             (else
              (tree-member? value (node-right-branch tree)))))
          (else #f))))
    ...))
```

Wir müssen allerdings noch über = und < abstrahieren. Dazu denken wir uns erstmal nur neue Namen aus, nämlich `label=?` für = und `label<?` für <:

```
(define search-tree-member?
  (lambda (value search-tree)
    ...
    (search-tree-label-=?-function search-tree)
    (search-tree-label-<?-function search-tree)
    (search-tree-tree search-tree)
    ...
    (define tree-member?
      (lambda (value tree)
        (cond
          ((node? tree)
           (define label (node-label tree))
           (cond
             ((label=? value label) #t)
             ((label<? value label)
              (tree-member? value (node-left-branch tree)))
             (else
              (tree-member? value (node-right-branch tree)))))
          (else #f))))
    ...))
```

Anders als sonst legen wir aber keine Parameter für `label=?` und `label<?` an: Die Funktionen dafür stehen ja schon in der Schablone, wir müssen ihnen nur die richtigen Namen geben mit Hilfe von lokalen Definitionen:

```
(define search-tree-member?
  (lambda (value search-tree)
    (define label=? (search-tree-label-=?-function search-tree))
    (define label<? (search-tree-label-<?-function search-tree))
    ...
    (search-tree-tree search-tree)
    ...
    (define tree-member? ...)
    ...)))
```

Zu guter letzt brauchen wir noch einen Aufruf von `tree-member?`, damit es auch losgeht. Dafür verbrauchen wir den letzten Baustein aus der Schablone:

```
(define search-tree-member?
  (lambda (value search-tree)
    (define label=? (search-tree-label-=?-function search-tree))
    (define label<? (search-tree-label-<?-function search-tree))
    (define tree-member?
      (lambda (value tree)
        (cond
          ((node? tree)
           (define label (node-label tree))
           (cond
             ((label=? value label) #t)
             ((label<? value label)
              (tree-member? value (node-left-branch tree)))
             (else
              (tree-member? value (node-right-branch tree)))))
          (else #f))))
    (tree-member? value (search-tree-tree search-tree))))
```

AUFGABE 12.8

Schreibe entsprechend zu `search-tree-member?` eine Funktion `search-tree-insert` auf Basis von `tree-insert`! □

12.6 SORTIERTE BÄUME SIND EFFIZIENTER ALS LISTEN

Sortierte Bäume sind beim Suchen effizienter. Um zu verstehen warum, betrachte den Baum in «Ebenen» – die erste Ebene ist die Wurzel, die zweite Ebene deren Teilbäume, die dritte Ebene wiederum deren Teilbäume undsoweiter. Je besser der Baum sortiert ist, desto weniger Ebenen gibt es, und desto weniger Schritte sind beim Suchen notwendig.

Ein jede Ebene passen doppelt soviele Knoten wie in die Ebene darüber. In einen Baum der Tiefe 1 passt $1 = 2^0$ Knoten, in einen der Tiefe 2 passen $2^0 + 2^1 = 1 + 2 = 3$ Knoten, dann 7, dann 15 undsoweiter. Dir fällt vielleicht auf, dass die Zahlen 1, 3, 7, 15 jeweils Vorgänger einer Zweierpotenz sind. Wir können deshalb versuchen, das zu einer Formel zu verallgemeinern. Die

Tiefe des Baums heißt dabei t. Dann nehmen wir an (oder hoffen zumindest), dass für für alle t gilt:

$$2^0 + ... + 2^{t-1} = \sum_{i=0}^{i=t-1} 2^i = 2^t - 1$$

Da es sich bei t um eine natürliche Zahl handelt, können wir vollständige Induktion anwenden nach der Anleitung in Abschnitt 8.3 auf Seite 225. Wir müssen beweisen, dass für alle $t \in \mathbb{N}$ gilt:

$$\sum_{i=0}^{i=t-1} 2^i = 2^t - 1$$

Für $t = 0$ läuft die Summe von 0 bis -1. und ist deshalb leer. Das Ergebnis ist das neutrale Element bezüglich der Addition:

$$\begin{aligned}\sum_{i=0}^{i=-1} 2^i &= 0 \\ &= 1 - 1 \\ &= 2^0 - 1\end{aligned}$$

Induktionsvoraussetzung:

$$\sum_{i=0}^{i=t-1} 2^i = 2^t - 1$$

Induktionsschluss (zu zeigen):

$$\sum_{i=0}^{i=(t+1)-1} 2^t = 2^{t+1} - 1$$

Beweis:

$$\begin{aligned}\sum_{i=0}^{i=(t+1)-1} 2^i &= \sum_{i=0}^{i=t} 2^i \\ &= \sum_{i=0}^{i=t-1} 2^i + 2^t \\ &= 2^t - 1 + 2^t \quad \text{Induktionsvoraussetzung} \\ &= 2^t \times 2 - 1 \\ &= 2^{t+1} - 1\end{aligned}$$

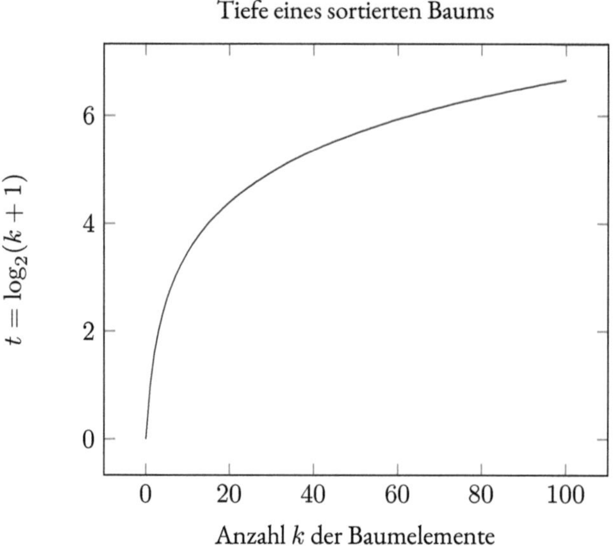

Abbildung 12.3: Beziehung zwischen Anzahl von Knoten und Tiefe eines Binärbaums

Wozu ist diese Formel gut, fragst Du Dich vielleicht. Nun, die rechte Seite können wir umdrehen. (Bei der linken Seite ist das schwieriger.) Wenn die Anzahl der Knoten k ist, dann gilt:

$$\begin{array}{rrcl} & k & = & 2^t - 1 \\ \Longleftrightarrow & k+1 & = & 2^t \\ \Longleftrightarrow & \log_2(k+1) & = & t \end{array}$$

Die $\log_2$ ist der sogenannte *Logarithmus* zur Basis 2, auch genannte *Zweierlogarithmus*. Das ist die Umkehrfunktion zur Exponentialfunktion mit der Basis 2.

Schau Dir Abbildung 12.3 an: Da siehst Du, dass die Tiefe – mithin der Logarithmus – viel langsamer wächst als die Anzahl der Knoten, und die Kurve immer flacher wird. Diese Kurve erklärt, warum das mit dem sortierten Baum eine gute Idee ist: Die Tiefe des Baums ist ja die Anzahl der Elemente des Baums, die man abklappern muss, um das gewünschte Element zu finden. (Beziehungsweise herauszubekommen, dass es nicht im Suchbaum ist.) Das gilt allerdings nur, wenn der Suchbaum «voll besetzt» ist. Wir müssen uns also irgendwann Gedanken machen, wie wir dafür sorgen, dass Suchbäume immer möglichst voll besetzt sind. Dazu kommen wir später.

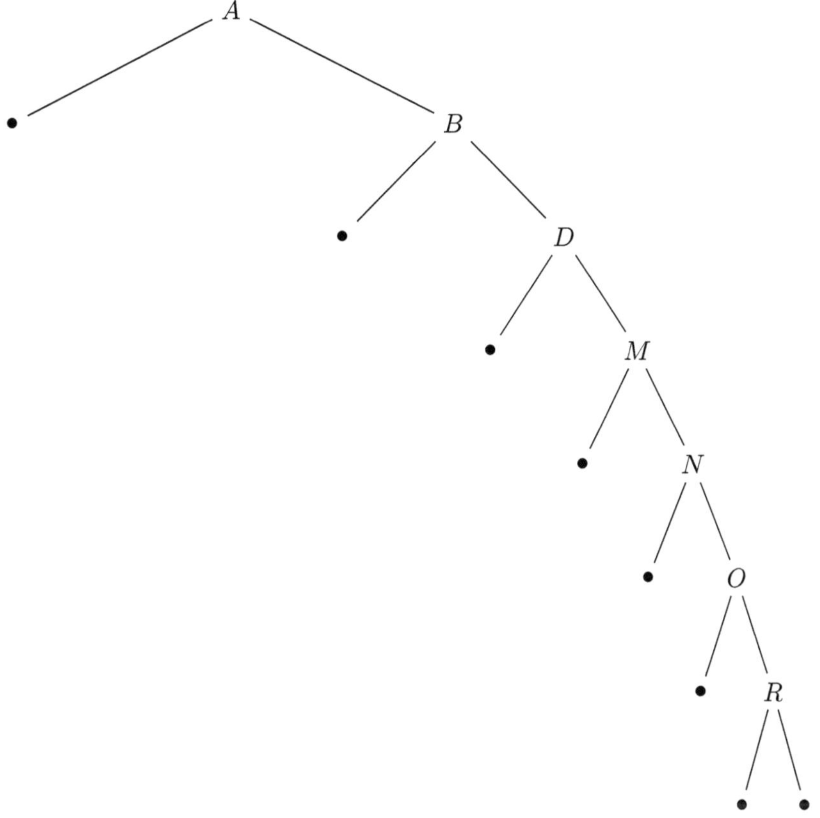

Abbildung 12.4: Entarteter Suchbaum

12.7 SUCHBÄUME BALANCIEREN

Abbildung 12.4 zeigt einen Suchbaum, der nicht voll besetzt ist – einen sogenannten *entarteten Suchbaum*. Bei diesem Suchbaum dauert die Suche genau so lang wie in einer Liste.

AUFGABE 12.9

Schreibe einen Ausdruck aus Aufrufen von `search-tree-insert`, um den Suchbaum in Abbildung 12.4 zu erzeugen! □

In diesem Abschnitt wollen wir eine Variante von `search-tree-insert` schreiben, bei der niemals so ein entarteter Suchbaum herauskommen kann und die den Baum immmer *balanciert*.

Spätestens jetzt betreten wir einen Bereich der Programmierung, der in der Informatik meist *Algorithmen und Datenstrukturen* heißt [BG20]. (Manchmal auch nur *Algorithmen* oder nur *Datenstrukturen.*) Ein Algorithmus ist in der Regel eine Funktion, die in vielen Programmen verwendet werden können. Entsprechend ist eine Datenstruktur eine Datendefinition, auf der ein Algorithmus aufbaut: Die beiden gehören oft zusammen.[1]

Viele Algorithmen basieren auf cleveren Ideen, von denen die Schöpfys selbst gar nicht so genau erklären können, wie sie auf sie gekommen sind. Dementsprechend erwarten wir nicht von Dir (und auch nicht von uns), auf das Material dieses Abschnitts selbst zu kommen. Glücklicherweise gibt es in vielen Bereichen der Programmierung schon fertige Algorithmen und Datenstrukturen, die wir entsprechend nicht selbst programmieren müssen. In diesem Abschnitt zeigen wir beispielhaft, wie und warum so eine Datenstruktur funktioniert. Vielleicht findest Du es interessant – wenn nicht, reicht es, diesen Abschnitt zu überfliegen oder überspringen.

Wie also können wir einen Suchbaum balancieren? Dabei sollten wir nicht nur dafür sorgen, dass das Suchen effizient funktioniert. Auch das Balancieren sollte nicht zuviel Arbeit machen – sonst werden die Vorteile beim Suchen durch den Aufwand beim Balancieren wieder zunichte gemacht. Wir müssen einen Kompromiss suchen zwischen den Einsparungen beim Suchen und dem Aufwand für das Balancieren. Solche Kompromisse gibt es oft bei Algorithmen, und oft werden Messungen eingesetzt, um sie auszuwählen und schrittweise zu verbessern. So ist es auch hier.

Wir zeigen Dir hier eine Balancier-Funktion, die in einem wissenschaftlichen Aufsatz von Stephen Adams [Ada93] aus dem Jahr 1993 beschrieben ist. Dieser beruht auf einem Programmierwettbewerb, bei dem Adams den zweiten Platz belegte, was die Effizienz betrifft. Gleichzeitig ist seine Lösung aber deutlich eleganter als die erstplatzierte, weswegen der Aufsatz bis heute oft eingesetzt wird, um effiziente Suchbäume zu programmieren.

Die Idee von Adams beruht auf einer Variante von `search-tree-insert`, die bei der Konstruktion eines neuen Knotens darauf achtet, dass der Baum nicht zu sehr aus dem Gleichgewicht gerät. Falls dies doch droht zu passieren, wird der Baum *rotiert* und so balanciert.

12.7.1 GRÖSSENANNOTIERTE BÄUME

Um festzustellen, ob der Baum aus dem Gleichgewicht gerät, vergleicht der Algorithmus die Anzahl der Knoten in den beiden Teilbäumen eines Knotens. Nun wäre es blöd, wenn er dafür jedesmal nachzählen müsste, wieviele das denn sind. Viel effizienter ist es, die Größe eines Baums im Baum

[1] Der Begriff «Algorithmus» stammt vom Namen des persischen Rechenmeisters *Al-Chwarizmi*. Die deutsche Schulinformatik kennt noch detaillierte Definitionen des Begriffs, die aber für die praktische Programmierung weitgehend irrelevant sind.

selbst mitzuführen, als Teil der Markierung eines Knotens. Die definieren wir erstmal, bevor es mit dem Ausbalancieren losgeht.

Bäume, bei denen die Größe an jedem Knoten dransteht, nennen wir *größenannotiert*. Im Englischen ist der Begriff nicht ganz so sperrig: *sized*. Neben der Größe brauchen wir an jedem Knoten auch noch die «eigentliche» Markierung. Zusammen ergibt das folgende Daten- und Record-Definition:

```
; Die Markierung an einem größenannotierten Baum besteht aus:
; - Anzahl der Knoten
; - "eigentliche" Markierung
(define-record (sized-label-of label)
  make-sized-label
  sized-label
  (sized-label-size natural)
  (sized-label-label label))
```

Hier ist nochmal der Baum aus Abbildung 12.2 auf Seite 369, aber diesmal größenannotiert:

```
(define sized-tree1
  (make-node (make-sized-label 7 "M")
             (make-node (make-sized-label 3 "B")
                        (make-node (make-sized-label 1 "A") #f #f)
                        (make-node (make-sized-label 1 "D") #f #f))
             (make-node (make-sized-label 3 "O")
                        (make-node (make-sized-label 1 "N") #f #f)
                        (make-node (make-sized-label 1 "R") #f #f))))
```

Ganz schön umständlich, jedesmal von Hand die richtige Größe hinzuschreiben. Das können wir auch gut den Computer erledigen lassen, indem wir eine Hilfsfunktion schreiben, welche die Größe bei der Konstruktion eines Knotens ausrechnet. Hier sind Kurzbeschreibung und Signatur:

```
; Größenannotierten Knoten konstruieren
(: make-sized-node (%label (tree-of %leaf (sized-label-of %label))
                           (tree-of %leaf (sized-label-of %label))
                    -> (node-of %leaf (sized-label-of %label))))
```

Diese Signatur entspricht der von `make-node` – hier ist diese zum Vergleich:

```
(: make-node (%label (tree-of %leaf %label) (tree-of %leaf %label)
              -> (node-of %leaf %label)))
```

Für einen Test nehmen wir den Ausdruck von sized-tree1 ersetzen die Aufrufe von make-node durch welche von make-sized-node. Es sollte das gleiche herauskommen:

```
(check-expect (make-sized-node
               "M"
               (make-sized-node "B"
                                (make-sized-node "A" #f #f)
                                (make-sized-node "D" #f #f))
               (make-sized-node "O"
                                (make-sized-node "N" #f #f)
                                (make-sized-node "R" #f #f)))
              sized-tree1)
```

Hier ist Gerüst mit Schablone für die Funktion. Die Signatur besagt, dass die Funktion einen node-Record liefert, entsprechend besteht die Schablone aus einem Aufruf des Konstruktors:

```
(define make-sized-node
  (lambda (label left-branch right-branch)
    (make-node ... ... ...)))
```

Die beiden Argumente für left-branch und right-branch können wir direkt an den Konstruktor weiterreichen. Allein die Größe müssen wir noch ausrechnen: Diese ist die Summe der beiden Teilbäume, plus 1, weil das make-node noch einen neuen Knoten erzeugt:

```
(define make-sized-node
  (lambda (label left-branch right-branch)
    (make-node
     (make-sized-label (+ 1
                          (sized-tree-size left-branch)
                          (sized-tree-size right-branch))
                       label)
     left-branch right-branch)))
```

Schau den Teilausdruck an, der die Größe berechnet: Da wird eine Funktion sized-tree-size benutzt, welche die Größe eines Baums berechnet. Die gibt es aber noch gar nicht – reines Wunschdenken! Das müssen wir noch nachholen. Hier sind Kurzbeschreibung, Signatur und zwei Tests:

```
; Größe eines größenannotierten Baums liefern
(: sized-tree-size
   ((tree-of %leaf (sized-label-of %label)) -> natural))
```

```
(check-expect (sized-tree-size "A") 0)
(check-expect (sized-tree-size sized-tree1) 7)
```

Hier sind Gerüst und Schablone. Die Funktion verarbeitet gemischte Daten, also brauchen wir eine Verzweigung:

```
(define sized-tree-size
  (lambda (tree)
    (cond
      ((node? tree) ...)
      (else ...))))
```

Im `node`-Fall wissen wir schon, wo die Größe steht, nämlich in der `sized-label`-Markierung. Im anderen Fall handelt es sich um ein Blatt, das hat Größe 0:

```
(define sized-tree-size
  (lambda (tree)
    (cond
      ((node? tree)
       (sized-label-size (node-label tree)))
      (else 0))))
```

Wenn Du Dir die Signaturdeklarationen von `make-sized-node` und `sized-tree-size` anschaut, dann siehst Du, dass folgende Signaturen mehrfach vorkommen:

```
(node-of %leaf (sized-label-of %label))
(tree-of %leaf (sized-label-of %label))
```

Das wird noch öfter passieren, darum abstrahieren wir:

```
; Signatur für größenannotierte Knoten
(define sized-node-of
  (lambda (leaf label)
    (node-of leaf (sized-label-of label))))

; Signatur für größenannotierte Bäume
(define sized-tree-of
  (lambda (leaf label)
    (tree-of leaf (sized-label-of label))))
```

AUFGABE 12.10

Schreibe bessere Signaturdeklarationen für `make-sized-node` und `sized-tree-size` mit Hilfe dieser Funktionen! □

Wir können außerdem schon absehen, dass wir noch häufig die Markierung eines größenannotierten Knotens benötigen werden. Wir definieren deshalb eine Hilfsfunktion:

```
; aus größenannotiertem Knoten die Markierung extrahieren
(: sized-node-label ((sized-node-of %leaf %label) -> %label))

(define sized-node-label
  (lambda (node)
    (sized-label-label (node-label node))))
```

12.7.2 BALANCIERTE SUCHBÄUME

Für die Entwicklung von Algorithmen gibt es leider keine übergreifende Strategie analog zu den Konstruktionsanleitungen. Häufig steht am Anfang eine Idee, die aus einer bestimmten Sichtweise des Problems entsteht, verbunden mit Variationen und Experimenten.

Der Ausgangspunkt von Stephen Adams' Idee ist die Funktion `search-tree-insert`. Die platziert das neue Element an die erstbeste Stelle im Suchbaum, die passt: Das ist der minimal mögliche Aufwand. Adams' Idee ist nun, `search-tree-insert` im wesentlichen beizubehalten, aber mit einer Ergänzung: Wenn das Einfügen eines neuen Elements den Baum aus dem Gleichgewicht bringt, wird er ein bisschen neu ausbalanciert. So, als würde man immer, wenn man was neues kauft, den neuen Gegenstand im Zimmer ins Regal legen und dann ein kleines bisschen aufräumen. Die Kunst ist, gerade genug aufzuräumen, dass das Zimmer auf Dauer trotzdem nicht im Chaos versinkt. Dabei hilft wiederum die Annotation mit der Größe.

Wir brauchen also erstmal eine Variante der Datendefinition für Suchbäume mit größenannotierten Bäumen:

```
; Ein größenannotierter Suchbaum besteht aus
; - Funktion für =
; - Funktion für <
; - größenannotierter Binärbaum
(define-record (sized-search-tree-of element)
  make-sized-search-tree sized-search-tree?
```

```
  (sized-search-tree-label-=?-function (element element -> boolean))
  (sized-search-tree-label-<?-function (element element -> boolean))
  (sized-search-tree-tree (sized-tree-of false element)))
```

Hier ist ein Beispiel:

```
(define sized-search-tree1
  (make-sized-search-tree
   string=? string<?
   (make-sized-node "M"
                    (make-sized-node "B"
                                     (make-sized-node "A" #f #f)
                                     (make-sized-node "D" #f #f))
                    (make-sized-node "O"
                                     (make-sized-node "N" #f #f)
                                     (make-sized-node "R" #f #f)))))
```

AUFGABE 12.11

Warum müssen wir einen neuen Record-Typ definieren? Könnten wir `sized-search-tree-of` nicht folgendermaßen definieren?

```
(define sized-search-tree-of
  (lambda (element)
    (search-tree-of (sized-label-of element))))
```

□

Wir machen aus `search-tree-member?` nun `sized-search-tree-member?`. Dafür kopieren wir sie, benennen sie um und ändern sie, so dass sie `sized-search-tree` benutzt.

```
; festellen, ob Element in Suchbaum vorhanden ist
(: sized-search-tree-member?
   (%a (sized-search-tree-of %a) -> boolean))

(check-expect (sized-search-tree-member? "M" sized-search-tree1) #t)
(check-expect (sized-search-tree-member? "D" sized-search-tree1) #t)
(check-expect (sized-search-tree-member? "N" sized-search-tree1) #t)
(check-expect (sized-search-tree-member? "R" sized-search-tree1) #t)
(check-expect (sized-search-tree-member? "Z" sized-search-tree1) #f)
```

```
(define sized-search-tree-member?
  (lambda (value search-tree)
    (define label=? (sized-search-tree-label-=?-function search-tree))
    (define label<? (sized-search-tree-label-<?-function search-tree))
    (define tree-member?
      (lambda (value tree)
        (cond
          ((node? tree)
           (define label (sized-node-label tree))
           (cond
             ((label=? value label) #t)
             ((label<? value label)
              (tree-member? value (node-left-branch tree)))
             (else
              (tree-member? value (node-right-branch tree)))))
          (else #f))))
    (tree-member? value (sized-search-tree-tree search-tree))))
```

Vergleiche sie mit `search-tree-member?`. Es gibt nur zwei Unterschiede:

- Die Funktion benutzt größenannotierte Suchbäume und Bäume anstatt der «normalen».
- Die Funktion ruft statt `node-label` `sized-node-label` auf.

Nun widmen wir uns der Konstruktion von balancierten Suchbäumen. Die Funktion dafür entsteht entsteht aus `search-tree-insert` durch Umstellen auf `sized-search-tree`:

```
; neues Element in größenannotierten Suchbaum einfügen
(: balanced-search-tree-insert
   (%a (sized-search-tree-of %a) -> (sized-search-tree-of %a)))

(define balanced-search-tree-insert
  (lambda (value search-tree)
    (define label=? (sized-search-tree-label-=?-function search-tree))
    (define label<? (sized-search-tree-label-<?-function search-tree))
    (define tree-insert
      (lambda (value tree)
        (cond
          ((node? tree)
```

```
          (cond
            ((label=? value (sized-node-label tree))
             tree)
            ((label<? value (sized-node-label tree))
             (make-balanced-node
               (sized-node-label tree)
               (tree-insert value (node-left-branch tree))
               (node-right-branch tree)))
            (else
             (make-balanced-node
               (sized-node-label tree)
               (node-left-branch tree)
               (tree-insert value (node-right-branch tree))))))
         (else
          (make-sized-node value #f #f)))))
    (make-sized-search-tree
     label=? label<?
     (tree-insert value (sized-search-tree-tree search-tree)))))
```

Für die Konstruktion eines neues Knotens benutzt die Funktion nicht `make-node` (beziehungsweise `make-sized-node`), sondern eine noch zu schreibende Funktion `make-balanced-node`. Die muss sich dann um das oben beschriebene «bisschen Aufräumen» durch Ausbalancieren kümmern. Sie hat die gleiche Signatur wie `make-sized-node`:

```
; neuen Knoten herstellen, dabei neu ausbalancieren
(: make-balanced-node (%label (sized-tree-of false %label)
                                (sized-tree-of false %label)
                             -> (sized-node-of false %label)))
```

Hier das Gerüst:

```
(define make-balanced-node
  (lambda (label left-branch right-branch)
    ...))
```

Wir könnten es uns einfach machen und schreiben:

```
(define make-balanced-node
  (lambda (label left-branch right-branch)
    (make-sized-node label left-branch right-branch)))
```

Das entspricht aber der Strategie eines gewissen 12jährigen Kindes eines der Autoren: Einfach das neue Element aufs Bett werfen, Tür zu, fertig. Aber die Idee ist ja: Wenn die Unordnung zu groß ist, wollen wir ein bisschen aufräumen. Wobei Unordnung hier heißt «Ungleichgewicht zwischen `left-branch` und `right-branch`». Und das Ungleichgewicht definieren wir (genauer gesagt: Stephen Adams) über die Größe der Teilbäume. Naiv könnten wir es folgendermaßen machen:

```
(define make-balanced-node
  (lambda (label left-branch right-branch)
    (cond
      ((= (sized-tree-size left-branch)
          (sized-tree-size right-branch))
       (make-sized-node label left-branch right-branch))
      (else ...)))) ; ausbalancieren
```

... aber das wäre zu hart: Das würde heißen, dass die Funktion *jedesmal* ausbalancieren müsste, wenn auch nur das kleinste bisschen Ungleichgewicht entstehen würde. Abgesehen davon ist das auch unmöglich: Ein Baum der Größe 3 kann gar nicht perfekt balanciert sein zum Beispiel.

Wir brauchen also ein «weicheres» Kriterium. Stephen Adams hatte nun folgende Idee: Wenn ein Teilbaum mehr als n mal so groß ist wie der andere, dann wird neu ausbalanciert.

Wie ist er darauf gekommen und wie groß sollte n sein? Wie er darauf gekommen ist, ist nicht überliefert, aber wir gehen davon aus, dass er unterschiedliche Kriterien ausprobiert hat und dieses hier dazu führte, das die entstehende Funktion sowohl einfach ist als auch im Schnitt schnell funktioniert. Dabei hat er auch ermittelt, wie groß n sinnvollerweise ist, nämlich 5. Es entsteht folgende Schablone:

```
(define ratio 5)

(define make-balanced-node
  (lambda (label left-branch right-branch)
    (define left-size (sized-tree-size left-branch))
    (define right-size (sized-tree-size right-branch))
    (cond
      ((> right-size ; rechts hat Übergewicht
          (* ratio left-size)) ...)
      ((> left-size  ; links hat Übergewicht
          (* ratio right-size)) ...)
      (else
       (make-sized-node label left-branch right-branch)))))
```

Du siehst, wir haben die 5 in eine separate Definition verlagert, weil sie zweimal benutzt wird und so einfach geändert werden kann. Adams hat die Funktion noch etwas weiter verbessert, indem er ein weiteres Kriterium hinzufügte, bei dem kein Ausbalancieren notwendig ist:

```
(define make-balanced-node
  (lambda (label left-branch right-branch)
    (define left-size (sized-tree-size left-branch))
    (define right-size (sized-tree-size right-branch))
    (cond
      ((< (+ left-size right-size) 2)
       (make-sized-node label left-branch right-branch))
      ((> right-size ; rechts hat Übergewicht
          (* ratio left-size)) ...)
      ((> left-size  ; links hat Übergewicht
          (* ratio right-size)) ...)
      (else
       (make-sized-node label left-branch right-branch)))))
```

Der erste Zweig kommt immer dann zum Zug, wenn in den beiden Teilbäumen zusammen nur ein Knoten ist: Dann macht Ausbalancieren auch keinen Sinn.

12.8 AUSBALANCIEREN DURCH ROTATION

Um den Baum auszubalancieren, schauen wir, wie so ein Ungleichgewicht aussehen kann. In Abbildung 12.5 steht links oben ein Baum mit Markierungen a und c sowie dreieckigen Teilbäumen X, Y und Z.

Stell Dir nun vor, der Baum hat rechts deutlich mehr Knoten als links. Dann ist er aus dem Gleichgewicht und sollte neu ausbalanciert werden. Das erledigt eine *Rotation*, die aus diesem Baum den Baum oben rechts macht: Der Teilbaum Y wird von rechts nach links geschoben, was das Ungleichgewicht zumindest etwas lindert.

Unten links siehst Du ebenfalls einen Baum, der aus dem Gleichgewicht gekommen ist: Auch hier wird ein Teilbaum von rechts nach links verschoben, der sich aber noch eine Ebene tiefer befindet. Diese Rotation ist etwas komplizierter, darum heißt sie «doppelte» Rotation, die erste heißt entsprechend «einfach».

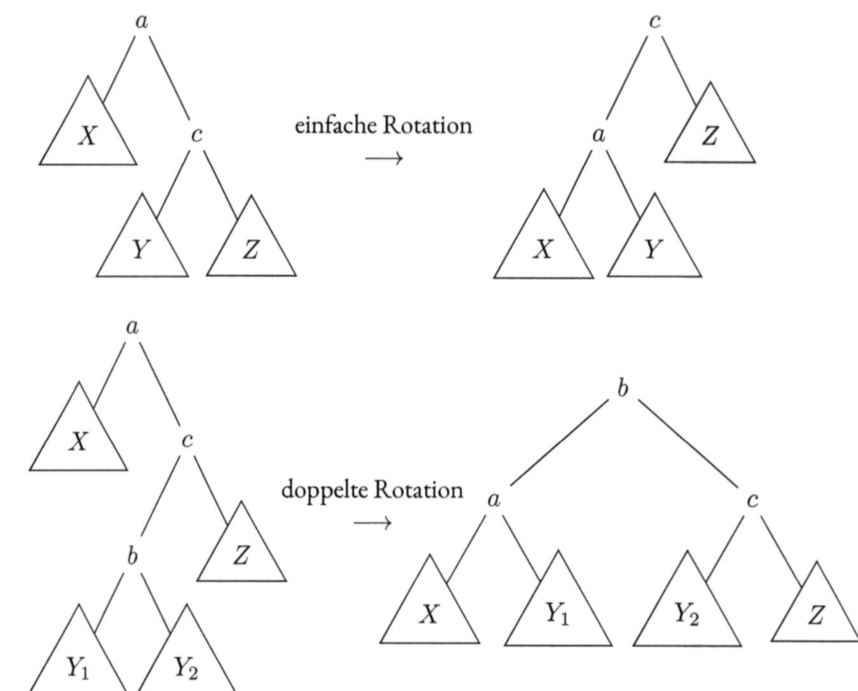

Abbildung 12.5: Ausbalancieren von Bäumen durch Rotation

AUFGABE 12.12

Warum bewirken die Rotationen in Abbildung 12.5 nicht, dass die Bäume auf der rechten Seite nicht mehr sortiert sind? □

Wann sollte der Algorithmus nun einfach und wann doppelt rotieren? Schau Dir dazu noch einmal in Abbildung 12.5 den oberen linken Baum an. Von den Teilbäumen X und Y ist einer größer als der andere. Nehmen wir mal an, das ist X. Dann vermindert eine einfache Rotation das Ungleichgewicht zwischen links und rechts. Wenn aber Y größer ist Z, dann macht die einfache Rotation das Ungleichgewicht *größer*: Der eh größere Brocken Y tut sich dann auch noch mit X zusammen, während der kleine Brocken Z rechts ganz allein zurückbleibt. In diesem Fall ist die doppelte Rotation angezeigt, die nur einen Teilbaum von Y, nämlich Y_1, nach links verlagert.

AUFGABE 12.13

Nimm Dir ein Stück Papier und male die beiden Rotationen aus 12.5 so auf, dass jeweils links Übergewicht herrscht. □

Diese Rotationen übertragen wir jetzt in den Rumpf von `make-balanced-node`. Damit wir dabei möglichst keine Fehler machen, verwenden wir die gleichen Namen im Code wie in Abbildung 12.5:

```
(define make-balanced-node
  (lambda (label left-branch right-branch)
    (define left-size (sized-tree-size left-branch))
    (define right-size (sized-tree-size right-branch))
    (cond
      ((< (+ left-size right-size) 2)
       (make-sized-node label left-branch right-branch))
      ((> right-size (* ratio left-size))
       (define a label)
       (define X left-branch)
       (define c (sized-node-label right-branch))
       (define Y (node-left-branch right-branch))
       (define Z (node-right-branch right-branch))
       ...)
      ...)))
```

AUFGABE 12.14

Die Definitionen von `c`, `Y` und `Y` überprüfen gar nicht, ob `right-branch` wirklich ein Knoten ist. Könnte es nicht auch ein Blatt sein? □

Als nächstes ist die Rotation dran: Die Funktion muss noch entscheiden, ob sie eine einfache oder eine doppelte Rotation vornimmt. Das hängt davon ab, ob Y oder Z größer ist:

```
(if (< (sized-tree-size Y) (sized-tree-size Z))
    ... ; einfach
    ...) ; doppelt
```

Bei der einfachen Rotation müssen wir die rechte Seite von Abbildung 12.5 in Code übersetzen:

```
(if (< (sized-tree-size Y) (sized-tree-size Z))
    (make-sized-node c
                     (make-sized-node a X Y)
                     Z)
    ...)
```

Bei der doppelten Rotation stehen in der Abbildung noch weitere Namen für die Teilbäume von Y. Es ist sinnvoll, die ebenfalls zu binden. Leider erlaubt `if` nicht die Bindung von lokalen Variablen, wir müssen daraus ein **`cond`** machen:

```
(cond
  ((< (sized-tree-size Y) (sized-tree-size Z))
   (make-sized-node c
                    (make-sized-node a X Y)
                    Z))
  (else
    (define b (sized-node-label Y))
    (define Y1 (node-left-branch Y))
    (define Y2 (node-right-branch Y))

    (make-sized-node b
                     (make-sized-node a X Y1)
                     (make-sized-node c Y2 Z))))
```

AUFGABE 12.15

Bei der doppelte Rotation nimmt die Funktion an, dass Y ein Knoten ist. Könnte es nicht auch ein Blatt sein? □

Wir benötigen in der Funktion nun noch den umgekehrten Fall, dass also das Übergewicht links und nichts rechts ist. Der Code dafür ist gegenüber dem gerade behandelten Fall «gespiegelt». Auch der letzte Fall fehlt noch: Der tritt dann ein, wenn der Baum kein exzessives Ungleichgewicht aufweist. Dann könnten wir einfach `make-sized-node` benutzen.

Hier die ganze Funktion:

```
(define make-balanced-node
  (lambda (label left-branch right-branch)
    (define left-size (sized-tree-size left-branch))
    (define right-size (sized-tree-size right-branch))
    (cond
      ((< (+ left-size right-size) 2)
       (make-sized-node label left-branch right-branch))
      ((> right-size (* ratio left-size))
```

```
   (define a label)
   (define X left-branch)
   (define c (sized-node-label right-branch))
   (define Y (node-left-branch right-branch))
   (define Z (node-right-branch right-branch))
   (cond
     ((< (sized-tree-size Y) (sized-tree-size Z))
      (make-sized-node c
                       (make-sized-node a X Y) Z))
     (else
       (define b (sized-node-label Y))
       (define Y1 (node-left-branch Y))
       (define Y2 (node-right-branch Y))
       (make-sized-node b
                        (make-sized-node a X Y1)
                        (make-sized-node c Y2 Z)))))
  ((> left-size (* ratio right-size))
   (define c label)
   (define a (sized-node-label left-branch))
   (define X (node-left-branch left-branch))
   (define Y (node-right-branch left-branch))
   (define Z right-branch)
   (cond
     ((< (sized-tree-size Y) (sized-tree-size X))
      (make-sized-node a
                       X (make-sized-node c Y Z)))
     (else
      (define b (sized-node-label Y))
      (define Y1 (node-left-branch Y))
      (define Y2 (node-right-branch Y))
      (make-sized-node b
                       (make-sized-node a X Y1)
                       (make-sized-node c Y2 Z)))))
  (else
   (make-sized-node label left-branch right-branch)))))
```

Für `balanced-search-tree-insert` und `make-balanced-node` gibt es bisher noch keine Tests. Das ist bedenklich, insbesondere weil die Funktionen ziemlich kompliziert sind und viele Fälle abdecken müssen. Es lohnt sich, ein weiteres Mal an Mantra 7 auf Seite 46 zu erinnern:

MANTRA 7

Wenn Deine Funktion Dir kompliziert scheint, ist es wahrscheinlich, dass sie Fehler enthält: Entweder weil sie eigentlich einfacher sein sollte oder weil die Aufgabe kompliziert und damit ihre Lösung fehleranfällig ist.

So richtig testen werden wir `balanced-search-tree-insert` und `make-balanced-node` erst im nächsten Kapitel. Hier eine Aufgabe zur Vorbereitung:

AUFGABE 12.16

Mach Dir schomal ein paar Gedanken darüber, *was* eigentlich getestet werden müsste. Reicht es, die Funktion so zu testen wie `search-tree-insert`, also nur zu testen, ob eingefügte Elemente hinterher auch tatsächlich im Suchbaum sind? □

AUFGABEN

AUFGABE 12.17

Schreibe eine Funktion, die einen Binärbaum akzeptiert und eine Liste aller Markierungen in dem Baum zurückgibt.

AUFGABE 12.18

Die Funktion `search-tree-member?` überprüft nur, *ob* ein Element in einem Suchbaum vorhanden ist. Das hilft nicht zum Beispiel beim Suchen von Telefonnummern zu gegebenen Namen. Erweitere die Funktionen so, dass sie zum Beispiel auch zum Suchen von Telefonnummern verwendet werden kann. Realisiere exemplarisch das Suchen nach Telefonnummern!

Benutze als Markierungen im Suchbaum sogenannte *Einträge*, die aus eine *Schlüssel* (zum Beispiel dem Namen) und dem *Wert* bestehen. Schreibe Daten-, Record- und Signatur-Definitionen für Einträge. Ändere die Funktion `search-tree-insert` dahingehend, dass sie Schlüssel und Element akzeptiert. Schreibe eine Funktion `search-tree-find`, die zu einem Schlüssel den zugehörigen Wert findet.

AUFGABE 12.19

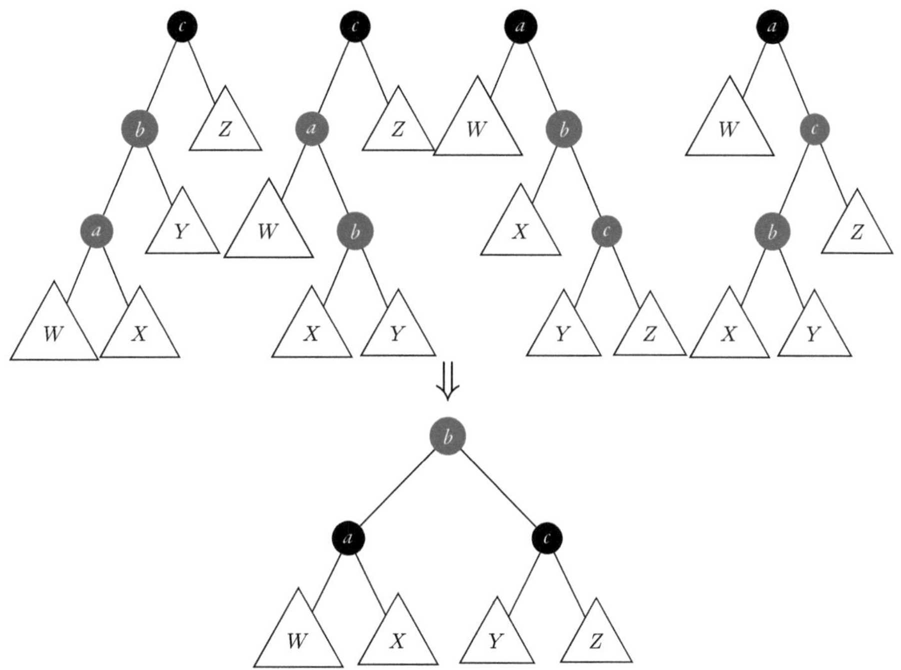

Abbildung 12.6: Red-Black-Tres

In Abbildung 12.6 ist eine alternative Strategie abgebildet, um Suchbäume auszubalancieren. Diese Strategie benutzt nicht größenannotierte Bäume sondern solche, wo an jedem Knoten eine *Farbe* Teil der Markierung ist. Es gibt nur die Farben Rot und Schwarz, entsprechend heißen diese Bäume *Red-Black-Trees*. (Falls Du die Abbildung in Schwarz-Weiß anschaust: Die grauen Markierungen sind rot, die schwarzen schwarz.) Blätter haben immer die Farbe Schwarz.

Für einen Red-Black-Tree gelten die folgenden Bedingungen:

- Kein roter Knoten hat einen roten Teilbaum.
- Auf jedem von der Wurzel ausgehenden Weg zu den Blättern ist die Anzahl der schwarzen Knoten gleich.

Durch diese Bedingungen wird garantiert, dass der längste mögliche Weg, also ein Weg, bei dem sich rote und schwarze Knoten abwechseln, weniger als doppelt so lang wie der kürzestmögliche Weg ist. (Der kürzestmögliche Pfad besteht nur aus schwarzen Knoten.)

Soll ein Red-Black-Tree um einen Knoten erweitert werden, muss nach dem Einfügen diese

Bedingung immer noch gelten, er muss also ausbalanciert werden.

Programmiere Red-Black-Trees mit Hilfe der folgenden Anleitung!

- Schreibe zunächst Daten- und Record-Definition für Red-Black-Trees analog zu größenannotierten Bäumen und Suchbäumen.
- Schreibe Funktionen `red-tree?` und `black-tree?`, die überprüfen, ob ein (Teil)baum rot oder schwarz ist.
- Schreibe eine Funktion `red-black-tree-member?` analog zu `sized-tree-member?`.
- Schreibe `red-black-tree-insert` analog zu `balanced-search-tree-insert`.

AUFGABE 12.20

Schreibe eine Funktion `search-tree-delete`, die ein Element aus einem Suchbaum entfernt.

AUFGABE 12.21

Entwickle eine alternative Repräsentation für endliche Folgen auf Basis folgender Datendefinition:

```
; Eine AListe ist eins der folgenden:
; - die leere AListe
; - eine einelementige AListe
; - eine Aneinanderhängung von zwei AListen
```

Programmiere einige der Funktionen aus Kapitel 6 auf dieser neuen Repräsentation, zum Beispiel `list-sum`, `concat`, `list-map` und `list-filter`. Welche Vor- und Nachteile hat diese Repräsentation gegenüber Listen?

AUFGABE 12.22

Bäume müssen nicht immer binär sein: Es ist auch möglich, Bäume so zu definieren, dass ein Knoten statt immer zwei eine beliebig lange Liste von Teilbäumen mit sich führt. Die entstehenden Bäume heißen «Rosenbäume» oder auf Englisch «rose tree».

1. Schreibe eine Datendefinition für Rosenbäume und übersetze sie in Code!
2. Benötigst Du noch eine separate Definition für Blätter?
3. Man kann Rosenbäume verwenden, um eine spezielle Form von Suchbaum zu programmieren, bei dem die Einträge Listen sind.

   Der Suchbaum hat für jeden Eintrag einen Pfad im Baum, bei dem die Knoten entlang des Pfades die Elemente der Liste sind. Die Markierung an der Wurzel wird ignoriert.

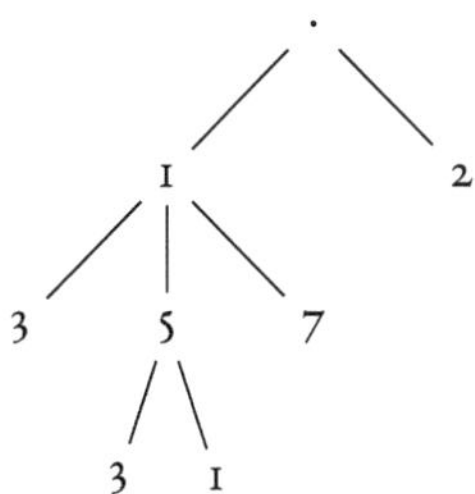

Abbildung 12.7: Rosen-Suchbaum

Abbildung 12.7 zeigt ein Beispiel für einen Rosen-Suchbaum, in dem die Listen `#list<1 3>`, `#list<1 5 3>`, `#list<1 5 1>`, `#list<1 7>` und `#list<2>` stehen.

Schreibe Funktionen analog zu `search-tree-insert` und `search-tree-member?` für Rosen-Suchbäume!

13 EIGENSCHAFTEN VON FUNKTIONEN

Woher wissen wir eigentlich, dass die Funktion, die wir geschrieben haben, auch richtig funktioniert? Wenn wir mit Konstruktionsanleitungen arbeiten, stehen die Chancen nicht schlecht. Die systematische Konstruktion hilft, von vornherein die Funktion richtig zu schreiben. Aber Kontrolle ist besser: Die Tests helfen, etwaige Fehler zu finden. Leider funktioniert das nicht immer, weil jeder Tests nur ein einzelnes Beispiel überprüft. Zumindest war das bisher so. In diesem Kapitel ändern wir das, in dem wir statt einzelner Beispiele allgemeine *Eigenschaften* von Funktionen formulieren. Aus diesen Eigenschaften können wir automatisch Tests machen, die effektiver sind als die bisherigen, auf `check-expect` basierenden Tests. Für hunderprozentige Sicherheit können wir gelegentlich auch Eigenschaften mathematisch beweisen. Dieses Kapitel zeigt, wie es geht.

13.1 KORREKTHEIT UND TESTS

`eigenschaften/heat-water.rkt`	**Code**

Erinnerst Du Dich an die Funktion `heat-water` aus Abschnitt 2.5 auf Seite 59? Die hatte ziemlich komplizierte Verzweigungen. Dabei sind auch ein paar Fehler passiert. Zum Schluss hatten wir `heat-water` in zwei Funktionen aufgeteilt, `heat->temperature` und `temperature->heat`. Hier ist die erste davon, wobei wir die Bedingungen in der Verzweigung etwas vereinfacht haben:

```
; Aus Wärme Temperatur berechnen
(: heat->temperature (real -> real))

(define heat->temperature
  (lambda (heat)
    (cond
      ((<= heat 0) heat)
      ((<= heat 80) 0)
      ((<= heat 180) (- heat 80))
      (else 100))))
```

Da waren außerdem ziemlich viele Testfälle:

```
(check-expect (heat->temperature -50) -50)
(check-expect (heat->temperature 0) 0)
(check-expect (heat->temperature 20) 0)
```

```
(check-expect (heat->temperature 80) 0)
(check-expect (heat->temperature 81) 1)
(check-expect (heat->temperature 180) 100)
(check-expect (heat->temperature 200) 100)
```

Die Testfälle haben eigentlich zwei Aufgaben:

1. Sie sollen als Beispiele die Funktion *dokumentieren*.
2. Sie sollen außerdem sicherstellen, dass die Funktion *korrekt* programmiert ist.

Bei dieser Funktion allerdings gibt es bei beiden Aspekten Probleme. Es sind so viele Testfälle und sie sind willkürlich und scheinbar zufällig ausgewählt. Das macht es Leserinnen und Lesern schwer, das Wirkprinzip dahinter zu erkennen. Das führt dazu, dass uns (und vielleicht auch Dich) das Gefühl nicht loslässt, dass bei den Testfällen noch Fehler durchschlüpfen könnten.

AUFGABE 13.1

Ändere die Funktion absichtlich so, dass sie einen Fehler enthält, und zwar so, dass trotzdem noch alle Testfälle erfolgreich laufen. □

Ein `check-expect`-Test ist eben leider immer nur ein einzelnes Beispiel, was seine Aussagekraft einschränkt.[1] Oft ist eine allgemeine Aussage die bessere Dokumentation.

In diesem Fall könnten wir zum Beispiel aussagen, dass es um Wasser geht, die Temperatur also niemals größer als 100° C sein kann. Das geht nicht nur als Text, sondern auch als ein Stück Code:

```
(<= (heat->temperature heat) 100)
```

Für sich genommen ergibt dieser Ausdruck keinen Sinn: `heat` ist nicht gebunden. Wir brauchen noch den Zusatz, dass die Aussage *für alle* Werte von `heat` gilt. Also streng genommen auch nicht für wirklich *alle* Werte, nur alle Werte der Signatur `real`. Das können wir tatsächlich hinschreiben, mit Hilfe einer neuen Form namens `for-all`:

```
(for-all ((heat real))
  (<= (heat->temperature heat) 100))
```

Das `for-all` bedeutet, wie der Name schon sagt, «für alle». Da steht:

> Für *alle* reellen Zahlen namens `heat` muss das Ergebnis von `(heat->temperature heat)` kleiner oder gleich 100 sein.

[1] In der professionellen Entwicklung heißt ein solcher Test *Unit-Test*..

For-all ermöglicht das Formulieren von *Eigenschaften*. Ein for-all-Ausdruck hat die folgende allgemeine Form:

(for-all ((var_1 sig_1) ... (var_n sig_n)) b)

Dabei müssen die var_i Variablen sein, die $\_i$ Signaturen und b (der Rumpf) ein Ausdruck, der entweder einen booleschen Wert oder eine Eigenschaft liefert. Der for-all-Ausdruck hat als Wert eine Eigenschaft, die besagt, dass b gilt für *alle* Werte der var_i, welche die Signaturen sig_i erfüllen.

Abbildung 13.1: for-all

«Warum sind da doppelte Klammern um heat real?» wunderst Du Dich vielleicht. Das liegt daran, dass in dem äußeren Klammernpaar mehrere Variablen vorkommen können, jede davon mit Signatur in einem inneren Klammernpaar. Dafür wird es noch Beispiele geben. Abbildung 13.1 beschreibt genauer, wie for-all-Ausrdrücke im allgemeinen aufgebaut sind.

Das Ergebnis des for-all-Ausdrucks wird in der REPL etwas undurchsichtig angezeigt:

```
(for-all ((heat real))
  (<= (heat->temperature heat) 100))
↪ #<:property>
```

Auf deutsch heißt «property» «Eigenschaft», denn es handelt sich um eine Eigenschaft der Funktion heat-temperature.

Diese Eigenschaft ersetzt nicht (immer) die Unit-Tests, ist aber eine wertvolle Ergänzung der Dokumentation.

Sie kann außerdem auch dazu beitragen, die Korrektheit sicherzustellen. Dazu wickeln wir um die Eigenschaft noch ein check-property:

```
(check-property
 (for-all ((heat real))
   (<= (heat->temperature heat) 100)))
```

Check-property macht wie check-expect oder check-within einen Testfall.

Da heat->temperature korrekt programmiert ist, meldet check-property nur einen bestandenen Test. Wozu check-property fähig ist, sieht man erst, wenn die Funktion einen Fehler enthält. Wenn wir zum Beispiel aus der 180 eine 280 machen, dann erscheint folgende Meldung:

```
Eigenschaft falsifizierbar mit heat = 206
```

Wichtig: Wenn Du das bei Dir ausprobierst, kann die konkrete Zahl eine andere sein.

> `Check-property` testet eine Eigenschaft analog zu `check-expect`. Eine `check-property`-Form sieht so aus:
>
> `(check-property` *e*`)`
>
> *e* ist ein Ausdruck, der eine Eigenschaft liefern muss – in der Regel also ein `for-all`-Ausdruck. Die Form testet dann diese Eigenschaft. (Mehr dazu im nächsten Abschnitt.)
> `Check-property` funktioniert nur für Eigenschaften, bei denen aus den Signaturen sinnvoll Werte generiert werden können. Dies ist für die meisten Signaturen der Fall, aber nicht für any und Signaturvariablen definiert wurden.

Abbildung 13.2: `check-property`

Dickes Wort, «falsifizierbar»: Es heißt, das Racket ein *Gegenbeispiel* für die Eigenschaft gefunden hat. Wir können das nachprüfen:

```
(heat->temperature 206)
↪ 126
```

... und 126 ist größer als 100. Das Gegenbeispiel, das der `check-property`-Test gefunden hat, könnte, wenn wir den Fehler nicht absichtlich gemacht hätte, dabei helfen, ihn zu finden und zu beseitigen.

Abbildung 13.2 beschreibt den Aufbau von `check-property` genau.

AUFGABE 13.2

Mache noch absichtlich ein paar weitere Fehler in `heat->temperature`. Welche davon werden von dem `check-property`-Test gefunden und welche nicht? □

Da `check-property` eine Eigenschaft testet, heißt diese Technik auch *property-based testing*. Die werden wir im Laufe dieses Kapitels noch auf andere Funktionen anwenden.

13.2 WIE CHECK-PROPERTY FUNKTIONIERT

Zunächst machen wir aber einen kleinen Exkurs: Was passiert bei so einem `check-property`-Test?

Toll wäre natürlich, wenn dieser mit Gewissheit sagen könnte, was die Eigenschaft besagt: Dass zum Beispiel die Temperatur wirklich für *alle* Eingaben höchstens 100 ist. Das ist im allgemeinen leider unmöglich.[2] In manchen Fällen ist es trotzdem möglich, Eigenschaften von Funktionen formal zu beweisen. (Dazu mehr in Abschnitt 13.9 auf Seite 432.)

`Check-property` kann also nicht beweisen, dass eine Eigenschaft gilt. Stattdessen führt es Stichproben durch: Dafür wählt es für die Signaturen zufällig Werte aus, und wiederholt diesen Prozess, um so aus einem Testfall viele individuelle Tests zu machen – typischerweise 100.

Die Verwendung des Begriffs «zufällig» ist in diesem Zusammenhang in der Informatik so üblich, ein besseres Wort wäre aber «chaotisch». Tatsächlich produziert `check-property` bei jedem Durchlauf des Programms die gleichen Tests.

Die Technik des *property-based testing*, also zunächst allgemeine Eigenschaften zu formulieren und für diese dann Testfälle zu erzeugen, ist ursprünglich unter dem Namen *QuickCheck* veröffentlicht worden [CH00] und war ein großer Durchbruch bei der Effektivität von automatischen Tests.

13.3 MEHR EIGENSCHAFTEN UND INEXAKTE ZAHLEN

Es geht weiter mit `heat-water`: `Heat->temperature` ist nur eine Hilfsfunktion dafür, zusammen mit `temperature->heat`. Auch hier könnten wir eine Eigenschaft aufschreiben, die etwas über den Zahlenbereich aussagt, der aus der Funktion herauskommt.

Allerdings gibt es noch eine weitaus ergiebigere Eigenschaft: `temperature->heat` soll ist ja gerade `heat->temperature` «umdrehen». Daraus können wir folgende Eigenschaft beziehungsweise folgenden Test machen:

```
(check-property
 (for-all ((temp real))
   (= (heat->temperature (temperature->heat temp))
      temp)))
```

Der besagt also dass, wenn eine Temperatur in Wärme gewandelt wird und wieder zurück in eine Temperatur, dass dann das gleiche herauskommen soll. Leider schlägt der Test fehl:

```
Eigenschaft falsifizierbar mit temp = 0
```

Wir können in der REPL für `temp` mal 0 einsetzen:

```
(heat->temperature (temperature->heat 0))
↪ cond: alle Bedingungen ergaben #f
```

[2] Dass das unmöglich ist, wurde mathematisch bewiesen und als *Satz von Rice* festgehalten. Der ist Thema in der theoretischen Informatik.

In einer Eigenschaft steht die Form

(==> *p* *e*)

dafür, dass die Eigenschaft *e* nur dann gelten muss, wenn der Ausdruck *p* den Wert `#t` ergibt. Bei einer ==>-Form generiert `check-property` nur solche Tests, bei denen *p* `#t` ergibt.

Abbildung 13.3: Voraussetzung bei Eigenschaften

Da war doch was? Vielleicht erinnerst Du Dich: Eine Temperatur von 0°C kann nicht eindeutig einer Wärmezahl zugeordnet werden, die kann zwischen 0 und 80 liegen. Deshalb weigert sich auch `heat->temperature`, für die Eingabe 0 ein Ergebnis zu produzieren. Wir müssen also unseren Test anpassen, so dass da steht «für alle reellen Zahlen *außer* 0».

Das geht folgendermaßen:

```
(check-property
 (for-all ((temp real))
   (==> (not (= temp 0))
        (= (heat->temperature (temperature->heat temp))
           temp))))
```

Der Pfeil ==> ist neu und funktioniert nur im Kontext einer Eigenschaft: Er bedeutet «gilt unter der Voraussetzung». Abbildung 13.3 erklärt im Detail, wie die Form funktioniert. Hier steht also, dass die Gleichung nur gelten muss unter der Voraussetzung, dass `temp` nicht 0 ist.

Anmerkung: Du könntest die Eigenschaft oben auch mit `if` statt ==> hinschreiben:

```
(check-property
 (for-all ((temp real))
   (if (= temp 0))
       #t
       (= (heat->temperature (temperature->heat temp))
          temp)))
```

Bedeuten würde die Eigenschaft so das gleiche. Allerdings behandelt `check-property` diese Schreibweise anders, nämlich schlechter. Wenn `check-property` 100 Tests generiert, dann werden alle, bei denen `temp` 0 ist, als Erfolg gewertet, obwohl da eigentlich nichts getestet wird. Wenn für (hypothetisch) drei von den Tests `temp` 0 ist, dann werden also nur 97 richtige Tests durchgeführt.

In der Variante mit ==> stellt `check-property` sicher, dass tatsächlich 100 Tests durchgeführt werden, bei denen `temp` nicht 0 ist. Damit wird mehr getestet.

Wenn wir den Testfall laufen lassen, gibt es allerdings eine merkwürdige Überraschung:

```
Eigenschaft falsifizierbar mit temp = #i24.571428571428573
```

Wie schon gesagt, die konkrete Zahl kann anders aussehen, aber es geht um das merkwürdige `#i`. Das steht für «inexakt», weil es sich um eine sogenannte *inexakte Zahl* handelt. Solche Zahlen werden von DrRacket (und so gut wie allen anderen Programmiersprachen) verwendet, um die Ergebnisse von Berechnungen darzustellen, die (zumindest mit vertretbarem Aufwand) nicht ganz genau durchgeführt werden können.

Bisher ging in diesem Buch alles noch ganz genau, weil unsere Programme bisher intern exakte Bruchrechnung verwendet haben. Um so eine inexakte Zahl zu berechnen, kannst Du zum Beispiel das hier in der REPL ausprobieren, um die Quadratwurzel («square root») von 2 auszurechnen:

```
(sqrt 2)
↪ #i1.4142135623730951
```

Die Wurzel von 2 hat unendlich viele Nachkommestellen, weswegen Racket davon nur einige ausrechnet und rundet. Und damit wir und Du wissen, dass gerundet wurde, steht das `#i` davor.

Das mit dem Runden ist sogar noch komplizierter, als es scheint: Es wird nämlich *binär* gerechnet. Wie genau abläuft, ist ziemlich kompliziert und würde ein weiteres Buch füllen. Mehr zu dem Thema findet sich zum Beispiel im Standardwerk von David Goldberg [Gol91].

Aber was ist denn nun genau bei unserer Eigenschaft passiert? Wir können die `#i`-Zahl von Hand in die Eigenschaft einsetzen und in der REPL auswerten:

```
(heat->temperature (temperature->heat #i24.571428571428573))
↪ #i24.57142857142857
```

Du kannst sehen, dass offensichtlich beim Rechnen gerundet wurde, und zwar bei der letzten Nachkommastelle. Das erscheint Dir vielleicht merkwürdig, weil in `temperature->heat` doch ausschließlich addiert und subtrahiert wird – da ist keine Spur von «Runden». Wenn wir das `#i` weglassen, wird auch exakt gerechnet:[3]

```
(heat->temperature (temperature->heat 24.571428571428573))
↪ 24.571428571428573
```

[3] Falls Du es mal mit einer der anderen Sprachen zu tun hast, die beim Racket-System dabei sind: Bei den meisten von ihnen wird, anders als hier, jede Zahl mit Dezimalpunkt als inexakt behandelt.

Das liegt daran, dass «Inexaktheit» ansteckend ist: Wenn beim Aufruf einer Rechenfunktion wie + oder * auch nur eine Eingabe inexakt ist, wird gerundet.

Weil diese Rundung manchmal überraschend ist, weigert sich übrigens `check-expect`, inexakte Zahlen zu vergleichen.

AUFGABE 13.3

Probier's aus: `(check-expect #i1 #i1)` □

Bei unserer Eigenschaft haben für `temp` die Signatur `real` angegeben: In dieser Signatur sind auch inexakte Zahlen enthalten, deshalb nimmt da das Problem seinen Anfang. Wir können es auf zwei Arten angehen:

- Wir ersetzen in der Eigenschaft die Signatur `real` durch `rational`. In `rational` sind keine inexakten Zahlen drin. Das hat allerdings den Nachteil, dass auch nur auf exakten Zahlen getestet wird, obwohl die Funktionen auch auf inexakten Zahlen funktionieren.
- Wir berücksichtigen den Effekt der Rundung, indem wir die Bedingung in der Eigenschaft etwas aufweichen.

Wir machen letzteres und fordern nur, dass der Abstand zwischen echtem und erwartetem Ergebnis einen bestimmten Betrag nicht überschreitet:

```
(check-property
 (for-all ((temp real))
   (==> (not (= temp 0))
        (<= (abs
             (- (heat->temperature (temperature->heat temp))
                temp))
            0.0000001))))
```

Zur Erinnerung: Die eingebaute Funktion `abs` berechnet den Absolutbetrag, dreht also bei negativen Zahlen das Vorzeichen um, siehe Abschnitt 11.8 auf Seite 346.

Leider schlägt der Test immer noch fehl, zum Beispiel mit folgender Ausgabe:

```
Eigenschaft falsifizierbar mit temp = 105
```

Das können wir in der REPL ausprobieren:

```
(heat->temperature (temperature->heat 105))
cond: alle Bedingungen ergaben #f
```

Das liegt daran, dass `temperature->heat` nur für Temperaturen bis 100°C funktioniert: Wasser kann ja nicht heißer werden. Wir müssen also unsere Vorbedingung erweitern:

```
(check-property
 (for-all ((temp real))
   (==> (and (not (= temp 0))
             (< temp 100))
        (<= (abs
             (- (heat->temperature (temperature->heat temp))
                temp))
            0.0000001))))
```

Dieser Text drückt ganz gut aus, wie `heat->temperature` und `temperature->heat` zueinander stehen: Die eine dreht die andere um, zumindest ungefähr. In der Mathematik heißt es, dass die eine Funktion die *Inverse* andere anderen Funktion ist.

AUFGABE 13.4

Versuche, den letzten `check-property`-Test auszutricksen. Anstatt kleine Fehler einzuführen, versuche es mal mit ganz anderen Funktionen, die gar nichts mit Wassertemperaturen zu tun haben, aber trotzdem die obige Eigenschaft haben. □

Die Aufgabe zeigt, dass Eigenschaften kein Garant für Korrektheit sind: Genau wie bei Unit-Tests auch braucht es oft mehrere davon oder zusätzliche `check-expect`-Tests, um für genug Sicherheit zu sorgen.

Die Technik aus der Aufgabe ist dabei hilfreich: Überlege, wie Du einen Testfall durch falsche Funktionen austricksen kannst. Füge dann Testfälle hinzu, die diese Fehler aufspüren.

13.4 RELATIONALE PROBLEME

`eigenschaften/sort.rkt`	**Code**

Die Eigenschaften für `heat-water` hätten wir auch durch eine (lange) Reihe von `check-expect`-Tests ersetzen können. Die Eigenschaften sind da hilfreich, aber nicht unverzichtbar. Aber es gibt Funktionen, bei denen Unit-Tests grundsätzlich nicht das richtige sind, nämlich solche, die sogenannte *relationale Probleme* lösen. Um die geht es in diesem Abschnitt.

Wir schreiben zunächst eine solche Funktion, um das Konzept zu erklären: Sie soll die Mitglieder einer Band nach Alter sortieren.

Hier sind Daten- und Record-Definition für ein Bandmitglied:

```
(define-record band-member
  make-band-member
  (band-member-name string)
  (band-member-born natural))
```

Und hier die konkrete Band dazu (Stand 2021):

```
(define axl (make-band-member "Axl Rose" 1962))
(define duff (make-band-member "Duff McKagan" 1964))
(define slash (make-band-member "Slash" 1965))
(define dizzy (make-band-member "Dizzy Reed" 1963))
(define richard (make-band-member "Richard Fortus" 1966))
(define frank (make-band-member "Frank Ferrer" 1966))
(define melissa (make-band-member "Melissa Reese" 1990))

(define guns-n-roses
  (list axl duff slash dizzy richard frank melissa))
```

Wir machen das mit einem einfachen, wenn auch ineffizienten Verfahren namens *Insertionsort*: Die Sortierfunktion arbeitet mit einer sortierten Liste als Akkumulator. Diese ist anfänglich leer, und die Funktion fügt jeweils ein Element aus der Eingabeliste hinzu, indem sie dies an der richtigen Stelle einfügt. Wir schreiben zunächst eine Hilfsfunktion zum Einfügen eines Elements. Das Testen heben wir uns ausnahmsweise bis zum Testen der Sortierfunktion auf. Kurzbeschreibung, Signatur, Gerüst und Schablone:

```
; Bandmitglied in eine sortierte Liste einfügen
(: insert
   (band-member (list-of band-member) -> (list-of band-member)))

(define insert
  (lambda (band-member list)
    (cond
      ((empty? list) ...)
      ((cons? list)
       ...
       (first list)
       (insert band-member (rest list))
       ...))))
```

Im ersten Fall fügt die Funktion eine leere Liste ein: Das Ergebnis sollte dann die Liste mit `element` als einzigem Element sein. Im zweiten Fall ist noch unklar, wo `band-member` eingefügt wird, vor oder nach `(first list)`. Die Funktion muss die beiden Geburtsjahre miteinander vergleichen:

```
(define insert
  (lambda (band-member list)
    (cond
      ((empty? list) (cons band-member empty))
      ((cons? list)
       (if (<= (band-member-born band-member)
               (band-member-born (first list)))
           (cons band-member list)
           (cons (first list)
                 (insert band-member (rest list))))))))
```

Mit Hilfe von `insert` bauen wir nun die Funktion `sort-band`. Kurzbeschreibung, Signatur und Unit-Test:

```
; Band nach Alter sortieren
(: sort-band ((list-of band-member) -> (list-of band-member)))

(check-expect (sort-band guns-n-roses)
              (list axl dizzy duff slash richard frank melissa))
```

Hier die Schablone für die Funktion – mit Akkumulator:

```
(define sort-band
  (lambda (list0)
    ; Invariante: ...
    (define accumulate
      (lambda (list acc)
        (cond
          ((empty? list) ...)
          ((cons? list)
           (accumulate (rest list)
                       ... (first list) ... acc ...)))))
    (accumulate list0 ...)))
```

Beim Akkumulieren enthält `list` die schon gesehenen Elemente aus `list0`, und zwar sortiert. Daraus können wir eine Invariante formulieren:

```
    ; Invariante: list enthält die Bandmitglieder
    ; zwischen list0 und list, sortiert.
```

Damit können wir die Lücken füllen: `acc` ist beim ersten Aufruf leer. Wenn `list` leer ist, dann ist `acc` das gewünschte Endergebnis. Das neue Zwischenergebnis berechnet die Funktion mit Hilfe von `insert`:

```
(define sort-band
  (lambda (list0)
    ; Invariante: list enthält die Bandmitglieder
    ; zwischen list0 und list, sortiert.
    (define accumulate
      (lambda (list acc)
        (cond
          ((empty? list) acc)
          ((cons? list)
           (accumulate (rest list)
                       (insert (first list) acc))))))
    (accumulate list0 empty)))
```

Fertig! Halt, da ist noch ein kleines Problem:

```
Der tatsächliche Wert
#<list
 #<record:band-member "Axl Rose" 1962>
 #<record:band-member "Dizzy Reed" 1963>
 #<record:band-member "Duff McKagan" 1964>
 #<record:band-member "Slash" 1965>
 #<record:band-member "Frank Ferrer" 1966>
 #<record:band-member "Richard Fortus" 1966>
 #<record:band-member "Melissa Reese" 1990>>
ist nicht der erwartete Wert
#<list
 #<record:band-member "Axl Rose" 1962>
 #<record:band-member "Dizzy Reed" 1963>
 #<record:band-member "Duff McKagan" 1964>
 #<record:band-member "Slash" 1965>
 #<record:band-member "Richard Fortus" 1966>
```

```
#<record:band-member "Frank Ferrer" 1966>
#<record:band-member "Melissa Reese" 1990>>.
```

Woran liegt's? Richard Fortus und Frank Ferrer sind im selben Jahr geboren. Der Unit-Test nimmt an, dass Fortus vor Ferrer einsortiert wird, aber `sort-band` macht es aber genau umgekehrt. Deswegen ist `sort-band` nicht verkehrt: Es gibt einfach mehrere korrekte Antworten.

Der Unit-Test ist also ungünstig, selbst wenn wir die Reihenfolge so wählen, dass er nicht fehlschlägt. Wenn wir die Suchfunktion irgendwann mal ändern, kann sich die Reihenfolge ändern und der Test schlägt wieder fehl, auch wenn die Funktion korrekt ist.

Da es für `sort-band` für eine gegebene Eingabe mehr als ein korrektes Ergebnis geben kann, sprechen wir von einem «relationalen Problem»: Es steht nicht das präzise Ergebnis fest, nur die Beziehung («Relation») zwischen Ein- und Ausgabe. Und um die zu beschreiben, ist eine Eigenschaft das richtige Mittel. Wie könnte eine sinnvolle Eigenschaft einer Funktion aussehen, die sortiert? Nun, dass die Ausgabe sortiert ist. Um das festzustellen, schreiben wir eine Funktion:

```
; Band sortiert?
(: band-sorted? ((list-of band-member) -> boolean))
```

Die Tests lassen unterschiedliche Reihenfolgen zu, solange sie sortiert sind:

```
(check-expect
  (band-sorted? (list axl dizzy duff slash frank richard melissa))
  #t)
(check-expect
  (band-sorted? (list axl dizzy duff slash richard frank melissa))
  #t)
(check-expect
  (band-sorted? (list dizzy axl duff slash richard frank melissa))
  #f)
(check-expect
  (band-sorted? (list axl dizzy duff richard slash frank melissa))
  #f)
```

Hier sind Gerüst und Schablone:

```
(define band-sorted?
  (lambda (list)
    (cond
      ((empty? list) ...)
```

```
      ((cons? list)
       ... (first list) ...
       ... (band-sorted? (rest list) ...)))))
```

Der `empty`-Fall ist einfach: Eine leere Liste ist sortiert. Im `cons`-Fall ist es etwas schwieriger. Um die Reihenfolge zu überprüfen, müssen wir zwei Elemente der Liste miteinander vergleichen, da ist aber nur `(first list)`. Wir brauchen also noch das zweite Element. Das gibt es nur bei Listen mit mehr als einem Element, weswegen wir eine zweite Verzweigung brauchen:

```
(define band-sorted?
  (lambda (list)
    (cond
      ((empty? list) #t)
      ((cons? list)
       (cond
         ((empty? (rest list)) ...)
         ((cons? (rest list))
          ...
          (first list)
          (first (rest list))))
          (band-sorted? (rest list))
          ...))))
```

Der innere `empty`-Fall ist die Liste mit einem Element: Die ist auch immer sortiert. Im `cons`-Fall schließlich können wir die beiden ersten Elemente vergleichen:

```
(define band-sorted?
  (lambda (list)
    (cond
      ((empty? list) #t)
      ((cons? list)
       (cond
         ((empty? (rest list)) #t)
         ((cons? (rest list))
          (and (<= (band-member-born (first list))
                   (band-member-born (first (rest list))))
               (band-sorted? (rest list))))))))
```

Diese Funktion können wir nun benutzen, um aufzuschreiben, dass `sort-band` immer sortierte Listen produziert:

```
(check-property
 (for-all ((list (list-of band-member)))
   (band-sorted? (sort-band list))))
```

Diese Eigenschaft bringt auf den Punkt, was `sort-band` ausmacht, nämlich dass sie sortierte Listen produziert. Sie ist also schon mal eine gute Dokumentation.

Ist sie auch ein guter Testfall? Vielleicht hast Du ein mulmiges Gefühl, dass wir für den Test von `sort-band` eine weitere selbstgeschriebene Funktion benutzt haben, die fast ebenso kompliziert ist wie `sort-band` selbst. Was, wenn wir in `band-sorted?` einen Fehler gemacht haben, und zwar so, dass der Eigenschafts-Testfall dann einen Fehler in `sort-band` nicht mehr findet. Das ist natürlich theoretisch möglich, ist aber unwahrscheinlich und wird umso unwahrscheinlicher, je mehr Testfälle mit aussagekräftigen Eigenschaften dazukommen.

Diese Eigenschaften sind eine Form von Redundanz, analog dazu, bei Gebäuden lieber die tragenden Wände etwas stärker zu machen als unbedingt notwendig. Ob diese Redundanz die Arbeit wert ist, eine Funktion wie `band-sorted?` zu schreiben, die nur für das Testen gut sind, hängt vom Einzelfall ab: Je wichtiger die Korrektheit der Funktion und je komplizierter sie ist, desto größer ist der Wert solcher Testfälle.

Trotzdem kann man die obige Eigenschaft austricksen, ziemlich einfach sogar:

```
(define sort-band
  (lambda (list0)
    empty))
```

Das ist natürlich ein bisschen gemein. Aber die Funktion, die den Testfall austrickst, ist einfacher, als die richtige Funktion. Es ist also einfacher, es falsch zu machen als richtig. Deshalb sollten wir nach weiteren Eigenschaften suchen, die solche einfachen aber falschen Lösungen finden. Zum Beispiel könnten wir fordern, dass die Ausgabeliste genauso lang ist wie die Eingabe:

```
(check-property
 (for-all ((list (list-of band-member)))
   (= (length (sort-band list))
      (length list))))
```

AUFGABE 13.5

Die folgende Version von `sort-band` besteht die bisherigen Testfälle:

```
(define sort-band
  (lambda (list)
    (cond
      ((empty? list) empty)
      ((cons? list)
       (map (lambda (band-member)
              (first list))
            list)))))
```

Kannst Du einen Testfall schreiben, der den Fehler in dieser Funktion findet? □

13.5 KONSTRUKTIONSANLEITUNGEN FÜR TESTFÄLLE?

Die bisherigen Beispiele für Testfälle mit Eigenschaften haben Dich hoffentlich überzeugt, dass es eine gute Idee ist, solche Testfälle zu schreiben. Aber *wie* geht das eigentlich bei der nächsten Funktion, die getestet werden soll? Toll wären Konstruktionsanleitungen analog zu denen für Funktionen, die zeigen, wie wir Eigenschaften aus der Signatur der zu testenden Funktion herleiten können. Das hätte zumindest bei den Funktionen der bisherigen Abschnitte dieses Kapitels nicht funktioniert.

Trotzdem gibt es ein paar Dinge, die Du probieren kannst, wenn Du Eigenschaften für eine neue Funktion formulieren willst:

1. Benutze das Wissen über die Größen Deines Problems.
   Beispiele:
   - Wenn es um die Temperatur von Wasser geht, weißt Du, dass die Temperatur nicht größer als 100°C sein kann.
   - Du weißt, das die Ausgabe einer Sortierfunktion sortiert sein sollte.
2. Oft gehören zu einem Problem mehrere Funktionen, die auf bestimmte Art und Weise zusammenarbeiten. Schreibe auf, wie diese Zusammenarbeit aussieht.
   Beispiel: `Temperature->heat` dreht `heat->temperature` um.
3. Versuche, die bestehenden Eigenschaften durch einfache aber fehlerhafte Varianten Deiner Funktion auszutricksen. Suche dann nach Eigenschaften, die das Austricksen verhindern.
   Beispiel: Die leere Liste als Resultat `sort-band` ist immer sortiert, aber trotzdem falsch.

Abschnitt 13.7 auf Seite 427 wird diese Liste noch ergänzen um Eigenschaften, die tatsächlich mit den Signaturen der zu testenden Funktionen zu tun haben.

13.6 SUCHBÄUME TESTEN

baeume/binary-tree.rkt	**Code**

In Abschnitt 12.7.2 auf Seite 386 haben wir die Funktion `balanced-search-tree-insert`, und die war ziemlich kompliziert. Vielleicht ging es Dir wie uns – wir hatten ein etwas mulmiges Gefühl, ob die Funktion auch wirklich korrekt ist. Sie hat ziemlich viele Verzweigungen, nicht nur in der Funktion selbst sondern auch in der Hilfsfunktion `make-balanced-node`. Dass die Testfälle wirklich jede mögliche Form von Suchbaum testen, ist ziemlich unwahrscheinlich.

Eine weitere Schwierigkeit beim Testen von `balanced-search-tree-insert` ist, dass die Funktion ein relationales Problem löst: Es gibt mehr als ein korrektes Ergebnis. Bei einem Testfall mit `check-expect`-, der ein bestimmtes Ergebnis von `balanced-search-tree-insert` erwartet, kann es sein, dass die Funktion ein anderes, aber trotzdem korrektes Ergebnis liefert. Der Testfall schlägt dann fehl, und die Suche nach der Ursache ist mühsam.

Aber mit ein paar Eigenschaften können wir (hoffentlich) das mulmige Gefühl beseitigen und unser Vertrauen in die Funktion erhöhen. Der vorige Abschnitt hatte einige Vorschläge, wie wir vorgehen können. Der erste Vorschlag war:

> Benutze das Wissen über die Größen Deines Problems.

Die Größe unseres Problems ist hier der balancierte Suchbaum. In dem Begriff steckt schon ziemlich viel Wissen:

1. Das Ergebnis von `balanced-search-tree-insert` sollte ein sortierter Baum sein, bei dem alle Markierungen im linken Teilbaum eines Knotens kleiner sein sollte als die Markierung des Knotens.
2. Die Bäume sind größenannotiert: Die Größenannotation sollte auch stimmen, also bei jedem Knoten die tatsächliche Größe des Baums darunter wiedergeben.
3. Schließlich und endlich sollte der balancierte Suchbaum natürlich auch *balanciert* sein.

Wir fangen mal mit dem zweiten Punkt an, und überlassen Dir danach den ersten als Übungsaufgabe. Um zu überprüfen, ob die Größenannotation stimmt, müssen wir die Annotation jeden Knoten des Baums betrachten. Dafür brauchen wir eine Hilfsfunktion. Sie hat folgende Kurzbeschreibung und Signatur:

```
; Stimmt die Größenannotation am Suchbaum?
(: proper-sized-search-tree? ((sized-search-tree-of %a) -> boolean))
```

Hier sind zwei einfache Testfälle dafür:

```
(check-expect (proper-sized-search-tree? sized-search-tree1) #t)
```

```
(check-expect (proper-sized-search-tree?
               (make-sized-search-tree
                = <
                (make-sized-node
                 5
                 (make-node (make-sized-label 5 3) #f #f)
                 (make-node (make-sized-label 2 7) #f #f))))
              #f)
```

Nur zwei popelige Testfälle, magst Du einwenden, mehr wären sicher besser. Allerdings werden wir sie noch in `check-property`-Tests zusammen mit `balanced-search-tree-insert` aufrufen und wir hoffen, dass dies die benötigte Redundanz schafft und unser Vertrauen in die Korrektheit von `balanced-search-tree-insert` erhöht. Aber ist diese Hoffnung auch berechtigt? Wir können uns zwei Szenarien vorstellen, in denen das nicht der Fall ist, also der Testfall keine Fehler findet, obwohl welche vorhanden sind:

- `Proper-sized-search-tree?` liefert *immer* `#t`, dann ist jeder Testfall damit nutzlos. Das haben wir aber durch den einen `check-expect`-Testfall ausgeschlossen.
- `Proper-sized-search-tree?` ist zufällig genau so fehlerhaft, dass die Funkktion inkorrekte Resultate aus `balanced-search-tree-insert` als korrekt absegnet. Allerdings ist `proper-sized-search-tree?` viel einfacher ist als `balanced-search-tree-insert` und Fehler dort unwahrscheinlicher. Durch die Absicherung der einen durch die andere Funktion haben wir die Redundanz im Gesamtsystem erhöht.

Hier das Gerüst für die Funktion:

```
(define proper-sized-search-tree?
  (lambda (search-tree)
    ...))
```

Wir gehen beim Rumpf vor wie bei der Funktion `sized-search-tree-member?` auf Seite 387. Der eigentliche Baum steckt in dem `search-tree`-Record. Den extrahieren wir und lassen die eigentliche Arbeit von einer internen Hilfsfunktion erledigen.

```
(define proper-sized-search-tree?
  (lambda (search-tree)
    (define proper?
      (lambda (tree)
        ...))
    (proper? (sized-search-tree-tree search-tree))))
```

Hier die Schablone:

```
(define proper-sized-search-tree?
  (lambda (search-tree)
    (define proper?
      (lambda (tree)
        (cond
          ((node? tree)
           ...
           (proper? (node-left-branch tree))
           (proper? (node-right-branch tree))
           (node-label tree)
           ...)
          (else ...))))
  (proper? (sized-search-tree-tree search-tree))))
```

Ein paar Lücken können wir schon füllen: Bei einem Blatt ist die Größenannotation immer korrekt, weil nicht vorhanden. Bei Knoten ist eine Größenannotation korrekt, wenn sie die Summe der Größen der Teilbäume plus 1 (für den Knoten selbst ist). Außerdem muss die Funktion auch die Größenannotationen der Teilbäume überprüfen, das erledigen die rekursiven Aufrufe aus der Schablone. Fertig sieht das ganze so aus:

```
(define proper-sized-search-tree?
  (lambda (search-tree)
    (define proper?
      (lambda (tree)
        (cond
          ((node? tree)
           (define left (node-left-branch tree))
           (define right (node-right-branch tree))
           (and (proper? left)
                (proper? right)
                (= (sized-label-size (node-label tree))
                   (+ 1
                      (sized-tree-size left)
                      (sized-tree-size right)))))
          (else #t))))
    (proper? (sized-search-tree-tree search-tree))))
```

Aber geschrieben hatten wir die Funktion, um `balanced-search-tree-insert` zu testen. Falls die korrekt ist, dann produziert sie nur Bäume, bei denen `proper-sized-search-tree?` als Ergebnis `#t` liefert. Wir könnten versucht sein, so etwas hier zu schreiben:

```
(check-property
  (for-all ((search-tree (sized-search-tree-of natural))
            (element natural))
    (proper-sized-search-tree?
      (balanced-search-tree-insert element search-tree))))
```

Das funktioniert aber nicht, weil die Signatur `(sized-search-tree-of natural)` nicht dafür geeignet ist, Suchbäume zu generieren. Insbesondere steht in der Signatur nur, dass die Größenannotation eine natürliche Zahl ist, aber nicht welche: Bei den meisten so generierten Suchbäumen wäre sie falsch. Und wenn die Eingabe für `balanced-search-tree-insert` schon falsch ist, können wir nicht erwarten, dass die Ausgabe korrekt ist: Garbage in, Garbage out.

AUFGABE 13.6

Noch andere Aspekte der Signatur `(sized-search-tree-of natural)` machen sie ungeeignet, korrekte Suchbäume zu generieren. Finde einen! □

Stattdessen rufen wir `balanced-search-tree-insert` wiederholt auf, um korrekte größenannotatierte Suchbäume zu erzeugen. Die Elemente dafür holen wir aus einer Liste und schreiben entsprechend eine Funktion, die aus einer Liste einen Suchbaum macht:

```
; Aus allen Elementen einer Liste einen Suchbaum machen
(: list->balanced-search-tree ((%a %a -> boolean) (%a %a -> boolean)
                               (list-of %a)
                               -> (sized-search-tree-of %a)))
```

Das ist eine typische Aufgabe für `fold`: Mit einem leeren Suchbaum anfangen (für dessen Konstruktion wir die Funktionen für den Vergleich der Markierungen brauchen) und dann für jedes Listenelement `balanced-search-tree-insert` aufrufen:

```
(define list->balanced-search-tree
  (lambda (label=? label<? elements)
    (fold (make-empty-sized-search-tree label=? label<?)
          balanced-search-tree-insert
          elements)))
```

Und mit Hilfe dieser Funktion können wir endlich den Test schreiben, der sicherstellt, dass die Funktion `balanced-search-tree-insert` die Größenannotation richtig macht:

```
(check-property
 (for-all ((elements (list-of natural)))
   (proper-sized-search-tree?
    (list->balanced-search-tree = < elements))))
```

AUFGABE 13.7

Schreibe eine Funktion analog zu `proper-sized-search-tree?`, die feststellt, ob ein Suchbaum auch wirklich sortiert ist und mache daraus eine Eigenschaft und einen `check-property`-Testfall für `balanced-search-tree-insert`! □

Aus der Liste vom Anfang dieses Abschnitts haben wir zwei Punkte abgehakt. Einer fehlt noch, nämlich zu testen, ob `balanced-search-tree-insert` auch wirklich Bäume liefert, die balanciert sind, wie es der Name suggeriert.

Nehmen wir an, `balanced-search-tree-insert` würde *nicht* korrekt balancieren. Das wäre ziemlich tückisch, weil die Tests nur die Suchbaumeigenschaft testen, nicht aber die Balanciertheit. Erst, wenn Programme es mit größeren Datenmengen zu tun bekommt, gibt es Probleme, weil die Laufzeit beim Suchen im Baum größer ist als erwartet.

Was heißt eigentlich *genau* balanciert? Die Funktion `balanced-search-tree-insert` benutzt dafür ja ein «weiches» Kriterium, um nicht jedesmal mit viel Aufwand alles aufzuräumen. Wie oft die Funktion neu balanciert, wird durch die Definition von `ratio` auf Seite 390 kontrolliert. Stephen Adams, der Autor des zugrundeliegenden Papers, behauptet, dass bei die Suchbäume immer so ausbalanciert sind, dass für einen Knoten, dessen linker Teilbaum die Größe l und dessen rechter Teilbaum die Größe r gilt, folgende Formel gilt:

$$\frac{l}{\texttt{ratio}} \leq r \leq l \times \texttt{ratio}$$

Aus dieser Formel können wir eine Funktion machen, die einen Suchbaum darauf überprüft, dass sie durch den gesamten Baum hindurch eingehalten ist. Das geht nach dem gleichen Muster wie bei `proper-sized-search-tree?`:

```
; Ist ein Suchbaum balanciert?
(: balanced-search-tree? ((sized-search-tree-of %a) -> boolean))
```

```
(define balanced-search-tree?
  (lambda (search-tree)
    (define balanced?
      (lambda (tree)
        (cond
          ((node? tree)
           (define left (node-left-branch tree))
           (define right (node-right-branch tree))
           (define left-size (sized-tree-size left))
           (define right-size (sized-tree-size right))
           (and (balanced? left) (balanced? right)
                (<= (/ left-size ratio)
                    right-size
                    (* left-size ratio))))
          (else #t))))
    (balanced? (sized-search-tree-tree search-tree))))
```

Ebenfalls nach dem gleichen Muster wie bei `proper-sized-search-tree?` können wir damit eine Eigenschaft und einen `check-property`-Testfall formulieren:

```
(check-property
 (for-all ((elements (list-of natural)))
   (balanced-search-tree?
    (list->balanced-search-tree = < elements))))
```

(Inzwischen kommen soviele Tests zusammen, dass es eine Weile dauert, bis sie alle durchlaufen.)

Aber hoppla, der Testfall schlägt fehlt. Bei uns hat er folgendes Gegenbeispiel produziert:

```
Eigenschaft falsifizierbar mit elements = #<list 1 1 3>
```

Wir probieren mal in der REPL aus, was für ein Suchbaum bei dieser Liste herauskommt:

```
(list->balanced-search-tree = < (list 1 1 3))
↪ #<record:sized-search-tree-of #<function:=> #<function:<>
     #<record:node-of #<record:sized-label-of 2 3>
                      #<record:node-of #<record:sized-label-of 1 1>
                                       #f
                                       #f>
                      #f>>
```

(Die zweite 1 hätte sich `check-property` auch sparen können. Offenbar ist es nicht ganz optimal programmiert.)

Was ist passiert? Grafisch dargestellt sieht der Baum aus der REPL so aus:

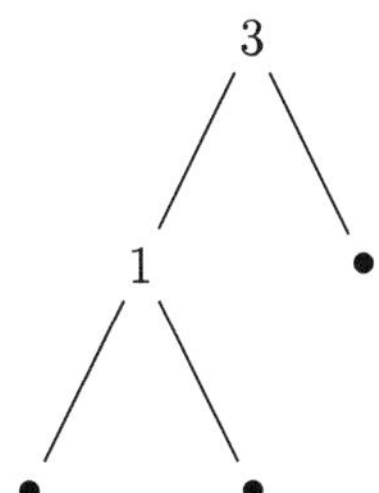

Und in der Tat: Dieser Baum verletzt die Gleichung

$$\frac{l}{\texttt{ratio}} \leq r \leq l \times \texttt{ratio}.$$

In diesem Fall ist $l = 1$ und $r = 0$. So richtig schlimm unbalanciert ist das allerdings gar nicht. Außerdem ist es gar nicht möglich, die Gleichung bei einem Suchbaum mit den Elementen 1 und 3 zu erfüllen. Die einzige andere Möglichkeit ist diese hier:

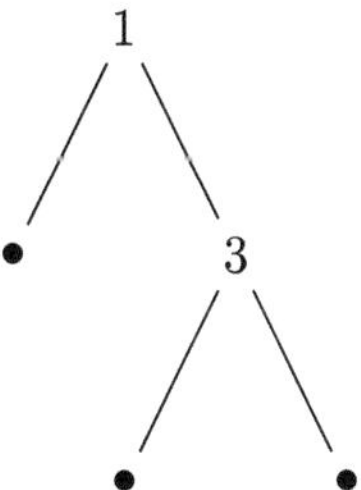

Hier gilt $l = 0$ und $r = 1$ und die Gleichung gilt ebenfalls nicht. Dass die Gleichung nicht erfüllbar ist, liegt daran, dass der Baum sehr klein ist: Nur zwei Elemente.

Dieser Umstand ist in der Programmierung von `balanced-search-tree-insert` berücksichtigt. Schau Dir nochmal `make-balanced-node` auf Seite 394 an. Zur Erinnerung:

```
(define make-balanced-node
  (lambda (label left-branch right-branch)
    (define left-size (sized-tree-size left-branch))
```

```
(define right-size (sized-tree-size right-branch))
(cond
  ((< (+ left-size right-size) 2)
   (make-sized-node label left-branch right-branch))
  ...)))
```

Der erste Zweig des **cond** schlägt genau dann zu, wenn der Baum sehr klein ist: Dann wird nicht rotiert oder anderweitig balanciert. Das ist bei uns gerade der Fall. Bei allen größeren Bäumen greift die Gleichung. Das ist also etwas schlampig formuliert in dem Paper, das der Funktion zugrundeliegt, und wir müssen es im Testfall berücksichtigen, indem wir

```
(<= (/ left-size ratio)
    right-size
    (* left-size ratio)))))
```

ersetzen durch:

```
(or (< (+ left-size right-size) 2)
    (<= (/ left-size ratio)
        right-size
        (* left-size ratio)))))
```

Und siehe da: Jetzt läuft der Testfall durch. Es kommt immer mal wieder vor, dass ein `check-property`-Testfall Gegenbeispiele findet, die eigentlich keine sind, weil wir die Bedingung für den Test nicht ganz richtig formuliert haben. Den eigentlichen Fehler zu finden, nervt oft, aber manchmal erfahren wir auch etwas bei der Gelegenheit, was wir noch nicht gewusst haben. (In diesem Fall: Dass kleine Bäume gesondert behandelt werden müssen.)

AUFGABE 13.8

Was passiert, wenn Du den Zweig für kleine Bäume aus `make-balanced-node` entfernst? Findet das einer der Teställe heraus? Was genau ist die Ursache des angezeigten Fehlers? □

Die Liste vom Anfang des Abschnitts haben wir damit abgearbeitet. Haben wir mit den bisherigen Tests ausreichend sichergestellt, dass `balanced-search-tree-insert` korrekt funktioniert? Nun, wir haben überprüft, dass die entstehenden Suchbäume die korrekte Form haben. Allerdings haben wir noch gar nicht überprüft, dass auch der Inhalt stimmt. Dazu benutzen wir den zweiten Hinweis aus Abschnitt 13.5 auf Seite 416:

> Oft gehören zu einem Problem mehrere Funktionen, die auf bestimmte Art und Weise zusammenarbeiten. Schreibe auf, wie diese Zusammenarbeit aussieht.

Die Funktion `balanced-search-tree-insert` ist ja nur insofern sinnvoll, dass die damit eingefügten Elemente mit `sized-search-tree-member?` auch gefunden werden können. Das ist gerade das gefragte Zusammenspiel mehrerer Funktionen. Zu diesem Zweck benutzen wir wieder `list->balanced-search-tree`, um aus einer Liste einen Suchbaum herzustellen und überprüfen, dass `sized-search-tree-member?` auch für jedes Element der Liste `#t` liefert:

```
(check-property
 (for-all ((elements (list-of natural)))
   (define search-tree (list->balanced-search-tree = < elements))
   (every? (lambda (element)
             (sized-search-tree-member? element search-tree))
           elements)))
```

Die Funktion `every?` haben wir extra für diesen Testfall programmiert:

```
; Liefert eine Funktion für alle Elemente einer Liste #t?
(: every? ((%a -> boolean) (list-of %a) -> boolean))

(check-expect (every? even? (list 2 4 6)) #t)
(check-expect (every? positive? (list 1 2 3)) #t)
(check-expect (every? positive? (list 1 0 3)) #f)

(define every?
  (lambda (p? list)
    (cond
      ((empty? list) #t)
      ((cons? list)
       (and (p? (first list))
            (every? p? (rest list)))))))
```

Das ist schon mal gut, aber Du erinnerst Dich an den dritten Hinweis in Abschnitt 13.5 auf Seite 416?

> Versuche, die bestehenden Eigenschaften durch einfache aber fehlerhafte Varianten Deiner Funktion auszutricksen.

AUFGABE 13.9

Finde eine einfache, aber fehlerhafte Variante der Funktion `balanced-search-tree-insert`, die alle bisherigen Testfälle austrickst! □

Wir benötigen also auf jeden Fall noch eine Funktion, die überprüft, dass Werte, die *nicht* in einem Suchbaum stehen, auch tatsächlich *nicht* gefunden werden. Wir fangen so an wie bisher:

```
(check-property
 (for-all ((elements (list-of natural)))
   ...
   (list->balanced-search-tree = < elements)
   ...))
```

Wir brauchen jetzt noch irgendeine Zahl, die wir darauf überprüfen können, dass sie nicht im Suchbaum ist. Die holt sich der Testfall auch mit `for-all`:

```
(check-property
 (for-all ((elements (list-of natural))
           (number natural))
   ...
   (not (sized-search-tree-member?
          number
          (list->balanced-search-tree = < elements)))
   ...))
```

Um sicherzustellen, dass `number` nicht zufällig doch im Suchbaum ist, benutzen wir `==>`:

```
(check-property
 (for-all ((elements (list-of natural))
           (number natural))
   (==> (not (member? = number elements))
        (not (sized-search-tree-member?
               number
               (list->balanced-search-tree = < elements))))))
```

Da steht also umgangssprachlich formuliert:

Für alle Listen von Elementen `elements` und jede Zahl `number` gilt: Wenn `number` nicht zu `elements` gehört, dann liefert `sized-search-tree-member?` für `number` und den Suchbaum aus den Zahlen in `elements` das Ergebnis `#f`. Mit dieser Eigenschaft haben wir das Zusammenspiel zwischen `balanced-search-tree-insert` und `sized-search-tree-member?` ausreichend beschrieben und können ziemlich ruhig schlafen in der Gewissheit, dass die Funktionen korrekt arbeiten.

13.7 ALGEBRAISCHE EIGENSCHAFTEN

Hast Du das hier schonmal gesehen?

$$(a+b)+c=a+(b+c)$$

Oder das hier?

$$(a\times b)\times c=a\times(b\times c)$$

Diese Gleichungen sind unter dem Namen *Assoziativität* bekannt, manchmal auch als *Assoziativgesetz*. Kurz kam das Wort schonmal auf Seite 232 vor, und da steht folgende Gleichung:

$$\mathrm{cat}(u,\mathrm{cat}(v,w))=\mathrm{cat}(\mathrm{cat}(u,v),w).$$

Die Assoziativität ist eine äußerst nützliche Gleichung, weil sie aussagt, dass in einer Aneinanderreihung von $+$ oder $\times$ jeweils die Klammern vollkommen egal sind: Und wenn sie schon egal sind, kann man sie auch weglassen.

Die Assoziativität ist nicht einfach eine Gleichung (hier sind es ja schon drei), sondern eine Eigenschaft der Funktionen $+$ und $\times$ und cat. Entsprechend kann man sagen «$+$ ist assoziativ» oder «cat ist assoziativ». Alle diese Funktionen haben die Struktur ihrer Signaturen gemeinsam. Hier sind diese Signaturen, so als wenn sie in einem Programm stünden:

```
(: + (number number -> number))
(: * (number number -> number))
(: concatenate ((list-of %a) (list-of %a) -> (list-of %a)))
```

(Statt der mathematischen Funktion cat haben wir die Funktion `concatenate` aus Abschnitt 6.6.3 auf Seite 190 aufgeführt.)

AUFGABE 13.10

Sind `and` und `or` assoziativ? Wie passen ihre Signaturen zu denen von den Funktionen oben? □

Diese Form von Signaturen haben wir schon gesehen, als es um Kombinatoren ging, in Kapitel 5 auf Seite 141. Eine assoziative Funktion ist also eine spezielle Sorte Kombinator.

Assoziative Operationen gibt es so viele, dass es sich lohnt, auf Verdacht danach zu suchen, wenn Du eine neue Datendefinition erstellst. Und wenn Du einen assoziativen Kombinator gefunden hast, lohnt es sich, diese Erkenntnis aufzuschreiben. Im Gespräch mit anderen kannst Du dann einfach sagen «cat ist assoziativ», und im besten Fall wissen alle, was gemeint ist.

> `Expect` liefert eine Eigenschaft analog zur Funktionsweise von `check-expect`. Ein `expect`-Ausdruck hat folgende Form:
>
> `(expect` e_1 e_2`)`
>
> e_1 und e_2 sind Ausdrücke. Die resultierende Eigenschaft ist erfüllt, wenn e_1 und e_2 den gleichen Wert liefern – der Vergleich wird dabei wie bei `check-expect` angestellt.
> Da `expect` wie `check-expect` vergleicht, funktioniert es nicht auf inexakten Zahlen.

Abbildung 13.4: `expect`

Wir können die Assoziativität aber auch als Eigenschaft mit `check-property` aufschreiben. Wir machen das erstmal mit `concatenate`, `+` und `*` kommen danach.

```
(check-property
 (for-all ((a (list-of integer))
           (b (list-of integer))
           (c (list-of integer)))
   (expect (concatenate (concatenate a b) c)
           (concatenate a (concatenate b c)))))
```

Du fragst Dich vielleicht, warum `(list-of integer)` als Signatur und nicht `(list-of %a)`, wie es in der Signaturdeklaration von `concatenate` steht. Das liegt daran, dass bei Signaturen in `for-all` keine Signaturvariablen stehen dürfen, damit DrRacket dafür vernünftig zufällige Werte generieren kann. (Siehe dazu auch Abbildung 13.2 auf Seite 404.)

Und dann ist da noch was, nämlich die Funktion `expect`: Die brauchen wir, um die beiden Listen zu vergleichen, die bei `concatenate` herauskommen. Bisher kennen wir ja nur Funktionen, die Zahlen vergleichen (`=`), Zeichenketten (`string=?`) und Booleans (`boolean=?`). Eine allgemeine Vergleichsfunktion für Listen gibt es nicht. `Expect` liefert eine Eigenschaft, die beliebige Werte vergleicht – siehe Abbildung 13.4.

AUFGABE 13.11

Schreibe mit Hilfe des Teachpacks `image.rkt` Eigenschaften für die Assoziativität der Kombinatoren aus Abschnitt 5.2 auf Seite 149 – `overlay`, `beside` und `above`. □

Eine assoziative Funktion macht aus zwei «Dingsen» ein «Dings». `+` macht aus zwei Zahlen eine, `concatenate` aus zwei Listen eine, `and` aus zwei booleschen Werten einen.

Über die Signaturdeklarationen von `+`, `*`, `concatenate` können wir abstrahieren:

`(:` *op* `(`*s s* `->` *s*`))`

Zur Assoziativität gehört also neben der Operation *op* auch die Signatur *s*, so dass *op* die Signatur (*s* *s* -> *s*) hat. (Und natürlich die Assoziativitätsgleichung selbst.)

Solche «Dreigestirne» aus «Grundsignatur», Operation (oder mehreren Operationen) und Gleichungen werden in der mathematischen Algebra studiert und klassifiziert. (Dort wird statt mit Signaturen mit Mengen hantiert.) Die besonders nützlichen, interessanten oder häufig vorkommenden dieser Dreigestirne – algebraischer Strukturen –bekommen eigene Namen.

Eine Kombination aus Signatur, Kominator mit Signatur (*s* *s* -> *s*) und Assoziativgesetz heißt zum Beispiel *Halbgruppe*.[4]

Viele Halbgruppen erfüllen noch eine weitere Eigenschaft: Sie besitzen einen Wert der Signatur, der «nichts macht», das sogenannte «neutrale Element». Das hat in Abschnitt 6.1 auf Seite 6.1 schonmal eine Rolle gespielt. Jetzt können wir es endlich richtig einordnen.

Nennen wir das neutrale Element *n*. Dann gelten folgende Eigenschaften:

```
(for-all ((a s))
  (expect (op a n) a))
(for-all ((a s))
  (expect (op n a) a)))
```

Falls Du Dich fragst, warum wir nicht einfach and benutzen, um beide Eigenschaften zusammenzufassen. Das liegt daran, dass and nur auf Booleans funktioniert, `expect` aber eine Eigenschaft liefert.

Das neutrale Element kann von Halbgruppe zu Halbgruppe varrieren, selbst wenn die Signatur *s* immer die Gleiche ist. Zum Beispiel ist 0 das neutrale Element von $+$ und 1 das neutrale Element von $\times$, auch wenn es beide Male um Zahlen geht.

AUFGABE 13.12

Was ist das neutrale Element von `or` beziehungsweise and? □

Bei `concatenate` ist das neutrale Element die leere Liste. Das können wir mit `check-property` festhalten:

```
(check-property
 (for-all ((a (list-of integer)))
   (expect (concatenate a empty) a)))
```

[4] Wenn es «Halbgruppen» gibt, gibt es dann auch «Gruppen», magst Du fragen. Gibt es, und in der Algebra gibt es einen großen Teilbereich namens «Gruppentheorie». Gruppen gibt es in der Programmierung aber viel seltener als Halbgruppen, darum konzentrieren wir uns auf letztere.

```
(check-property
 (for-all ((a (list-of integer)))
   (expect (concatenate empty a) a)))
```

Auch für overlay, beside und above gibt es ein neutrales Element. Es heißt empty-image.

AUFGABE 13.13

Formuliere check-property-Testfälle, die zeigen dass empty-image ein neutrales Element bezüglich overlay, beside und above ist. □

Wie Du siehst, haben alle Halbgruppen, die wir bisher betrachtet haben, ein neutrales Element. In der Tat ist das meistens so. Sogar so oft, dass, wenn bei Deiner Datenanalyse eine Halbgruppe herausgekommen ist, Du immer auch nach einem neutralen Element Ausschau halten solltest. Eine Halbgruppe mit einem neutralen Element hat entsprechend auch einen Namen, nämlich *Monoid*.

Falls Dir die Assoziativität schon früher bekannt war, dann wahrscheinlich im Zusammenhang mit Zahlen. Die können wir natürlich auch mit check-property zum Ausdruck bringen:

```
(check-property
 (for-all ((a number)
           (b number)
           (c number))
    (= (+ a (+ b c))
       (+ (+ a b) c))))
```

Dabei gibt es aber eine Überraschung:

```
Eigenschaft falsifizierbar mit
  a = #i9.75  b = -9  c = #i-7.7
```

(Die genauen Zahlen lauten bei Dir vielleicht anders.)

Und Tatsache, wenn wir das in der REPL ausprobieren, kommt bei den beiden Seiten der Gleichheit etwas unterschiedliches heraus:

```
(+ #i9.75 (+ -9 #i-7.7))
↪ #i-6.949999999999999
(+ (+ #i9.75 -9) #i-7.7)
↪ #i-6.95
```

Du erinnerst Dich an Abschnitt 13.3 auf Seite 13.3: Das `#i` steht für «inexakt», was bedeutet, dass die Addition bei diesen Zahlen rundet. Leider macht das Runden auch die Assoziativität kaputt. Es wird besser, wenn wir `number` durch `rational` ersetzen, denn beim Rechnen mit rationalen Zahlen wird nicht gerundet.

Vorsicht also beim Verwenden von reellen Zahlen in Eigenschaften, also der Signaturen `real` und `number`. Im Zweifelsfall lieber `rational` benutzen!

13.8 EIGENSCHAFTEN VON FUNKTIONEN AUF LISTEN

Listen bilden ja mit `concatenate` eine Halbgruppe, was `concatenate` eine besondere Bedeutung als Listenoperation zukommen lässt. Die können wir ausspielen, wenn wir Tests auf Listenfunktionen formulieren wollen, indem wir sie im Zusammenhang mit `concatenate` bringen.

Zur Erinnerung, die `list-sum`-Funktion hat folgende Signatur:

```
(: list-sum ((list-of number) -> number))
```

Da die Funktion eine Liste als Eingabe hat, können wir untersuchen, was passiert, wenn die Liste durch `concatenate` entsteht:

```
(check-property
 (for-all ((a (list-of rational))
           (b (list-of rational)))
   (= (list-sum (concatenate a b))
      (+ (list-sum a) (list-sum b)))))
```

Dran denken: Bei `for-all` nicht `number`, sondern `rational` benutzen, um Problemen mit der Rundung aus dem Weg zu gehen.

Was passiert hier? Der Aufruf von `list-sum` wird von der linken auf die rechte Seite der Gleichung «nach innen» gedrückt. Außerdem wird aus dem `concatenate` auf Listen auf der linken Seite der Gleichung die Addition zweier Zahlen auf der rechten Seite.

Nun bilden Listen mit `concatenate` eine Halbgruppe, genauso wie Zahlen mit +. Die Funktion `list-sum` bildet nicht nur Listen auf Zahlen ab, sondern macht auch aus `concatenate` bei den Listen die Summe bei den Zahlen: Die Struktur der einen Halbgruppe wird mit `list-sum` in die Struktur der anderen Halbgruppe abgebildet. Eine solche Funktion heißt in der Algebra *Homomorphismus*. Wenn man den Begriff verwendet, sollte man immer dazusagen, auf welche algebraische Struktur er sich bezieht. Hier handelt es sich um einen *Halbgruppen-Homomorphismus*. Wenn Du einen Homomorphismus in Deinem Code findest, ist das fast immer ein gutes Zeichen – Du bist wahrscheinlich einer nützlichen Einsicht auf der Spur.

AUFGABE 13.14

Zeige, dass `list-sum` sogar ein Monoiden-Homomorphismus ist, also aus dem neutralen Element in dem einen Monoiden das neutrale Element in dem anderen Monoiden wird. Schreibe dazu einen `check-property`-Testfall! □

AUFGABE 13.15

Formuliere eine Eigenschaft von `invert` mit Hilfe von `concatenate` und schreibe dazu einen `check-property`-Testfall! □

13.9 EXKURS: EIGENSCHAFTEN BEWEISEN

`Check-property` ist ziemlich gut darin, Gegenbeispiele zu finden für Eigenschaften, die nicht gelten. Aber würden wir `check-property` – sagen wir mal – zutrauen, die Korrektheit der Steuersoftware für ein Flugzeug sicherzustellen? Immerhin ist es möglich, dass bei den 100 Tests, die `check-property` zufällig generiert, das eine Gegenbeispiel einfach nicht dabei ist.

Wenn also eine Eigenschaft wirklich unverzichtbar für den Einsatz einer Software ist, sollten wir die Sicherheit, dass kritische Eigenschaften gelten, noch weiter erhöhen. Das geht zum Beispiel, indem wir mathematisch *beweisen*, dass eine Eigenschaft gilt. Wie das gehen kann, zeigt dieser Abschnitt exemplarisch.

Wie wir sehen werden, ist das ganz schön mühsam: Wir haben ja schon Eigenschaften von Funktionen in Kapitel 8 bewiesen, zum Beispiel die Assoziativität von cat in Abschnitt 8.5.2 auf Seite 231. Wir nehmen uns hier noch einmal die Assoziativität vor, allerdings diesmal nicht auf der mathematischen cat, sondern der programmierten Funktion `concatenate`.

Wir wollen also folgendes beweisen: Für alle Listen u, v und w gilt:

```
(expect (concatenate u (concatenate v w))
        (concatenate (concatenate u v) w))
```

Grundsätzlich führen wir den Beweis wie bei der mathematischen Funktion cat auch über Induktion. Anders als dort können wir bei `concatenate` aber nicht einfach beliebig Gleichungen einsetzen. Wir müssen stattdessen bewesen, dass DrRacket bei der Auswertung für beide Seiten der `expect`-«Gleichung» das gleiche Ergebnis berechnet. Dabei müssen wir berücksichtigen, dass DrRacket die Auswertungsschritte für einen Aufruf von `concatenate` in einer bestimmten Reihenfolge durchführt. Wir müssen also beim Beweis so vorgehen, wie es der Stepper tun würde. Eigentlich müssten wir diese Auswertungsstrategie sogar noch formalisieren, um wirklich einen

Beweis zu führen. Das machen wir im späteren Kapitel 14 auf Seite 439. Hier begnügen wir uns mit der Einsicht, dass bei einem Funktionsaufruf die Argumente ausgewertet werden, bevor es mit der Auswertung des Funktionsrumpfes weitergeht.

Wir benutzen eine Induktionsschablone wie in Abschnitt 8.5.2 auf Seite 231.

1. Wir entscheiden uns genau wie dort für eine Induktion über u. Damit die Schablone passt, benutzen wir dafür den Namen f, formulieren also die Eigenschaft so um:

```
(expect (concatenate f (concatenate v w))
        (concatenate (concatenate f v) w))
```

2. Als nächstes betrachten wir den Fall, dass f die leere Liste `#<empty-list>` ist. Die Gleichung sieht dann so aus:

```
(expect (concatenate #<empty-list> (concatenate v w))
        (concatenate (concatenate #<empty-list> v) w))
```

3. Diese Gleichung beweisen wir nun, angefangen mit der «linken Seite» der Gleichung. DrRacket würde bei der Auswertung zunächst das erste `concatenate` auswerten, also durch seine Definition ersetzen sowie `empty` zu `#<empty-list>` auswerten:

```
(concatenate #<empty-list> (concatenate v w))
↪ ((λ (list1 list2) ...) #<empty-list> (concatenate v w))
```

(Wir haben λ statt **`lambda`** geschrieben um Platz zu sparen.)

Als nächstes wird `(concatenate v w)` ausgwertet. Da wir gar nicht wissen, was v und w sind, wissen wir weder, was da herauskommt, noch, wie viele Schritte das benötigt. Irgendwas wird aber herauskommen – wir nennen das vw:

```
↪ ... ↪ ((λ (list1 list2) ...) #<empty-list> vw)
```

Jetzt können wir endlich mit dem Rumpf der Funktion weitermachen. Wir setzen für `list1` `#<empty-list>` ein, für `list2` vw:

```
↪ (cond ((empty? #<empty-list>) vw) ((cons? #<empty-list>) ...))
```

Beim **`cond`** greift sofort der erste Zweig:

```
↪ (cond (#t vw) ((cons? #<empty-list>) ...))
↪ vw
```

Weiter geht's hier nicht. Wir nehmen uns deshalb die andere Seite der Gleichung vor:

```
(concatenate (concatenate f v) w)
= (concatenate (concatenate #<empty-list> v) w)
```

Auch hier wird DrRacket für die beiden `concatenate` jeweils die Definition einsetzen:

```
↪ ((λ (list1 list2) ...) (concatenate #<empty-list> v) w)
↪ ((λ (list1 list2) ...)
     ((λ (list1 list2) ...) #<empty-list> v) w)
```

Hier wird der «innere» Aufruf von `concatenate` zuerst ausgewertet:

```
↪ ((λ (list1 list2) ...)
     (cond ((empty? #<empty-list>) v)
           ((cons? #<empty-list>) ...)) w)
↪ ((λ (list1 list2) ...) v w)
↪ ... ↪ vw
```

Es kommt also dasselbe heraus wie bei der linken Seite der Gleichung. Für die leere Liste ist die Eigenschaft also bewiesen.

4. Als nächstes müssen wir die Induktionsvoraussetzung formulieren. Die sieht so aus:

```
(expect (concatenate f (concatenate v w))
        (concatenate (concatenate f v) w))
```

5. Es folgt der Induktionsschluss. Dafür müssen wir eine Liste betrachten, die um «eins länger» ist als f, also aus einem ersten Element f_1 und Rest f besteht. Wir nennen diese Liste $f_1 f$:

```
(expect (concatenate f₁f (concatenate v w))
        (concatenate (concatenate f₁f v) w))
```

6. Um den Induktionsschluss zu beweisen, werten wir zunächst die linke Seite aus. Wir benutzen wieder den Namen vw für das Ergebnis von `(concatenate v w)`:

```
(concatenate f₁f (concatenate v w))
↪ ((λ (list1 list2) ...) f1_f (concatenate v w))
↪ ... ↪ ((λ (list1 list2) ...) f₁f vw)
↪ (cond ((empty? f₁f) vw)
        ((cons? f₁f)
         (cons (first f₁f) (concatenate (rest f₁f) vw))))
```

Diesmal ist der `cons?`-Zweig dran, weil $f_1 f$ nicht leer ist:

```
↪ (cond (#f vw)
        ((cons? f₁f)
         (cons (first f₁f) (concatenate (rest f₁f) vw))))
```

```
↪ (cond ((cons? f₁f)
        (cons (first f₁f) (concatenate (rest f₁f) vw))))
↪ (cond (#t (cons (first f₁f) (concatenate (rest f₁f) vw))))
↪ (cons (first f₁f) (concatenate (rest f₁f) vw))
↪ (cons f₁ (concatenate (rest f₁f) vw))
↪ (cons f₁ (concatenate (rest f₁f) vw))
↪ (cons f₁ ((λ (list1 list2) ...) (rest f₁f) vw))
↪ (cons f₁ ((λ (list1 list2) ...) f vw))
```

Weiter geht es nicht. Wir nehmen uns darum die rechte Seite vor:

```
(concatenate (concatenate f₁f v) w)
↪ ((λ (list1 list2) ...) (concatenate f₁f v) w)
↪ ((λ (list1 list2) ...) ((λ (list1 list2) ...) f₁f v) w)
↪ ((λ (list1 list2) ...)
    (cond ((empty? f₁f) v)
          ((cons? f₁f) (cons (first f₁f)
                             (concatenate (rest f₁f) v)))) w)
↪ ((λ (list1 list2) ...)
    (cond (#f v)
          ((cons? f₁f) (cons (first f₁f)
                             (concatenate (rest f₁f) v)))) w)
↪ ((λ (list1 list2) ...)
    (cond ((cons? f₁f) (cons (first f₁f)
                             (concatenate (rest f₁f) v)))) w)
↪ ((λ (list1 list2) ...)
    (cond (#t (cons (first f₁f) (concatenate (rest f₁f) v)))) w)
↪ ((λ (list1 list2) ...)
    (cons (first f₁f) (concatenate (rest f₁f) v)) w)
↪ ((λ (list1 list2) ...) (cons f₁ (concatenate (rest f₁f) v)) w)
↪ ((λ (list1 list2) ...)
    (cons f₁ ((λ (list1 list2) ...) (rest f₁f) v)) w)
↪ ((λ (list1 list2) ...) (cons f₁ ((λ (list1 list2) ...) f v)) w)
```

Wir wissen nicht, was f, v und w sind. Wir nehmen aber an, dass bei der Auswertung von `((λ (list1 list2) ...) f v)` *irgendetwas* herauskommt und nennen das fv:

```
↪ ... ↪ ((λ (list1 list2) ...) (cons f₁ fv) w)
```

Dem Ergebnis von `(cons` f_1 fv`)` können wir ebenfalls einen Namen geben, wir nehmen wenig einfallsreich f_1fv. Da diese Liste ein erstes Element f_1 hat, ist sie nicht leer:

```
↪ ((λ (list1 list2) ...) f1fv w)
↪ (cond ((empty? f1fv) ...)
        ((cons? f1fv)
         (cons (first f1fv) (concatenate (rest f1fv) w))))
↪ (cond (#f ...)
        ((cons? f1fv)
         (cons (first f1fv) (concatenate (rest f1fv) w))))
↪ (cond ((cons? f1fv)
         (cons (first f1fv) (concatenate (rest f1fv) w))))
↪ (cond (#t (cons (first f1fv) (concatenate (rest f1fv) w))))
↪ (cons (first f1fv) (concatenate (rest f1fv) w))
↪ (cons f1 (concatenate (rest f1fv) w))
↪ (cons f1 ((λ (list1 list2) ...) (rest f1fv) w))
↪ (cons f1 ((λ (list1 list2) ...) fv w))
```

Jetzt geht es aber wirklich nicht mehr weiter. Wir können das mit dem Ergebnis der linken Seite vergleichen, die immerhin auch mit `(cons` f_1 `...)` anfängt. Ansonsten steht da links:

```
((λ (list1 list2) ...) f vw)
```

... und rechts:

```
((lambda (list1 list2) ...) fv w)
```

Um zu beweisen, dass diese beiden Ausdrücke das gleiche liefern, ziehen wir die Induktionsvoraussetzung hinzu. Hier ist sie zur Erinnerung:

```
(expect (concatenate f (concatenate v w))
        (concatenate (concatenate f v) w))
```

Wir hatten den Namen vw für das Ergebnis von `(concatenate` v w`)` und den Namen fv für das Ergebnis von `(concatenate` f v`)`. Außerdem steht `(λ (list1 list2) ...)` ja für `concatenate`. Wenn wir das in die Induktionsvoraussetzung einsetzen, steht da genau das, was wir brauchen, nämlich dass linke und rechte Seite das gleiche Ergebnis haben. Geschafft!

Aber das ist schon ziemlich viel Arbeit, und auch fehleranfällig. In der Praxis funktioniert das nur für kleine Funktionen. Wer Eigenschaften größerer Programme beweisen möchte, benutzt dafür in der Regel spezielle Werkzeuge, welche die Beweise überprüfen und in weiten Teilen auch automatisch herleiten können.

AUFGABEN

AUFGABE 13.16

Welche interessanten Eigenschaften hat die Division? Schreibe diese als Eigenschaften von / auf.

AUFGABE 13.17

Schreibe eine möglichst vollständige Liste interessanter Eigenschaften der Dir bekannten arithmetischen und logischen Operationen auf. Beziehe dazu auch die Vergleichsoperationen $<$, $\leq$ etc. ein. Finde außerdem für jede Operation eine interessante Eigenschaft, die *nicht* gilt und überprüfe, ob DrRacket jeweils ein Gegenbeispiel findet.

AUFGABE 13.18

Für Multiplikation und Addition gilt das *Distibutivgesetz*:

$$a \cdot (b + c) = a \cdot b + a \cdot c$$

Auch dieses Gesetz ist nicht auf Zahlen beschränkt. Für `and` und `or` gilt es ebenfalls. Formuliere dieses als Eigenschaften und lasse sie DrRacket sie überprüfen.

AUFGABE 13.19

Formuliere Eigenschaften von `filter` und `map` im Zusammenhang mit `concatenate` und teste diese.

AUFGABE 13.20

Die folgende Funktion quadriert natürliche Zahlen:

```
(: square (natural -> natural))
(define square
  (lambda (n)
    (cond
     ((zero? n) 0)
     ((positive? n)
      (+ (square (- n 1))
         (- (+ n n) 1))))))
```

Formuliere dies als Eigenschaft und überprüfe sie mit `check-property`.

Bonus: Beweise die Eigenschaft mit Induktion.

14 EXKURS: DER λ-KALKÜL

In diesem Kapitel geht es um eine wichtige Grundlage für die Programmierung, die unter anderem erklärt, wie die Auswertung eines Programms funktioniert. Das haben wir bisher nur umgangssprachlich gemacht und dabei einige subtile Aspekte der Auswertung gar nicht oder nur unpräzise erläutert. Das wollen wir in diesem Kapitel korrigieren.

Dazu benutzen wir den sogenannten *λ-Kalkül*, ausgeschrieben: *Lambda-Kalkül*, der formal fasst, was der Stepper in DrRacket visualisiert. Das «Lambda» im Namen des Kalküls ist die Vorlage für das `lambda` in unseren Lehrsprachen.

14.1 WAS HAT EIN ALTER «KALKÜL» MIT PROGRAMMIEREN ZU TUN?

Vielleicht hast Du Dich schon gefragt, warum `lambda` eigentlich so heißt und nicht `function` oder so. In Wort «Lambda» steckt der historische Schlüssel für viele Aspekte der Programmierung heute. Bevor wir in die Technik dazu einsteigen, fasst dieser Abschnitt kurz die Historie zusammen, die erklärt, warum der λ-Kalkül so große Bedeutung für das Programmieren hat.

Als in den 1940er Jahren die ersten Programmiersprachen entwickelt wurden, haben ihre Erfinderinnen und Erfinder nach Inspiration in existierenden «Sprachen» gesucht. Es gab zwei naheliegende Ausgangspunkte:

- schriftliche natürliche Sprachen
- Mathematik

Beide Ansätze haben zu unterschiedlichen Traditionen in der Entwicklung von Programmiersprachen geführt, die sich gegenseitig beeinflusst haben.

Die Mathematik ist deswegen eine wichtige Inspiration, weil die Menschheit sie schon Jahrhunderte vor der Erfindung von Computern benutzt hat, um Sachverhalte unmissverständlich und eindeutig zu beschreiben: So etwas benötigen wir auch für die Programmierung.

Mit unseren Lehrsprachen befinden wir uns in der Tradition der Mathematik. Der heute berühmte Informatiker John McCarthy arbeitete den späten 1950er Jahren an einem System, das «gesunden Menschenverstand» abbilden sollte.

Als Teil dieses Projekts entwickelte er die Programmiersprache LISP [McC60]. Als ausgebildeter Mathematiker suchte McCarthy dafür Inspiration in der Mathematik. Mathematische Notation hat das Problem, dass die gleiche Notation in unterschiedlichen Kontexten für unterschiedliche Zwecke benutzt wird. Allgemein mathematische Notation für den Computer verständlich zu machen, ist darum extrem aufwendig und war für McCarthy undenkbar, der es mit Computern zu tun hatte, die nur einen winzigen Bruchteil der heutigen Rechen- und Speicherkapazität haben.

McCarthy brauchte deshalb einen besonders einfachen mathematischen Formalismus, der trotzdem mächtig genug war, mathematische Funktionen ausdrücken zu können. Für die Definition von Funktionen war (und ist) mathematische Notation aber besonders vielfältig. (Manche würden «schlampig» sagen.) McCarthy stellte fest, dass ein mathematischer Kalküls aus den 1930er Jahren ihm gerade die benötigte Notation für die Definition von Funktionen und ihrer Anwendung gab und entwickelte LISP deshalb auf Grundlage dieses Kalküls.

Dieser Kalkül war der λ-Kalkül des Mathematikers Alonzo Church [Chu41], der ihn als Beitrag zu den Grundlagen der Logik entwickelt hatte. (Das λ selbst war durch einen Unfall entstanden, weil Churchs Schriftsetzer bei der Notation $\hat{x}$ fälschlicherweise glaubte, statt des «Dachs» ein λ zu erkennen.) Die Computer der damaligen Zeit konnten nur römische Buchstaben darstellen, deshalb schrieb McCarthy das λ als Wort `lambda` aus.

LISP hatte bereits eine Notation, die der Notation der Lehrsprachen sehr ähnelt: Alles wurde vollständig geklammert, und der Operator stand immer vorn. (McCarthy hatte auch noch eine andere Notation entwickelt, die sich aber als unpopulär erwies.) Auch die Idee der Listen wie wir sie heute kennen war damals schon genauso vorhanden. («LISP» steht für «list processing».)

Der λ-Kalkül fiel noch anderen als mögliche Grundlage für die Entwicklung von Programmiersprachen auf. Besonders einflussreich war Peter Landins Aufsatz mit dem großspurigen Titel *The next 700 programming languages* [Lan66], in dem er vorschlug, den λ-Kalkül als Grundlage für eine ganze Familie von Programmiersprachen zu benutzen.

LISP und die in Landins Aufsatz vorgeschlagene Sprache ISWIM («If you See What I Mean») standen Patin für fast alle modernen Programmiersprachen. Es gab zwar seit den 1960er Jahren viele alternative Ansätze für Programmiersprachen mit anderen Grundlagen (zum Beispiel die objektorientierte Programmierung), bei deren Entwicklung auf den λ-Kalkül verzichtet wurde. Bei fast allen von ihnen stellten ihre Entwicklerinnen und Entwickler aber später fest, dass die Elemente des λ-Kalküls beziehungsweise der darauf aufbauenden Programmiersprachen eine Bereicherung sind und fügten sie hinzu.

Wenn Du also den λ-Kalkül kennst, kennst Du die Grundlage für die moderne Programmierung. Der Weg dahin benötigt etwas Geduld. Insbesondere müssen wir noch etwas mehr mathematische Notation einführen, die Dir aber helfen wird, falls Du mal einen der einschlägigen Aufsätze oder Bücher zu diesem Thema verstehen möchtest.

14.2 DIE SPRACHE DES λ-KALKÜLS

Der λ-Kalkül bricht die Elemente der Programmierung auf nur das absolut notwendige herunter: Je weniger Elemente es gibt, desto weniger müssen wir erklären und definieren.

Was also ist an unseren Lehrsprachen absolut notwendig? In Kapitel 1 haben wir angefangen mit einer Zahl. Brauchen wir also Zahlen? Wir haben viele Programme ohne Zahlen geschrieben. Wir werden sehen, dass wir Zahlen mit anderen Elementen der Sprache nachbilden können.

Das nächste Element sind Funktionsanwendungen. Die gibt es nun wirklich in jedem Programm. Funktionsanwendungen wiederum machen nur dann Sinn, wenn wir auch Funktionen herstellen können: Wir brauchen also Abstraktionen. Und da zu jeder Abstraktion auch eine oder mehrere Variablen gehören, brauchen wir auch Variablen. Drei fundamentale Ideen also:

- Applikation
- Abstraktion
- Variable

Variablen sind Namen und alle drei Ideen des λ-Kalküls haben fundamental mit Variablen zu tun: Eine Abstraktion *bindet* eine Variable, eine Applikation setzt für eine Variable etwas ein.

Wir beschränken uns bei Anwendung und Abstraktion sogar auf einen einzelnen Parameter. Alle anderen Elemente unserer Programmiersprachen können wir nachbilden, indem wir sie in diese drei Konstrukte übersetzen. Sie bilden das Rückgrat des λ-Kalküls.

Damit es losgeht, benötigen wir zunächst eine *Sprache* für den Kalkül. Die definieren wir mit Hilfe einer Grammatik. (Das ist die Notation für induktive Definitionen, die wir in Abschnitt 8.6 auf Seite 233 eingeführt haben.)

In der Definition taucht der Begriff *abzählbare Menge* auf. Der Begriff «abzählbar» ist zwar technisch notwendig, Du benötigst ihn aber nicht für Verständnis und Intuition des λ-Kalküls, kannst ihn also ignorieren. Falls es Dich doch interessiert: Das Adjektiv «abzählbar» an einer Menge bedeutet, dass die Menge unendlich groß ist und dass die Menge durchnummeriert oder «abgezählt» werden kann. Hier geht es um die abzählbare Menge der Variablen, welche den Variablen in Programmen entsprechen. Die könnten wir auch durchnummerieren, indem wir den Buchstaben Nummern geben.

Definition 14.1 (Sprache des λ-Kalküls $\mathcal{L}_\lambda$)

Sei V eine abzählbare Menge von Variablen. Die Sprache des λ-Kalküls, die Menge der *λ-Terme*, $\mathcal{L}_\lambda$, ist durch folgende Grammatik definiert:

$$
\begin{aligned}
\langle \mathcal{L}_\lambda \rangle \;\rightarrow\; & \langle V \rangle \\
\mid\; & (\langle \mathcal{L}_\lambda \rangle\ \langle \mathcal{L}_\lambda \rangle) \\
\mid\; & (\lambda \langle V \rangle . \langle \mathcal{L}_\lambda \rangle)
\end{aligned}
$$

Ein λ-Term der Form $(e_0\ e_1)$ heißt *Applikation*. Ein Term der Form $(\lambda v.e)$ heißt *Abstraktion*, wobei v *Parameter der Abstraktion* heißt und e *Rumpf*.

Hier sind ein paar Beispiele für λ-Terme. In diesen konkreten Beispielen haben wir als Variablen x, y und f verwendet. Du solltest der Auswahl dieser Buchstaben keine Bedeutung beimessen. Wir hätten genauso gut a, b und c verwenden können.

x	Variable
(f x)	Applikation
((f x) (λx.x))	Applikation
(λx.(λy.(x y))	Abstraktion
(λx.(f x))	Abstraktion
(λx.(f (λx x))	Abstraktion
((λx.x) (λx.x))	Applikation

Wir haben jeweils dazugeschrieben, um welche Art Term es sich handelt. Das entspricht der Klausel der Grammatik für λ-Terme. Bei x sollte klar sein, dass es sich um eine Variable handelt. Sowohl Applikationen als auch Abstraktionen fangen mit einer öffnenden Klammer an. Bei Abstraktionen wird die Klammer aber direkt von einem λ gefolgt: Entsprecht sind die nächsten beiden Terme Applikationen, die drei darauf Abstraktionen. Der letzte Term ist eine Applikation – nach der öffnenden Klammer steht ein weitere Klammer, das λ kommt erst danach.

AUFGABE 14.1

Klassifiziere, ob es sich jeweils um eine Variable, eine Applikation oder eine Abstraktion handelt:

$$y$$
$$(x\ y)$$
$$(\lambda x.y)$$
$$((\lambda x.y)\ f)$$
$$f$$
$$(f\ (\lambda x.y))$$

□

Manchmal sprechen wir aber auch über λ-Terme einer bestimmten Form im Allgemeinen, zum Beispiel steht oben in der Definition «λ-Term der Form $(e_0\ e_1)$». Damit sind *alle* λ-Terme gemeint, die aus der zweiten Regel der Grammatik stammen, also e_0 und e_1 beliebige λ-Terme sein können. Hier sind einige Beispiele für λ-Terme dieser Form:

$$(f\ x),\ (f\ (\lambda x.x)),\ ((\lambda x.x)\ (\lambda x.x))$$

In der Definition sind außerdem Terme «der Form $(\lambda v.e)$» erwähnt, das könnte zum Beispiel sein:

$$(\lambda \mathrm{x}.\mathrm{x}), (\lambda \mathrm{y}.\mathrm{x}), (\lambda \mathrm{x}.\mathrm{x}\,\mathrm{x}), (\lambda \mathrm{x}.(\mathrm{f}\,\mathrm{x})\,\mathrm{y}), (\lambda \mathrm{y}.\mathrm{x})$$

Du sieht, der Buchstabe v in $(\lambda v.e)$ steht für eine Variable, also zum Beispiel für x, y oder f. Wenn Du genau hinschaust, siehst Du, dass beide sich typografisch unterscheiden: Die «normalen» Variablen x, y, f sehen aus wie reguläre Buchstaben, während v in Kursivschrift gesetzt ist. Das v ist also eine Variable, die für eine andere Variable steht – eine sogenannte *Metavariable*.

In diesem Kapitel steht die Metavariable e für einen beliebigen λ-Term, u, v und w sind immer Metavariablen. Das ist aber reine Konvention: Wir hätten genauso gut irgendwelche anderen Buchstaben wählen können.

In Publikationen werden λ-Termen oft abgekürzt, entsprechend machen wir das hier. Das geschieht vermutlich aus Faulheit, ist aber erstmal gewöhnungsbedürftig. Die erste Form der Abkürzung lässt Klammern weg. Statt des vollständig geklammerten Terms

$$(\lambda \mathrm{f}.(\lambda \mathrm{x}.(\mathrm{f}\,\mathrm{x})))$$

werden wir das hier schreiben:

$$\lambda \mathrm{f}.\lambda \mathrm{x}.\mathrm{f}\,\mathrm{x}$$

Prinzipiell lässt sich dieser Term unterschiedlich klammern: $(\lambda \mathrm{f}.((\lambda \mathrm{x}.\mathrm{f})\,\mathrm{x}))$, $(\lambda f.(\lambda \mathrm{x}.(\mathrm{f}\,\mathrm{x})))$ oder $((\lambda \mathrm{f}.\lambda \mathrm{x}.\mathrm{f})\,\mathrm{x})$. Wir verwenden aber die gängige Konvention, dass der Rumpf einer Abstraktion sich so weit wie möglich nach rechts erstreckt. Damit steht der ungeklammerte Term eindeutig für den vollständig geklammerten Term, der darüber steht.

Die Terme der Form $\lambda v.e$ sind auf einen Parameter beschränkt. Es gibt aber zwei weitere Abkürzungen in der Notation von λ-Termen:

- $\lambda x_1 \ldots x_n.e$ steht für $\lambda x_1.(\lambda x_2.(\ldots \lambda x_n.e) \ldots)$.
- $e_0 \ldots e_n$ steht für $(\ldots (e_0\, e_1)\, e_2) \ldots e_n)$.

λfxy.f x y ist also eine andere Schreibweise für den Term $(\lambda \mathrm{f}.(\lambda \mathrm{x}.(\lambda \mathrm{y}.((\mathrm{f}\,\mathrm{x})\,\mathrm{y}))))$.

Hier sind weitere Beispiele für Terme und ihre Abkürzungen:

$(\mathrm{f}\,\mathrm{x})$	$\mathrm{f}\,\mathrm{x}$
$(\mathrm{f}\,\mathrm{x})\,\mathrm{y}$	$\mathrm{f}\,\mathrm{x}\,\mathrm{y}$
$(\lambda \mathrm{x}.(\mathrm{x}\ x))$	$\lambda \mathrm{x}.\mathrm{x}\,\mathrm{x}$
$(\lambda \mathrm{x}.((\mathrm{x}\,\mathrm{y})\,\mathrm{z}))$	$\lambda \mathrm{x}.\mathrm{x}\,\mathrm{y}\,\mathrm{z}$
$(\lambda \mathrm{x}.(\lambda\, \mathrm{y}.(\mathrm{x}\,\mathrm{y})))$	$\lambda \mathrm{xy}.\mathrm{x}\,\mathrm{y}$

AUFGABE 14.2

Schreibe für die folgenden Abkürzungen die «vollständigen» λ-Terme auf:

$$f\,x\,y\,z$$
$$\lambda xyz.x\,y\,z$$
$$((\lambda xy.x\,y)\,a\,b)$$

14.3 λ-INTUITION

Es ist kein Zufall, dass die Lehrsprachen genau die gleichen Begriffe verwenden wie der λ-Kalkül. Ein Lambda-Ausdruck mit einem Parameter entspricht einer Abstraktion im λ-Kalkül, und die Applikationen in den Lehrsprachen entsprechen den Applikationen im λ-Kalkül. Die Lehrsprachen wurden bewusst auf dem λ-Kalkül aufgebaut.

Die Intuition für die λ-Terme ist ähnlich wie in den Lehrsprachen: Eine Abstraktion steht für eine mathematische Funktion, speziell für eine solche Funktion, die sich durch ein Computerprogramm berechnen lässt. Eine Applikation steht für die Anwendung einer Funktion, und eine Variable bezieht sich auf den Parameter einer umschließenden Abstraktion und steht für den Operanden der Applikation.

Wichtig ist aber: Das ist an diesem Punkt nur eine Intuition. Wir haben bisher nur die Sprache des λ-Kalküls definiert, nicht aber, was die λ-Terme bedeuten oder wie sie sich verhalten.

Bemerkenswert am λ-Kalkül ist, dass es dort *nur* Funktionen gibt, noch nicht einmal Zahlen, `#t`, `#f` oder zusammengesetzte Daten. Darum erscheint die Sprache des Kalküls auf den ersten Blick noch spartanisch und unintuitiv: So unmittelbar lässt sich noch nicht einmal eine Funktion hinschreiben, die zwei Zahlen addiert – schließlich gibt es keine Zahlen. Wie sich jedoch weiter unten in Abschnitt 14.8 herausstellen wird, lassen sich all diese Dinge durch Funktionen nachbilden.

Noch etwas: Die Funktionen haben auch nur jeweils einen Parameter. Dies ist aber keine wirkliche Einschränkung: Funktionen mit mehreren Parametern können wir schönfinkeln, um aus ihnen mehrstufige Funktionen mit jeweils einem Parameter zu machen, wie schon in Abschnitt 9.5 auf Seite 270.

14.4 WIE FUNKTIONIEREN VARIABLEN?

Im λ-Kalkül dreht sich (fast) alles um Variablen. Die funktionieren nach dem gleichen Prinzip wie bei den Lehrsprachen, der lexikalischen Bindung. Die lexikalische Bindung haben wir in Abschnitt 9.6 auf Seite 274 behandelt.

Kurz zur Erinnerung: Das Vorkommen einer Variable v als λ-Term gehört immer zur innersten umschließenden Abstraktion $\lambda v.e$, deren Parameter ebenfalls v ist. Bei $\lambda \mathrm{x}.\mathrm{y}\ (\lambda \mathrm{y}.\mathrm{y}))$ ist also das erste y das freie, während das zweite y durch die zweite Abstraktion gebunden wird.

Außerdem: Wenn es für eine Variable keine Abstraktion gibt, die diese bindet, heißt die Variable *frei*. Um Bindung und «Freiheit» präzise zu definieren, brauchen wir zwei Hilfsfunktionen für den Umgang mit Variablen.

DEFINITION 14.2 (FREIE UND GEBUNDENE VARIABLEN)

Die Funktionen free und bound liefern für einen λ-Terms die Mengen seiner *freien* beziehungsweise seiner *gebundenen* Variablen.

$$\mathrm{free}(e) \stackrel{\mathrm{def}}{=} \begin{cases} \{v\} & \text{falls } e = v \\ \mathrm{free}(e_0) \cup \mathrm{free}(e_1) & \text{falls } e = e_0\, e_1 \\ \mathrm{free}(e_0) \setminus \{v\} & \text{falls } e = \lambda v.e_0 \end{cases}$$

$$\mathrm{bound}(e) \stackrel{\mathrm{def}}{=} \begin{cases} \varnothing & \text{falls } e = v \\ \mathrm{bound}(e_0) \cup \mathrm{bound}(e_1) & \text{falls } e = e_0\, e_1 \\ \mathrm{bound}(e_0) \cup \{v\} & \text{falls } e = \lambda v.e_0 \end{cases}$$

Ein λ-Term e heißt *abgeschlossen* falls $\mathrm{free}(e) = \varnothing$.

Einige Beispiele:

$$\begin{aligned} \mathrm{free}(\lambda \mathrm{x}.\mathrm{y}) &= \{\mathrm{y}\} \\ \mathrm{bound}(\lambda \mathrm{x}.\mathrm{y}) &= \{\mathrm{x}\} \\ \mathrm{free}(\lambda \mathrm{y}.\mathrm{y}) &= \varnothing \\ \mathrm{bound}(\lambda \mathrm{y}.\mathrm{y}) &= \{\mathrm{y}\} \\ \mathrm{free}(\lambda \mathrm{x}.\lambda \mathrm{y}.\lambda \mathrm{x}.\mathrm{x}\ (\lambda \mathrm{z}.\mathrm{a}\ \mathrm{y})) &= \{\mathrm{a}\} \\ \mathrm{bound}(\lambda \mathrm{x}.\lambda \mathrm{y}.\lambda \mathrm{x}.\mathrm{x}\ (\lambda z.\mathrm{a}\ \mathrm{y})) &= \{\mathrm{x}, \mathrm{y}, \mathrm{z}\} \end{aligned}$$

Die Intuition ist folgende: Eine Abstraktion in einem λ-Term *bindet* eine Variable innerhalb seines Rumpfes. Eine freie Variable hingegen ist eine, die nicht durch eine Abstraktion gebunden ist. Darum bildet free bei einer Abstraktion die Differenz aus den freien und den gebundenen Variablen. Dahingegen sammelt bound alle Variablen aus Abstraktionen auf. Wenn man free und bound eines Terms als $\mathrm{free}(e) \cup \mathrm{bound}(e)$ zusammennimmt, bekommt man alle Variablen eines λ-Terms.

In einem Term kann die gleiche Variable sowohl frei als auch gebunden vorkommen:

$$\begin{aligned}\mathrm{free}(\lambda \mathrm{x.y}\,(\lambda \mathrm{y.y})) &= \{\mathrm{y}\}\\ \mathrm{bound}(\lambda \mathrm{x.y}\,(\lambda \mathrm{y.y})) &= \{\mathrm{x}, \mathrm{y}\}\end{aligned}$$

Das y taucht innerhalb *und* außerhalb einer bindenden Abstraktion auf. Das Frei- und Gebundensein bezieht sich also immer auf bestimmte Vorkommen einer Variablen in einem λ-Term.

AUFGABE 14.3

Schreibe auf, was bei folgenden Anwendungen von free und bound herauskommt:

$$\begin{gathered}\mathrm{free}(\mathrm{x\,y})\\ \mathrm{free}(\lambda \mathrm{x.x\,y})\\ \mathrm{free}(\lambda \mathrm{xy.x\,y})\\ \mathrm{free}((\lambda \mathrm{x.y})\,\mathrm{x})\\ \mathrm{bound}(\mathrm{x\,y})\\ \mathrm{bound}(\lambda \mathrm{x.x\,y})\\ \mathrm{bound}(\lambda \mathrm{xy.x\,y})\\ \mathrm{bound}((\lambda \mathrm{x.y})\,\mathrm{x})\end{gathered}$$

□

Der λ-Kalkül ist darauf angewiesen, Variablen durch andere zu ersetzen, ohne dabei die Zugehörigkeit von Variablenvorkommen und den dazu passenden Abstraktionen zu verändern. Der Mechanismus dafür heißt auch hier *Substitution*:

DEFINITION 14.3 (SUBSTITUTION)

Für $e, f \in \mathcal{L}_\lambda$ bedeutet $e[v \mapsto f]$, dass in e die Variable v durch f ersetzt oder *substituiert* wird. Die Funktion ist folgendermaßen definiert:

$$e[v \mapsto f] \stackrel{\text{def}}{=} \begin{cases} f & \text{falls } e = v\\ e & \text{falls } e \text{ eine Variable ist und } e \neq v\\ \lambda v.e_0 & \text{falls } e = \lambda v.e_0\\ \lambda u.(e_0[v \mapsto f]) & \text{falls } e = \lambda u.e_0 \text{ und } u \neq v, u \notin \mathrm{free}(f)\\ \lambda u'.(e_0[u \mapsto u'][v \mapsto f]) & \text{falls } e = \lambda u.e_0\\ & \text{und } u \neq v, u \in \mathrm{free}(f), u' \notin \mathrm{free}(e_0) \cup \mathrm{free}(f)\\ (e_0[v \mapsto f])\,(e_1[v \mapsto f]) & \text{falls } e = e_0\,e_1 \end{cases}$$

Die Definition der Substitution erscheint auf den ersten Blick kompliziert, folgt aber dem Prinzip der lexikalischen Bindung. Die erste Regel besagt, dass das Vorkommen einer Variable durch eine Substitution genau dieser Variablen ersetzt wird:

$$v[v \mapsto f] = f$$

Die zweite Regel besagt, dass das Vorkommen einer *anderen* Variable durch die Substitution nicht betroffen wird:

$$e[v \mapsto f] = e \qquad e \text{ ist eine Variable und } e \neq v$$

Die dritte Regel ist auf den ersten Blick etwas überraschend:

$$(\lambda v.e_0)[v \mapsto f] = \lambda v.e_0$$

Ein λ-Ausdruck, dessen Parameter gerade die Variable ist, die substitutiert werden soll, bleibt unverändert. Das liegt daran, dass mit dem λ-Ausdruck die Zugehörigkeit aller Vorkommen von v in e_0 bereits festgelegt ist: ein Vorkommen von v in e_0 gehört entweder zu dieser Abstraktion oder einer anderen Abstraktion mit v als Parameter, die in e_0 weiter innen steht – v ist in $(\lambda v.e_0)$ gebunden und $v \in \text{bound}(\lambda v.e_0)$. Da die Substitution diese Zugehörigkeiten nicht verändern darf, lässt sie das v in Ruhe.

Anders sieht es aus, wenn die Variable der Abstraktion eine andere ist – die vierte Regel:

$$(\lambda u.e_0)[v \mapsto f] = \lambda u.(e_0[v \mapsto f]) \qquad u \neq v, u \notin \text{free}(f)$$

In diesem Fall wird die Substitution auf den Rumpf der Abstraktion angewendet. Wichtig ist, dass u nicht frei in f vorkommt – sonst könnte es vorkommen, dass beim Einsetzen von f ein freies Vorkommen von u durch die umschließende Abstraktion gebunden wird. Damit würde auch die Zugehörigkeitsregel der lexikalischen Bindung verletzt.

Was passiert, wenn u eben doch frei in f vorkommt, beschreibt die fünfte Regel:

$$(\lambda u.e_0)[v \mapsto f] = \lambda u'.(e_0[u \mapsto u'][v \to f]) \qquad \begin{array}{r} u \neq v, u \in \text{free}(f) \\ u' \notin \text{free}(e_0) \cup \text{free}(f) \end{array}$$

Um zu verhindern, dass die freien u in f durch die Abstraktion «eingefangen» werden, wird das u in der Abstraktion durch ein «frisches» u' ersetzt, das noch nirgendwo frei vorkommt.

Die Regel für Substitution auf Applikationen taucht in Operator und Operand rekursiv ab:

$$(e_0\, e_1)[v \mapsto f] = (e_0[v \mapsto f])(e_1[v \mapsto f])$$

Hier ist ein etwas umfangreicheres Beispiel für die Substitution:

$$
\begin{aligned}
(\lambda x.\lambda y.x\,(\lambda z.z)\,z)[z \mapsto x\,y] &= \lambda x'.((\lambda y.x\,(\lambda z.z)\,z)[x \mapsto x'][z \mapsto x\,y])\\
&= \lambda x'.((\lambda y.((x\,(\lambda z.z)\,z)[x \mapsto x']))[z \mapsto x\,y])\\
&= \lambda x'.((\lambda y.(x[x \mapsto x']\,((\lambda z.z)[x \mapsto x'])\,z[x \mapsto x']))[z \mapsto x\,y])\\
&= \lambda x'.((\lambda y.(x'\,(\lambda z.z)\,z))[z \mapsto x\,y])\\
&= \lambda x'.\lambda y'.((x'\,(\lambda z.z)\,z)[y \mapsto y'][z \mapsto x\,y])\\
&= \lambda x'.\lambda y'.((x'[y \mapsto y']\,((\lambda z.z)[y \mapsto y'])\,z[y \mapsto y'])[z \mapsto x\,y])\\
&= \lambda x'.\lambda y'.((x'\,(\lambda z.z)\,z)[z \mapsto x\,y])\\
&= \lambda x'.\lambda y'.x'[z \mapsto x\,y]\,((\lambda z.z)[z \mapsto x\,y])\,z[z \mapsto x\,y]\\
&= \lambda x'.\lambda y'.x'\,(\lambda z.z)\,(x\,y)
\end{aligned}
$$

Deutlich zu sehen ist, wie die freien Variablen x und y aus der Substitution $z \mapsto x\,y$ auch im Ergebnis frei bleiben, während die gebundenen Variablen x und y aus dem ursprünglichen Term umbenannt werden, um eine irrtümliche Bindung ihrer hereinsubstitutierten Namensvettern zu vermeiden.

14.5 REDUKTION IM λ-KALKÜL

Der λ-Kalkül ist ein sogenannter *Reduktionskalkül*. Das heißt, er legt Regeln fest, wie ein λ-Term in einen anderen λ-Term überführt beziehungsweise *reduziert* wird. («Reduzieren» klingt so, als würde der Term dabei kleiner werden. Manchmal wird er auch kleiner, manchmal aber auch größer.) Ein Beispiel für einen Reduktionskalkül haben wir bereits gesehen, nämlich den Stepper im DrRacket, der auch jeweils einen Ausdruck «links» in einen Ausdruck «rechts» überführt. Hier sind die wichtigsten Reduktionsregeln im λ-Kalkül, auch mit griechischen Buchstaben benannt:

DEFINITION 14.4 (REDUKTIONSREGELN)

Die Reduktionsregeln im λ-Kalkül sind die α-Reduktion $\rightarrow_\alpha$ und die β-Reduktion $\rightarrow_\beta$:

$$
\begin{aligned}
\lambda x.e &\rightarrow_\alpha \lambda y.(e[x \mapsto y]) \quad y \notin \mathrm{free}(e)\\
(\lambda v.e)\,f &\rightarrow_\beta e[v \mapsto f]
\end{aligned}
$$

Die α-Reduktion (oft auch *α-Konversion* genannt) benennt eine gebundene Variable in eine andere um. Hier sind einige Beispiele:

$$\begin{aligned} \lambda \mathrm{a.a} &\rightarrow_\alpha \lambda \mathrm{c.c} \\ \lambda \mathrm{a.a\,b} &\rightarrow_\alpha \lambda \mathrm{c.c\,b} \\ \lambda \mathrm{a.}(\lambda \mathrm{a.a\,a})\,\mathrm{a} &\rightarrow_\alpha \lambda \mathrm{c.}(\lambda \mathrm{a'.a'\,a'})\,\mathrm{c} \end{aligned}$$

Die β-Reduktion ist die zentrale Regel des λ-Kalküls und steht für Funktionsapplikation: eine Abstraktion wird angewendet, indem die Vorkommen ihres Parameters durch den Operanden einer Applikation ersetzt werden. Hier sind zwei Beispiele:

$$\begin{aligned} (\lambda \mathrm{x.x})\,\mathrm{y} &\rightarrow_\beta \mathrm{y} \\ (\lambda \mathrm{a.a\,a})\,(\lambda \mathrm{x.x}) &\rightarrow_\beta (\lambda \mathrm{x.x})\,(\lambda \mathrm{x.x}) \end{aligned}$$

In den obigen Beispielen wird jeweils die Reduktionsregel auf einen ganzen λ-Termin angewendet. Es ist allerdings auch erlaubt, eine Reduktionsregel auf einen Teilterm anzuwenden:

$$\begin{aligned} \lambda \mathrm{b.}\lambda \mathrm{a.a} &\rightarrow_\alpha \lambda \mathrm{b.}\lambda \mathrm{c.}c \\ \lambda \mathrm{z.}(\lambda \mathrm{x.x})\,\mathrm{y} &\rightarrow_\beta \lambda \mathrm{z.y} \end{aligned}$$

Das ist bei jedem Reduktionskalkül so, gehört also zum Begriff «Reduktion» an sich. Du kennst das Prinzip vom ganz normalen Rechnen:

$$y \times (x + x + x) = y \times (3 \times x)$$

Der Stepper zeigt, dass auch in den Lehrsprachen Reduktion auf Teiltermen arbeitet: Dieser wird ja farblich markiert. Allerdings gibt es einen Unterschied: Beim Rechnen und im λ-Kalkül darf auf *jedem* Teilterm reduziert werden. Unter Umständen sind mehrere verschiedene Reduktionen möglich:

$$\begin{aligned} (\lambda \mathrm{v.v\,v})\,\underline{((\lambda \mathrm{u.u})\,\mathrm{w})} &\rightarrow_\beta (\lambda \mathrm{v.v\,v})\,\mathrm{w} \\ \underline{(\lambda \mathrm{v.v\,v})\,((\lambda \mathrm{u.u})\,\mathrm{w})} &\rightarrow_\beta ((\lambda \mathrm{u.u})\,\mathrm{w})\,((\lambda \mathrm{u.u})\,\mathrm{w}) \end{aligned}$$

Wir haben jeweils unterstrichen, welcher Teilterm reduziert wird: Dieser Teilterm heißt *Redex*. Bei den Lehrsprachen ist immer genau vorgeschrieben, welcher Teilterm der Redex ist. Die Regeln dafür werden wir in Abschnitt 14.7 auf Seite 452 kennenlernen.

Wenn Du beim letzten Beispiel weiterreduzierst, dann sieht das so aus:

$$\begin{array}{rcl} \underline{(\lambda \mathrm{v.v\,v})\,\mathrm{w}} & \rightarrow_\beta & \mathrm{w\,w} \\ \underline{((\lambda \mathrm{u.u})\,\mathrm{w})}\,((\lambda \mathrm{u.u})\,\mathrm{w}) & \rightarrow_\beta & \mathrm{w}\,\underline{((\lambda \mathrm{u.u})\,\mathrm{w})} \\ & \rightarrow_\beta & \mathrm{w\,w} \end{array}$$

AUFGABE 14.4

Kannst Du die bei diesem Beispiel auch noch auf einem anderen Weg reduzieren, den Redex also bei mindestens einem anderen Schritt anders wählen? Wenn ja, kommt auch dann das gleiche Ergebnis heraus, wenn Du weiterreduzierst? □

Wenn wir mehrere Schritte benötigen, um von einem Term zum anderen zu kommen, werden wir die folgende Notation «mit Sternchen» benutzen:

$$e \overset{*}{\rightarrow}_\alpha e'$$
$$e \overset{*}{\rightarrow}_\beta e'$$

Das bedeutet, dass wir in mehreren Reduktionsschritten (es können auch 0 Schritte sein, also $e = e'$) jeweils von e nach e' kommen. Diese Konstruktion – «0 oder mehr Schritte» – heißt auch *transitiv-reflexiver Abschluss*. Das «reflexiv» bedeutet, dass auch 0 Schritte möglich sind, das «transitiv», dass es mehrere Schritte sein können.

Wir werden außerdem die Notation $\rightarrow_{\alpha,\beta}$ benutzen, um auszudrücken, dass es eine α- oder eine β-Reduktion ist. Entsprechend ist $\overset{*}{\rightarrow}_{\alpha,\beta}$ eine Folge von α- und β-Reduktionen, die sich beliebig abwechseln können. Wir setzen noch eins drauf: $\leftrightarrow_\beta$ bedeutet, dass die Reduktion auch «rückwärts» laufen kann. Entsprechend gibt es auch $\leftrightarrow_{\alpha,\beta}$ und $\overset{*}{\leftrightarrow}_{\alpha,\beta}$. $\leftrightarrow_{\alpha,\beta}$ heißt *symmetrischer Abschluss* von $\rightarrow_{\alpha,\beta}$ («symmetrisch», weil die Reduktion in beide Richtungen gleich funktioniert), $\overset{*}{\leftrightarrow}_{\alpha,\beta}$ der *reflexiv-transitiv-symmetrische Abschluss*.

Wenn wir mit $\overset{*}{\leftrightarrow}_{\alpha,\beta}$ einen λ-Term in einen anderen überführen können, so nennen wir diese beiden Terme im λ-Kalkül *äquivalent*:

DEFINITION 14.5 (ÄQUIVALENZ IM λ-KALKÜL)

Zwei Terme $e_1, e_2 \in \mathcal{L}_\lambda$ heißen *$\alpha\beta$-äquivalent* oder einfach nur *äquivalent*, wenn $e_1 \overset{*}{\leftrightarrow}_{\alpha,\beta} e_2$ gilt. Die Schreibweise dafür ist $e_1 \equiv e_2$.

14.6 NORMALFORMEN

Im letzten Abschnitt haben wir anhand des Beispiels $(\lambda \mathrm{v.v\ v})\ ((\lambda \mathrm{u.u})\ \mathrm{w})$ gesehen, dass es von ein und demselben λ-Term aus mehrere mögliche Reduktionsfolgen gibt. Wenn Du jede mit β-Reduktionen bis zum Ende weiterführst, stellst Du fest, dass am Ende jedesmal der gleiche Term herauskommt. Das heißt nicht ganz: Der Term hat am Ende immer die gleiche Struktur, aber unter Umständen unterschiedliche Namen für die Variablen. Du kannst aber mit Hilfe der α-Reduktion die Variablen so umbennen, dass auch sie gleich sind.

Um über diese Eigenschaft des λ-Kalküls zu sprechen, brauchen wir den Begriff der *Normalform*, der Terme beschreibt, die nicht mehr weiter reduziert werden können:

DEFINITION 14.6 (NORMALFORM)

Sei e ein λ-Term. Ein λ-Term e' ist eine *Normalform* von e, wenn $e \overset{*}{\rightarrow}_\beta e'$ gilt und kein λ-Term e'' existiert mit $e' \rightarrow_\beta e''$.

Normalformen können wir dazu benutzen, um den Beweis von Gleichungen im Kalkül zu erleichtern: Wenn jemand behauptet, dass $e_1 \equiv e_2$ gilt, wissen wir ja nicht, welche Abfolge von α- und β-Reduktionen den einen in den anderen Term überführt hat. Es könnte sein, dass wir viele Reduktionsfolgen probieren müssen, um eine richtige zu finden.

Glücklicherweise ist der Beweis für $e_1 \equiv e_2$ einfacher, wenn wir beide jeweils zu einer Normalform reduzieren können. Dann müssen wir nur schauen, ob wir die Normalformen durch α-Reduktionen ineinander überführen können. Wenn ja, dann sind e_1 und e_2 äquivalent, sonst nicht. Für diese Situation werden auch die Sprechweisen «die Normalformen sind α-äquivalent» oder «die Normalformen sind gleich modulo α-Reduktion» benutzt.

Eine wichtige Eigenschaft auf dem Weg zur Eindeutigkeit von Normalformen ist der Satz von Church/Rosser:

SATZ 14.7 (CHURCH/ROSSER-EIGENSCHAFT) Die β-Reduktionsregel hat die *Church/Rosser-Eigenschaft*: Für beliebige λ-Terme e_1 und e_2 mit $e_1 \overset{*}{\leftrightarrow}_\beta e_2$, gibt es immer einen λ-Term e' mit $e_1 \overset{*}{\rightarrow}_\beta e'$ und $e_2 \overset{*}{\rightarrow}_\beta e'$.

Abbildung 14.1 stellt die Aussage des Satzes von Church/Rosser grafisch dar. Der Beweis des Satzes ist leider recht umfangreich und technisch. Die einschlägige Literatur über den λ-Kalkül hat ihn vorrätig [HS86].

Die Church/Rosser-Eigenschaft ebnet den Weg für Benutzung von Normalformen zum Finden von Beweisen im λ-Kalkül:

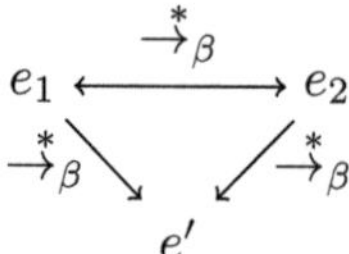

Abbildung 14.1: Die Church/Rosser-Eigenschaft

Satz 14.8 (Eindeutigkeit der Normalform) Ein λ-Term e hat höchstens eine Normalform modulo α-Reduktion.

Beweis Angenommen, es gebe zwei unterschiedliche Normalformen e_1 und e_2 von e. Nach Satz 14.7 muss es dann aber einen weiteren λ-Term e' geben mit $e_1 \overset{*}{\rightarrow}_\beta e'$ und $e_2 \overset{*}{\rightarrow}_\beta e'$. Entweder sind e_1 und e_2 also nicht unterschiedlich, oder zumindest einer von beiden ist keine Normalform im Widerspruch zur Annahme. □

Satz 14.8 bestätigt, dass der λ-Kalkül ein sinnvoller Mechanismus für die Beschreibung des Verhaltens von Computerprogrammen ist: Bei einem λ-Term ist es gleichgültig, in welcher Reihenfolge die Reduktionen angewendet werden: Jede Reduktionsfolge, die zu einer Normalform führt, führt immer zur gleichen Normalform.

Manche λ-Terme haben leider keine Normalform. Hier ein Beispiel:

$$(\lambda \mathrm{x}.\mathrm{x}\,\mathrm{x})(\lambda \mathrm{x}.\mathrm{x}\,\mathrm{x}) \rightarrow_\beta (\lambda \mathrm{x}.\mathrm{x}\,\mathrm{x})\;(\lambda x.\mathrm{x}\,\mathrm{x})$$

Solche Terme ohne Normalformen lassen sich endlos weiterreduzieren, ohne dass der Prozess jemals zum Schluss kommt. Sie entsprechen damit Programmen, die endlos weiterrechnen. Dies ist kein spezieller Defekt des λ-Kalküls: Jeder Kalkül, der mächtig genug ist, um beliebige Computerprogramme zu modellieren, hat diese Eigenschaft.

14.7 AUSWERTUNGSSTRATEGIEN

Die Anwendung des Satzes von Church/Rosser hat in der Praxis einen Haken: Er besagt zwar, dass sich die Äquivalenz von zwei Termen dadurch beweisen lässt, dass ihre Normalformen verglichen werden. Leider sagt er nichts darüber, wie diese Normalformen gefunden werden. Wenn wir die Auswertung einem Computer übertragen, sollten wir uns eine Strategie überlegen, die möglichst effizient zur Normalform führt und möglichst keine überflüssigen Auswertungsschritte begeht.

Eine solche *Auswertungsstrategie* wird in der Regel so formuliert, dass sie ausgehend von einem λ-Term den β-Redex für den nächsten Auswertungsschritt eindeutig festlegt. Für den λ-Kalkül gibt es mehrere populäre Auswertungsstrategien, die jeweils ihre eigenen Vor- und Nachteile haben, was das effektive Finden von Normalformen betrifft.

Eine populäre Auswertungsstrategie ist die Linksaußen-Reduktion, auch *normal-order reduction* oder *leftmost-outermost reduction* genannt.

DEFINITION 14.9 (LINKSAUSSEN-REDUKTION)

Bei der Linksaußen-Reduktion wird immer der β-Redex reduziert, der möglichst weit links außen steht. Das bedeutet konkret:

1. Wenn der λ-Term die Form $(\lambda v.e)\ f$ hat, so ist der ganze Term der nächste Redex – also *außen*.
2. Wenn der λ-Term die Form $e\ f$ hat, und e *keine* Abstraktion ist, so suche nach dem Redex innerhalb von e – also *links*.
3. Wenn der λ-Term die Form $e\ f$ hat, und e *keine* Abstraktion ist und wenn in e kein Redex zu finden ist, suche nach dem Redex innerhalb von f.
4. Wenn der λ-Term die Form $\lambda v.e$ hat, so suche nach dem Redex innerhalb von e.

Hier ist ein Beispiel:

$$\begin{aligned}\underline{(\lambda x.\lambda z.(\lambda y.y)\ x)\ ((\lambda y.y)\ z)} &\rightarrow_\beta \lambda z.\underline{(\lambda y.y)\ ((\lambda y.y)\ z)}\\ &\rightarrow_\beta \lambda z.\underline{(\lambda y.y)\ z}\\ &\rightarrow_\beta \lambda z.z\end{aligned}$$

Die Linksaußen-Reduktion hat folgende äußerst angenehme Eigenschaft:

SATZ 14.10 Wenn e' eine Normalform von e ist, so führt die Linksaußen-Reduktion von e zu e', modulo α-Reduktion.

Falls es also eine Normalform gibt, so findet die Linksaußen-Reduktion sie auch. Es gibt noch weitere Auswertungsstrategien:

DEFINITION 14.11 (CALL-BY-NAME-REDUKTION)

Die *Call-by-Name-Reduktion* ist wie die Linksaußen-Reduktion, allerdings ohne die letzte Regel für Terme der Form $\lambda v.e$.

Die Call-by-Name-Reduktion hört also verglichen mit der Linksaußen-Reduktion vorzeitig auf, sobald eine Abstraktion herauskommt. Beim Beispiel von oben ist schon nach dem ersten Schritt:

$$\underline{(\lambda x.\lambda z.(\lambda y.y)\,x)\,((\lambda y.y)\,z)} \rightarrow_\beta \lambda z.(\lambda y.y)\,((\lambda y.y)\,z)$$

Dass die Linksaußen-Reduktion immer eine Normalform findet, wenn es eine gibt, ist toll. Leider geschieht dies nicht immer auf die effizienteste Art und Weise. Beim folgenden Beispiel wird der Subterm $((\lambda y.y)\,z)$ zunächst «verdoppelt» und muss deshalb zweimal reduziert werden.

$$\begin{aligned}\underline{(\lambda x.x\,x)\,((\lambda y.y)\,z)} &\rightarrow_\beta \underline{((\lambda y.y)\,z)}\,((\lambda y.y)\,z)\\ &\rightarrow_\beta z\,\underline{((\lambda y.y)\,z)}\\ &\rightarrow_\beta z\,z\end{aligned}$$

Eine andere Auswertungsstrategie vermeidet solche doppelte Arbeit: Die *Linksinnen-Reduktion*, auch genannt *applicative-order reduction* oder *leftmost-innermost reduction*.

DEFINITION 14.12 (LINKSINNEN-REDUKTION)

Bei der Linksinnen-Reduktion wird immer der β-Redex reduziert, der möglichst weit links innen steht. Das bedeutet konkret:

1. Wenn der λ-Term die Form $e\ f$ hat, so suche nach dem Redex innerhalb von e – also *links innen*.
2. Wenn der λ-Term die Form $e\ f$ hat und wenn in e kein Redex zu finden ist, suche nach dem Redex innerhalb von f.
3. Wenn der λ-Term die Form $(\lambda v.e)\ f$ hat und in f kein Redex zu finden ist, so ist der ganze Term der nächste Redex.
4. Wenn der λ-Term die Form $\lambda v.e$ hat, so suche nach dem Redex innerhalb von e.

Die Linksinnen-Reduktion ist beim obigen Beispiel effektiver als Linksaußen-Reduktion, da zunächst das Argument der äußeren Applikation ausgewertet wird:

$$\begin{aligned}(\lambda x.x\,x)\,((\lambda y.y)\,z) &\rightarrow_{\beta i} (\lambda x.x\,x)\,z\\ &\rightarrow_{\beta i} z\,z\end{aligned}$$

Leider führt die Linksinnen-Reduktion nicht immer zu einer Normalform, selbst wenn es die Linksaußen-Reduktion tut. Der folgende Term zum Beispiel hat zwei Redexe – den ganzen Term und $(\lambda z.z\,z)\,(\lambda z.z\,z)$:

$$(\lambda x.\lambda y.y)\,((\lambda z.z\,z)\,(\lambda z.z\,z))$$

Die Linksinnen-Strategie wählt den inneren Subterm als ersten Redex aus:

$$(\lambda z.z\ z)\ (\lambda z.z\ z) \rightarrow_{\beta i} (\lambda z.z\ z)\ (\lambda z.z\ z)$$

Damit läuft die Linksinnen-Reduktion unendlich im Kreis, während die Linksaußen-Reduktion sofort den gesamten Term reduziert und die Normalform $\lambda y.y$ liefert.

Eine Variante der Linksinnen-Reduktion, die in den meisten Programmiersprachen Anwendung findet, ist die *Call-by-Value-Reduktion*. Sie ist die Grundlage insbesondere für unsere Lehrsprachen.

DEFINITION 14.13 (CALL-BY-VALUE-REDUKTION)

Die *Call-by-Value-Reduktion* ist wie die Linksinnen-Reduktion, allerdings ohne die letzte Regel für Terme der Form $\lambda v.e$.

AUFGABE 14.5

Lasse folgendes Programm (und gern auch noch andere) im Stepper laufen und überzeuge Dich, dass er die Call-by-Value-Reduktion benutzt:

```
(define z "z")
((lambda (x) (lambda (z) ((lambda (y) y) x))) ((lambda (y) y) z))
```

□

Programmiersprachen mit Call-by-Value-Reduktion heißen *strikte Sprachen*. Es gibt auch *nichtstrikte* Sprachen wie zum Beispiel Haskell [Mar10], die auf der sogenannten *lazy evaluation* beruhen. Ihre Auswertungsstrategie ist eng mit der Call-by-Name-Auswertung im λ-Kalkül verwandt, vermeidet aber mehrfache überflüssige Auswertung von Ausdrücken dadurch, dass sie den Wert beim ersten Mal abspeichern und danach wiederverwenden.

14.8 DER λ-KALKÜL ALS PROGRAMMIERSPRACHE

Bisher sieht es so aus, als könne man mit dem λ-Kalkül nichts anfangen: Die drei Arten von λ-Termen entsprechen zwar den Abstraktionen, Applikationen und Variablen aus den Lehrsprachen, aber alles andere fehlt, zum Beispiel das Rechnen mit Zahlen, aber auch boolesche Werte und Verzweigungen. Wir könnten das alles zum λ-Kalkül hinzufügen, was aber den Kalkül komplizierter macht und damit erschwert, wichtige Eigenschaften des Kalküls zu beweisen.

Wir können aber auch versuchen, die fehlenden Konstrukte innerhalb des Kalküls nachzubilden. Wir wissen ja zum Beispiel, dass wir Funktionen mit mehreren Parametern durch Schönfinkeln nachbilden können. Diese Strategie verfolgen wir in diesem Kapitel und zeigen, dass wir folgende Konstrukte durch Übersetzung in den «reinen» λ-Kalkül nachbilden können:

- Verzweigungen und boolesche Werte
- Zahlen
- `define` und Rekursion

Diese Konstrukte machen den λ-Kalkül ebenso mächtig wie eine ausgewachsene Programmiersprache, ohne dass wir den Kalkül selbst komplizierter machen müssen.

14.8.1 VERZWEIGUNGEN UND BOOLESCHE WERTE

Die binäre Verzweigung (`if` b k a) wählt, abhängig vom booleschen Wert b, die Konsequente k oder die Alternative a aus. Diese Idee können wir in λ-Termen ausdrücken. Wir definieren **true** als Term, der das erste von zwei Argumenten auswählt und das zweite verwirft; **false** umgekehrt. Die Verzweigung wendet die Bedingung auf Konsequente und Alternative an:

$$\begin{aligned}\textbf{true} &\stackrel{\text{def}}{=} \lambda \mathrm{xy.x}\\ \textbf{false} &\stackrel{\text{def}}{=} \lambda \mathrm{xy.y}\\ \textbf{if} &\stackrel{\text{def}}{=} \lambda \mathrm{tka.t\ k\ a}\end{aligned}$$

Wie **if** funktioniert, zeigt das folgende Beispiel:

$$\begin{aligned}\textbf{if}\ \textbf{true}\ e_1\ e_2 &= (\lambda \mathrm{tka.t\ k\ a})\ \textbf{true}\ e_1\ e_2\\ &\rightarrow_\beta (\lambda \mathrm{ka.}\textbf{true}\ \mathrm{k\ a})\ e_1\ e_2\\ &\rightarrow_\beta^2 \textbf{true}\ e_1\ e_2\\ &= (\lambda \mathrm{ka.k})\ e_1\ e_2\\ &\rightarrow_\beta (\lambda \mathrm{a.}e_1)\ e_2\\ &\rightarrow_\beta e_1\end{aligned}$$

AUFGABE 14.6

Schreibe den analogen Beweis für **false** auf! □

14.8.2 NATÜRLICHE ZAHLEN

Für die Nachbildung von Zahlen gibt es verschiedene Ansätze. Einer davon heißt *Church-Numerale*. Das Church-Numeral $\lceil n \rceil$ einer natürlichen Zahl n ist eine Funktion, die eine n-fache Applikation vornimmt.

$$\lceil n \rceil \stackrel{\text{def}}{=} \lambda \mathrm{f}.\lambda \mathrm{x}.(\mathrm{f}^n(\mathrm{x}))$$

Die Notation dort verwendete f^n ist folgendermaßen induktiv definiert:

$$f^n(e) \stackrel{\text{def}}{=} \begin{cases} e & \text{falls } n = 0 \\ f(f^{n-1}(e)) & \text{sonst} \end{cases}$$

$\lceil 0 \rceil$ ist nach dieser Definition $\lambda \mathrm{f}.\lambda \mathrm{x}.\mathrm{x}$, $\lceil 1 \rceil$ ist $\lambda \mathrm{f}.\lambda \mathrm{x}.\mathrm{f\ x}$, $\lceil 2 \rceil$ ist $\lambda \mathrm{f}.\lambda \mathrm{x}.\mathrm{f\ (f\ x)}$ usw.

Hier ist die Definition der *Nachfolgerfunktion* **succ**, die auf eine Zahl eins addiert. Sie macht eine Applikation dazu:

$$\mathbf{succ} \stackrel{\text{def}}{=} \lambda \mathrm{n}.\lambda \mathrm{f}.\lambda \mathrm{x}.\mathrm{n\ f\ (f\ x)}$$

Hier ein Beispiel für die Anwendung von **succ**:

$$\begin{aligned} \mathbf{succ}\ \lceil 1 \rceil &= \underline{(\lambda \mathrm{n}.\lambda \mathrm{f}.\lambda \mathrm{x}.\mathrm{n\ f\ (f\ x)})\ (\lambda \mathrm{f}.\lambda \mathrm{x}.\mathrm{f\ x})} \\ &\rightarrow_\beta \lambda \mathrm{x}.\underline{(\lambda \mathrm{f}.\lambda \mathrm{x}.\mathrm{f\ x})\ \mathrm{f}}\ (\mathrm{f\ x}) \\ &\rightarrow_\beta \lambda \mathrm{x}.\underline{(\lambda \mathrm{x}.\mathrm{f\ x})\ (\mathrm{f\ x})} \\ &\rightarrow_\beta \lambda \mathrm{x}.(\lambda \mathrm{x}.\mathrm{f\ (f\ x)}) \\ &= \lceil 2 \rceil \end{aligned}$$

Folgende Definition die *Vorgängerfunktion*. Sie zieht von einer Zahl eins ab:

$$\mathbf{pred} \stackrel{\text{def}}{=} \lambda \mathrm{x}.\lambda \mathrm{y}.\lambda \mathrm{z}.\mathrm{x}\ (\lambda \mathrm{p}.\lambda \mathrm{q}.\mathrm{q\ (p\ y)})\ ((\lambda \mathrm{x}.\lambda \mathrm{y}.\mathrm{x})\ \mathrm{z})\ (\lambda \mathrm{x}.\mathrm{x})$$

AUFGABE 14.7

Zeige, dass **pred** $\lceil 3 \rceil$ zu $\lceil 2 \rceil$ reduziert! □

In Verbindung mit den booleschen Werten test die folgende Funktion **zerop** eine Zahl darauf, ob sie 0 ist:

$$\mathbf{zerop} \stackrel{\text{def}}{=} \lambda \mathrm{n}.\mathrm{n}\ (\lambda \mathrm{x}.\mathbf{false})\ \mathbf{true}$$

Die Funktionsweise von **zerop** lässt sich am einfachsten an einem Beispiel erkennen:

$$\begin{aligned}\mathbf{zerop}\ \ulcorner 0 \urcorner &= (\lambda \mathrm{n.n}\ (\lambda \mathrm{x}.\mathbf{false})\ \mathbf{true})\ \ulcorner 0 \urcorner \\ &\rightarrow_\beta \ulcorner 0 \urcorner\ (\lambda \mathrm{x}.\mathbf{false})\ \mathbf{true} \\ &= (\lambda \mathrm{f}.\lambda \mathrm{x.x})\ (\lambda \mathrm{x}.\mathbf{false})\ \mathbf{true} \\ &\rightarrow_\beta (\lambda \mathrm{x.x})\ \mathbf{true} \\ &\rightarrow_\beta \mathbf{true}\end{aligned}$$

14.8.3 REKURSION UND FIXPUNKTSATZ

Um Funktionen auf natürlichen Zahlen zu schreiben, brauchen wir noch Rekursion. Wenn wir in den Lehrsprachen rekursive Funktionen geschrieben haben, dann war das immer im Zusammenhang mit `define`, damit die Funktion überhaupt einen Namen bekommt.

Das einfache `define` können wir in eine Kombination aus Abstraktion und Applikation übersetzen. Aus einem Programm dieser Form:

```
(define n e) ...
```

können wir folgendes Programm ohne das `define` machen:

```
((lambda (n) ...) e)
```

Allerdings funktioniert dieser Trick nicht für Rekursion, da nach den Regeln der lexikalischen Bindung das n in e gar nicht sichtbar ist. Wie es trotzdem geht, zeigen wir anhand des Beispiels der Fakultät. Schön wäre eine Definition wie folgt:

$$\mathbf{fac} \stackrel{\mathrm{def}}{=} \lambda \mathrm{x}.\mathbf{if}\ (\mathbf{zerop}\,\mathrm{x})\ \ulcorner 1 \urcorner\ (*\,\mathrm{x}\ (\mathbf{fac}\ (\mathbf{pred}\,\mathrm{x})))$$

$*$ steht für einen λ-Terme, der Church-Numerale multipliziert. Wir tun so, als hätten wir die schon definiert – ihre Formulierung ist Teil der Übungsaufgabe 14.9.

Leider ist das keine richtige Definition für **fac**: **fac** taucht sowohl auf der linken als auch auf der rechten Seite auf. Wenn **fac** aus der rechten Seite entfernt wird, bleibt folgender Term übrig:

$$\lambda \mathrm{x}.\mathbf{if}\ (\mathbf{zerop}\,\mathrm{x})\ \ulcorner 1 \urcorner\ (*\,\mathrm{x}\ (?\ (\mathbf{pred}\,\mathrm{x})))$$

Immerhin berechnet dieser Term korrekt die Fakultät von 0, nämlich 1. Für alle Zahlen größer als 0 ist «?» allerdings noch unbekannt. Weil der Term nur für 0 taugt, nennen wir ihn $\mathbf{fac}_0$:

$$\mathbf{fac}_0 \stackrel{\mathrm{def}}{=} \lambda \mathrm{x}.\mathbf{if}\ (\mathbf{zerop}\,\mathrm{x})\ \ulcorner 1 \urcorner\ (*\,\mathrm{x}\ (?\ (\mathbf{pred}\,\mathrm{x})))$$

Nun wäre es schön, einen Term zu haben, der zumindest auch die Fakultät von 1 ausrechnen kann. Dazu wird $\mathbf{fac}_0$ in seine eigene Definition anstelle des ? eingesetzt. Das Ergebnis sieht so aus:

$$\lambda\mathrm{x}.\mathbf{if}\ (\mathbf{zerop}\,\mathrm{x})\ \lceil 1 \rceil\ (*\,\mathrm{x}\,(\mathbf{fac}_0\ (\mathbf{pred}\,\mathrm{x})))$$

Da $\mathbf{fac}_0$ keinen Selbstbezug enthält, lässt sich seine Definition einsetzen; das Ergebnis soll der Funktion entsprechend $\mathbf{fac}_1$ heißen:

$$\mathbf{fac}_1 \stackrel{\text{def}}{=} \lambda\mathrm{x}.\mathbf{if}\ (\mathbf{zerop}\,\mathrm{x})\ \lceil 1 \rceil\ (*\,\mathrm{x}\,((\lambda\mathrm{x}.\mathbf{if}\ (\mathbf{zerop}\,\mathrm{x})\ \lceil 1 \rceil\ (*\,\mathrm{x}\,(?\ (\mathbf{pred}\,\mathrm{x}))))\ (\mathbf{pred}\,\mathrm{x})))$$

Auf die gleiche Art und Weise lässt sich ein Term konstruieren, der die Fakultäten bis 2 ausrechnet:

$$\mathbf{fac}_2 \stackrel{\text{def}}{=} \lambda x.\mathbf{if}\ (\mathbf{zerop}\,x)\ \lceil 1 \rceil\ (*\,x\,(\mathbf{fac}_1\ (\mathbf{pred}\,x)))$$

Dieses Muster lässt sich immer so weiter fortsetzen. Leider entsteht dabei trotzdem nie ein Term, der die Fakultäten *aller* natürlichen Zahlen berechnen kann, da die Terme immer endlich groß bleiben. Immerhin unterscheiden sich die $\mathbf{fac}_n$-Terme nur durch den Aufruf von $\mathbf{fac}_{n-1}$, der jedesmal anders ist. Wir abstrahieren deshalb und definieren folgenden Term **FAC**:

$$\mathbf{FAC} \stackrel{\text{def}}{=} \lambda\mathbf{fac}.\lambda\mathrm{x}.\mathbf{if}\ (\mathbf{zerop}\,\mathrm{x})\ 1\ (*\,\mathrm{x}\,(\mathbf{fac}\ (\mathbf{pred}\,\mathrm{x})))$$

Nun können wir die $\mathbf{fac}_n$-Funktionen mit Hilfe von **FAC** einfacher beschreiben:

$$\begin{array}{lcl}
\mathbf{fac}_0 & \stackrel{\text{def}}{=} & \lambda\mathrm{x}.\mathbf{if}\ (\mathbf{zerop}\,\mathrm{x})\ \lceil 1 \rceil\ (*\,\mathrm{x}\,(?\ (\mathbf{pred}\,\mathrm{x}))) \\
\mathbf{fac}_1 & \stackrel{\text{def}}{=} & \mathbf{FAC}\ \mathbf{fac}_0 \\
\mathbf{fac}_2 & \stackrel{\text{def}}{=} & \mathbf{FAC}\ \mathbf{fac}_1 \\
 & \cdots &
\end{array}$$

FAC ist also eine Fabrik für Fakultätsfunktionen und teilt mit allen $\mathbf{fac}_i$ die Eigenschaft, dass ihre Definition nicht rekursiv ist. Damit ist zwar die Notation kompakter geworden, eine korrekte Definition von **fac** müsste aber eine unendliche Kette von Applikationen von **FAC** enthalten. Da sich solch ein Term nicht aufschreiben lässt, hilft nur Wunschdenken weiter. Dafür sei angenommen, **fac** wäre bereits gefunden. Dann gilt folgende Gleichung:

$$\mathbf{fac} \equiv \mathbf{FAC}\ \mathbf{fac}$$

Die eine zusätzliche Applikation, die **FAC** vornimmt, landet auf einem ohnehin schon unendlichen Stapel, macht diesen also auch nicht größer. Damit ist aber **fac** ein sogenannter *Fixpunkt* von

FAC: Wenn **fac** hineingeht, kommt es auch genauso wieder heraus. Wenn es nun eine Möglichkeit gäbe, für einen λ-Term einen Fixpunkt zu finden, wäre das Problem gelöst. Der folgende Satz zeigt, dass dies tatsächlich möglich ist:

SATZ 14.14 (FIXPUNKTSATZ) Für jeden λ-Term F gibt es einen λ-Term X mit $F\ X \equiv X$.

Beweis: Wähle $X \stackrel{\text{def}}{=} \mathbf{Y}\ F$, wobei

$$\mathbf{Y} \stackrel{\text{def}}{=} \lambda\mathrm{f}.(\lambda\mathrm{x}.\mathrm{f}\ (\mathrm{x}\,\mathrm{x}))\ (\lambda\mathrm{x}.\mathrm{f}\ (\mathrm{x}\,\mathrm{x})).$$

Dann gilt:

$$\begin{aligned}
\mathbf{Y}\,F \quad &= (\lambda\mathrm{f}.(\lambda\mathrm{x}.\mathrm{f}\ (\mathrm{x}\,\mathrm{x}))\ (\lambda\mathrm{x}.\mathrm{f}\ (\mathrm{x}\,\mathrm{x})))\ F\\
&\rightarrow_\beta (\lambda\mathrm{x}.F\ (\mathrm{x}\,\mathrm{x}))\ (\lambda\mathrm{x}.F\ (\mathrm{x}\,\mathrm{x}))\\
&\rightarrow_\beta F\ ((\lambda\mathrm{x}.F\ (\mathrm{x}\,\mathrm{x}))\ (\lambda\mathrm{x}.F\ (\mathrm{x}\,\mathrm{x})))\\
&\leftarrow_\beta F\ ((\lambda\mathrm{f}.(\lambda\mathrm{x}.\mathrm{f}\ (\mathrm{x}\,\mathrm{x}))\ (\lambda\mathrm{x}.\mathrm{f}\ (\mathrm{x}\,\mathrm{x})))\ \mathrm{F})\\
&= F\ (\mathbf{Y}\ F)
\end{aligned}$$

□

Der λ-Term **Y**, der Fixpunkte berechnet, heißt *Fixpunktkombinator*. Mit seiner Hilfe lässt sich die Fakultät definieren:

$$\mathbf{fac} \stackrel{\text{def}}{=} \mathbf{Y}\ \mathbf{FAC}$$

Abbildung 14.2 zeigt, wie die Berechnung der Fakultät von 3 mit dieser Definition funktioniert.

Es gibt immer noch Elemente von Programmiersprachen, die wir in diesem Kapitel nicht in den λ-Kalkül abgebildet haben, zum Beispiel Zeichenketten oder Signaturen. All dies ist aber prinzipiell möglich. Das macht λ-Kalkül zu einem nützlichen Modell für die Programmierung und zur Grundlage großer Teile der Programmiersprachenforschung.

In anderen Teilen der Informatik ist ein alternatives Modell für Programmierung üblich, die sogenannte *Turing-Maschine*. Die funktioniert zwar ganz anders, ist aber ebenso fähig, alle Funktionen einer «richtigen» Programmiersprache abzubilden. Entsprechend beziehen sich der λ-Kalkül und die Turing-Maschine auf den gleichen Grundbegriff der *berechenbaren Funktionen*, der in der theoretischen Informatik eine wichtige Rolle spielt.

$$
\begin{array}{rcl}
\mathbf{fac}\ \ulcorner 3 \urcorner & = & \mathbf{Y\,FAC}\ \ulcorner 3 \urcorner \\
\text{(Satz 14.14)} & \stackrel{*}{\rightarrow}_\beta & \mathbf{FAC}\ (\mathbf{Y\,FAC})\ \ulcorner 3 \urcorner \\
& \rightarrow_\beta & (\lambda \mathrm{x}.\mathbf{if}\ (\mathbf{zerop}\ \mathrm{x})\ \ulcorner 1 \urcorner\ (*\ \mathrm{x}\ ((\mathbf{Y\,FAC})\ (\mathbf{pred}\ \mathrm{x}))))\ \ulcorner 3 \urcorner \\
& \rightarrow_\beta & \mathbf{if}\ (\mathbf{zerop}\ \ulcorner 3 \urcorner)\ \ulcorner 1 \urcorner\ (*\ \ulcorner 3 \urcorner\ ((\mathbf{Y\,FAC})\ (\mathbf{pred}\ \ulcorner 3 \urcorner))) \\
& \stackrel{*}{\rightarrow}_\beta & \mathbf{if\ false}\ \ulcorner 1 \urcorner\ (*\ \ulcorner 3 \urcorner\ ((\mathbf{Y\,FAC})\ \ulcorner 2 \urcorner)) \\
& \stackrel{*}{\rightarrow}_\beta & *\ \ulcorner 3 \urcorner\ ((\mathbf{Y\,FAC})\ \ulcorner 2 \urcorner) \\
\text{(Satz 14.14)} & \stackrel{*}{\rightarrow}_\beta & *\ \ulcorner 3 \urcorner\ (\mathbf{FAC}\ (\mathbf{Y\,FAC})\ \ulcorner 2 \urcorner) \\
& \rightarrow_\beta & *\ \ulcorner 3 \urcorner\ ((\lambda \mathrm{x}.\mathbf{if}\ (\mathbf{zerop}\ \mathrm{x})\ \ulcorner 1 \urcorner\ (*\ \mathrm{x}\ ((\mathbf{Y\,FAC})\ (\mathbf{pred}\ \mathrm{x}))))\ \ulcorner 2 \urcorner) \\
& \rightarrow_\beta & *\ \ulcorner 3 \urcorner\ (\mathbf{if}\ (\mathbf{zerop}\ \ulcorner 2 \urcorner)\ \ulcorner 1 \urcorner\ (*\ \ulcorner 2 \urcorner\ ((\mathbf{Y\,FAC})\ (\mathbf{pred}\ \ulcorner 2 \urcorner)))) \\
& \stackrel{*}{\rightarrow}_\beta & *\ \ulcorner 3 \urcorner\ (\mathbf{if\ false}\ \ulcorner 1 \urcorner\ (*\ \ulcorner 2 \urcorner\ ((\mathbf{Y\,FAC})\ \ulcorner 1 \urcorner))) \\
& \stackrel{*}{\rightarrow}_\beta & *\ \ulcorner 3 \urcorner\ (*\ \ulcorner 2 \urcorner\ ((\mathbf{Y\,FAC})\ \ulcorner 1 \urcorner)) \\
\text{(Satz 14.14)} & \stackrel{*}{\rightarrow}_\beta & *\ \ulcorner 3 \urcorner\ (*\ \ulcorner 2 \urcorner\ (\mathbf{FAC}\ (\mathbf{Y\,FAC})\ \ulcorner 1 \urcorner)) \\
& \rightarrow_\beta & *\ \ulcorner 3 \urcorner\ (*\ \ulcorner 2 \urcorner\ ((\lambda \mathrm{x}.\mathbf{if}\ (\mathbf{zerop}\ \mathrm{x})\ \ulcorner 1 \urcorner\ (*\ \mathrm{x}\ ((\mathbf{Y\,FAC})\ (\mathbf{pred}\ \mathrm{x}))))\ \ulcorner 1 \urcorner)) \\
& \rightarrow_\beta & *\ \ulcorner 3 \urcorner\ (*\ \ulcorner 2 \urcorner\ (\mathbf{if}\ (\mathbf{zerop}\ \ulcorner 1 \urcorner)\ \ulcorner 1 \urcorner\ (*\ \ulcorner 1 \urcorner\ ((\mathbf{Y\,FAC})\ (\mathbf{pred}\ \ulcorner 1 \urcorner))))) \\
& \stackrel{*}{\rightarrow}_\beta & *\ \ulcorner 3 \urcorner\ (*\ \ulcorner 2 \urcorner\ (\mathbf{if\ false}\ \ulcorner 1 \urcorner\ (*\ \ulcorner 1 \urcorner\ ((\mathbf{Y\,FAC})\ 0)))) \\
& \stackrel{*}{\rightarrow}_\beta & *\ \ulcorner 3 \urcorner\ (*\ \ulcorner 2 \urcorner\ (*\ \ulcorner 1 \urcorner\ ((\mathbf{Y\,FAC})\ 0))) \\
\text{(Satz 14.14)} & \stackrel{*}{\rightarrow}_\beta & *\ \ulcorner 3 \urcorner\ (*\ \ulcorner 2 \urcorner\ (*\ \ulcorner 1 \urcorner\ (\mathbf{FAC}\ (\mathbf{Y\,FAC})\ 0))) \\
& \rightarrow_\beta & *\ \ulcorner 3 \urcorner\ (*\ \ulcorner 2 \urcorner\ (*\ \ulcorner 1 \urcorner\ ((\lambda \mathrm{x}.\mathbf{if}\ (\mathbf{zerop}\ \mathrm{x})\ \ulcorner 1 \urcorner\ (*\ \mathrm{x}\ ((\mathbf{Y\,FAC})\ (\mathbf{pred}\ \mathrm{x}))))\ 0))) \\
& \rightarrow_\beta & *\ \ulcorner 3 \urcorner\ (*\ \ulcorner 2 \urcorner\ (*\ \ulcorner 1 \urcorner\ (\mathbf{if}\ (\mathbf{zerop}\ 0)\ \ulcorner 1 \urcorner\ (*\ \ulcorner 1 \urcorner\ ((\mathbf{Y\,FAC})\ (\mathbf{pred}\ 0)))))) \\
& \stackrel{*}{\rightarrow}_\beta & *\ \ulcorner 3 \urcorner\ (*\ \ulcorner 2 \urcorner\ (*\ \ulcorner 1 \urcorner\ (\mathbf{if\ true}\ \ulcorner 1 \urcorner\ (*\ \ulcorner 1 \urcorner\ ((\mathbf{Y\,FAC})\ (\mathbf{pred}\ 0)))))) \\
& \stackrel{*}{\rightarrow}_\beta & *\ \ulcorner 3 \urcorner\ (*\ \ulcorner 2 \urcorner\ (*\ \ulcorner 1 \urcorner\ \ulcorner 1 \urcorner)) \\
& \stackrel{*}{\rightarrow}_\beta & \ulcorner 6 \urcorner
\end{array}
$$

Abbildung 14.2: Berechnung der Fakultät von 3 im λ-Kalkül

ÜBUNGSAUFGABEN

AUFGABE 14.8

Beweise, dass **pred** den Vorgänger eines positiven Church-Numerals berechnet! Zeige dazu:

$$\mathbf{pred}(\mathbf{succ}\ \ulcorner n \urcorner) \stackrel{*}{\rightarrow}_\beta \ulcorner n \urcorner$$

AUFGABE 14.9

Beweise, dass es λ-Terme für die folgenden Operationen auf Church-Numeralen gibt:

$$\begin{aligned}
\mathbf{add}\ulcorner m\urcorner\ulcorner n\urcorner &= \ulcorner m+n\urcorner \\
\mathbf{mult}\ulcorner m\urcorner\ulcorner n\urcorner &= \ulcorner mn\urcorner \\
\mathbf{exp}\ulcorner m\urcorner\ulcorner n\urcorner &= \ulcorner m^n\urcorner \text{ für } m>0 \\
=\ulcorner m\urcorner\ulcorner n\urcorner &= \begin{cases}\mathbf{true} & \text{falls } m=n \\ \mathbf{false} & \text{sonst}\end{cases}
\end{aligned}$$

Benutze dazu die folgenden Definitionen:

$$\begin{aligned}
\mathbf{add} &\stackrel{\text{def}}{=} \lambda\mathrm{x}.\lambda\mathrm{y}.\lambda\mathrm{p}.\lambda\mathrm{q}.\mathrm{x}\,\mathrm{p}\,(\mathrm{y}\,\mathrm{p}\,\mathrm{q}) \\
\mathbf{mult} &\stackrel{\text{def}}{=} \lambda\mathrm{x}.\lambda\mathrm{y}.\lambda\mathrm{z}.\mathrm{x}\,(\mathrm{y}\,\mathrm{z}) \\
\mathbf{exp} &\stackrel{\text{def}}{=} \lambda\mathrm{x}.\lambda\mathrm{y}.\mathrm{yx}
\end{aligned}$$

und gib eine eigene Definition für $=$ an. Die Korrektheit von **add** lässt sich direkt beweisen.

Für **mult** und **exp** kannst Du folgende Hilfsgleichungen benutzen, die Du möglichst auch beweisen solltest:

$$(\ulcorner n\urcorner x)^m y \leftrightarrow_\beta x^{nm} y$$

$$\ulcorner n\urcorner^m x \leftrightarrow_\beta \ulcorner n^m\urcorner \text{ für } m>0$$

AUFGABE 14.10

Der **Y**-Kombinator lässt sich auch wörtlich in die Lehrsprachen übersetzen. Dabei kommt folgende Definition heraus:

```
(define y
  (lambda (f)
    ((lambda (x) (f (x x)))
     (lambda (x) (f (x x))))))
```

Probiere diese Definition aus, zum Beispiel mit:

```
(define FAC
  (y
   (lambda (fac)
     (lambda (n)
```

```
        (cond
          ((zero? n) 1)
          ((positive? n)
           (* n (fac (- n 1)))))))))
(FAC 3)
```

Du wirst sehen, dass y mit dieser Definition nicht funktioniert. Warum ist das so? Benutze für die Erklärung die Definition der Call-by-Value-Reduktion!

Zeige, dass die folgende Variante von y ein Fixpunktkombinator ist, der funktioniert:

```
(define y
  (lambda (f)
    ((lambda (x)
       (f (lambda (y) ((x x) y))))
     (lambda (x)
       (f (lambda (y) ((x x) y)))))))
```

AUFGABE 14.11

(Quelle: Ralf Hinze) Zeige, dass **F** mit der folgenden Definition ebenfalls ein Fixpunktkombinator ist:

$$\begin{aligned} \mathbf{F} &\stackrel{\text{def}}{=} \mathbf{G}^{[26]} \\ \mathbf{G} &\stackrel{\text{def}}{=} \lambda \mathrm{abcdefghijklmnopqstuvwxyzr.r(dasisteinfixpunktkombinator)} \end{aligned}$$

Dabei steht $\mathbf{G}^{[26]}$ für den Lambda-Term, der durch 26faches Hintereinanderschreiben von **G** entsteht, also $\mathbf{G}\mathbf{G}\ldots\mathbf{G} = (\ldots((\mathbf{G}\mathbf{G})\mathbf{G})\ldots\mathbf{G})$.

15 EXKURS: DIE SECD-MASCHINE

Dieses Kapitel baut auf dem λ-Kalkül aus dem vorigen Kapitel auf. Der λ-Kalkül ist als theoretisches Modell für berechenbare Funktionen lange vor der Erfindung des Computers entwickelt worden. Er bildet zwar die Grundlage für unsere Lehrsprachen, erklärt aber nicht, wie diese eigentlich auf einem «echten» Computer ablaufen. Moderne Mikroprozessoren werden in einer *Maschinensprache* programmiert, die sich erheblich vom λ-Kalkül unterscheidet. Damit unsere Programme auf so einem Prozessor laufen können, müssen sie in die Maschinensprache übersetzt werden, mit einem sogenannten *Compiler*.

In diesem Kapitel beschreiben wir eine idealisierte Maschine, die zwar so nie gebaut wurde, dessen Maschinensprache aber auf den gleichen Prinzipien basiert wie reale Maschinen – die *SECD-Maschine*. Dann schreiben wir einen Compiler vom λ-Kalkül in die SECD-Maschinensprache und außerdem eine sogenannte *virtuelle Maschine*, die es uns erlaubt, die compilierten Programme auch laufenzulassen.

15.1 DER ANGEWANDTE λ-KALKÜL

Abschnitt 14.8 auf Seite 455 zeigte bereits, dass sich auch boolesche Werte und Zahlen im λ-Kalkül durch λ-Terme darstellen lassen. Das ist zwar aus theoretischer Sicht gut zu wissen. Für die Praxis ist es aber zu mühsam, immer mit Church-Numeralen zu arbeiten. Darum erweitern wir den λ-Kalkül um einige Extras, so dass er mit Zahlen und Booleans direkt umgehen kann. Abschnitt 14.8 hat Dich hoffentlich überzeugt, dass wir jederzeit auf die neuen Elemente verzichten könnten, indem wir sie in die Terme aus Abschnitt 14.8 übersetzen.

Der resultierende erweiterte λ-Kalkül heißt *angewandter λ-Kalkül*:

DEFINITION 15.1 (SPRACHE DES ANGEWANDTEN λ-KALKÜLS $\mathcal{L}_{\lambda A}$)

Sei V eine abzählbare Menge von Variablen, wie im λ-Kalkül.

Sei B eine Menge von *Basiswerten*. Zu den Basiswerten gehören mindestens die booleschen Werte und die natürlichen Zahlen, also:

$$B \stackrel{\text{def}}{=} \{\texttt{\#f}, \texttt{\#t}, 0, 1, 2, \ldots\}$$

Sei für eine natürliche Zahl i jeweils Σ^i eine Menge von *i-stelligen Primitiva* – die Namen von «eingebauten Operationen». Jedem $F \in \Sigma^i$ ist eine i-stellige Funktion F^{op} – ihre *Operation* – zugordnet.

Zum Beispiel könnte die Addition eine primitive Operation $+ \in \Sigma^2$ sein. Die Operation dazu wäre:

$$+^{\mathrm{op}}(a, b) \stackrel{\mathrm{def}}{=} a + b$$

Die Sprache des angewandten λ-Kalküls, die Menge der *angewandten λ-Terme*, $\mathcal{L}_{\lambda A}$, ist durch folgende Grammatik definiert:

$$
\begin{aligned}
\langle \mathcal{L}_{\lambda A} \rangle \;\rightarrow\;& \langle V \rangle \\
\mid\;& (\langle \mathcal{L}_{\lambda A} \rangle\ \langle \mathcal{L}_{\lambda A} \rangle) \\
\mid\;& (\lambda \langle V \rangle . \langle \mathcal{L}_{\lambda A} \rangle) \\
\mid\;& \langle B \rangle \\
\mid\;& (\langle \Sigma^1 \rangle\ \langle \mathcal{L}_{\lambda A} \rangle) \\
\mid\;& (\langle \Sigma^2 \rangle\ \langle \mathcal{L}_{\lambda A} \rangle\ \langle \mathcal{L}_{\lambda A} \rangle) \\
\ldots\; & \\
\mid\;& (\langle \Sigma^n \rangle\ \langle \mathcal{L}_{\lambda A} \rangle\ \ldots\ \langle \mathcal{L}_{\lambda A} \rangle) \qquad (n\text{-mal})
\end{aligned}
$$

Die Grammatik ist abgekürzt notiert: Die letzen Klauseln besagen, dass es für jede Menge von Primitiva $\langle \Sigma^i \rangle$ mit Stelligkeit i eine entsprechende Klausel mit i Operanden gibt. Terme der Form $(F^i\ e_1\ \ldots\ e_i)$ heißen *primitive Applikationen*. Im angewandten λ-Kalkül sind also Terme wie zum Beispiel $(+\ (-\ 5\ 3)\ 17)$ möglich, wenn $+$ und $-$ in Σ^2 enthalten sind.

DEFINITION 15.2 (WERTE IM ANGEWANDTEN λ-KALKÜL)

Die Vereinigung aus Abstraktionen und Basiswerten heißt *Werte*.

Damit die primitiven Operationen auch tatsächlich eine Bedeutung bekommen, muss eine spezielle Reduktionsregel für sie eingeführt werden:

DEFINITION 15.3 (δ-REDUKTION)

$$(F^i\ e_1\ \ldots\ e_i) \rightarrow_\delta F^{\mathrm{op}}(e_1, \ldots, e_k) \quad e_1, \ldots, e_i \in B$$

Diese Regel besagt, dass eine primitive Applikation, wenn alle Operanden Werte sind, durch Anwendung der entsprechenden Operation reduziert werden kann. Damit wird zum Beispiel der obige Beispielterm folgendermaßen reduziert:

$$(+\ \underline{(-\ 5\ 3)}\ 17) \rightarrow_\delta \underline{(+\ 2\ 17)} \rightarrow_\delta 19$$

AUFGABE 15.1

Es ist nicht möglich, Verzweigungen mit einer δ-Regel zu beschreiben. Warum? Zur Beantwortung dieser Frage schreibe zunächst eine mögliche Definition der dazugehörigen Funktion $F^{\mathbf{if}}$ hin. Bedenke nun, dass die δ-Reduktion erst dann greift, wenn alle Argumente von **if** Werte sind. Könntest Du mit diesem **if** zum Beispiel die Fakultät aus Abschnitt 14.8.3 auf Seite 458 definieren? □

In den folgenden Abschnitten werden wir SECD-Maschine und Compiler für den angewandten λ-Kalkül ohne binäre Verzweigungen definieren. Wir wissen ja, wie wir sie mit den Mitteln aus Abschnitt 14.8.1 auf Seite 456 definieren können. Wir werden Dich bitten, binäre Verzweigungen als Ergänzung direkt zu realisieren in einer Reihe von Übungsaufgaben. Hier ist die erste davon:

AUFGABE 15.2

1. Erweitere den erweiterten λ-Kalkül um eine Grammatik-Klausel für binäre Verzweigungen.
2. Definiere eine Reduktionsregel für binäre Verzweigungen, analog zur δ-Reduktion. (Du kannst Sie ι-Reduktion nennen – ι ist der griechische Buchstabe «iota».)

□

15.2 DIE SECD-MASCHINE

Leider läuft auf handelsüblichen Prozessoren der λ-Kalkül nicht direkt. Stattdessen führen diese Prozessoren sogenannte *Maschinensprache* aus. Maschinensprache besteht aus einzelnen Anweisungen, die hintereinander im Speicher abgelegt und auch hintereinander ausgeführt werden. Das unterscheidet die Maschinensprache von unseren Lehrsprachen, die auf dem Call-by-Value-λ-Kalkül aufbauen: Dort läuft die Auswertung von innen nach außen.

Um eine Brücke zwischen beiden Ideen zu schlagen, entwickelte Peter Landin die SECD-Maschine [Lan64]. Die SECD-Maschine ist zwar über 50 Jahre alt, aber auch auf modernen Maschinen immer noch die Grundlage für das Zusammenspiel zwischen Programmiersprache und Maschinensprache. Die Sprache der SECD-Maschine ist eine idealisierte Maschinensprache, die auch aus Anweisungen besteht, die hintereinander ausgeführt werden. Viele Details echter Maschinensprachen lässt die SECD-Maschine aber weg.

DEFINITION 15.4 (SPRACHE DER SECD-MACHINE)

Die Anweisungen der SECD-Maschine heißen *Instruktionen* und sind durch folgende Grammatik definiert:

$$
\begin{aligned}
\langle \text{I} \rangle \;\rightarrow\; & \langle \text{B} \rangle \\
\mid\; & \langle \text{V} \rangle \\
\mid\; & \texttt{ap} \\
\mid\; & \texttt{prim}_{F^i} \quad \text{für alle } F^i \in \Sigma^i \\
\mid\; & \texttt{(}\langle \text{V} \rangle\texttt{,}\ \langle \text{C} \rangle\texttt{)}
\end{aligned}
$$

Ein Maschinensprachen-Programm – auch genannt *Maschinencode* oder *Code* ist eine Folge von Instruktionen:

$$C \stackrel{\text{def}}{=} I^*$$

Diie SECD-Maschine operiert aber auf sogenannten *Maschinenzuständen*. Ein Maschinenzustand ist ein 4-Tupel aus der Menge $S \times E \times C \times D$ (daher der Name der Maschine). Die Buchstaben sind deshalb so gewählt, weil S der sogenannte *Stack*, E die sogenannte *Umgebung* beziehungsweise auf englisch das *Environment*, C der schon bekannte Code und D der sogenannte *Dump* ist. Die formalen Definitionen dieser Mengen sind wie folgt; dabei ist W die Menge der Werte:

$$
\begin{aligned}
S &\stackrel{\text{def}}{=} W^* \\
E &\subseteq V \times W \\
D &\stackrel{\text{def}}{=} (S \times E \times C)^* \\
W &\stackrel{\text{def}}{=} B \cup (V \times C \times E)
\end{aligned}
$$

Der Stack ist eine Folge von Werten. In der Maschine sind dies die Werte der zuletzt ausgewerteten Terme, wobei der zuletzt ausgewertete Term vorn beziehungsweise «oben» steht. Die Umgebung ist eine partielle Abbildung von Variablen auf Werte: sie ersetzt die Substitution in der Reduktionsrelation des λ-Kalküls. Anstatt dass Werte für Variablen eingesetzt werden, merkt sich die Umgebung einfach, an welche Werte die Variablen gebunden sind. Erst wenn der Wert einer Variablen benötigt wird, holt ihn die Maschine aus der Umgebung.

Der Dump ist eine Liste früherer Zustände der Maschine: Jeder Zustand ist ein Tupel aus Stack, Umgebung und Code, auch genannt *Frame*. Ein Dump speichert den den Kontext, dem wir in Abschnitt 10.5 auf Seite 306 begegnet sind.

Die Menge W schließlich entspricht dem Wertebegriff aus Definition 15.2: Die Basiswerte gehören dazu, außerdem 3-Tupel aus $(V \times C \times E)$. Ein solches Tripel, genannt *Closure*, repräsentiert den Wert einer Abstraktion. Eine Closure besteht aus der Variable einer Abstraktion, dem Maschinencode ihres Rumpfs und der Umgebung, die notwendig ist, um die Abstraktion anzuwenden:

Die Umgebung wird benötigt, damit die freien Variablen der Abstraktion entsprechend der lexikalischen Bindung ausgewertet werden können. Dies ist anders als im Stepper, wo Variablen bei der Applikation direkt ersetzt werden und damit verschwinden.

Die SECD-Maschine überführt einen Maschinenzustand durch einen Auswertungsschritt in einen neuen Maschinenzustand.

Bei Umgebungen benutzen wir die Notation $e(v)$: Das steht für den Wert w des Tupels (v, w) in e.

Im Verlauf der Auswertung werden Umgebungen häufig um neue Bindungen von einer Variable an einen Wert erweitert. Dazu ist die Notation $e[v \mapsto w]$ nützlich. $e[v \mapsto w]$ konstruiert aus einer Umgebung e eine neue Umgebung, in der die Variable v an den Wert w gebunden ist. Hier ist die Definition:

$$e[v \mapsto w] \stackrel{\text{def}}{=} (e \setminus \{(v, w')|(v, w') \in e\}) \cup \{(v, w)\}$$

Es wird also zunächst eine eventuell vorhandene alte Bindung entfernt und dann eine neue hinzugefügt.

Achtung: Die Notation $e[v \mapsto w]$ haben wir schonmal im letzten Kapitel benutzt, nämlich für die Substitution beim λ-Kalkül in Definition 14.3 auf Seite 446. In diesem Kontext – bei der SECD-Maschine – bedeutet die Notation etwas anderes. Lass Dich nicht verwirren!

Um die Maschine zu verstehen, ist es sinnvoll, erst einmal zu sehen, wie λ-Terme in SECD-Code umgewandelt werden. Ein Term e aus dem angewandten λ-Kalkül wird mit Hilfe der Funktion $[\![\_]\!]$ in ein Maschinensprache-Programm $[\![e]\!]$ übersetzt.

$$[\![e]\!] \stackrel{\text{def}}{=} \begin{cases} b & \text{falls } e = b \in B \\ v & \text{falls } e = v \in V \\ [\![e_0]\!]\ [\![e_1]\!]\ \texttt{ap} & \text{falls } e = (e_0\ e_1) \\ [\![e_1]\!]\ \ldots\ [\![e_k]\!]\ \texttt{prim}_{F^i} & \text{falls } e = (F\ e_1\ \ldots\ e_i) \\ (v, [\![e_0]\!]) & \text{falls } e = \lambda v.e_0 \end{cases}$$

Zum Beispiel bedeutet die Übersetzung $[\![e_0]\!]\ [\![e_1]\!]$ ap für einen Term $(e_0\ e_1)$, dass e_0 und e_1 separat übersetzt werden. Die Instruktionen der beiden Übersetzungen werden aneinandergehängt, so dass die SECD-Maschine sie später auch hintereinander ausführt, also erst e_0 auswertet, dann e_1. Wie wir sehen werden, wird die SECD-Maschine die Ergebnisse der Auswertung von e_0 und e_1 auf dem Stack plazieren. Die Instruktion ap, die noch hinten dazukommt, sorgt dann dafür, dass die SECD-Maschine die Ergebnisse von e_0 (das muss die Funktion sein) und das Ergebnis von e_1 vom Stack holt und das eine auf das andere anwendet. Entsprechend steht `ap` für «Applikation ausführen». Außerdem steht $\texttt{prim}_{F^k}$ für «Primitiv F ausführen».

Basiswerte und Variablen werden direkt in Maschinencode übersetzt. Eine Abstraktion wird übersetzt in ein Tupel aus seiner Variable und dem Maschinencode für seinen Rumpf. Alle diese Anweisungen hinterlassen ihr Ergebnis jeweils auf dem Stack.

Hier ist ein Beispiel für die Übersetzung:

$$
\begin{aligned}
[\![\lambda f.\lambda x.\lambda y.f\,(+\,x\,(*\,y\,2))]\!] &= (f, [\![\lambda x.\lambda y.f\,(+\,x\,(*\,y\,2))]\!]) \\
&= (f, (x, [\![\lambda y.f\,(+\,x\,(*\,y2))]\!])) \\
&= (f, (x, (y, [\![f\,(+\,x\,(*\,y2))]\!]))) \\
&= (f, (x, (y, [\![f]\!][\![(+\,x\,(*\,y2))]\!]\texttt{ap}))) \\
&= (f, (x, (y, f[\![(+\,x\,(*\,y2))]\!]\texttt{ap}))) \\
&= (f, (x, (y, f[\![x]\!][\![(*\,y\,2)]\!]\texttt{prim}_+\,\texttt{ap}))) \\
&= (f, (x, (y, f\,x[\![(*\,y\,2)]\!]\texttt{prim}_+\,\texttt{ap}))) \\
&= (f, (x, (y, f\,x[\![y]\!][\![2]\!]\texttt{prim}_*\,\texttt{prim}_+\,\texttt{ap}))) \\
&= (f, (x, (y, f\,x\,y[\![2]\!]\texttt{prim}_*\,\texttt{prim}_+\,\texttt{ap}))) \\
&= (f, (x, (y, f\,x\,y\,2\,\texttt{prim}_*\,\texttt{prim}_+\,\texttt{ap})))
\end{aligned}
$$

Das Beispiel zeigt deutlich, wie der Rumpf der innersten Abstraktion in eine Folge von Instruktionen übersetzt wird, die der Reihenfolge nach der Call-by-Value-Reduktionsstrategie entspricht: erst f auswerten, dann x, dann y, dann das Primitiv $*$ anwenden, dann $+$, und schließlich die Applikation durchführen.

AUFGABE 15.3

Übersetze folgende λ-Terme in die Zwischenrepräsentation der SECD-Maschine:

1. (λxy.(+ x y)) (∗ 5 6) 23
2. (λx.(! x)) (λxy.(&& x y)) ((λxy.(> x y)) 23 42) **true**
3. (λxy. y x x) (λz. z) (λyz. (y y) (y z))

Dabei steht ! für das boolesche `not` und && für das boolesche `and`. □

Wir definieren nun die SECD-Maschine selbst. Diese macht immer einen Schritt auf einmal und überführt einen Zustand S, E, C und D einen neuen Zustand, und zwar indem die erste Instruktion in c «abgearbeitet» wird. Diese Überführung schreiben wir mit dem Symbol $\hookrightarrow$, also

$(s, e, c, d) \hookrightarrow (s', e', c', d')$, wenn die SECD-Maschine den Zustand (s, e, c, d) in den Zustand (s', e', c', d') überführt.

In der folgenden Definition von $\hookrightarrow$ sind Bezeichner mit einem Unterstrich versehen, wenn es sich um Folgen handelt, also zum Beispiel $\underline{s}$ für einen Stack:

$$\begin{aligned}
(\underline{s}, e, b\underline{c}, \underline{d}) &\hookrightarrow (b\underline{s}, e, \underline{c}, \underline{d}) && (15.1)\\
(\underline{s}, e, v\underline{c}, \underline{d}) &\hookrightarrow (e(v)\underline{s}, e, \underline{c}, \underline{d}) && (15.2)\\
(b_k \dots b_1\underline{s}, e, \mathtt{prim}_{F^k}\underline{c}, \underline{d}) &\hookrightarrow (b\underline{s}, e, \underline{c}, \underline{d}) && (15.3)\\
&\qquad \text{wobei } F^k \in \Sigma^k \text{ und } F^k_B(b_1, \dots, b_k) = b\\
(\underline{s}, e, (v, \underline{c'})\underline{c}, \underline{d}) &\hookrightarrow ((v, \underline{c'}, e)\underline{s}, e, \underline{c}, \underline{d}) && (15.4)\\
(w(v, \underline{c'}, e')\underline{s}, e, \mathtt{ap}\,\underline{c}, \underline{d}) &\hookrightarrow (\epsilon, e'[v \mapsto w], \underline{c'}, (\underline{s}, e, \underline{c})\underline{d}) && (15.5)\\
(w, e, \epsilon, (\underline{s'}, e', \underline{c'})\underline{d}) &\hookrightarrow (w\underline{s'}, e', \underline{c'}, \underline{d}) && (15.6)
\end{aligned}$$

Um einen λ-Term e in die SECD-Maschine zu «injizieren», wird der Term in eine Folge von Instruktionen c übersetzt – die C-Komponente der SECD-Maschine. Daraus wird ein Anfangszustand $(\epsilon, \varnothing, c, \epsilon)$ gemacht.

Die Regeln definieren eine Fallunterscheidung nach der ersten Instruktion der Code-Komponente des Zustands, beziehungsweise greift die letzte Regel, wenn der Code leer ist. Der Reihe nach arbeiten die Regeln wie folgt:

- Regel 15.1 (die *Literalregel*) schiebt einen Basiswert direkt auf den Stack.
- Regel 15.2 (die *Variablenregel*) ermittelt den Wert einer Variable aus der Umgebung und schiebt diesen auf den Stack.
- Regel 15.3 ist die *Primitivregel*. Bei einer primitiven Applikation müssen soviele Basiswerte oben auf dem Stack liegen wie die Stelligkeit des Primitivs. Dann ermittelt die Primitivregel das Ergebnis der primitiven Applikation und schiebt es oben auf den Stack.
- Regel 15.4 ist die *Abstraktionsregel*: Das Tupel $(v, \underline{c'})$ ist bei der Übersetzung aus einer Abstraktion entstanden. Die Regel ergänzt v und $\underline{c'}$ mit e zu einer Closure, die auf den Stack geschoben wird.
- Regel 15.5 ist die *Applikationsregel*: Bei einer Applikation müssen oben auf dem Stack ein Wert sowie eine Closure liegen. (Zur Erinnerung: Eine Applikation kann nur ausgewertet werden, wenn eine Abstraktion vorliegt. Abstraktionen werden zu Closures ausgewertet.) In einem solchen Fall «sichert» die Applikation den aktuellen Zustand auf den Dump, und die Auswertung fährt mit einem leeren Stack, der Umgebung aus der Closure – erweitert um eine Bindung für die Variable – und dem Code aus der Closure fort.

- Regel 15.6 ist die *Rückkehrregel*: Sie ist anwendbar, wenn das Ende des Codes erreicht ist. Das heißt, dass gerade die Auswertung einer Applikation fertig ist. Auf dem Dump liegt aber noch ein gesicherter Zustand, der jetzt «zurückgeholt» wird.

Hier ein Beispiel für den Ablauf der SECD-Maschine für den Term $(((\lambda x.\lambda y.(+\,x\,y))\;1)\;2)$:

$$
\begin{array}{llll}
(\epsilon, & \varnothing, & (x,(y,x\,y\,\mathtt{prim}_+))\,1\,\mathtt{ap}\,2\,\mathtt{ap}, & \epsilon) \\
\hookrightarrow ((x,(y,x\,y\,\mathtt{prim}_+),\varnothing), & \varnothing, & 1\,\mathtt{ap}\,2\,\mathtt{ap}, & \epsilon) \\
\hookrightarrow (1\,(x,(y,x\,y\,\mathtt{prim}_+),\varnothing), & \varnothing, & \mathtt{ap}\,2\,\mathtt{ap}, & \epsilon) \\
\hookrightarrow (\epsilon, & \{(x,1)\}, & (y,x\,y\,\mathtt{prim}_+), & (\epsilon,\varnothing,2\,\mathtt{ap})) \\
\hookrightarrow ((y,x\,y\,\mathtt{prim}_+,\{(x,1)\}), & \{(x,1)\}, & \epsilon, & (\epsilon,\varnothing,2\,\mathtt{ap})) \\
\hookrightarrow ((y,x\,y\,\mathtt{prim}_+,\{(x,1)\}), & \varnothing, & 2\,\mathtt{ap}, & \epsilon) \\
\hookrightarrow (2\,(y,x\,y\,\mathtt{prim}_+,\{(x,1)\}), & \varnothing, & \mathtt{ap}, & \epsilon) \\
\hookrightarrow (\epsilon, & \{(x,1),(y,2)\}, & x\,y\,\mathtt{prim}_+, & (\epsilon,\varnothing,\epsilon)) \\
\hookrightarrow (1, & \{(x,1),(y,2)\}, & y\,\mathtt{prim}_+, & (\epsilon,\varnothing,\epsilon)) \\
\hookrightarrow (2\,1, & \{(x,1),(y,2)\}, & \mathtt{prim}_+, & (\epsilon,\varnothing,\epsilon)) \\
\hookrightarrow (3, & \{(x,1),(y,2)\}, & \epsilon, & (\epsilon,\varnothing,\epsilon)) \\
\hookrightarrow (3, & \varnothing, & \epsilon, & \epsilon)
\end{array}
$$

AUFGABE 15.4

Betrachte folgendes SECD-Programm:

$$(f,(x,(y,f\;x\;\mathtt{ap}\;y\;\mathtt{ap})))\;(a,(b,a\,b\,\mathtt{prim}_+))\;\mathtt{ap}\;23\;\mathtt{ap}\;42\;\mathtt{ap}$$

1. Übersetze das SECD-Programm «rückwärts» in den entsprechenden $\mathcal{L}_{\lambda A}$-Term.
2. Werte das SECD-Programm aus und schreibe die einzelnen Auswertungsschritte auf! □

Die Zustandsübergangsrelation $\hookrightarrow$ ist die Grundlage für die *Auswertungsfunktion* der SECD-Maschine, die für einen λ-Term dessen Bedeutung ausrechnet. Dies ist scheinbar ganz einfach:

$$
\begin{array}{rcl}
eval_{SECD} & : & \mathcal{L}_{\lambda A} \to B \\
eval_{SECD}(e) & = & x \text{ wenn } (\epsilon,\varnothing,[\![e]\!],\epsilon) \hookrightarrow^* (x,e,\epsilon,\epsilon)
\end{array}
$$

Diese Definition hat jedoch zwei Haken:

- Die Auswertung von λ-Termen terminiert nicht immer (wie zum Beispiel für den «Endlos-Term» $(\lambda x.(x\,x))\;(\lambda x.(x\,x))$), es kommt also nicht immer dazu, dass die Zustandsübergangsrelation bei einem Zustand der Form $(\epsilon,\varnothing,[\![e]\!],\epsilon)$ terminiert.
- Das x aus dieser Definition ist nicht immer ein Basiswert – es kann auch eine Closure sein.

Der erste Haken sorgt dafür, dass die Auswertungsfunktion nur eine «partiellen Funktion» ist. Beim zweiten Haken, wenn x eine Closure ist, lässt sich mit dem Resultat nicht viel anfangen: Um die genaue Bedeutung der Closure herauszubekommen, müsste sie angewendet werden – das Programm ist aber schon fertig gelaufen. Es ist deshalb nicht sinnvoll, zwischen verschiedenen Closures zu unterscheiden. Darum wird für die Zwecke der Auswertungsfunktion eine Menge Z der *Antworten* definiert, die einen designierten Spezialwert für Closures enthält:

$$Z \stackrel{\text{def}}{=} B \cup \{\texttt{function}\}$$

Damit können wir die Evaluationsfunktion wie folgt definieren:

$$\begin{array}{rcl} eval_{SECD} & \in & \mathcal{L}_{\lambda A} \times Z \\ eval_{SECD}(e) & = & \begin{cases} b & \text{falls } (\epsilon, \varnothing, [\![e]\!], \epsilon) \hookrightarrow^* (b, e, \epsilon, \epsilon) \\ \texttt{function} & \text{falls } (\epsilon, \varnothing, [\![e]\!], \epsilon) \hookrightarrow^* ((v, \underline{c}, e'), e, \epsilon, \epsilon) \end{cases} \end{array}$$

Diese Funktion wollen wir natürlich auch laufen sehen. Dafür programmieren wir die mathematischen Definitionen im Rest des Kapitels nach.

AUFGABE 15.5

Fahre fort mit der Realisierung von binären Verzweigungen:

1. Erweitere die Grammatik für SECD-Instruktionen um eine Instruktion für binäre Verzweigungen. Die muss den Code für die beiden Zweige des `if`-Ausdrucks enthalten.
2. Erweitere die Funktion $[\![\_]\!]$ um eine Klausel für `if`-Ausdrücke: Sie sollte zunächst den Code für die Bedingung liefern, gefolgt von der neuen Instruktion.
3. Erweitere die Definition von $\hookrightarrow$ um die neue Instruktion.

□

15.3 QUOTE UND SYMBOLE

`secd/compute.rkt` **Code**

Um die Definitionen möglichst elegant nachzuprogrammieren, machen wir Gebrauch von einer weiteren Sprachebene `Schreibe Dein Programm! - fortgeschritten`. Diese Ebene muss mit dem DrRacket-Menü `Sprache` unter `Sprache auswählen` aktiviert sein, damit die Programme dieses Kapitels funktionieren.

Die entscheidende Änderung gegenüber den früheren Sprachebenen ist die Art, mit der die REPL Werte ausdruckt. Bei Zahlen, Zeichenketten und booleschen Werten bleibt alles beim alten:

```
5
↪ 5
"Mike ist doof"
↪ "Mike ist doof"
#t
↪ #t
```

Bei Listen sieht es allerdings anders aus:

```
(list 1 2 3 4 5 6)
↪ (1 2 3 4 5 6)
```

Die REPL druckt also eine Liste aus, indem sie zuerst eine öffnende Klammer ausdruckt, dann die Listenelemente (durch Leerzeichen getrennt) und dann eine schließende Klammer. Das funktioniert auch für die leere Liste:

```
empty
↪ ()
```

In der neuen Sprachebene kann das Apostroph Literale für Listen bilden:

```
'(1 2 3 4 5 6)
↪ (1 2 3 4 5 6)
'(1 #t "Mike" (2 3) "doof" 4 #f 17)
↪ (1 #t "Mike" (2 3) "doof" 4 #f 17)
'()
↪ ()
```

In der neuen Sprachebene benutzen die Literale und die ausgedruckten externen Repräsentationen für Listen also die gleiche Notation. Sie unterscheiden sich nur dadurch, dass beim Literal der Apostroph voransteht. Der Apostroph funktioniert auch bei Zahlen, Zeichenketten und booleschen Werten:

```
'5
↪ 5
'"Mike ist doof"
↪ "Mike ist doof"
'#t
↪ #t
```

Der Apostroph am Anfang eines Ausdrucks kennzeichnet diesen also als Literal. Der Wert des Literals wird genauso ausgedruckt, wie es im Programm steht. (Abgesehen von Leerzeichen und Zeilenumbrüchen.) Der Apostroph heißt auf englisch «quote», und deshalb ist diese Schreibweise für Literale auch unter diesem Namen bekannt. Wir nennen dieses Apostroph ab jetzt «das Quote». Bei Zahlen, Zeichenketten und booleschen Literalen ist auch ohne Quote klar, dass es sich um Literale handelt. Das Quote ist darum bei ihnen rein optional; sie heißen *selbstquotierend*.

Bei Listen hingegen sind Missverständnisse mit anderen zusammengesetzten Formen möglich, die ja auch mit einer öffnenden Klammer beginnen.[1]

Mit der Einführung von Quote kommt noch eine neue Sorte Werte hinzu: die *Symbole*. Symbole sind Werte ähnlich wie Zeichenketten und bestehen aus Text. Sie unterscheiden sich allerdings dadurch, dass sie als Literal mit Quote statt Anführungszeichen geschrieben und in der REPL ohne Anführungszeichen ausgedruckt werden:

```
'mike
↪ mike
```

Symbole können wir mit dem Prädikat `symbol?` von anderen Werten unterscheiden:

```
(symbol? 'mike)
↪ #t
(symbol? "Mike")
↪ #f
```

Symbole sind auch der Grund, warum Listen nicht selbstquotierend sind. Andernfalls wäre missverständlich, ob `(run-over-dillo d1)` eine Literal für eine Liste ergibt (mit den Symbolen `run-over-dillo` und `d1` als Elementen) oder den Aufruf der Funktion `run-over-dillo`. Deswegen ist ein Quote notwendig.

Vergleichen können wir Symbole mit der eingebauten Funktion `equal?` – siehe dazu Abbildung 15.1):

```
(equal? 'mike 'herb)
↪ #f
(equal? 'mike 'mike)
↪ #t
```

[1] Tatsächlich ist die neue Schreibweise für externe Repräsentationen die Standard-Repräsentation in Racket. Die früheren Sprachebenen benutzten die alternative Schreibweise, um die Verwirrung zwischen Listenliteralen und zusammengesetzten Formen zu vermeiden.

Die Funktion equal? vergleicht beliebige Werte: Booleans, Zeichen und Zeichenketten. Bei Listen werden die Elemente verglichen und bei Records die Komponenten.

```
(equal? 23 23)
↪ #t
(equal? #t #f)
↪ #f
(equal? "Axl" "Slash")
↪ #f
(equal? "Axl" "Axl")
↪ #t
(equal? (list "Axl" "Slash") (list "Axl" "Slash"))
↪ #t
(equal? (list "Axl" "Slash") (list "Axl" "Slash" "Duff"))
↪ #f
(equal? (make-wallclock-time 12 24) (make-wallclock-time 12 24))
↪ #t
(equal? (make-wallclock-time 12 24) (make-wallclock-time 12 25))
↪ #f
(equal? (make-wallclock-time 12 24) (list "Axl" "Slash"))
↪ #f
```

Abbildung 15.1: equal?

Symbole können nicht aus beliebigem Text bestehen; Leerzeichen sind zum Beispiel verboten. Tatsächlich entsprechen die Namen der zulässigen Symbole genau den Namen von Variablen:

```
'karl-otto
↪ karl-otto
'lambda
↪ lambda
'+
↪ +
'*
↪ *
```

Diese Entsprechung wird in diesem Kapitel noch eine entscheidende Rolle spielen. Symbole können natürlich auch in Listen und damit auch in Listenliteralen vorkommen:

```
'(karl-otto mehrwertsteuer duftmarke)
↪ (karl-otto mehrwertsteuer duftmarke)
```

Mit Hilfe von Symbolen können Werte konstruiert werden, die in der REPL ausgedruckt wie Ausdrücke aussehen:

```
'(+ 1 2)
↪ (+ 1 2)
'(lambda (n) (+ n 1))
↪ (lambda (n) (+ n 1))
```

Der Wert von `'(+ 1 2)` ist eine Liste mit drei Elementen: das Symbol `+`, die Zahl `1` und die Zahl `2`. Der Wert von `'(lambda (n) (+ n 1))` ist ebenfalls eine Liste mit drei Elementen: das Symbol **`lambda`**, eine Liste mit einem einzelnen Element, nämlich dem Symbol `n`, und einer weiteren Liste mit drei Elementen: dem Symbol `+`, dem Symbol `n` und der Zahl `1`.

Quote hat noch eine weitere verwirrende Eigenheit:

```
''()
↪ '()
```

Dieses Literal bezeichnet nicht die leere Liste (dann würde nur `()` ausgedruckt, ohne Quote):

```
(cons? ''())
↪ #t
(first ''())
↪ quote
(rest ''())
↪ (())
```

Der Wert des Ausdrucks `''()` ist also eine Liste mit zwei Elementen: das erste ist das Symbol **`quote`** und das zweite ist die leere Liste. `'`*t* ist selbst nur syntaktischer Zucker für `(quote` *t*`)`:

```
(equal? (quote ()) '())
↪ #t
(equal? (quote (quote ())) ''())
↪ #t
```

Quote funktioniert für viele Werte, aber nicht für alle. Ein Wert, für den Quote ein Literal konstruieren kann, heißt *repräsentierbar*. Ein repräsentierbarer Wert ist eins der folgenden:

- eine Zahl
- ein boolescher Wert
- eine Zeichenkette
- ein Symbol
- eine Liste aus repräsentierbaren Werten

Um zu demonstrieren, wozu Symbolen und Quote gut sind, programmieren wir sowas wie einen Taschenrechner. Der kann den Wert von Ausdrücken wir `(+ 23 65)` ausrechnen. Wir legen dafür folgende Datendefinition zugrunde:

```
; Ein Ausdruck ist eins der folgenden:
; - eine Zahl
; - eine Liste der Form (+ Ausdruck Ausdruck)
; - eine Liste der Form (* Ausdruck Ausdruck)
```

Es handelt sich entsprechend der Formulierung «eins der folgenden» um gemischte Daten. Um dafür eine passende Signatur zu definieren, benötigen wir Signaturen für alle Fälle. Für den ersten Fall tut es `number`. Für die beiden anderen ist es nicht ganz so einfach, weil es kein `define-record` gibt, das die Signatur einfach für uns definiert. Wir müssen also die Signatur selbst definieren und machen das mit Hilfe von Prädikaten für die beiden Fälle, die wir selbst schreiben.

Zur Erinnerung: Ein Prädikat ist eine Funktion, die einen beliebigen Wert akzeptiert, auf eine bestimmte Eigenschaft testet und entsprechend entweder `#t` oder `#f` zurückgibt. So etwas brauchen wir für die beiden Fälle, die mit «eine Liste der Form» beginnen. Zunächst die Addition:

```
; Ist ein Wert ein Additionsausdruck?
(: addition? (any -> boolean))

(check-expect (addition? '5) #f)
(check-expect (addition? '(+ 1 2)) #t)
(check-expect (addition? '(* 1 2)) #f)

(define addition?
  (lambda (x)
    (and (cons? x)
         (equal? '+ (first x)))))
```

Beim Prädikat `addition?` haben wir nur das nötigste programmiert, um Additionen von den anderen Fällen zu unterscheiden:

AUFGABE 15.6

In der Datendefinition oben heißt es «`eine Liste der Form (+ Ausdruck Ausdruck)`». Gibt es Eingaben, bei denen `addition?` als Ergebnis `#t` liefert, obwohl es sich nicht um Listen genau dieser Form handelt? Wenn ja, nenne Beispiele und ändere die Definition von `addition?` so, dass sie diese Beispiele ausschließt.

□

Bei einer Signatur der Form

(predicate *p*)

muss *p* ein Prädikat, also eine Funktion mit folgender Signatur sein:

(any -> boolean)

Diese Signatur passt für alle Werte, bei denen das Prädikat #t liefert.

Abbildung 15.2: predicate

Aus dem Prädikat addition? können wir eine Signatur addition machen mit Hilfe einer Signatur mit predicate. Das predicate-Konstrukt ist neu und in Abbildung 15.2 beschrieben. Hier ist die Definition von addition:

```
(define addition
  (signature (predicate addition?)))
```

Entsprechend machen wir das für Multiplikationen:

```
; Ist ein Wert ein Multiplikationsausdruck?
(: multiplication? (any -> boolean))

(check-expect (multiplication? '5) #f)
(check-expect (multiplication? '(* 1 2)) #t)
(check-expect (multiplication? '(+ 1 2)) #f)

(define multiplication?
  (lambda (x)
    (and (cons? x)
         (equal? '* (first x)))))
(define multiplication
  (signature (predicate multiplication?)))
```

Nun haben wir Signaturen für die drei Fälle und können damit eine Signatur für Ausdrücke definieren:

```
(define expression
  (signature (mixed number addition multiplication)))
```

Jetzt können wir den «Taschenrechner» programmieren. Hier sind Kurzbeschreibung, Signatur und Testfälle:

```
; Wert eines Ausdrucks berechnen
(: compute (expression -> number))

(check-expect (compute '23) 23)
(check-expect (compute '(+ 23 42)) 65)
(check-expect (compute '(+ 23 (* 6 7))) 65)
```

Die Funktionsdefinition geht strikt nach Konstruktionsanleitung. Hier die Schablone:

```
(define compute
  (lambda (exp)
    (cond
      ((number? exp) ...)
      ((addition? exp) ...)
      ((multiplication? exp) ...))))
```

Beim ersten Zweig ist exp schon eine Zahl – die muss die Funktion nur zurückgeben:

```
(define compute
  (lambda (exp)
    (cond
      ((number? exp) exp)
      ((addition? exp) ...)
      ((multiplication? exp) ...))))
```

Beim addition-Fall ist exp eine Liste, deren zweites und drittes Element jeweils wieder ein Ausdruck ist. Es handelt sich also um zusammengesetzte Daten, allerdings nicht mit einem Record definiert. Die Komponenten extrahieren wir mit `first` und `rest`:

```
(define compute
  (lambda (exp)
    (cond
      ((number? exp) exp)
      ((addition? exp)
       ... (first (rest exp)) ...
       ... (first (rest (rest exp))) ...)
      ((multiplication? exp) ...)))))
```

Außerdem haben wir es jeweils mit Selbstbezügen zu tun, also müssen noch rekursive Aufrufe in die Schablone:

```
(define compute
  (lambda (exp)
    (cond
      ((number? exp) exp)
      ((addition? exp)
       ... (compute (first (rest exp))) ...
       ... (compute (first (rest (rest exp)))) ...)
      ((multiplication? exp) ...)))))
```

Die beiden rekursiven Aufrufe liefern jeweils den Wert der beiden Operanden der Addition; die muss die Funktion nur noch addieren. Bei der Multiplikation läuft es genauso:

```
(define compute
  (lambda (exp)
    (cond
      ((number? exp) exp)
      ((addition? exp)
       (+ (compute (first (rest exp)))
          (compute (first (rest (rest exp))))))
      ((multiplication? exp)
       (* (compute (first (rest exp)))
          (compute (first (rest (rest exp)))))))))
```

Fertig!

AUFGABE 15.7

Ändere die Datendefinitionen so, dass Addition und Multiplikation jeweils eine beliebige Anzahl von Argumenten akzeptiert, nicht nur zwei. Ändere `compute` entsprechend! □

15.4 DATENDEFINITIONEN FÜR DEN λ-KALKÜL

`secd/secd.rkt`	**Code**

Die SECD-Maschine ist ein Modell für die Implementierung des λ-Kalküls. Eine solche Implementierung lässt sich in einfach bauen – dieser Abschnitt zeigt, wie. Der grobe Fahrplan ergibt sich dabei aus der Struktur der SECD-Maschine selbst: Nach den obligatorischen Datendefinitionen übersetzen wir Terme in Maschinencode. Dann kommt die Zustandsübergangsfunktion und schließlich die Auswertungsfunktion an die Reihe.

Die erste Aufgabe ist dabei zunächst, wie immer, die Datenanalyse: Am Anfang stehen die Terme des angewandten λ-Kalküls. Eine geeignete Repräsentation mit Listen und Symbolen lässt dabei die Terme in der «fortgeschrittenen» Sprachebene genau wie entsprechenden Programm-Terme aussehen:

`(+ 1 2)`	steht für	$(+\,1\,2)$
`(lambda (x) x)`	steht für	$\lambda x.x$
`((lambda (x) (x x)) (lambda (x) (x x)))`	steht für	$(\lambda x.(x\,x))\,(\lambda x.(x\,x))$

etc.

Die Datendefinition dafür orientiert sich direkt an Definition 15.1:

```
; Ein Lambda-Term ist eins der folgenden:
; - ein Symbol (für eine Variable)
; - eine zweielementige Liste (für eine reguläre Applikation)
; - eine Liste der Form (lambda (x) e) (für eine Abstraktion)
; - ein Basiswert
; - eine Liste mit einem Primitiv als erstem Element
;       (für eine primitive Applikation)
```

Hier die dazu passende Signatur-Definition:

```
(define term
  (signature
    (mixed symbol
           application
           abstraction
           primitive-application
           base)))
```

Die Signaturen für `application`, `abstraction`, `primitive-application` und `base` müssen wir noch definieren, wie bei den Ausdrücken des vorigen Abschnitts. Da es sich nicht um Record-Typen handelt, müssen wir das selbst machen, und zwar, indem wir jeweils ein Prädikat definieren. Hier ist das Prädikat für `abstraction`:

```
; Prädikat für Abstraktionen
(: abstraction? (any -> boolean))
(define abstraction?
  (lambda (term)
    (and (cons? term)
         (equal? 'lambda (first term)))))
```

Aus diesem Prädikat machen wir eine Signatur mit `predicate`. Hier ist die Definition:

```
(define abstraction (signature (predicate abstraction?)))
```

Entsprechend definieren wir die anderen Signaturen. Bei `application` müssen wir ein bisschen aufpassen, damit wir bei den «normalen» Applikationen keine Applikationen von Primitiva erwischen:

```
; Prädikat für reguläre Applikationen
(: application? (any -> boolean))
(define application?
  (lambda (term)
    (and (cons? term)
         (not (equal? 'lambda (first term)))
         (not (primitive? (first term))))))

(define application (signature (predicate application?)))
```

Hier ist die dort benutzte Funktion `primitive?` mit den allernötigsten primitiven Operationen:

```
; Ein Primitivum ist eins der Symbole +, -, *, /, =
; Prädikat für Primitivum
(: primitive? (any -> boolean))
(define primitive?
  (lambda (term)
    (or (equal? '+ term)
        (equal? '- term)
        (equal? '* term)
        (equal? '/ term)
        (equal? '= term))))
```

Die Definition von `primitive-application` entspricht `application`, nur dass hier nur Primitiva erwünscht sind:

```
; Prädikat für primitive Applikationen
(: primitive-application? (any -> boolean))
(define primitive-application?
  (lambda (term)
    (and (cons? term)
         (primitive? (first term)))))
```

```
(define primitive-application
  (signature (predicate primitive-application?)))
```

Es fehlt noch die Definition von `base`. Der Einfachheit halber beschränken wir uns auf boolesche Werte und Zahlen:

```
; Ein Basiswert ist ein boolescher Wert oder eine Zahl
```

Auch dafür schreiben wir zunächst ein Prädikat und definieren damit eine Signatur:

```
; Prädikat für Basiswerte
(: base? (any -> boolean))
(define base?
  (lambda (term)
    (or (boolean? term) (number? term))))

(define base (signature (predicate base?)))
```

AUFGABE 15.8

Erweitere die Definition von `term` um binäre Verzweigungen in Form von `if`-Ausdrücken. Schreibe dafür zunächst ein Prädikat `binary-conditional?` und definiere mit Hilfe davon eine Signatur `binary-condition`. Erweitere `term` um `binary-conditional`. □

15.5 DATENDEFINITION FÜR MASCHINENSPRACHE

Bevor nun ein die SECD-Maschine einen Term verarbeiten kann, muss dieser erst in Maschinencode übersetzt werden. Dabei entsteht aus Definition 15.4 direkt Daten- und Signatur-Definitionen für Instruktionen und Maschinencode:

```
; Eine Instruktion ist eins der folgenden:
; - ein Basiswert
; - eine Variable
; - eine Applikations-Instruktion
; - eine Instruktion für eine primitive Applikation
; - eine Abstraktion
(define instruction
  (signature
```

```
  (mixed base
         symbol
         ap
         prim
         abs))

; Eine Maschinencode-Programm ist eine Liste von Instruktionen.
(define machine-code (signature (list-of instruction)))
```

Basiswerte und Variablen sind wie bei den Termen. Für ap, prim und abs machen wir jeweils eigene Datendefinitionen. Wie schon bei den leeren Listen hat auch die Applikations-Instruktion keine Eigenschaften:

```
; Applikations-Instruktion
(define-record ap
  make-ap ap?)
```

Die Instruktion für die primitive Applikation $\texttt{prim}_{F^i}$ hat als Eigenschaften den Namen des Operators F und dessen Anzahl von Argumenten i, auch *Stelligkeit*. Stelligkeit heißt auf Englisch «arity». Entsprechend sehen Daten- und Record-Definition so aus:

```
; Eine Instruktion für eine primitive Applikation hat folgende
; Eigenschaften:
;   Oporator
; - Stelligkeit
(define-record prim
  make-prim prim?
  (prim-operator symbol)
  (prim-arity natural))
```

Die Abstraktions-Instruktion der Form $(\langle V\rangle, \langle C\rangle)$ hat als Eigenschaften sichtlich den Parameter und den Code für den Rumpf, das übersetzen wir direkt in Daten- und Record-Definition:

```
; Eine Abstraktions-Instruktion hat folgende Eigenschaften:
; - Parameter (eine Variable)
; - Code für den Rumpf
(define-record abst
  make-abst abs?
  (abst-variable symbol)
  (abst-code machine-code))
```

AUFGABE 15.9

Erweitere die Definition von `instruction` um eine Instruktion für binäre Verzweigungen. Schreibe dazu eine Daten- und eine Record-Definition, die zur Erweiterung der Grammatik für SECD-Instruktionen passt. Erweitere `instruction` damit. □

15.6 EIN COMPILER FÜR DIE SECD-MASCHINE

Da nun Terme und Maschinencode Datendefinitionen haben, können wir Übersetzung vom angewandten λ-Kalkül in die Maschinensprache der SECD-Maschine programmieren. Solch eine Übersetzung heißt *Compiler*. Hier sind Kurzbeschreibung, Signatur und Gerüst des Compilers:

```
; Term in Maschinencode übersetzen
(: term->machine-code (term -> machine-code))
(define term->machine-code
  (lambda (term)
    ...))
```

Hier sind zwei Testfälle:

```
(check-expect (term->machine-code '(+ 1 2))
              (list 1 2 (make-prim '+ 2)))
(check-expect (term->machine-code
                '((lambda (x) (x x)) (lambda (x) (x x))))
              (list (make-abst 'x (list 'x 'x (make-ap)))
                    (make-abst 'x (list 'x 'x (make-ap)))
                    (make-ap)))
```

Da es sich bei `term` um gemischte Daten handelt, muss – wie immer – eine Verzweigung den Rumpf der Funktion bilden:

```
(define term->machine-code
  (lambda (term)
    (cond
      ((symbol? term) ...)
      ((application? term) ...)
      ((abstraction? term) ...)
      ((base? term) ...)
      ((primitive-application? term) ...))))
```

Die Implementierung entspricht in den einzelnen Fällen genau der Übersetzungsfunktion $[\![\_]\!]$ in Abschnitt 15.2 auf Seite 469. Zur Erinnerung sind hier die Fälle für Variablen und Basiswerte:

$$[\![e]\!] \stackrel{\text{def}}{=} \begin{cases} b & \text{falls } e = b \in B \\ v & \text{falls } e = v \in V \end{cases}$$

Der Code dafür entspricht dem direkt – wir müssen nur daran denken, immer eine Liste zu produzieren, auch wenn nur eine einzelne Instruktion herauskommt:

```
(define term->machine-code
  (lambda (term)
    (cond
      ((symbol? term) (list term))
      ((base? term) (list term))
      ...)))
```

Bei regulären Applikationen sieht die Übersetzungsfunktion so aus:

$$[\![e]\!] \stackrel{\text{def}}{=} \begin{cases} [\![e_0]\!]\ [\![e_1]\!]\ \texttt{ap} & \text{falls } e = (e_0\ e_1) \end{cases}$$

Es werden also Operator und Operand übersetzt, und das ganze zusammen mit einer ap-Instruktion zu einer Liste zusammengesetzt:

```
(define term->machine-code
  (lambda (term)
    (cond
      ...
      ((application? term)
       (append (term->machine-code (first term))
               (append (term->machine-code (first (rest term)))
                       (list (make-ap)))))
      ...)))
```

Bei den primitiven Applikationen sieht die Übersetzungsfunktion so aus:

$$[\![e]\!] \stackrel{\text{def}}{=} [\![e_1]\!]\ \ldots\ [\![e_k]\!]\ \texttt{prim}_{F^i} \quad \text{falls } e = (F\ e_1\ \ldots\ e_i)$$

Hier werden erst einmal die Operanden in Maschinencode übersetzt, die Resultate aneinandergehängt, und schließlich kommt noch eine `prim`-Instruktion ans Ende:

```
(define term->machine-code
  (lambda (term)
    (cond
      ...
      ((primitive-application? term)
       (append
        (append-lists
         (map term->machine-code (rest term)))
        (list (make-prim (first term) (length (rest term))))))
      ...)))
```

Dieses Stück Code benutzt die Hilfsfunktion `append-lists`, die aus einer Liste von Listen eine einzelne Liste macht, indem die Elemente aneinandergehängt werden. Wir realisieren sie mit Hilfe von `fold`:

```
; die Elemente einer Liste von Listen aneinanderhängen
(: append-lists ((list-of (list-of %a)) -> (list-of %a)))

(define append-lists
  (lambda (list)
    (fold '() append list)))
```

Zurück zur Übersetzung: Eine Abstraktion wird direkt in eine abs-Instruktion übersetzt, die den Maschinencode für den Rumpf enthält. Den Rumpf müssen wir dementsprechend auch übersetzen:

$$[\![e]\!] \stackrel{\text{def}}{=} (v, [\![e_0]\!]) \quad \text{falls } e = \lambda v.e_0$$

```
(define term->machine-code
  (lambda (term)
    (cond
      ...
      ((abstraction? term)
       (list
        (make-abst (first (first (rest term)))
                   (term->machine-code
                    (first (rest (rest term)))))))))))
```

Fertig ist der Compiler!

AUFGABE 15.10

Erweitere den Compiler `term->machine-code` um binäre Verzweigungen. Schreibe ein paar Tests!

□

15.7 SECD-CODE AUSFÜHREN

Eine SECD-Maschine gibt's leider nicht zu kaufen, wir simulieren sie deshalb mit einem weiteren Programm, einer sogenannten *virtuellen Maschine*.

Zunächst sind Datendefinitionen für die vier Bestandteile der Maschine fällig – S, E, C und D. Die Menge hatten wir mathematisch so definiert:

$$S \stackrel{\text{def}}{=} W^*$$

Entsprechend definieren wir den Stack als eine Liste von Werten:

```
; Ein Stack ist eine Liste von Werten
(define stack (signature (list-of value)))
```

Die Definition von Werten `value`, entsprechend der mathematischen Definition für W, kommt etwas später an die Reihe.

Umgebungen aus der Menge E sind mathematisch gesehen Mengen aus Tupeln:

$$E \subseteq V \times W$$

Im Code sind Umgebungen Listen von *Bindungen*, den den Tupeln $V \times W$ entsprechen:

```
; Eine Umgebung ist eine Liste von Bindungen.
; Dabei gibt es für jede Variable nur eine Bindung.
(define environment (signature (list-of binding)))

; Eine Bindung besteht aus:
; - Variable
; - Wert
(define-record binding
  make-binding binding?
  (binding-variable symbol)
  (binding-value value))
```

Die leere Umgebung wird öfter benötigt; wir definieren sie darum schon vor:

```
; die leere Umgebung
(define the-empty-environment empty)
```

(Aber `empty` ist doch kürzer, könntest Du einwenden. Ja, aber dann sehen wir dem `empty` nicht an, ob es eine leere Liste von Instruktionen oder eine Umgebung oder eine ganz andere Liste ist.)

Zwei Operationen gibt es für eine Umgebung e: die Erweiterung um eine Bindung $e[v \mapsto w]$ und das Nachschauen einer Bindung $e(v)$. Zunächst die Erweiterung: die Implementierung entspricht genau der mathematischen Definition. Hier sind Kurzbeschreibung und Signatur:

```
; eine Umgebung um eine Bindung erweitern
(: extend-environment (environment symbol value -> environment))
```

Hier sind ein paar Testfälle:

```
(check-expect (extend-environment the-empty-environment 'axl 59)
              (list (make-binding 'axl 59)))
(check-expect (extend-environment
               (extend-environment the-empty-environment
                                   'axl 60)
               'slash 57)
              (list (make-binding 'slash 57) (make-binding 'axl 60)))
(check-expect (extend-environment
               (extend-environment the-empty-environment
                                   'axl 59)
               'axl 60)
              (list (make-binding 'axl 60)))
```

Die Definition entfernt eine eventuell vorhandene Bindung für v und fügt eine neue hinzu:

```
(define extend-environment
  (lambda (environment variable value)
    (cons (make-binding variable value)
          (remove-environment-binding environment variable))))
```

Für das Entfernen der alten Bindung ist die Hilfsfunktion `remove-environment-binding` zuständig. Sie folgt der Konstruktionsanleitung. Hier die Schablone:

```
; die Bindung für eine Variable aus einer Umgebung entfernen
(: remove-environment-binding (environment symbol -> environment))
```

```
(define remove-environment-binding
  (lambda (environment variable)
    (cond
      ((empty? environment) ...)
      ((cons? environment)
       ...
       (first environment)
       (remove-environment-binding (rest environment) variable)
       ...)))))
```

Da es sich bei `(first environment)` um eine Bindung, also zusammengesetzte Daten handelt, können wir Aufrufe für die Selektoren in die Schablone aufnehmen:

```
(define remove-environment-binding
  (lambda (environment variable)
    (cond
      ((empty? environment) ...)
      ((cons? environment)
       ...
       (first environment)
       (binding-variable (first environment))
       (binding-value (first environment))
       (remove-environment-binding (rest environment) variable)
       ...)))))
```

Bei der Bindung interessiert uns, ob zur gesuchten Variable gehört. Entsprechend vervollständigen wir die Schablone:

```
(define remove-environment-binding
  (lambda (environment variable)
    (cond
      ((empty? environment) empty)
      ((cons? environment)
       (if (equal? variable (binding-variable (first environment)))
           (rest environment)
           (cons (first environment)
                 (remove-environment-binding (rest environment)
                                             variable))))))))
```

Auch die zweite Operation, das Nachschauen einer Bindung in der Umgebung, folgt der Konstruktionsanleitung. Hier sind Kurzbeschreibung, Signatur und Testfälle:

```
; die Bindung für eine Variable in einer Umgebung finden
(: lookup-environment (environment symbol -> value))

(check-expect
 (lookup-environment (list (make-binding 'slash 57)
                           (make-binding 'axl 60))
                     'axl)
 60)
(check-expect
 (lookup-environment (list (make-binding 'slash 57)
                           (make-binding 'axl 60))
                     'slash)
 57)
```

Hier ist die Schablone:

```
(define lookup-environment
  (lambda (environment variable)
    (cond
      ((empty? environment) ...)
      ((cons? environment)
       ...
       (first environment)
       (binding-variable (first environment))
       (binding-value (first environment))
       (lookup-environment (rest environment) variable)
       ...)))))
```

Wie bei `remove-environment-binding` vergleicht die Funktion die Variable der Bindung mit der gesuchten Variable. Hier ist die fertige Funktion:

```
(define lookup-environment
  (lambda (environment variable)
    (cond
      ((empty? environment) (violation "unbound variable"))
      ((cons? environment)
```

```
      (if (equal? variable (binding-variable (first environment)))
          (binding-value (first environment))
          (lookup-environment (rest environment) variable))))))
```

Damit sind die Operationen auf Umgebungen abgeschlossen. Als Nächstes sind Dumps an der Reihe: D ist als Folge von Frames definiert:

$$D \stackrel{\text{def}}{=} (S \times E \times C)^*$$

```
; Ein Dump ist eine Liste von Frames
(define dump (signature (list-of frame)))
```

Aus dem Frame-Tripeln machen wir eine Daten- und eine Record-Definition:

```
; Ein Frame besteht aus:
; - Stack
; - Umgebung
; - Code
(define-record frame
  make-frame frame?
  (frame-stack stack)
  (frame-environment environment)
  (frame-code machine-code))
```

Schließlich fehlt noch eine Repräsentation für die Menge W der Werte: Ein Wert ist entweder ein Basiswert oder eine Closure. Basiswerte wurden bereits in Abschnitt 15.4 auf Seite 484 definiert; es fehlen noch Closures, also Tupel aus der Menge $V \times C \times E$:

```
; Ein SECD-Wert ist ein Basiswert oder eine Closure
(define value (signature (mixed base closure)))
; Eine Closure besteht aus:
; - Variable
; - Code
; - Umgebung
(define-record closure
  make-closure closure?
  (closure-variable symbol)
  (closure-code machine-code)
  (closure-environment environment))
```

Mit Hilfe dieser Definitionen ist es möglich, eine Daten- und eine Record-Definition für die Zustände der SECD-Maschine anzugeben, also die Tupel aus $S \times E \times C \times D$:

```
; Ein SECD-Zustand besteht aus:
; - Stack
; - Umgebung
; - Code
; - Dump
(define-record secd
  make-secd secd?
  (secd-stack stack)
  (secd-environment environment)
  (secd-code machine-code)
  (secd-dump dump))
```

Damit können wir endlich die Zustandsübergangsfunktion schreiben. Sie akzeptiert einen SECD-Zustand und liefert auch wieder einen. Hier sind Kurzbeschreibung und Signatur:

```
; Zustandsübergang berechnen
(: secd-step (secd -> secd))
```

Testfälle brauch wir auch noch. Wir machen einen Testfall pro Regel für $\hookrightarrow$. Hier ist die erste Regel, für Basiswerte:

$$(\underline{s}, e, b\underline{c}, \underline{d}) \hookrightarrow (b\underline{s}, e, \underline{c}, \underline{d})$$

Um es zu testen, legen wir einen SECD-Zustand an, der als Code nur den Basiswert hat. Der müsste hinterher auf dem Stack gelandet sein:

```
(check-expect
 (secd-step
  (make-secd empty the-empty-environment (list 5) empty))
 (make-secd (list 5) the-empty-environment empty empty))
```

Hier die Regel für Variablen:

$$(\underline{s}, e, v\underline{c}, \underline{d}) \hookrightarrow (e(v)\underline{s}, e, \underline{c}, \underline{d})$$

Falls also der Code mit einer Variable anfängt, muss die SECD-Maschine sie in der Umgebung nachschauen. Wir stecken also eine Variable namens `ax1` in den Code und legen eine Umgebung mit einer Bindung für `ax1` bei. Der Wert der Bindung muss dann auf dem Stack landen:

```
(check-expect
 (secd-step
  (make-secd empty (list (make-binding 'axl 60)) (list 'axl) empty))
 (make-secd (list 60) (list (make-binding 'axl 60)) empty empty))
```

Hier die Regel für Primitiva:

$$(b_k \dots b_1 \underline{s}, e, \mathtt{prim}_{F^k}\underline{c}, \underline{d}) \quad \hookrightarrow \quad (b\underline{s}, e, \underline{c}, \underline{d})$$
$$\text{wobei } F^k \in \Sigma^k \text{ und } F_B(b_1, \dots, b_k) = b$$

Für den Test nehmen wir die Addition. Sie benötigt die beiden Summanden auf dem Stack:

```
(check-expect
 (secd-step
  (make-secd (list 23 42) the-empty-environment
             (list (make-prim '+ 2))
             empty))
 (make-secd (list 65) the-empty-environment empty empty))
```

Als nächstes ist die Abstraktionsregel dran:

$$(\underline{s}, e, (v, \underline{c'})\underline{c}, \underline{d}) \hookrightarrow ((v, \underline{c'}, e)\underline{s}, e, \underline{c}, \underline{d})$$

Für den Test bauen wir eine Abstraktion mit Parameter `axl` und freier Variable `slash`. Die Umgebung enthält eine Bindung für `slash` – diese sollte dann in die Closure eingepackt werden:

```
(check-expect
 (secd-step
  (make-secd empty (list (make-binding 'slash 57))
             (list (make-abst 'axl
                              (list 'axl 'slash (make-prim '+ 2))))
             empty))
 (make-secd (list (make-closure 'axl
                                (list 'axl 'slash (make-prim '+ 2))
                                (list (make-binding 'slash 57))))
            (list (make-binding 'slash 57))
            empty empty))
```

Schließlich bleibt noch die Applikationsregel:

$$(w(v, \underline{c'}, e')\underline{s}, e, \mathbf{ap}\,\underline{c}, \underline{d}) \hookrightarrow (\epsilon, e'[v \mapsto w], \underline{c'}, (\underline{s}, e, \underline{c})\underline{d})$$

Um sie zu testen, legen wir die Closure aus dem vorigen Testfall auf den Stack, zusammen mit einem Argument. Danach sollte der Stack leer sein, die Umgebung sollte aus der Closure übernommen worden sein, im Code sollte es mit dem Code der Closure weitergehen und der Dump sollte ein Frame enthalten:

```
(check-expect
 (secd-step
  (make-secd (list 60
                   (make-closure 'axl
                                 (list 'axl 'slash (make-prim '+ 2))
                                 (list (make-binding 'slash 57))))
             the-empty-environment (list (make-ap)) empty))
 (make-secd empty
            (list (make-binding 'axl 60) (make-binding 'slash 57))
            (list 'axl 'slash (make-prim '+ 2))
            (list (make-frame empty the-empty-environment empty))))
```

Entsprechend den Regeln der SECD-Maschine muss der Rumpf von `secd-step` eine Verzeigung zwischen den verschiedenen Fällen bei der Code-Komponente von `state` sein. Diese folgen den Konstruktionsanleitungen für Listen und für gemischte Daten. Es ist bereits an den Regeln abzulesen, dass alle Regeln Zugriff auf die Komponenten von `state` benötigen. Für diese werden gleich am Anfang lokale Variablen angelegt:

```
(define secd-step
  (lambda (state)
    (define stack (secd-stack state))
    (define environment (secd-environment state))
    (define code (secd-code state))
    (define dump (secd-dump state))
    (cond
      ((cons? code)
       (cond
         ((base? (first code)) ...)
         ((symbol? (first code)) ...)
```

```
        ((prim? (first code)) ...)
        ((abs? (first code)) ...)
        ((ap? (first code)) ...)))
     ((empty? code) ...))))
```

Wir übersetzen nun die Regeln nacheinander in Code Hier noch einmal die Regel für Basiswerte:

$$(\underline{s}, e, b\underline{c}, \underline{d}) \hookrightarrow (b\underline{s}, e, \underline{c}, \underline{d})$$

```
(define secd-step
  (lambda (state)
    ...
      (cond
        ((base? (first code))
         (make-secd (cons (first code) stack)
                    environment
                    (rest code)
                    dump))
         ...)
    ...))
```

Hier noch einmal die Regel für Variablen:

$$(\underline{s}, e, v\underline{c}, \underline{d}) \hookrightarrow (e(v)\underline{s}, e, \underline{c}, \underline{d})$$

```
(define secd-step
  (lambda (state)
    ...
      (cond
        ((symbol? (first code))
         (make-secd (cons
                      (lookup-environment environment (first code))
                      stack)
                    environment
                    (rest code)
                    dump))
        ...)
    ...))
```

Die Regel für primitive Applikationen ist etwas aufwendiger:

$$\begin{aligned}(b_k \dots b_1 \underline{s}, e, \mathtt{prim}_{F^k} \underline{c}, \underline{d}) \quad &\hookrightarrow \quad (b\underline{s}, e, \underline{c}, \underline{d})\\ &\quad\ \text{wobei } F^k \in \Sigma^k \text{ und } F_B(b_1, \dots, b_k) = b\end{aligned}$$

Für die Implementierung werden Hilfsfunktionen gebraucht, welche die Argumente vom Stack holen und in der Reihenfolge umdrehen, die Argumente vom Stack entfernen und schließlich die eigentliche δ-Transition berechnen:

```
(define secd-step
  (lambda (state)
      ...
        (cond
          ...
          ((prim? (first code))
           (make-secd (cons
                       (apply-primitive
                         (prim-operator (first code))
                         (take-reverse (prim-arity (first code))
                                       stack))
                       (drop (prim-arity (first code)) stack))
                      environment
                      (rest code)
                      dump))
           ...)
      ...))
```

Die Funktion drop ist gerade die in Aufgabe 7.5 auf Seite 217 geforderte Funktion:

```
; die ersten Elemente einer Liste weglassen
(: drop (natural (list-of %a) -> (list-of %a)))
```

Die take-reverse-Funktion ist das Pendant zu drop, das die ersten n Elemente einer Liste in umgekehrter Reihenfolge liefert. Dies machen wir mit einer endrekursiven Hilfsfunktion. Aus Abschnitt 10.6 auf Seite 308 wissen wir, dass bei endrekursiver Konstruktion von Listen gerade immer die Reihenfolge umgedreht wird:

```
; die ersten Elemente einer Liste in umgekehrter Reihenfolge berechnen
(: take-reverse (natural (list-of %a) -> (list-of %a)))
```

```
(check-expect (take-reverse 2 '(1 2 3 4 5)) '(2 1))
(check-expect (take-reverse 0 '(1 2 3 4 5)) '())
(check-expect (take-reverse 5 '(1 2 3 4 5)) '(5 4 3 2 1))

(define take-reverse
  (lambda (n list0)
    ;; (: loop (natural (list-of a) (list-of a) -> (list-of a)))
    (define accumulate
      (lambda (n list acc)
        (cond
          ((zero? n) acc)
          ((positive? n)
           (accumulate (- n 1) (rest list)
                       (cons (first list) acc))))))
    (accumulate n list0 '())))
```

AUFGABE 15.11

Programmiere eine andere Version von `take-reverse`, indem Du zunächst eine endrekursive Funktion `take` schreibst, welche für eine Zahl n die ersten n Elemente der Liste liefert. Schreibe dann `take-reverse` als Kombination von `take` und `reverse`. Was sind die Vor- und Nachteile beider Versionen von `take-reverse`? □

Aus einem Primitivum und einer Liste von Argumenten berechnet `apply-primitive` das Resultat der primitiven Applikation. Dabei handelt es sich bei `primitive` um eine Fallunterscheidung, der Rumpf der Funktion ist also eine entsprechende Verzweigung. Für die Signatur von `apply-primitive` benötigen wir noch eine Signatur passend zum Prädikat `primitive?` auf Seite 483:

```
(define primitive (signature (predicate primitive?)))

; Delta-Transition berechnen
(: apply-primitive (primitive (list-of value) -> value))

(check-expect (apply-primitive '+ '(1 2)) 3)
(check-expect (apply-primitive '- '(2 1)) 1)
```

```
(define apply-primitive
  (lambda (primitive args)
    (cond
      ((equal? primitive '+)
       (+ (first args) (first (rest args))))
      ((equal? primitive '-)
       (- (first args) (first (rest args))))
      ((equal? primitive '=)
       (= (first args) (first (rest args))))
      ((equal? primitive '*)
       (* (first args) (first (rest args))))
      ((equal? primitive '/)
       (/ (first args) (first (rest args)))))))
```

Die Regel für Abstraktionen macht aus einer Abstraktion eine Closure:

$$(\underline{s}, e, (v, \underline{c'})\underline{c}, \underline{d}) \hookrightarrow ((v, \underline{c'}, e)\underline{s}, e, \underline{c}, \underline{d})$$

Der Code macht dies genauso:

```
(define secd-step
  (lambda (state)
      ...
        (cond
          ...
          ((abs? (first code))
           (make-secd (cons
                        (make-closure (abst-variable (first code))
                                      (abst-code (first code))
                                      environment)
                        stack)
                      environment
                      (rest code)
                      dump))
       ...)))
```

Hier die Regel für die Applikation:

$$(w(v, \underline{c}', e')\underline{s}, e, \mathbf{ap}\,\underline{c}, \underline{d}) \hookrightarrow (\epsilon, e'[v \mapsto w], \underline{c}', (\underline{s}, e, \underline{c})\underline{d})$$

Für $e'[v \mapsto w]$ benutzen wir die Funktion `extend-environment`, die wir weiter oben geschrieben haben:

```
(define secd-step
  (lambda (state)
      ...
        (cond
          ...
         ((ap? (first code))
          (define closure (first (rest stack)))
          (make-secd empty
                     (extend-environment
                      (closure-environment closure)
                      (closure-variable closure)
                      (first stack))
                     (closure-code closure)
                     (cons
                      (make-frame (rest (rest stack))
                                  environment
                                  (rest code))
                      dump)))
          ...)
      ...))
```

Schließlich bleibt noch der Code für die Rückgabe eines Wertes von einer Funktion. Hier ist die Regel:

$$(w, e, \epsilon, (\underline{s}', e', \underline{c}')\underline{d}) \hookrightarrow (w\underline{s}', e', \underline{c}', \underline{d})$$

Hier ist der Code dazu:

```
(define secd-step
  (lambda (state)
      ...
      (cond
```

```
   ...
  ((empty? code)
   (define frame (first dump))
   (make-secd
    (cons (first stack)
          (frame-stack frame))
    (frame-environment frame)
    (frame-code frame)
    (rest dump))))
   ...))
```

Damit die SECD-Maschine in Betrieb genommen werden kann, muss ein Term e noch in einen Anfangszustand $(\epsilon, \varnothing, [\![e]\!], \epsilon)$ übersetzt werden. Das erledigt folgende Hilfsfunktion:

```
; Aus Term SECD-Anfangszustand machen
(: inject-secd (term -> secd))
(define inject-secd
  (lambda (term)
    (make-secd empty
               the-empty-environment
               (term->machine-code/t term)
               empty)))
```

Nun können wir die Maschine ausprobieren:

```
(secd-step (inject-secd '(+ 1 2)))
↪ #<record:secd (1) () (2 #<record:prim + 2>) ()>
(secd-step (secd-step (inject-secd '(+ 1 2))))
↪ #<record:secd (2 1) () (#<record:prim + 2>) ()>
(secd-step (secd-step (secd-step (inject-secd '(+ 1 2)))))
↪ #<record:secd (3) () () ()>
```

Es fehlt noch die Auswertungsfunktion $\text{eval}_{\text{SECD}}$, die eine Hilfsfunktion benötigt, um den reflexiv-transitiven Abschluss des Zustandsübergangs $\hookrightarrow^*$ zu berechnen:

```
; bis zum Ende Zustandsübergänge berechnen
(: secd-step* (secd -> secd))
(define secd-step*
  (lambda (state)
```

```
    (if (and (empty? (secd-code state))
             (empty? (secd-dump state)))
        state
        (secd-step* (secd-step state)))))
```

Die Auswertungsfunktion orientiert sich direkt an der mathematischen Definition:

```
; Evaluationsfunktion zur SECD-Maschine berechnen
(: eval-secd (term -> (mixed value (enum 'function))))

(check-expect (eval-secd '(+ 1 2)) 3)
(check-expect (eval-secd '(((lambda (x) (lambda (y) (+ x y))) 1) 2))
              3)

(define eval-secd
  (lambda (term)
    (define value (first
                   (secd-stack
                    (secd-step*
                     (inject-secd term)))))
    (if (base? value)
        valuo
        'function)))
```

Damit läuft die SECD-Maschine:

```
(eval-secd '(((lambda (x) (lambda (y) (+ x y))) 1) 2))
↪ 3
```

Fertig!

AUFGABE 15.12

Erweitere die Definition von `secd-step` um die Instruktion für binäre Verzweigungen. □

15.8 DIE ENDREKURSIVE SECD-MASCHINE

Die SECD-Maschine hat einen Schönheitsfehler: Bei endkursiven Applikationen sollte sie eigentlich, wie in Lehrsprachen-Programmen, keinerlei zusätzlichen Platz verbrauchen, da kein Kontext anfällt. Folgende Beispielauswertung für den Term $(\lambda x.x\ x)\ (\lambda x.x\ x)$ zeigt aber, dass der Dump mit fortschreitender Auswertung immer größer wird:

$$
\begin{array}{llll}
(\epsilon, & \varnothing, & (x, x\,x\,\mathtt{ap}) & \\
 & & (x, x\,x\,\mathtt{ap}) & \\
 & & \mathtt{ap}, & \epsilon) \\
\hookrightarrow ((x, x\,x\,\mathtt{ap}, \varnothing), & \varnothing, & (x, x\,x\,\mathtt{ap})\ \mathtt{ap}, & \epsilon) \\
\hookrightarrow ((x, x\,x\,\mathtt{ap}, \varnothing)\ (x, x\,x\,\mathtt{ap}, \varnothing), & \varnothing, & \mathtt{ap}, & \epsilon) \\
\hookrightarrow (\epsilon, & \{(x, (x, x\,x\,\mathtt{ap}, \varnothing))\}, & x\,x\,\mathtt{ap}, & (\epsilon, \varnothing, \epsilon)) \\
\hookrightarrow ((x, x\,x\,\mathtt{ap}, \varnothing), & \{(x, (x, x\,x\,\mathtt{ap}, \varnothing))\}, & x\,\mathtt{ap}, & (\epsilon, \varnothing, \epsilon)) \\
\hookrightarrow ((x, x\,x\,\mathtt{ap}, \varnothing)\ (x, x\,x\,\mathtt{ap}, \varnothing), & \{(x, (x, x\,x\,\mathtt{ap}, \varnothing))\}, & \mathtt{ap}, & (\epsilon, \varnothing, \epsilon)) \\
\hookrightarrow (\epsilon, & \{(x, (x, x\,x\,\mathtt{ap}, \varnothing))\}, & x\,x\,\mathtt{ap}, & (\epsilon, \{(x, (x, x\,x\,\mathtt{ap}, \varnothing))\}, \epsilon) \\
 & & & (\epsilon, \varnothing, \epsilon)) \\
\hookrightarrow ((x, x\,x\,\mathtt{ap}, \varnothing), & \{(x, (x, x\,x\,\mathtt{ap}, \varnothing))\}, & x\,\mathtt{ap}, & (\epsilon, \{(x, (x, x\,x\,\mathtt{ap}, \varnothing))\}, \epsilon) \\
 & & & (\epsilon, \varnothing, \epsilon)) \\
\hookrightarrow ((x, x\,x\,\mathtt{ap}, \varnothing)\ (x, x\,x\,\mathtt{ap}, \varnothing), & \{(x, (x, x\,x\,\mathtt{ap}, \varnothing))\}, & \mathtt{ap}, & (\epsilon, \{(x, (x, x\,x\,\mathtt{ap}, \varnothing))\}, \epsilon) \\
 & & & (\epsilon, \varnothing, \epsilon)) \\
\hookrightarrow (\epsilon, & \{(x, (x, x\,x\,\mathtt{ap}, \varnothing))\}, & x\,x\,\mathtt{ap}, & (\epsilon, \{(x, (x, x\,x\,\mathtt{ap}, \varnothing))\}, \epsilon) \\
 & & & (\epsilon, \{(x, (x, x\,x\,\mathtt{ap}, \varnothing))\}, \epsilon) \\
 & & & (\epsilon, \varnothing, \epsilon)) \\
\hookrightarrow ((x, x\,x\,\mathtt{ap}, \varnothing), & \{(x, (x, x\,x\,\mathtt{ap}, \varnothing))\}, & x\,\mathtt{ap}, & (\epsilon, \{(x, (x, x\,x\,\mathtt{ap}, \varnothing))\}, \epsilon) \\
 & & & (\epsilon, \{(x, (x, x\,x\,\mathtt{ap}, \varnothing))\}, \epsilon) \\
 & & & (\epsilon, \varnothing, \epsilon)) \\
\ldots & & &
\end{array}
$$

Dieses Manko können wir zum Glück reparieren: Die SECD-Maschine muss endrekursive und «normale» Applikationen unterschiedlich behandeln. Dazu führen wir eine neue Instruktion namens `tailap` ein, die wie `ap` eine Applikation durchführt, aber eine Endrekursion signalisiert:

$$
\begin{array}{lcl}
\langle \mathrm{I} \rangle & \rightarrow & \ldots \\
 & | & \mathtt{tailap}
\end{array}
$$

Als Nächstes muss die Übersetzungsfunktion von Termen in Maschinencode geändert werden: Applikationen, die Kontext um sich herum haben, sollen mit `ap` übersetzt werden, solche ohne Kontext mit `tailap`. Da der Applikation allein der Kontext nicht anzusehen ist, sondern nur dem Term «drumherum», wird die Übersetzungsfunktion $[\![\_]\!]$ in zwei Teile aufgespalten: für einen Term e wird die Auswertungsfunktion $[\![\_]\!]$ immer dann benutzt, wenn um e Kontext steht. Eine weitere Funktion $[\![\_]\!]'$ wird immer dann aufgerufen, wenn *kein* Kontext drumherum steht.

Kontext entsteht immer durch Applikationen. Bei der Auswertung eines Terms $(e_0\ e_1)$ muss *nach* e_0 noch e_1 ausgewertet werden, und nach Auswertung von e_1 muss noch die Applikation durchgeführt werden. Sowohl e_0 als auch e_1 stehen in Kontext. Ähnlich ist es bei den Argumenten von primitiven Applikationen.

Auf der anderen Seite schneiden Abstraktionen für ihren Rumpf den Kontext erst einmal ab: Ob der Rumpf Kontext hat oder nicht, entscheidet sich erst bei der Applikation. Dementsprechend schalten Applikationen und Abstraktionen zwischen den beiden Funktionen $[\![\_]\!]$ und $[\![\_]\!]'$ hin und her:

$$[\![e]\!] \stackrel{\text{def}}{=} \begin{cases} b & \text{falls } e = b \in B \\ v & \text{falls } e = v \in V \\ [\![e_0]\!]\,[\![e_1]\!]\,\texttt{ap} & \text{falls } e = (e_0\, e_1) \\ [\![e_1]\!]\,\ldots\,[\![e_k]\!]\,\texttt{prim}_{F^k} & \text{falls } e = (F\, e_1\, \ldots\, e_k) \\ (v, [\![e_0]\!]') & \text{falls } e = \lambda v.e_0 \end{cases}$$

$$[\![e]\!]' \stackrel{\text{def}}{=} \begin{cases} b & \text{falls } e = b \in B \\ v & \text{falls } e = v \in V \\ [\![e_0]\!]\,[\![e_1]\!]\,\texttt{tailap} & \text{falls } e = (e_0\, e_1) \\ [\![e_1]\!]\,\ldots\,[\![e_k]\!]\,\texttt{prim}_{F^k} & \text{falls } e = (F\, e_1\, \ldots\, e_k) \\ (v, [\![e_0]\!]') & \text{falls } e = \lambda v.e_0 \end{cases}$$

Jetzt brauchen wir noch eine Zustandsübergangsregel her, die `tailap` verarbeitet. Diese ergibt sich direkt aus den Regeln für `ap` und die Rückgabe eines Wertes: `tailap` funktioniert so, wie `ap` direkt gefolgt von der Rückgaberegel. Hier sind die beiden Regeln noch einmal zur Erinnerung:

$$\begin{aligned} (w(v, \underline{c}', e')\underline{s}, e, \texttt{ap}\,\underline{c}, \underline{d}) &\hookrightarrow (\epsilon, e'[v \mapsto w], \underline{c}', (\underline{s}, e, \underline{c})\underline{d}) \\ (w, e, \epsilon, (\underline{s}', e', \underline{c}')\underline{d}) &\hookrightarrow (w\underline{s}', e', \underline{c}', \underline{d}) \end{aligned}$$

Da die erste Regel ein neues Dump-Frame erzeugt und die zweite ein Dump-Frame «vernichtet», entfällt diese Arbeit in der Regel für `tailap`:

$$(w(v, \underline{c}', e')\underline{s}, e, \texttt{tailap}\,\underline{c}, \underline{d}) \hookrightarrow (\underline{s}, e'[v \mapsto w], \underline{c}', \underline{d})$$

Damit läuft das Beispiel zwar immer noch endlos, aber immerhin, ohne immer mehr Platz zu verbrauchen:

$$
\begin{array}{llll}
(\epsilon, & \varnothing, & (x, x\,x\,\texttt{tailap}) & \\
 & & (x, x\,x\,\texttt{tailap}) & \\
 & & \texttt{ap}, & \epsilon) \\
\hookrightarrow ((x, x\,x\,\texttt{tailap}, \varnothing), & \varnothing, & (x, x\,x\,\texttt{tailap}) & \\
 & & \texttt{ap}, & \epsilon) \\
\hookrightarrow ((x, x\,x\,\texttt{tailap}, \varnothing)\,(x, x\,x\,\texttt{tailap}, \varnothing), & \varnothing, & \texttt{ap}, & \epsilon) \\
\hookrightarrow (\epsilon, & \{(x, (x, x\,x\,\texttt{tailap}, \varnothing))\}, & x\,x\,\texttt{tailap}, & (\epsilon, \varnothing, \epsilon)) \\
\hookrightarrow ((x, x\,x\,\texttt{tailap}, \varnothing), & \{(x, (x, x\,x\,\texttt{tailap}, \varnothing))\}, & x\,\texttt{tailap}, & (\epsilon, \varnothing, \epsilon)) \\
\hookrightarrow ((x, x\,x\,\texttt{tailap}, \varnothing)\,(x, x\,x\,\texttt{tailap}, \varnothing), & \{(x, (x, x\,x\,\texttt{tailap}, \varnothing))\}, & \texttt{tailap}, & (\epsilon, \varnothing, \epsilon)) \\
\hookrightarrow (\epsilon, & \{(x, (x, x\,x\,\texttt{tailap}, \varnothing))\}, & x\,x\,\texttt{tailap}, & (\epsilon, \varnothing, \epsilon)) \\
\hookrightarrow ((x, x\,x\,\texttt{tailap}, \varnothing), & \{(x, (x, x\,x\,\texttt{tailap}, \varnothing))\}, & x\,\texttt{tailap}, & (\epsilon, \varnothing, \epsilon)) \\
\hookrightarrow ((x, x\,x\,\texttt{tailap}, \varnothing)\,(x, x\,x\,\texttt{tailap}, \varnothing), & \{(x, (x, x\,x\,\texttt{tailap}, \varnothing))\}, & \texttt{tailap}, & (\epsilon, \varnothing, \epsilon)) \\
\hookrightarrow (\epsilon, & \{(x, (x, x\,x\,\texttt{tailap}, \varnothing))\}, & x\,x\,\texttt{tailap}, & (\epsilon, \varnothing, \epsilon)) \\
\hookrightarrow ((x, x\,x\,\texttt{tailap}, \varnothing), & \{(x, (x, x\,x\,\texttt{tailap}, \varnothing))\}, & x\,\texttt{tailap}, & (\epsilon, \varnothing, \epsilon)) \\
\hookrightarrow ((x, x\,x\,\texttt{tailap}, \varnothing)\,(x, x\,x\,\texttt{tailap}, \varnothing), & \{(x, (x, x\,x\,\texttt{tailap}, \varnothing))\}, & \texttt{tailap}, & (\epsilon, \varnothing, \epsilon)) \\
\hookrightarrow (\epsilon, & \{(x, (x, x\,x\,\texttt{tailap}, \varnothing))\}, & x\,x\,\texttt{tailap}, & (\epsilon, \varnothing, \epsilon)) \\
\hookrightarrow ((x, x\,x\,\texttt{tailap}, \varnothing), & \{(x, (x, x\,x\,\texttt{tailap}, \varnothing))\}, & x\,\texttt{tailap}, & (\epsilon, \varnothing, \epsilon))
\end{array}
$$

Die Implementierung der endrekursiven SECD-Maschine ist Gegenstand von Übungsaufgabe 15.13.

ÜBUNGSAUFGABEN

AUFGABE 15.13

Erweitere die Implementierung der SECD-Maschine um korrekte Behandlung der Endrekursion! Erweitere dazu zunächst die Datendefinition für Maschinencode. Implementiere dann die Übersetzung von λ-Termen für die endrekursive SECD-Maschine. Erweitere schließlich die Zustandsübergangsfunktion um einen Fall für die `tailap`-Instruktion.

AUFGABE 15.14

Erweitere die SECD-Maschine um Primitiva anderer Stelligkeiten, zum Beispiel `abs` oder `odd?`.

AUFGABE 15.15

Erweitere den angewandten λ-Kalkül um Abstraktionen und Applikationen mit mehr als einem Parameter. Erweitere die SECD-Maschine und ihre Implementierung entsprechend.

AUFGABE 15.16

Zeige in der um Endrekursion erweiterten SECD-Maschine, dass `tailap` immer am Ende steht, also tatsächlich keinen Kontext besitzt.

AUFGABE 15.17

Die um Endrekursion erweiterte SECD-Maschine hat eine neue Instruktion `tailap`. Die ist aber nicht unbedingt nötig, weil man die endrekursiven ap-Instruktionen auch daran erkennen kann, dass sie am Ende vom Code stehen.

Formuliere die Zustandsübergangsregeln der SECD-Maschine mit Endrekursion so um, dass die Funktionalität, also insbesondere die richtige Behandlung endrekursiver Applikationen, so dass sie auch mit dem Ergebnis des normalen Compilers funktioniert, der keine `tailap`-Instruktion generiert.

AUFGABE 15.18

Anstatt Umgebungen durch Listen von Bindungen zu repräsentieren, ist es auch möglich, Funktionen zu verwenden, so dass `lookup-environment` folgendermaßen aussieht:

```
(define lookup-environment
  (lambda (environment variable)
    (environment variable)))
```

Ergänze eine passende Definition für `extend-environment`.

AUFGABE 15.19

Auf den ersten Blick erscheint es etwas aufwendig, jedesmal bei der Auswertung einer Abstraktion die gesamte Umgebung in die Closure einzupacken. Was würde sich ändern, wenn dieser Schritt weggelassen würde, Closures also nur Variable und Maschinencode für den Rumpf enthalten würden? Formuliere die entsprechenden Regeln für die SECD-Maschine und ändere Sie die Implementierung entsprechend. Funktioniert die SECD-Maschine nach der Änderung noch korrekt?

NACHWORT

Das war's. Erstmal. Wir hoffen, dass dieses Buch Dir helfen konnte, programmieren zu lernen. Natürlich gibt es über das Programmieren noch viel mehr, was es zu wissen und zu lernen gibt, aber nicht in dieses Buch passte. Hier sind einige Vorschläge, wie es weitergehen könnte zusammen mit einigen Empfehlungen für Bücher dazu:

Wenn Du schonmal anderweitig programmiert hast, dann hast Du sicher in diesem Buch das Programmieren mit *Zuweisungen an Variablen* vermisst ebenso wie Ein- und Ausgabe, grafische Benutzerschnittstellen und andere Interaktionen mit der «Außenwelt». Dies sind im Programmierjargon alles sogenannte *Effekte*, und sie gehören zum täglichen Handwerk des Programmierens hinzu. Leider machen Effekte das Programmieren deutlich schwieriger und komplexer, wir müssen also sparsam und sorgfältig mit ihnen umgehen. Den Umgang mit Effekten kannst Du direkt im Racket-System üben, dazu gibt es jede Menge Information im Hilfezentrum und es gibt auch Literatur [FHB13]. Ein guter Ansatzpunkt für das Programmieren mit veränderbaren Variablen ist die Programmiersprache *Rust*, auch dazu gibt es ein gutes Buch [KN18].

Viele Programmiersprachen arbeiten mit *Typen*. Typen sind etwas ähnliches wie die Signaturen dieses Buchs, also eine Notation für die zulässigen Ein- und Ausgaben von Funktionen. Während bei uns die Signaturen zur Laufzeit überprüft werden, passiert dies bei Typen schon bevor das Programm ausgeführt wird. Typen sind ein mächtiges Hilfsmittel bei der Datenanalyse und der Entwicklung korrekter Programme sein. Typen sind aber auch gelegentlich gewöhnungsbedürftig, weil wir ein Programm, das nicht typkorrekt ist, nicht ausprobieren können, was gelentlich den Programmieraufwand erhöht und es erschwert, Fehlerursachen zu finden. Bei den getypten Sprachen sind *Scala* [CB14] und *Haskell* [Hut16] besonders spannend und lehrreich.

In diesem Buch haben wir nur kleine Programme geschrieben, die jeweils in eine einzelne Datei passen. Wenn aus einem einfachen Programm ein *größeres System* wird, müssen wir uns Gedanken machen, wie wir das so organisieren, dass wir nicht ständig alles im Kopf behalten müssen, was in dem System so passiert, wenn wir es weiterentwickeln. Diese Gedanken gehören unter den Oberbegriff *Softwarearchitektur*, und auch da gibt es noch mehr zu lernen. Spannend ist da aktuell eine Sammlung von Techniken unter der Überschrift *Domain-Driven Design* [Eva04].

Außerdem gibt es natürlich viele andere Programmiersprachen mit teils anderen Ideen als die Lehrsprachen dieses Buchs wie zum Beispiel *objektorientierte Programmierung* oder *Logikprogrammierung*. Am nächstliegenden sind die anderen Programmiersprachen des Racket-Systems, darunter die «Hauptsprache», die auch Racket heißt. Information darüber findest Du im Hilfezentrum im *Racket Guide* Auch für objektoriente Programmierung ist Racket ein guter Ausgangspunkt, schau im Hilfezentrum in den Racket Guide unter *Classes and Objects*. Bei Racket lässt sich auch die Sprache für Logikprogrammierung *MiniKanren* installieren und es gibt dazu ein tolles Buch [FBKH18]. Wer sich grundsätzlich für Programmiersprachen und ihre Konzepte interessiert, ist mit einschlägigen Büchern von Christian Wagenknecht [Wag16] und Norman Ramsey [Ram22] aufgehoben. Ersteres bildet die Konzepte sogar allesamt in Racket ab.

Viel Freude dabei!

LITERATURVERZEICHNIS

Adams, Stephen: *Efficient sets—a balancing act.* Journal of Functional Programming, 3(4):553–561, Oktober 1993.

Bird, Richard und **Jeremy GIbbons**: *Algorithm Design with Haskell.* Cambridge University Press, Juni 2020.

Chiusano, Paul und **Rúnar Bjarnason**: *Functional Programming in Scala.* Manning, 2014.

Claessen, Koen und **John Hughes**: *QuickCheck: A Lightweight Tool for Random Testing of Haskell Programs.* In: *Proceedings of the International Conference on Functional Programming (ICFP)*, Seiten 268–279, 2000.

Church, Alonzo: *The Calculi of Lambda-Conversion.* Princeton University Press, Princeton, New Jork, 1941.

Evans, Eric: *Domain-Driven Design: Tackling Complexity in the Heart of Software.* Addison-Wesley, 2004.

Friedman, Daniel P., William E. Byrd, Oleg Kiselyov und **Jason Hemann**: *The Reasoned Schemer.* 2nd edition. MIT Press, 2018.

Felleisen, Matthias, Robert Bruce Findler, Matthew Flatt und **Shriram Krishnamurthi**: *How to Design Programs.* MIT Press, 2. Auflage, 2014.

Felleisen, Matthias, David Van Horn und **Conrad Barski**: *Realm of Racket.* No Starch Press, 2013.

Goldberg, David: *What every computer scientist should know about floating-point arithmetic.* ACM Computing Surveys, 23(1):5–48, März 1991.

Hofstadter, Douglas R.: *Gödel, Escher, Bach: An Eternal Golden Braid.* Basic Books, New York, 1979.

Hindley, J. R. und **J. P. Seldin**: *Introduction to Combinators and λ-Calculus*, Band 1 der Reihe *Mathematical Sciences Student Texts.* Cambridge University Press, London, 1986.

Hutton, Graham: *Programming in Haskell.* Cambridge University Press, 2016.

Klabnik, Steve und **Carol Nichols**: *The Rust Programming Language*. No Starch Press, 2018.

Landin, Peter: *The mechanical evaluation of expressions*. The Computer Journal, 6:308–320, 1964.

Landin, Peter: *The next 700 programming languages*. Communications of the ACM, 9(3):157–166, März 1966.

Haskell 2010 Language Report, 2010. `https://www.haskell.org/onlinereport/haskell2010/`.

McCarthy, John: *Recursive functions of symbolic expressions and their computation by machine, Part I*. Communications of the ACM, 3(4):184–195, April 1960.

Peyton Jones, Simon und **Jean-Marc Eber**: *How to write a financial contract*. In: **Gibbons, Jeremy** und **Oege de Moor** (Herausgeber): *The Fun of Programming*. Palgrave Macmillan, 2003.

Ramsey, Norman: *Programming Languages: Build, Prove, and Compare*. Cambridge University Press, 2022.

Wagenknecht, Christian: *Programmierparadigmen: Eine Einführung auf der Grundlage von Racket*. Springer Verlag, 2016.

INDEX FÜR VARIABLEN

INDEX